Mijn Duitsland

Geert van Istendael

Mijn
Duitsland

**Einsichten in die deutsche Seele
von Aachen bis Zwiebelmarkt**

Aus dem Niederländischen von Marlene Müller-Haas

parthasverlag

1. Auflage Juli 2008

© 2008 Parthas Verlag GmbH

Alle Rechte vorbehalten

Parthas Verlag GmbH

Stresemannstraße 30, 10963 Berlin

e-mail: info@parthasverlag.de

www.parthasverlag.de

Die niederländische Originalausgabe erschien
2007 unter dem Titel »Mijn Duitsland«
bei Uitgeverij Atlas – Amsterdam/Antwerpen.

Die Übersetzung des Buches wurde
gefördert vom Flämischen Literaturfonds
(Vlaams Fonds voor de Letteren – www.vfl.be)

Lektorat: Axel Meier

Umschlag, Gestaltung und Satz: Pina Lewandowsky

Umschlagabbildung: Die Vorlage zur Umschlagabbildung wurde uns freundlicherweise von
der Gebr. Faller GmbH, Gütenbach/Schwarzwald,
zur Verfügung gestellt.

Gesamtherstellung: Friedrich Pustet KG

ISBN 978-3-86601-361-2

Für Ruth Notowicz, Lutz Masanetz
und Edi Clijsters, mit Dank

Deutschland? Aber wo liegt es?
Ich weiß das Land nicht zu finden.
Wo das gelehrte beginnt, hört das politische auf.

Friedrich Schiller

Ihr Deutschen seid ein großes Volk,
So simpel und doch so begabet!
Man sieht euch wahrhaftig nicht an, dass ihr
Das Pulver erfunden habet.

Heinrich Heine

Inhalt

Aachen 10

Advent 16

Johann Sebastian Bach 27

Bavaristik 32

Bertolt Brecht 42

Clärchens Ballhaus 64

DDR 67

Demokratie 68

Denkmäler 94

Ems 114

Fraktur 127

Genie 135

Görlitz 140

Hölderlin 150

Ideen 158

Juden 163

Karneval 181

Katlenburg 194

Lachs 207

Mauer 217

Mühlenmesser 226

Nationalhymne 240

Emine Sevgi Özdamar 250

Organisieren 257

Ossiladen 262

Palast der Republik 278

Quedlinburg 284

Raser 290

Landolf Scherzer 295

Schnaps 301

Sorben 308

Tau 321

Kurt Tucholsky 322

Werner Tübke 334

Uhren 345

Vorurteil 354

Widerstand im
     Dritten Reich 357

Widerstand in
     Friedenszeiten 362

Wunsch 369

Wurstparadies 370

Xanten 377

Yperit 389

Zwiebelmarkt 394

Nachbemerkung 396

Aachen

Das Erste, was ich in Deutschland je bewusst sah, war ein gelbes Verkehrsschild, auf dem in schwarzen Buchstaben AACHEN stand. Dass wir hinter der Grenze waren, hatte ich an den grün uniformierten Zollbeamten mit den barschen Stimmen gemerkt. Wir schrieben das Jahr 1957, ich war zehn Jahre alt. Ein Kind dieses Alters hat es heute viel schwerer zu wissen, wo es hingehört. Es lebt in einem diesigen Nebelfleck. Konturen sind nicht zu erkennen. Alles muss heftig wirbeln. Klarheit ist out, und out bedeutet verboten, soviel ist klar. Aber damals, 1957, war ich in den Opel Kapitän meines Vaters gestiegen, um nach Aken zu fahren. Und am Ende der Fahrt war ich ganz woanders angekommen, in etwas Eigenartigem, Fremdem, in Aachen. Diese Stadt war ganz anders als alle Städte, die ich kannte, als Brüssel, Löwen oder Utrecht.

Ich sah zum Beispiel Trümmerhaufen, einfach so neben den Straßen. Oder täuscht mich mein Gedächtnis? Waren es Backsteinberge? Oder Klinker? Jedenfalls, im Zentrum der Stadt. Das Wort Krieg fiel, ein fernes, gefährliches Wort, ein Wort von vor meiner Geburt, ein Wort aus der vollendeten Vergangenheit, die ich gerade in der Schule gelernt hatte. Ich sah keine Soldaten, es fielen keine Bomben, natürlich nicht. Ich wusste bereits, dass Frieden war und dass ich, der kleine Junge, mich deshalb glücklich nennen durfte, meine Mutter hatte mir das alles oft erzählt. Aber hier in Aachen herrschte ein verschütteter Frieden, ein bedrohlicher Frieden, als stünde der Krieg jeden Moment bereit, um an den Häusern zu rütteln. Hier war noch Schutt zu räumen, waren noch Lücken zu füllen, Aachen war noch nicht fertig, Deutschland war noch nicht fertig.

Wir kauften Brot und Marmelade und eine Flasche Milch. Dass in der Marmelade ganze Beeren schwammen, kam das auch vom Krieg? Waren denn die Obstpressen kaputt? Und warum nannten sie hier Beeren Bären? Und warum war das Brot so feucht und so sauer? Mir schmeckte diese dunkle Krume – ich bin noch immer ganz verrückt danach – und über die Bären konnte man lachen, was waren sie doch manchmal schwerfällig, diese Deutschen. Und schwer, sagte meine Mutter wiederholt, schwer. *Qu'ils sont lourds, les Allemands.* Am liebsten hätte ich jemanden in so einem graugrünen Mantel gefragt, ob er sich nicht kurz auf mich setzen wolle. Noch so jung, und doch war ich schon ein Anhänger des erfahrungsorientierten Lernens.

Johannisbeeren, konnte mein Vater sagen, und *Milch* und *schwer*. Er sprach dieses geheimnisvolle Niederländisch von hier, eine unfassbare, geheimnisvolle Sprache, die sich anschlich und einem doch jedesmal noch in der letzten Sekunde zu entwischen schien, bis man wieder ein Wort hörte, das man gut kannte. *Brot. Frau. Schokolade.* Deutsch hieß dieses Niederländisch. An diesem Tag in Aachen lernte ich »dankesjön« sagen und »biete« und »aufwiedeseehn«. Ein faszinierendes Klanggebäude war es, dieses Deutsch, durchädert von spärlich beleuchteten Gängen voller Gefahren und Wunder, voll sich windender Gänge, die lockten und drohten.

Ich sah die Kuppel des Doms, ich sah den Kirchenschatz, ich sah den hohen Thron Karls des Großen. Den Namen kannte ich gut, ich wusste, dass dieser Mann schöne Schulen für kluge Knaben gegründet hatte und auch, dass er die heidnischen Sachsen mit dem Schwert zum wahren Glauben bekehrt hatte, ich meine, zum Christentum. Und am Weihnachtsfest des Jahres 800 hatte ihn kein geringerer als der Papst in Rom persönlich zum Kaiser gekrönt. Ja, liebe Kinder, das alles lernte man noch vor einem halben Jahrhundert in der Grundschule, prachtvolle, wahre Geschichten, und man vergißt sie nie.

Natürlich war sich der kleine Junge noch nicht bewusst, dass Aachen die Hauptstadt des letzten Kaiserreichs gewesen war, das Europa vereint hatte, dazu noch des Weströmischen Kaiserreichs, das sich vom Ebro bis zur Elbe erstreckte, dem folgte der fatale Vertrag von Verdun, dem folgten mittelalterliche Fürstentümer und nicht enden wollende Kriege, bis die Amerikaner und die Rote Armee für klare Verhältnisse sorgten und ein neues europäisches Imperium, noch größer als das des großen Karl, gegründet wurde. Natürlich kam ich erst viele Jahre später dahinter, dass Aachen mehr als einen Namen hat: im Spanischen Aquisgrán, Aquisgrana im Italienischen und Aix-la-Chapelle im Französischen, Sie wissen schon, in der Nähe von Aix-en-Provence. Wer es nicht weiß, würde sie nicht erkennen. Mehrere Namen für eine Stadt, das deutet immer auf ein uraltes Zentrum großer Macht und großer Kultur hin, man denke an Venedig, Köln, Prag, Wien. Und eben auch Aachen. Dort ließen die Römer nur allzugern ihre gichtigen Glieder und ihre schuppige Haut in den heißen Schwefelquellen einweichen. Karl der Große liebte das heilkräftige Wasser ebenso wie die nahen Jagdgebiete in den Wäldern der Ardennen. Hier gründete er seine Hauptstadt. In Aachen ließ er seine Pfalz und seinen Dom erbauen, nach byzantinischem Vorbild. Von 936 bis 1531 wurden im Dom von Aachen die Kaiser des Heiligen Römischen Reichs zu Königen von Deutschland gekrönt, insgesamt dreißig.

Ich sah Aachen mit jungen Augen. Es war groß, düster, spannend und ziemlich kaputt. Heute ist Aachen, wie alle deutschen Städte, sehr fertig. Fanatisch haben die Trümmerräumer und Wiederaufbauer nach der größtmöglichen Banalität gesucht. Ihnen folgten die Städtebauer und Denkmalschützer, die bei der Umsetzung der neuen, bahnbrechenden Erkenntnisse ebenso fanatisch nach der größtmöglichen spießigen Gemütlichkeit suchten. Also sind deutsche Städte eine Mischung aus grauen Legosteinen und bunten Pfefferkuchenhäusern. Letzteres scheint mir noch immer die adäquateste Bezeichnung für das Lebkuchenhäuschen zu sein, an dem Hänsel und Gretel vergnügt knusperten. Aber Städte sind weder Baukästen noch Märchen, und es ist, ganz sicher in Deutschland, streng verboten, die Wände anzuknabbern.

Die zweite deutsche Stadt, die ich besuchte, war Moers. Wer weiß, wo dieses Örtchen liegt, darf sich melden. Man denke ans Ruhrgebiet, an den Niederrhein. Das Auto meines Vaters holperte über Kopfsteinpflaster, vorbei an rostenden, rauchenden, riesigen, riesenhaften Fabrikhallen, und der Nieselregen wollte einfach nicht aufhören. Ich sah die Einschusslöcher in den endlosen Backsteinmauern, die dort die Gewerbegebiete von der Außenwelt abschnitten. Habe ich damals das Wort *Spartakus* weißgekalkt auf der Mauer einer Lagerhalle oder eines Schuppens stehen sehen? Kalk hält lange, aber ich muss es mir wohl doch eingebildet haben, im Nachhinein betrachtet ist es undenkbar, dass die Nazis es stehengelassen hätten. Oder war es erst kurz davor auf diese Wand geschrieben worden, von irgendeinem Kryptokommunisten? Jedenfalls fiel das Wort im Auto: Spartakistenaufstand. Das bilde ich mir wenigstens ein, und nicht besonders viele Jahre danach habe ich das Wort überall gesucht. Ich denke, dass ich auf der Suche nach diesen verlotterten Roten angefangen habe, nach den Tiefen Deutschlands zu graben.

In Moers habe ich auch zum ersten Mal Braunkohle gerochen. Meine Mutter fand, dass es dort stank. Mein Vater sagte, ach, das ist die Industrie. Als ich, erwachsen, in Eisenach, DDR, das Autofenster herunterkurbelte, um nach dem Weg zu fragen, fuhr mir dieser Geruch – kein anderer, exakt derselbe, mein Kindheitsgeruch – in die Nase. Auch sonst zeigte die DDR eine frappante Ähnlichkeit mit dem Deutschland, das ich als Zehn-, Elfjähriger kennengelernt hatte. Kopfsteinpflaster, geschundene Industriekomplexe aus der Vorkriegszeit, Braunkohle. Und Regen. In Aachen und Moers regnete es die ganzen fünfziger Jahre hindurch, auch das kann keinem Zweifel unterliegen: das *Wirtschaftswunder* war ein verregnetes Wunder.

Dreißig Jahre nachdem ich es in dem sehr westlichen Aachen gesehen hatte, an meinem allerersten Tag in Deutschland, lag in der DDR noch immer Trümmerschutt. Im östlichen Deutschland wurde Schutt sogar zum Denkmal erklärt. Man durfte den Krieg nicht vergessen, denn nie, nie, nie wieder durfte ein Krieg von deutschem Boden ausgehen, das war die heilige Grundregel des ersten sozialistischen deutschen Staats, und es war eine gute, beherzigenswerte Regel. Also habe ich mehr als vierzig Jahre nach der Befreiung auf den eingestürzten Mauern der Dresdener Frauenkirche Bäume wachsen sehen.

Das überwältigende, bedrückende, jeder Proportion hohnlachende, das verwüstete und verwüstende, das beängstigende Deutschland, das Land, das nicht zum beruhigenden Westen Europas gehörte, hat Besitz von einem kleinen Jungen ergriffen, der durch gewöhnliche Straßen einer gewöhnlichen, nicht übergroßen und eigentlich freundlichen Stadt ging, durch *Oche*, wie man es dort in der Karnevalszeit gern nennt. Das wusste ich damals noch nicht, und doch war ich für alle Zeiten diesem unbegreiflich harten und doch auch so liebenswerten Land verfallen.

An diesem ersten Tag habe ich mit meinen jungen, starken Zähnen die *Printen* geknackt, Lebkuchen, die man bei Aachener Bäckern kaufen kann, herrlich, würzig und steinhart. Zum Glück sind meine Zähne makellos geblieben, das habe ich von meinem Vater, und deshalb kaufe ich jedesmal, wenn ich nach Aachen komme, eine Tüte Printen. Ich kann sie noch immer knacken. Aber Deutschland knacken? Ich versuche es seit fast einem halben Jahrhundert. Deutschland ist stärker als meine starken Zähne.

Siehe auch: Görlitz, Xanten

Advent

– Und noch eine schöne Adventszeit, sagte die Verkäuferin in Oberwiesenthal, als wir ihren Laden verließen. Vermutlich habe ich sie ziemlich verdutzt angesehen, denn sie wiederholte lächelnd: Ich wünsche Ihnen noch eine schöne Adventszeit. Ja, natürlich, sie hatte recht, es war Advent, Anfang Dezember, aber dieses Wort war schon vor Jahren in einem versiegelten Speicher meines Gedächtnisses gelandet. Ich murmelte eine unverständliche Antwort, sie hielt mich vermutlich für sehr schlecht erzogen. Aber ich war nur verwirrt.

Deutschland, das war doch das Weihnachtsland, »Stille Nacht, heilige Nacht«, Knabenchöre und rote Schachteln in erleuchteten Schaufenstern. Hatte man nicht den ganzen Schwarzwald angepflanzt, um die alljährliche landesweite Nachfrage nach Weihnachtsbäumen zu befriedigen? Die Deutschen hatten doch 1870, als der Tannenvorrat des Schwarzwalds nicht mehr ausreichte, sich einfach die Vogesen dazu erobert. 1932 schrieb Paul van Ostaijen:

Der Deutsche ist ein Säugetier, das um den 25. Dezember herum die Nähe eines kleinen Tannenbaums sucht. Es liebt den Tannenbaum so sehr, dass es, unfähig sich von ihm zu trennen, den Baum an der Wurzel abbeißt, um ihn dann mit dem Mund, nun wiederum unter Zuhilfenahme der Vorderpfoten, in seine Höhle zu schleppen. Wenn dann die Tanne dahinsiecht, stirbt auch der Deutsche aus solidarischer Melancholie, traurig und in Unkenntnis der Ursache dieses Dahinscheidens. Kann der Deutsche um den 25. Dezember herum nicht die gewünschte Tanne finden, dann ist er doch nicht glücklicher als sein Bruder, der wohl einen Baum gefunden hat. Denn auch in diesem Falle stirbt der Deutsche, weil sein sehnlichster Wunsch nicht einmal in die Nähe

einer vermeintlichen Befriedigung gelangen konnte. Der Deut-
sche stößt wiederholt einen langgezogenen Schmerzensschrei
aus, der nach unserer Phonetik ungefähr »zeenzoecht« geschrie-
ben werden müsste ...

Van Ostaijens Schätzung war viel zu zurückhaltend. Um den fünfundzwanzigsten Dezember herum, das muss man sich einmal vorstellen, wie sollte man in den spärlichen paar Tagen das bodenlose Fass der deutschen Seele mit Sehnsucht und Glühwein füllen können? Wenn man Ende November damit anfängt, wird es vermutlich klappen, gerade noch rechtzeitig um den und am 24. Dezember, das echte Gefühl ins Haus zu holen. In einer Woche ist das nie zu schaffen, man braucht dazu wirklich alle vier Adventssonntage.

Eigentlich müsste in Deutschland das ganze Jahr über Weihnachten sein. In Rothenburg ob der Tauber hat Käthe Wohlfahrts Weihnachtssupermarkt, der *Christkindlmarkt*, wo man Hunderttausende von Kugeln, Sternen, Engeln, Krippen und Weihnachtsmännern in allen Formaten, Dreikönige, Rentiere, Schlitten, Tannenbäume und Stille Nächte kaufen kann, in der Tat ganzjährig geöffnet. Deutschland außerhalb der Weihnachts- und Adventszeit ist nicht zu ertragen. An Weihnachten auch nicht, obwohl ich zugeben muss, dass man in dieser Frage geteilter Meinung sein kann. Schließlich strömen alljährlich Zehntausende Ausländer zu den Weihnachtsmärkten.

Die Weihnachtszeit ist in Deutschland ein symphonisches Werk in vier gewaltigen Akten. Der erste Akt entfaltet sich bereits im Herbst. Natürlich treten dort ebenfalls Jäger auf, doch lediglich als Statisten im Prolog zu Tannengrün und Schnee. Ende November sind alle Hirsche und Wildschweine totgeschossen, aber keine Bange, da gibt es bereits Lebkuchenhäuschen, Adventskalender und Hunderttausende von Glühbirnen.

Der zweite Akt schwillt an, crescendo, der nicht enden wollende, durchkomponierte Advent. Sieh nur die Lichtlein leuchten, an allen Bäumen, in allen Häusern. Würde man die Advents- und Weihnachtsbeleuchtung in Deutschland ausschalten, dann könnte man problemlos zwei Kernkraftwerke schließen. Das wollen die deutschen Grünen, die glauben, sie könnten so zwei Fliegen mit einer Klappe schlagen: Weg mit der Atomenergie und weg mit dem von ihnen verabscheuten Weihnachtsfest, mit all seinen ausschweifenden Ankäufen umweltverschmutzender Überflüssigkeiten. Da sind sie aber auf dem Holzweg. Ich wage eine Prognose: Die deutschen Grünen wären unschlagbar, wenn sie von ihrer ideologischen Abneigung gegen das Weihnachtsfest lassen könnten. Eine Seele, die man hasst, wird man nie gewinnen. Das wussten die Nazis nur allzu gut. Die deutsche Seele erobert man über die Christbaumkugel. Also ließen die Nazis Weihnachtskugeln produzieren, natürlich rote, mit Hakenkreuz. Weihnachten ist viel wichtiger als die Atomenergie. Wenigstens in Deutschland. Die deutsche Seele ist ein Weihnachtsbaum.

Die eigentlichen Weihnachtstage bilden das kurze, aber brillante Trio des großen deutschen symphonischen Werks. Man erwarte keine neutönenden Harmonien oder kühnen Melodien. Alles ist alle Jahre wieder strahlende Erkennbarkeit. Es ist, als wiederholten die allgegenwärtigen Lichtlein im Chor und unisono, wie zischende Kerzenflammen, wie knisterndes Geschenkpapier, endlos das Schlüsselwort, das Zugang zu den Kellern deutscher Kultur verschafft: Kitsch, Kitsch, Kitsch, Kitsch, Kitsch, Kitsch.

Auf Weihnachten und Neujahr folgt das Osterfinale mit Hasen, Hühnern und Eiern. Damit kann der Deutsche noch leben. Aber dann, aber dann … Warum muss sich Deutschland nur jedes Jahr wieder durch etwas so Schmerzliches wie einen Sommer quälen? Der Sommer bringt den Deutschen zur Verzweiflung. Er versteht den Sommer nicht. Der Sommer passt zu Deutschland wie Sonnencreme zu Eisbären. Kein Wunder, dass die Deutschen kurz nach dem Fest der Auferstehung und der Schokolade millionenfach aus ihrem Land flüchten. Hordenweise fallen sie in Gebiete ein, wo die Sonne »gründlich« brennt, früher in Italien und Spanien, heute in Costa Rica oder Thailand. Deutsche lieben es gründlich. Sie im Dezember, die Sizilianer im August. Das einzige, was die Deutschen aus Sizilien übernommen haben, ist das Weihnachtslied »O du fröhliche«.

– Und noch eine schöne Adventszeit.

Nach einem Tag hatte man es mir bestimmt schon sechsmal gewünscht. Ich begann, von einem Laden zum anderen zu gehen, ich wollte nichts kaufen, nur diese Worte hören. Und ich bekam sie zu hören, von Olbernhau bis Schneeberg. Und noch eine schöne Adventszeit. Und noch eine schöne Adventszeit.

Es war meine eigene Schuld. Ich war so tollkühn gewesen, auf der Suche nach den Dörfern und Weilern ins Erzgebirge zu reisen, wo seit mehr als zweihundertfünfzig Jahren in kleinen Werkstätten Spielzeug hergestellt wird. In Oberwiesenthal, Seiffen, Zöblitz, Grünhainichen. Ich hatte einmal ein ostdeutsches Foto gesehen, von einem dicken Mann in seinem Verkaufsstand, schwitzend, im Unterhemd; vor ihm standen steife Holzfiguren, bemalt mit weißen Schnurrbärten und einer Art Grenadieruniform, die mich seltsamerweise an afrikanische Masken und auch an Totempfähle erinnerten.

Doch auf das, was sich mir darbot, als ich aus Zwickau hinausfuhr, war ich ganz und gar nicht vorbereitet. Überall um mich herum tauchten in der Dämmerung Halbkreise aus Lämpchen auf, als würden Kuppeln, wahre Kuppelmeere aus arabischen Städten märchenhaft erleuchtet. Allmählich wurde die Landschaft bergiger, so dass nicht nur neben, sondern auch über und tief unter der Landstraße halbe Lichtbögen aufblitzten. Am Straßenrand lag schmutziger Schnee, aber ich fuhr in ein Märchen aus Tausendundeiner Nacht. Ich zwang mich, mich auf die Kurven zu konzentrieren, doch mein Blick schweifte immer wieder zu den leuchtenden Bögen ab. Ich wusste, das waren *Schwibbögen*, denn ich hatte mich gründlich vorbereitet.

Schwibbögen!? fragte mich ein Rheinländer, als ich nach ein paar Tagen wieder westwärts gefahren war. Was um Gotteswillen sind Schwibbögen?

Er warf mir einen skeptischen Blick zu, voller Argwohn. Versuchte ich hier etwa mit einem albernen Begriff aus meinem drolligen niederdeutschen Dialekt das erhabene Maßwerk seines Hochdeutschen in den Schmutz zu ziehen?

»Reisen Sie einmal im Advent ins Erzgebirge«, sagte ich. »Sachsen reicht auch schon. Bei Einbruch der Dunkelheit fahren Sie dann mit Ihrem Auto von Dorf zu Dorf. Dort wird es eine halbe Stunde früher dunkel als bei uns an der Nordsee, man befindet sich auf demselben östlichen Breitengrad wie Pilsen und Prag. In den späten Abendstunden werden Sie Hunderte, Tausende von Halbkreisen um sich herum erblicken, und all diese Halbkreise bestehen aus Lichtpunkten. In jedem Dorf, in jeder Stadt, egal welche gottverlassene Straße Sie auch einschlagen, hauptsächlich dort entlang, aber auch an den größeren Achsen überall. An den Häuser, Kirchen, Büros, Fabriken …«

»Fabriken?«

Jetzt war ich endgültig bei ihm unten durch. Ich war ein verlogenes Subjekt, mit dem ein halbwegs ernsthafter Deutscher nichts zu tun haben wollte. Und er drehte mir demonstrativ den Rücken zu.

Woher sollte er auch wissen, dass seinerzeit in der DDR die Fabrikfenster mit anheimelnden Spitzengardinen geschmückt wurden. Na ja, Spitzen, natürlich aus Nylon, oder noch schlimmer. Und auch nicht die Fenster der Maschinenhallen, sondern Kantinenfenster oder die Fenster der Hausmeisterwohnung. Südlich von Annaberg-Buchholz habe ich ein abgewirtschaftetes Betriebsgebäude gesehen, dessen Fenster mit Gardinen und Schwibbögen geschmückt waren. Es war um den dritten Adventssonntag herum, denn so funktioniert die sächsische Zeitrechnung.

Verlässt man Sachsen, zum Beispiel Richtung Thüringen oder Sachsen-Anhalt, dann lässt sich eine exponentielle Abnahme der Anzahl Schwibbögen pro Kopf der Bevölkerung feststellen. Die Schwibbögen spuken in sächsischen Köpfen herum.

Kürzlich hat ein gewählter Volksvertreter freudenreich erleuchtete Schwibbögen an die Fenster seines Büros im Sächsischen Landesparlament gestellt. Das ging aber gar nicht. Man stelle sich vor, dass die Fenster, wie in kommunistischen Zeiten, mit volkseigenen Häkelarbeiten verschönert würden! So etwas konnte absolut nicht geduldet werden.

Für mich als Bewohner des Erzgebirges, erklärte der Volksvertreter, gibt es im Advent nichts Selbstverständlicheres als Schwibbögen. Doch Beamte des Landesparlaments drangen in sein Büro ein und entfernten mit harter Hand die Adventsbeleuchtung. Dieser Volksvertreter ist ein waschechter Liberaler. Für ihn ist das ein typischer Akt staatlicher Willkür. Bei den nächsten Wahlen in Sachsen werden ihm die unterschlagenen Lichterbögen zweifellos Tausende von Stimmen einbringen.

Aber was sind denn eigentlich diese Schwibbögen? Warum das ganze Theater wegen der paar Lichter, die man in einem Halbkreis ins Fenster hängt?

Die ersten Schwibbögen wurden um 1740 herum im westlichen Erzgebirge gebaut, in Johanngeorgenstadt, ungefähr zur selben Zeit, als die handwerkliche Spielwarenindustrie entstand. Beides, Bögen wie Spielzeug, hatten mit dem Bergbau zu tun. Seit Jahrhunderten wurden im Gebirge Zinn, Silber, Alaun, Blei und noch viele andere Schätze gefördert. Die Bergarbeiter bildeten eine eigene Klasse, mit eigenen Ritualen und eigener Tracht. Sie trugen einen Hut, der sehr an einen Fez erinnert, und ihre Jacken waren meist schwarz, die Farbe des Todes. Geschichten über Berggeister, mit denen nicht zu spaßen ist, gingen um, über Grubenmännchen, die zu geheimen Erzadern führen, deren Fundstelle man niemals verraten darf, sonst wird man von einstürzenden Bergtrümmern begraben. Es gibt ein weitverzweigtes Labyrinth von Industriemärchen, die, wie es mit Märchen nun einmal so geht, in leicht abgewandelter Form in aller Herren Länder erzählt werden, jedenfalls überall dort, wo man Stollen gräbt, vom Ural bis Wallonien, von der Schweiz bis Siebenbürgen. Eine der schönsten Erzählungen von E. T. A. Hoffmann, »Die Bergwerke zu Falun«, spielt in einem schwedischen Kupferbergwerk. Eine Variante dieser Geschichte – ein junger Bergarbeiter verschwindet an seinem Hochzeitstag bei einem Grubenunglück und wird Jahrzehnte später tot, aber völlig unversehrt, gefunden und von der inzwischen hochbetagten Braut geküßt, die ihr Lebtag auf ihn gewartet hatte – wurde in Ehrenfriedersdorf aufgezeichnet, einem Ort zwischen Chemnitz und der Silberstadt Annaberg. Nur soll sich die Geschichte aus dem Erzgebirge zwei Jahrhunderte vor der von Hoffmann ereignet haben. Später hat Hugo von Hofmannsthal den Stoff auch noch für die Bühne bearbeitet.

Jedes Jahr wurde kurz vor Weihnachten in dem Haus neben dem Schacht, in dem sich die Bergarbeiter immer sammelten, bevor sie unter die Erde gingen, mit Trank und Gesang der letzte Einstieg des Jahres gefeiert. Bei einem dieser Trinkgelage soll ein Schmied einen halbrunden Eisenbogen auf den Tisch gestellt haben, halbrund wie die Eingänge der niedrigen, in Handarbeit gegrabenen Stollen, und auf diesem Bogen sollen sieben Grubenlampen gebrannt haben. Bei diesem Fest im achtzehnten Jahrhundert schien zum ersten Mal Licht an einer Stelle, wo bei der täglichen Arbeit die Finsternis begann. Es war eine Offenbarung.

Jeder Bergarbeiter sehnt sich nach Licht. Einen Großteil des Jahres, und garantiert im Dezember, steigt er vor Sonnenaufgang hinab und kommt erst nach Sonnenuntergang wieder nach oben. Wochenlang sieht er keinen Schimmer Tageslicht. Dieser Drang nach Licht kann kaum unterschätzt werden. Nur einen oberflächlichen Betrachter kann es überraschen, dass ausgerechnet die dunklen Feiertage am Jahresende bei den Bergarbeitern so beliebt waren. Sie sehnten sich danach, sie lechzten nach dem hoffnungsverheißenden Licht von Advent und Weihnachten.

Seit mehr als hundertfünfzig Jahren gibt es im Erzgebirge keine Bergarbeiter mehr. Die Gruben sind heute Touristenattraktionen, aber das mächtige Verlangen nach Licht ist geblieben. Bergbau war nicht möglich ohne die Arbeit fähiger Zimmerleute. Die schweren, eisernen Schwibbögen wurden durch Holz und Holzschnitzereien ersetzt, und das ist bis auf den heutigen Tag so geblieben, hunderttausendfach.

Mit Bergarbeit allein konnte man seine Familie nie ausreichend ernähren. Deshalb hatten die Arbeiter oft einen Gemüsegarten und etwas Kleinvieh, manchmal auch einen kleinen Acker. Und sie bearbeiteten Holz. Nicht, weil sie zuviel Freizeit gehabt hätten, standen sie an der Drehbank, sondern aus reiner Not. Seit dem achtzehnten Jahrhundert wurde der Bergbau rasch unrentabel. Im Lauf des neunzehnten Jahrhunderts wurden die Gruben eine nach der anderen geschlossen. Im Dorf Seiffen beispielsweise wurde 1849 das Bergamt aufgelöst, anderswo war das schon früher der Fall.

Die Zahl der Holzdrechsler nahm exponentiell zu. Sie stellten Knöpfe, Feder- und Nadelschachteln her und erkannten schon bald, dass Spielzeug ein sehr gefragter Artikel war. Im

Jahr 1804 liest man von Häuschen, Schlössern, Kästen, Puppen, Kirchen, Ställen und Scheunen und Bergen mit *quickendem, bellendem, knarrendem Spielzeug.* Es bewegte sich also, und es machte Lärm. Baukästen, die Arche Noah mit vielen Tieren, bald auch Züge mit hölzernen Rauchfahnen, wurden zunächst in ganz Deutschland und später in der ganzen Welt verkauft. In der deutschen Spielwarenstadt schlechthin, im bayerischen Nürnberg, genossen die Produkte aus dem Erzgebirge hohes Ansehen. Ihre Qualität war beeindruckend, ihr Preis sehr niedrig. Deshalb waren die Spielzeugmacher auch bettelarm. Sie arbeiteten täglich zwölf bis fünfzehn Stunden. Kinderarbeit war eine Notwendigkeit. Als das Gesetz vom 30. März 1903 gegen Kinderarbeit in Familienbetrieben und in der Heimarbeit in Kraft trat, stieß es auf Unverständnis und Widerstand. Es ging wirklich um essen oder nicht essen. Wenn Kinder nicht arbeiten durften, geriet oft die ganze Familie in Not, gar in finsterste Not. In Krisenzeiten konnte das Familieneinkommen in kurzer Zeit bis auf ein Drittel des Normaleinkommens abstürzen, und die normalen Löhne waren sowieso schon Hungerlöhne.

Das Spielzeug, vor allem das Miniaturspielzeug, wurde zunehmend schöner. Man ging mit der Zeit: Autos, Zeppeline, Dampfboote und Flugzeuge kamen heraus. Seit eh und je gab es Holzsoldatenregimenter. 1914, nach Ausbruch des Ersten Weltkriegs, wurden verwundete Spielzeugsoldaten auf den Markt gebracht. Später erwuchs mit dem Blechspielzeug eine starke, aber nicht ruinöse Konkurrenz. Bis heute werden im Erzgebirge Unmengen prächtige Holzspielwaren hergestellt.

Um 1826 wird Stearin als Nebenprodukt des Verseifungsprozesses entdeckt. Billige, massenhaft produzierte Kerzen ersetzen die teuren Rapsöllampen und Wachskerzen. Die neuen Kerzen rauchen und tropfen weniger. Weihnachtsartikel wurden schon sehr lange hergestellt, doch erst jetzt läuft die Produktion richtig an. Am schönsten finde ich die Engel und die Bergarbeiter, die als Kerzenleuchter dienen. In jeder Hand tragen sie eine Kerze. Sie sind starr, hieratisch, naiv bemalt, und bei den Engeln wird sowohl der Busen wie die Taille stark betont. Engel sind also, entgegen jeglicher theologischer Auffassung, nicht geschlechtslos, sondern weiblich. Gleich nach den beiden kommt der *Nussknacker*, bekannt von, abermals, E. T. A. Hoffmann, aber auch von Tschaikowski. Es ist ein Grenadier aus dem neunzehnten Jahrhundert, und er knackt die Nüsse mit seinen langen Zähnen. Auch er wird steif und streng gestaltet.

Es ist bezeichnend, dass sowohl Spielzeug als auch Weihnachtsschmuck alle Regimes, die über Deutschland hinweggezogen sind, siegreich überlebt haben: das Königreich Sachsen, das vereinigte Kaiserreich, die Weimarer Republik, Hitlers Drittes Reich, die sowjetische Besatzung, die DDR, die Bundesrepublik – man kann sich nichts Verrücktes vorstellen, an dem das Erzgebirge nicht seinen Anteil daran gehabt hätte, inklusive mitmarschierender Truppeneinheiten. Die Nazis haben die große Schule für Holzbearbeitung gegründet. In der DDR wurde streng auf hohe Qualitätsstandards geachtet und 1981 der Volkseigene Betrieb VEB Kombinat Erzgebirgische Volkskunst, Olbernhau gegründet. Mein Lieblingsstück aus dieser Zeit ist eine hölzerne Miniaturausgabe der größenwahnsinnigen Berliner Stalinallee.

Im Spielzeugdorf Seiffen ist Advent vor allem ein Wirtschaftsbegriff. Ganze Busladungen Rentner werden in der Hauptstraße ausgekippt, Rudel von Greisen stürmen die Spielwarengeschäfte, sie kaufen und kaufen, von Montagmorgen bis Sonntagabend. Nicht dass es in Seiffen zu wenig Spielzeuggeschäfte gäbe, ich komme ohne besonders angestrengtes Suchen auf mehr als zwanzig, und das Dorf hat dreitausend Einwohner. Das heißt, ein Spielzeugladen auf hundertfünfzig Einwohner, und jeder Laden ist eine üppige Einnahmequelle. Seit kurzem gibt es einen Laden, der deutsche Weihnachtsprodukte *Made in China* anbietet. Der Besitzer ist nicht sehr beliebt. Ich dachte eigentlich, dass es in dieser Region nach Weihnachten sehr still würde, aber offenbar täusche ich mich. Es geht längst nicht mehr um Nussknacker, Schwibbögen oder Weihnachtsengel. Es geht um Kitsch, um Massen von Adventskitsch, je hässlicher, desto besser. Verstehen Sie mich bitte nicht falsch. Ich mag die Holzengel und Bergarbeiter und Nussknacker wirklich, und auch die Pyramiden. Ich liebe die sorgfältig gearbeiteten Baukästen und die schneidigen Schaukelpferde. Ich liebe sogar die ausgesägten Schwibbögen. Das alles ist für mich schön, ergreifend schön. Aber statt nussknackender Offiziere und errötender Engel verkaufen sie dort jetzt hölzerne Köche, hölzerne Krankenschwestern, hölzerne Kellner, hölzerne Lehrerinnen, hölzerne Weihnachtsmänner, hölzerne Apotheker, hölzerne strickende Omas, hölzerne Bahnhofsvorsteher, hölzerne Fischhändler, hölzerne Skifahrer, hölzerne Lederhosen, hölzerne Mönche, hölzerne Imker, hölzerne Piloten, hölzerne Schornsteinfeger, hölzerne Piraten, hölzerne New Yorker Nine-eleven-Feuerwehrleute, hölzerne Zollbeamte, hölzerne Schreiner, hölzerne Erdkundelehrer, und, das hätte ich in dieser protestantischen Gegend nicht erwartet, aber wir wollen mal nicht so sein, Deutschland ist Deutschland, sie verkaufen jetzt sogar einen hölzernen Papst.

Siehe auch: Karneval

Johann Sebastian Bach

Ich war sechs Jahre alt. Zweimal die Woche ging ich zu Fräulein Wouters in die Schapenstraat zur Klavierstunde, und ich ging gern. Fräulein Wouters bewohnte, wenn ich Paul Rodenko zitieren darf, der diese Worte kurz davor geschrieben hatte und die ich natürlich erst viel später las, ein *Haus aus Treppen und Klavieren*. Ich erinnere mich zumindest an zwei Flügel und zwei Klaviere, von denen eines aus unerfindlichen Gründen das stille Klavier genannt wurde. Ich erinnere mich vage an ein paar Katzen und an Dutzende von Komponistenporträts an den Wänden. Während ich wartete, bis ich an der Reihe war, und die anderen Schüler die Tasten quälen hörte, hatte ich reichlich Zeit, mir die Perücken, Brillen, Bärte, Jabots, Samtmützen und üppigen Schleifen einzuprägen. Wenn ich heute nur eine Note von Bach, Brahms, Schubert oder Wagner höre, sehe ich sofort das richtige Bildnis vor mir und weiß auch genau, wo es in diesem Klangkörper von Haus hing.

Jeder musste immer drei Stücke einüben, ich vermute, habe es aber nie überprüft, dass das der alten Methode des Pariser Konservatoriums entsprach. Wir nannten die drei immer in einem Atemzug: 'ne Etüde, 'nen Bach und 'n Stück. *Etüde*, das war das Feilen an der Technik: Czerny, später Cramer und schließlich Clementi. Bach, vom bekannten Notenbüchlein für Anna Magdalena über die *Inventionen* zum *Wohltemperierten*. *Das Stück* stammte in den ersten Jahren stets und ständig aus den *Classiques favoris*, einem von einem gewissen Théodore Lack zusammengestellten Handbuch, einem Herrn, der bereits als Achtzehnjähriger zum Klavierlehrer am Pariser Konservatorium ernannt wurde und diese Position siebenundfünfzig Jahre lang innehatte. In der Abteilung *Stücke* brachte ich es schließlich, Lack hinter mir lassend, bis zu den *Nocturnes* von Chopin und den Sonaten von Mozart und Beethoven, aber da war Fräulein Wouters bereits ein paar Jahre tot, und ich wurde von *Mademoiselle* Algoet unterrichtet, ihrer viel jüngeren Assistentin.

Alle Werktitel kannten wir selbstverständlich nur auf Französisch. Also hatte Czerny nicht *Die Schule der Fingerfertigkeit* geschrieben, sondern *L'Art de délier les doigts* und Bach war der Komponist von *Le clavecin bien tempéré*.

Zwölf Jahre lang habe ich mit Bach gelebt, tagein, tagaus. Bach war gut für die Finger, also spielte man jeden Tag Bach, in den ersten Jahren auf dem schwarzen Wohnzimmerklavier, das meine Patentante gekauft hatte, danach auf einem Gaveauflügel, den meine Eltern ins Haus holten. Das Wohnzimmerklavier hat mich all die Jahre begleitet. Heute steht es in meinem vorderen Zimmer. Es wurde von einer Berliner Firma G. Schwechten, Hof-Pianoforte-Fabrikant Sr. Königl. Hoheit des Prinzen Joachim Albrecht von Preußen, gebaut. Den strammen Preußen gelang es, Instrumente mit einem samtweichen Anschlag und Klang zu bauen. Mein Schwechten ist mehr als hundert Jahre alt, sein Gehäuse ist ziemlich zerkratzt, aber sein Klang ist noch immer gleich intim, silbrig, honigsüß, rein und zugleich leicht umflort, ein Klang wie das Lächeln eines Mädchens auf einem Absinthplakat. Später spielte ich Orgel in der Kirche. Eine Messe begleiten, was kann es schöneres geben? Man thront hoch über den Köpfen, direkt unter dem Gewölbe, man zieht die Register, man spielt drei einleitende Takte, und dann steigen die Stimmen empor, sie folgen dir, und du folgst ihnen. Die Begleitung wird improvisiert, jedesmal anders, jedesmal ist es ein Suchen und schnelles Entscheiden, so schnell, dass man sich dessen nicht einmal bewusst wird.

Um die Leute nach dem Gottesdienst aus der Kirche zu scheuchen, spielt man Bach. Mit allen Registern. Portato, damit das Gedröhne jedesmal wieder kurz entweichen kann, ins Kirchenschiff. Ich musste übrigens nicht nur geistliche Stücke von Bach spielen. Irgendeine englische Suite war auch in Ordnung, klang jedenfalls überraschend fromm, kein Mensch dort unten, dem es aufgefallen wäre. Und ich war erlöst von der widerspenstigen Pedalklaviatur. Die habe ich nie wirklich gut spielen gelernt.

Wenn man sich an so eine Orgel setzt, sie muss nicht einmal groß sein, fühlt man sich wie ein König. Das Anrecht auf diesen Thron habe ich verwirkt. Durch Faulheit. Pflichtvergessenheit. Dem Glauben der Väter den Rücken zukehren und damit auch den Kirchen, den Orgeln, den Gesängen. Und wenn man Jahre später zurückkehren möchte, nicht zum Glauben, sondern zur Musik, ist es zu spät. Euterpe duldet keinen Müßiggang. Keine Abstecher. Kein: jetzt passt es gerade nicht. Nur harten, treuen, täglichen Dienst will sie belohnen.

Und täglich gedient habe ich. Allein Bach. Auch in den Ferien. In meinem Leben habe ich bestimmt mehr als zweitausend Stunden mit Bach verbracht. Seine Musik mit meinem Fingern kostend. Eine Fuge oder ein Choralvorspiel entziffernd. Nach und nach die Struktur entdeckend. Echte Musiker, die diese Zeilen lesen, werden jetzt lächeln. Zweitausend Stunden. Das ist nichts. Gar nichts. Sie widmen sich jeden Tag sechs Stunden lang Bach. Acht Stunden. Das ergibt dreißigtausend Stunden bis an ihr Lebensende. Sechzigtausend Stunden. Mehr. Vor Neid und Scham beiße ich mir auf die Zunge, aber das kann ich keinem anderen als mir vorwerfen. Dann hättest du eben härter arbeiten müssen, mein Freund.

Diese armseligen zweitausend Stunden habe ich nie bereut. Pädagogen, die besorgt verkünden, so etwas sei nicht gut für die Kinderseele, es passe nicht zur kindlichen Lebenswelt – zur Hölle mit ihnen. Es versteht sich von selbst, dass das erste kleine Menuett, das meine steifen Vorderpfötchen dem Klavier entzogen, ein zweihundert Jahre altes Musikstück, nichts, aber auch gar nichts mit meiner Welt zu tun hatte. Aber es gibt ein Wunder namens Bach. Wirklich, Bach hat mein Leben verändert. Denn sobald ich die Tasten soweit gebracht hatte, dass sie meinen Fingern gehorchten und das Menuett erklingen ließen, und zwar jedesmal, wenn ich, der kleine Junge, es wollte – und zugegeben, es klang wacklig, aber es klang, und hörte nicht auf zu klingen – seit diesem *suprême moment* lebte Bach in meiner ganz persönlichen Welt. Und jedes Mal, wenn ich mir mühselig ein neues Stück erobert hatte, stieß Bach mir, gewissermaßen zur Belohnung, eine Tür auf, einen Riegel weg. Bach ist Entdeckung. Bach ist neue Freiheit.

Zu dritt stehen sie auf dem höchsten Gipfel des Musikgebirges: Mozart, Schubert, Bach. Aber der Größte der drei, der Mann, der dem Himmel ein klein wenig näher ist als die beiden anderen, die viel zu jung gestorben sind, der Größte von allen ist Bach.

Dies ist mein Traum: in einer Thüringer Kirche auf einer alten Orgel Partiten von Bach zu spielen. Die kleine Stadt draußen, es darf Mühlhausen sein oder Altenburg, liegt dann unter einer dicken Schneedecke, es friert Stein und Bein, die Sonne strahlt. Zwischen zwei Stücken höre ich Kinder toben, mit Stimmen so eisig wie der Frost, so schrill wie die Register, die ich ziehe. Wenn Thüringen nicht geht, ist Mecklenburg-Vorpommern auch gut, überschlanke Backsteingotik. Und Schnee. Ja, ich weiß, dass Bach nie dort gewesen und Backstein mehr etwas für Buxtehude ist, notfalls will ich auch dessen *Magnificat Primi Toni* zu Gehör bringen.

Nie, niemals wird mein Traum wahr werden. Nie, niemals werde ich meine Finger je so weit krümmen können, dass sie in der Lage sind, Bach würdig zu ehren. Deshalb will ich auf meinem Sterbebett die Arie für Sopran, Querflöte und Orgel aus dem ersten Teil der Johannes-Passion hören, gesungen von einer begehrenswerten, nackten Frau, mit kupfernem Haar, einer leicht aufgerauhten Stimme, fast der Ton eines tückischen Chorknaben:

> *Ich folge dir gleichfalls mit freudigen Schritten*
> *Und lasse dich nicht,*
> *Mein Leben, mein Licht …*

Wenn ich dann in den Himmel komme, erwartet mich dort der Thomaskantor, um meine Hände die Gesetze und den Rausch der Musik zu lehren. Und wenn ich in die Hölle komme? Die Hölle ist ein Leben ohne Bach.

Bavaristik

Mia san mia.

Rund samma, g'sund samma.

Bayerische Volksweisheiten

Ich will Bayern erforschen. Der Freistaat Bayern hat mehr Einwohner als Belgien. Seine Fläche ist kaum ein Zehntel kleiner als die der Benelux-Staaten, und seine Hauptstadt München ist weit größer als Amsterdam oder Brüssel.

Aber Bayern, das ist doch vollgestopft mit Weißwürsten, roten Köpfen, rabenschwarzen Katholiken, Bierhumpen, Blasorchestern, Lederhosen, lächerlichen Jankern, Geranien auf den Balkonen, gescheuerten Gehsteigen, gebohnerten Alpen, Kryptonazis, echten Nazis. Bayern, das ist garantiert das aller-, allerletzte Land, wo ich geboren werden möchte.

Wer ist denn um Himmels willen in Bayern geboren außer Bauern, Blechbläsern und Päpsten? Und Röhm? Und Himmler?

Bertolt Brecht zum Beispiel, in Augsburg. Henry, eigentlich Heinz, Kissinger, in Fürth. Er hat dort offenbar glückliche Kinderjahre verbracht, bis die Nazis die Macht ergriffen und seine Mutter beschloss, dass es vielleicht doch vernünftiger wäre, sich nach Amerika aufzumachen. Alois Alzheimer, geboren in Marktbreit. Richard Strauß, geboren in München, genau wie der unvergleichliche Komiker Karl Valentin, meiner Ansicht nach größer als Chaplin – besuchen Sie in München sein irrwitziges Museum – und wie der Maler Franz Marc. *Der Blaue Reiter* war eine Kunstgalerie in München. Wassily Kandinsky ging zuerst nach München, Paris kam erst später. Thomas

Mann wurde zwar im nördlichen Lübeck geboren, blieb aber hartnäckig in München wohnen, bis die Nazis ihn und die Seinen ins Exil trieben. Kurzum, Talent, Avantgarde, Genie auf jedem Gebiet der Kunst und Wissenschaften.

Höchst verwirrt rief ich die bayerische Landesvertretung bei der Europäischen Union in Brüssel an. Suchen Sie doch im Internet unter Ludwig-Maximilians-Universität, sagte der Mann am anderen Ende der Leitung müde. Ja, die sitzen in München. Da gibt es einen Lehrstuhl Bavaristik. Da sind sie an der richtigen Adresse.

Ich dachte, es gibt Amerikanistik und Afrikanistik. Es gibt Anglistik, Niederlandistik, Germanistik. Warum sollte Bayern zurückstehen müssen? Angenommen, Flandern erklärte heute seine Unabhängigkeit, ein unappetitlicher Gedanke, aber das tut im Moment nichts zur Sache, dann bekämen wir garantiert morgen einen Lehrstuhl Flandristik in Gent oder in Leuven. Polonistik ist ein seriöser Zweig der Geisteswissenschaften, man kann sein Examen in Bohemistik und Kroatistik machen, warum also keine Bavaristik? Auf, auf, ins weltweite Netz!

Wer ergründet die Tiefe meiner Enttäuschung, als ich folgende Mitteilung aufflackern sah: Es wurden keine mit Ihrer Suchanfrage – *Ludwig-Maximilians-Universität Bavaristik* – übereinstimmenden Dokumente gefunden. Sobald ich meine erste Enttäuschung überwunden hatte, dachte ich, Bayern hat doch mehr Universitäten, große, berühmte, altehrwürdige, und machte mich ans Werk. Keine einzige hat meine flehentliche elektronische Bitte beantwortet.

Ich fand etwas anderes. Die Bavaristik wird durchaus betrieben. Seit Jahren. Im Kabarett. Exzellente Sachverständige sind die Brüder *Biermösl Blosn* und Gerhard Polt. Ihre Witze sind gnadenlos. Der Gegenstand ist immer derselbe: ihre Heimat, Bayern, und in Bayern die allmächtige katholische Kirche und die allmächtige katholische Regierung. Sie sind Virtuosen der Selbstironie und als solche sind ihre Späße verwandt mit dem jüdischen Witz und dem »zwans«, dem Selbstspott der Brüsseler. Zum Beispiel über einen Politiker: Er ist ein ganz Großer – unter zwei Gartenzwergen. Was ist die unbefleckte Empfängnis der Heiligen Jungfrau Maria? Eine Frage der künstlichen Befruchtung. Sie organisieren regelmäßig Workshops für Bavaristik, denn ihre Sprache ist nicht jedem verständlich, der das Unglück hatte, nördlich des *Weißwurstäquators* geboren zu sein, und dazu gehören auch jede Menge Bürger des Freistaats Bayern.

Denn Bayern, so lehrt mich der Lehrgang Bavaristik für Fortgeschrittene, wird längst nicht nur von Bayern bevölkert. Im Freistaat leben vier offiziell anerkannte Stämme. An erster Stelle gibt es die Bajuwaren, also die eigentlichen Bayern, ansässig in Nieder- und Oberbayern, doch daneben gibt es seit alters her die Franken und die Schwaben.

Im zwanzigsten Jahrhundert ist ein vierter Stamm hinzugekommen, und er passte nahtlos zu den anderen drei Stämmen. Ich meine die Sudetendeutschen, die nach 1945 aus der Tschechoslowakei vertrieben wurden, noch bevor dieses Land eine kommunistische Regierung bekam. Dass die Sudetendeutschen so restlos ins bayerische Ganze aufgenommen wurden, darf ein Wunder genannt werden. In einem einzigen Jahr haben zwei Millionen Flüchtlinge, fast ein Viertel der damaligen bayerischen Bevölkerung, in einem Gebiet Einzug gehalten, das wie das restliche Deutschland zerstört, erschöpft und völlig gedemütigt war. Durch eigene Schuld, durch eigenen Hochmut, durch eigene Grausamkeit in nie zuvor gekanntem Ausmaß, das alles unterliegt keinem Zweifel, aber trotzdem, das Land lag in Schutt und Asche. Und dennoch ist die Integration gelungen.

Bayern ist also nicht massiv. Bayern ist kein Monolith.

Von Anfang an waren die Bayern ein Amalgam oder, für den, der sie nicht mag, ein Mischmasch, ein Sammelsurium, ein Durcheinander. In dieser Hinsicht gleichen sie fast allen anderen europäischen Völkern. Dennoch sind sie unverwechselbar. Zusammen mit Frankreich ist Bayern der erste Staat, der in der europäischen Geschichte als eigenständig erwähnt wird. Bayern ist also seit seinen allerersten Anfängen ein *politischer* Begriff, sicherlich keine ethnische Bezeichnung. Aber dieses politische Bayern war immer selbständig und zugleich Teil eines größeren Ganzen. Das war seine Existenzberechtigung seit seiner Entstehung, und das blieb auch so im Heiligen Römischen Reich Deutscher Nation, im Deutschen Kaiserreich nach 1871 und in der Weimarer Republik. Allein während der zwölf Jahre dauernden Naziherrschaft geht Bayern in Deutschland auf, obwohl Hitler gerade in München vom Nichts zu einem Begriff geworden war. Nach dem Zweiten Weltkrieg wird ein wiedergeborenes, selbständiges Bayern Teil der Bundesrepublik, aber nicht von ganzem Herzen. Das bayerische Parlament ist das einzige Länderparlament, das 1949 das föderale Grundgesetz nicht anerkannte. Im Rahmen der Europäischen Union sieht Bayern neue Chancen, größere Autonomie zu erlangen. Bereits seit den siebziger Jahren des zwanzigsten Jahrhunderts verfolgten führende Politiker wie Max Streibl, fünf Jahre bayerischer Ministerpräsident, das Ziel eines Europa der Regionen.

Bayern ist also älter als die meisten europäischen Staaten. Bayern ist älter als Deutschland. Von 1180 bis 1918 regierte die Dynastie der Wittelsbacher das Land. Es gibt wenige europäische Fürstenhäuser, die eine solche Bilanz vorweisen können. Am 1. Januar 1806 wird Bayern mit der wohlwollenden Billigung Napoleon Bonapartes ein Königreich. Genauso erlaubten die Franzosen, dass Bayern große Stücke aus den benachbarten Gauen herausbiss. Es durfte sein Grundgebiet mehr oder weniger verdoppeln. Franken und ein Streifen Schwaben wurden bayerisch und sind es bis auf den heutigen Tag. Bayern hat dafür einen blutigen Preis bezahlt. Napoleon forderte von dem jungen Königreich Soldaten für sein Heer. Aus dem russischen Feldzug kehrten dreißigtausend bayerische junge Männer nicht zurück.

Bei der Proklamation des Deutschen Kaiserreichs 1871, blieb der bayerische König Ludwig II. nicht nur König, sondern er ließ sich seine Zustimmung zur Thronbesteigung des Kaisers von Bismarck mit barer Münze abkaufen, mit hunderttausend Talern pro Jahr. Ludwigs Apanage reichte nicht aus, um seine märchenhaften Bauten, wie das Schneewittchenschloß Neuschwanstein und Paläste, wie Schloß Linderhof oder Herrenchiemsee zu finanzieren. Zur großen Freude von Modellbauern und Sammlern sollte Bayern bis 1920 seine eigenen Briefmarken herausgeben und seine eigene, separate Eisenbahngesellschaft, die Königlich Bayerischen Staats-Eisenbahnen, behalten.

Bayern ist ein reiches Bundesland. Bayern war ein armes Königreich. Die Wende kam nach dem Zweiten Weltkrieg. Davor war Bayern ein Agrarland. Zwar gab es Fabriken – Textilien in Augsburg, Porzellan in Franken, Elektroindustrie in Nürnberg, in München wurden Lokomotiven gebaut – aber ein Drittel der Erwerbsbevölkerung arbeitete in der Landwirtschaft. Bayern hat die Phase der Schwerindustrie fast vollständig übersprungen. Es hat also nicht für das mühsame Auslaufen von Kohle und Stahl gezahlt, die Trostlosigkeit sprang den Menschen nicht an die Kehle, wie es in verfallenden Industriehochburgen, wie dem Ruhrgebiet, Wallonien oder Nordengland, geschah. Die Bayern wechselten gewissermaßen direkt vom Acker in die weißen, glänzenden Paläste des postindustriellen Zeitalters. Zu dieser Entwicklung haben die Flüchtlinge aus der Tschechoslowakei einen wesentlichen Beitrag geleistet. Sie kamen nicht aus dem Kuhstall. Man hatte sie aus einem Land verjagt, das vor 1918 die Hälfte der industriellen Produktion der Donaumonarchie erbrachte, mit kaum einem Fünftel der Bevölkerung. Zwischen den beiden Weltkriegen war die Tschechoslowakei, zumindest der westliche Teil, die modernste Industrienation des Kontinents. Die Sudetendeutschen brachten ihr Knowhow in Sachen Technik, Organisation und Unternehmertum mit.

Bayern ist in der Luft- und Raumfahrtindustrie, der Elektronik und der physikalischen Grundlagenforschung überlegen, und natürlich auch in der Autoherstellung, mit den Nobelmarken BMW und Audi. Der Tourismus ist eine Goldader, vor allem in den Alpen und in München. München hat sein königliches Gehabe behalten, es wird seinen sehr sichtbaren Wohlstand behalten, es wird seine unerschütterlichen Traditionen behalten. Nichts von all dem wird verfliegen, denn in München stürmt es nicht. Die Berge und Dörfer der Alpen sind eines wie das andere wie aus einem Tourismusprospekt ausgeschnitten. Der Bayerische Wald ist bewaldete Gemütlichkeit. Das ganze Land strahlt eine gelassene, zufriedene Schönheit aus. Es gibt auch arme Bayern, aber der durchschnittliche Lebensstandard liegt mehr als fünfundzwanzig Prozent über dem Durchschnitt der Europäischen Union, nur sechs Prozent der erwerbstätigen Bevölkerung ist arbeitslos.

Ein Künstler, der heute in Berlin lebt und arbeitet, aber an dem überaus bayerischen Starnberger See aufwuchs, berichtete in der *Zeit* (Nr. 52, 2006, S. 18), dass er zu einem Klassentreffen fuhr. Vor Jahren war er aus Bayern geflohen, weg vom Stillstand, weg von der Idylle – es lebe das pralle Leben mit all seinen Brüchen, es lebe die Großstadt mit all ihren Konflikten. Die meisten seiner ehemaligen Klassenkameraden waren allerdings in Bayern hängengeblieben. Hängengeblieben? Zu seiner Überraschung stellte er fest, wie angenehm diese Menschen waren, wie ruhig und entspannt sie die Welt sahen. Alle waren auf eine zurückhaltende Weise selbstbewusst. Sie redeten nicht über die Gesellschaft, sie beschäftigten sich mit ihrem Leben. Der Künstler fand das herrlich. Eigentlich möchte er weg aus dem schmutzigen Berlin, einfach zurück nach Bayern.

Bayern haben jenseits ihrer Landesgrenzen oft den Ruf felsenfester Selbstzufriedenheit. Ich weiß nicht, ob dieser Ruf zu Recht besteht. Selbstzufriedenheit und Arroganz gehen Hand in Hand. Bayern zeigt ab und zu die abstoßenden Züge, die man in jeder europäischen Region beobachten kann, sobald sie sehr viel reicher ist als angrenzende Regionen. Vor kurzem protestierte Bayern gegen die Gesundheitsreform, die Angela Merkels große Koalition vorschlug. Bayern fand, dass es dann zuviel Geld an weniger begüterte Länder abgeben müsste, vor allem an das benachbarte östliche Deutschland. Die Hartherzigkeit des Reichen, sie zeigt sich in Katalonien, in Norditalien, in Flandern. Es ist kein Zufall, dass Politiker, die nach der flämischen Unabhängigkeit streben, sich ausgerechnet Bayern zum Vorbild nehmen. Ein Bayern an der Nordsee, so sehen sie Flandern. Dass das historischer Unfug ist, stört sie nicht, solange sie das arme Wallonien wegstoßen können. Da ist man in Bayern doch noch ein kleines bisschen anständiger.

Ich habe schon viele Bayern kennengelernt, die ganz selbstverständlich bayerisch sind und das Gegenteil von arrogant. Ganz im Gegenteil. Freundlich, hilfsbereit und höflich. Aber sie denken nicht daran, die Grundlagen ihrer Existenz – *Leberknödel, Haxe, Obazda, Weißwurst* – zu verleugnen. Und ihren Dialekt finden sie nicht hinterwäldlerisch. Ich weigere mich, mich von ihnen loszusagen. Warum sollte um alles in der Welt Berliner Dialekt cool und Bayerisch bäurisch sein? Warum sollten wir bei Weltmusik aus Pakistan oder dem Tschad dahinschmelzen, aber aus dem Saal rennen und kotzen, sobald gejodelt wird?

Ich habe einmal zwei stämmige Maiden aus dem Bayerischen Wald singen hören, eine dunkle und eine blonde, eine hässliche und eine hübsche, eine tiefe Stimme und eine durchdringende, aber beide gleich mächtig. Mikrophone, das ist was für Schwindsüchtige. Sie trugen das Dirndl über ihren Jeans. Ich verstand kaum ein Wort, zwischen zwei Jodelböen durch sprachen sie reinen Dialekt, aber eines war mir klar: Die Welt lag ihnen zu Füßen und das genossen sie in vollen Zügen, wie das Bier, das sie literweise schluckten. Aber Vorsicht, sie waren beide verheiratet, sie hatten Mann und Kinder. Ihre Kinder waren ihre Engel und den Mann, den musste man rechtzeitig füttern, denn mit so einem Kerl kann man einen Riesenspaß haben, da nahmen sie kein Blatt vor den Mund. Doch die übrige Zeit durfte er den Mund halten. Juchzend ließen sie jede Emanzipationstheorie in tausend Scherben zerbrechen. Unverwüstlich waren sie. Und sie lachten an erster Stelle über sich selbst.

Laptop und Lederhose, so definieren die konservativen Christdemokraten der CSU gern ihr Land, ihr geliebtes Bayern. Elektronik schließt Tradition nicht aus. Globalisierung und Lokalpatriotismus kann man versöhnen. Die Idee erscheint mir reizvoll, vor allem, wenn man, wie die Bayern, noch Wagenladungen voll Tradition und Lokalpatriotismus auf Vorrat hat.

Ich denke nicht, dass sich viele vernünftige Linke finden lassen, die den Laptop ablehnen. Ich denke nicht, dass sich viele vernünftige Linke finden lassen, die in einer Lederhose stecken oder ihren Busen in ein Mieder pressen möchten. Das wollte mir noch nie richtig einleuchten. Aber Lederhosen und Dirndl, das ist doch etwas Rechtes, ziemlich rechts, sogar schrecklich rechts! Das sagen dieselben Leute, die leidenschaftlich Dschellabas und Schleier verteidigen. Ist der Schleier nicht viel schlimmer, nämlich ein Zeichen des religiösen Fanatismus? Oder der Unterwerfung der Frau? Ich kann einfach nicht begreifen, dass Leute, die die vestimentären Schrullen ihrer zugewanderten Mitbürger für ein heiliges Menschenrecht halten, mitleidig lachen, oder, noch schlimmer, empört sind, sobald sie einen bayerischen Mitbürger in seinem bayerischen Sonntagsstaat sehen. Sind denn all die Kniebundhosen und Wadenstrümpfe out? Und der Schleier ist dafür in? Ich habe oberbayerische Bauern und Bäuerinnen in vollem Staat durch ihr Dorf spazieren sehen. Prachtvoll waren sie. Niemand war dort unterdrückt. Ein stolzes Volk, das schon, aber wer bin ich, dass ich ihnen Unrecht gäbe.

Sie wussten, was arbeiten heißt. Ihre Bauernhöfe strotzten vor Wohlstand. Und sie taten keiner Fliege etwas zuleide.

Der bayerische Schriftsteller Oskar Maria Graf, der Bäckersohn, der über ganz gewöhnliche bayerische Dorfbewohner berichtete, und gleichzeitig der Anarchist, der an der bayerischen Revolution von 1919 beteiligt, der Dramaturg am Arbeitertheater war, der 1933, weil die Nazis seine Bücher nicht ins Feuer warfen, mit diesen Worten lauten Protest anmeldete:

Diese Unehre habe ich nicht verdient! Nach meinem ganzen Leben und nach meinem ganzen Schreiben habe ich das Recht, zu verlangen, daß meine Bücher der reinen Flamme des Scheiterhaufens überantwortet werden und nicht in die blutigen Hände und die verdorbenen Hirne der braunen Mordbande gelangen.

Eine Episode, über die der andere große Bayer, Bertolt Brecht, ein wüst ironisches Gedicht schreiben sollte, das mit dem Befehl des in seiner Ehre verletzten Autors endet: Verbrennt mich! Oskar Maria Graf, der auf der Flucht vor der braunen Mörderbande schließlich in den Vereinigten Staaten landete, dieser Oskar Maria Graf lief immer, richtig, in *Lederhosen* durch New York. So groß war sein Heimweh. Ich habe ein Foto des Autors bei einer literarischen Lesung gesehen vor einem, davon kann man ausgehen, hochgebildeten, vernünftigen, intellektuellen Publikum. Er trug seine Lederhosen, der Verfasser des *Baye-*

rischen Dekameron und des *Großen Bauernspiegels.* Im Dorf Aufkirchen, wo Graf die Volksschule besuchte, hat man eine Bronzeskulptur zu seinem Gedenken aufgestellt. Da sitzt der unzähmbare Autor, ein waschechter Bayer, Dichter und Bauer zugleich, in einer Lederhose aus Bronze.

Siehe auch: Bertolt Brecht, Demokratie, Denkmäler, Wurstparadies

Bertolt Brecht

Im Radio war ein deutsches Lied, zwischen Brel, Barbara und britischen Balladensängern; in Nantes regnete es, tief hing der flämische Himmel zwischen Brügge und Gent. Und dann, ein ganz helles, zerbrechliches, deutsches Frauenstimmchen, lässig, ein bisschen schleppend

Surabaya-Johnny, warum bist du so roh?
Surabaya-Johnny, mein Gott, ich liebe dich so.

Lotte Lenya, sagte der Moderator, noch nie hatte ich den Namen dieser großartigen Frau gehört. Sagte er auch noch, dass der Text von Bertolt Brecht war? Ich weiß es nicht mehr. Wohl weiß ich noch, dass ich nichts aus meiner zunehmenden Bewegung, meiner Faszination, gemacht habe. Ich war siebzehn, mit Schulfreunden konnte man nur über Brassens, Brel, Boudewijn de Groot, Dylan, die Beatles und die Stones reden. Eine Sympathie für Deutsch behielt man ängstlich für sich.

Fünfzehn Jahre später. Ich bin gut dreißig, es ist Samstagnachmittag, ich schrubbe die Küche und höre mit halbem Ohr Radio. Auf einmal eine knisternde Aufnahme einer beinharten Männerstimme:

Und der Haifisch, der hat Zähne
Und die trägt er im Gesicht...

Natürlich kannte ich den genialen Evergreen von Kurt Weill, aber noch nie hatte ich Brecht selbst singen hören: diese messerscharfe Artikulation, hörbar bayerisch, schulmeisterhaft, zynisch und doch ungeheuer sensibel. Wie macht er das bloß?

1986 reisen L. und ich nach Ost-Deutschland. In Weimar kaufe ich *Lyrik der DDR*, eine ausgezeichnete Auswahl, und ich lese:

Das kleine Haus unter Bäumen am See
Vom Dach steigt Rauch
Fehlte er
Wie trostlos dann wären
Haus, Bäume und See.

Brecht, der Kommunist, Brecht, der dogmatische Theoretiker des epischen Theaters, Brecht, der Geldgeier und Weiberheld, der Brecht der grausamen Lieder schreibt eine Idylle über ein kleines Haus, Bäume und einen See. Das bringt mich so aus dem Konzept, dass ich mich auf seine Gedichte stürze, von der *Hauspostille* bis:

… In die Grube gelegt werden
Ohne einen Mundvoll guten Fleisches genossen zu haben
Ist unmenschlich …

Und auch wenn ich es, selbst nach jahrelangem Lesen und Wiederlesen, ablehne, mich als Kenner zu bezeichnen, bin ich doch unheilbar erkrankt an seiner Lyrik.

Bertolt *Brechts Hauspostille. Mit Anleitungen, Gesangsnoten und einem Anhange* kam 1927 heraus. Die Gedichte erregten sofort großes Aufsehen. Nach der Lektüre der *Hauspostille* soll sich Elias Canetti heftig seiner eigenen Gedichte geschämt haben.

Kurt Tucholsky schreibt in der *Weltbühne*, Bertolt Brecht sei zusammen mit Gottfried Benn das derzeit größte lyrische Talent in Deutschland: *… hier spricht ein Meister.*

Die ersten Gedichte aus dem kleinen Buch waren vermutlich schon 1916 geschrieben. Brecht wurde 1898 geboren, er war also knapp achtzehn, als er mit dem begann, was sein erstes poetisches Meisterwerk werden sollte.

1918. Das Deutsche Kaiserreich geht in Krieg, Hunger und Revolutionen unter. Mit seiner Clique von Busenfreunden und allerlei Freundinnen zieht Brecht durch die Kneipen und Straßen seiner Geburtsstadt Augsburg. Er spielt Gitarre, und die Freunde dichten kollektiv Zeile für Zeile. Wer gerade was schrieb, lässt sich heute nicht mehr feststellen, auch wenn die Freunde später zugegeben haben, dass das meiste doch von Brecht selbst stammte. Übrigens verbrach jeder aus dieser Gruppe einmal ein Gedicht für die Schülerzeitung. Sie wollten den bayerischen Bürgern einen Schrecken einjagen, diese jungen Leute, die selbst aus guten, bayerischen, bürgerlichen Familien stammten. Brechts Vater beispielsweise war Prokurist in einer großen Papierfabrik.

Deshalb ist es überhaupt nicht verwunderlich, dass Brecht nur wenige Jahre davor – in den Sommermonaten des Kriegsjahrs 1915 – Worte schrieb wie:

Die ehern schweren
Gesänge von Deutschlands siegender Größe …

Wir dürfen nicht mit den Schultern zucken, wir dürfen nicht überlegen lachen. Brecht war, wie fast alle deutschen Jugendlichen und Erwachsenen, völlig im Bann der kaiserlichen Kriegspropaganda. Und dennoch, dennoch, als ihm im Juni 1916, das ist nicht einmal ein Jahr nach der geschwollenen Phrase über Deutschlands siegende Größe, die Aufgabe gestellt wird, einen Jubelaufsatz über Horaz' Gedichtzeile *dulce et decorum est pro patria mori* (es ist süß und ehrenvoll fürs Vaterland zu sterben), jubelt er keineswegs:

44

Der Abschied vom Leben fällt immer schwer, im Bett wie
auf dem Schlachtfeld, am meisten gewiss jungen Menschen
in der Blüte ihrer Jahre. Nur Hohlköpfe können die Eitelkeit
so weit treiben, von einem leichten Sprung durch das dunkle
Tor zu reden, und auch dies nur, solange sie sich weitab von
der letzten Stunde glauben.

Das hier ist bereits der scharf formulierende Brecht, der Mann, der sich nichts anschmieren lässt. Außerdem hatte er einen Frontalzusammenstoß mit dem Lehrer, der die Aufgabe gestellt hatte, mit dem Direktorat, also mit dem ganzen Apparat des Königlich Bayerischen Realgymnasiums Augsburg. Um ein Haar wäre er von der Schule geflogen. Brecht veränderte sich rasend schnell. Wenig mehr als ein Jahr darauf, Ende 1917 oder Anfang 1918, schreibt er seine *Legende vom toten Soldaten*, die nach dem Krieg bei den deutschen Militaristen für Aufruhr sorgen wird.

Bereits die ersten, in die Notizbücher der Clique gekritzelten Gedichte enthalten die Keimzellen, aus denen Brechts spätere Dichtung hervorgehen wird. Nur ein weiteres Element wird später noch hinzugefügt. Aber wir finden bereits die Musik, Teamarbeit, Bibelsprache, freie und gebundene Reime durcheinander, und die illusionslose, objektivierende Bildsprache, eine Bildsprache, die sich mit Händen greifen lässt. Das kommunistische Engagement kommt erst viel später. Brecht hat nie ein Hehl daraus gemacht, dass er Luthers Bibelübersetzung viel zu verdanken hatte. Dass Luther *dem Volk aufs Maul* geschaut hat, als er beim Übertragen der Bibeltexte die deutsche Schriftsprache schuf, war natürlich für Brecht ein gefundenes Fressen. Das Wort *Hauspostille* hat er übrigens von Luther. Der bündelte seine Predigten in einer *Kirchen- und Hauspostille*. Das Wort ist von *post illa verba texta* abgeleitet, wörtlich: Text nach diesen Worten, Erläuterungen zu einem Bibeltext.

Bereits 1926 war bei Kiepenheuer, nach einer ausnehmend wirren Vorgeschichte, eine Fassung mit dem Titel *Taschenpostille* erschienen, in nur fünfundzwanzig Exemplaren; es ist eine der meistgefragten Antiquariatsraritäten des zwanzigsten Jahrhunderts.

Die *Taschenpostille* ist elf Mal fünfzehn Zentimeter groß; der Text ist zweispaltig angeordnet, schwarz mit roten Überschriften, kurzum, das Buch, natürlich in Dünndruck, hat alle Merkmale eines Taschenpsalters, einer Taschenbibel oder Taschenausgabe der *Imitatio Christi.*

Brecht beschränkt sich sehr bewusst nicht auf die lutherische religiöse Welt. Ein Teil bekommt im Gegenteil katholische Überschriften, »Bittgänge«, Prozessionen, katholischer geht es nicht, ein anderer Teil heißt »Exerzitien«, geistige Übungen. Brecht wusste sehr wohl, dass die *Exercitia spiritualia* vom Gründer des Jesuitenordens geschrieben worden waren.

Natürlich haftet diesen Gedichten kein Hauch von Frömmigkeit an. Und der Gegensatz zu den höchst privaten Auslassungen, die gefeierte deutsche Dichter wie Rilke in diesen Jahren verfassten, konnte nicht größer sein. Brecht wollte gerade, dass seine Gedichte das Unpersönliche, das Objektive, betonten. Er wollte ein unsentimentales, gottloses und trotzdem erbauliches Gebrauchsbuch. Also didaktisch, wie so oft bei Brecht. Aber es ist viel mehr.

Das Illusionslose und doch Freundliche, das Sinnliche und doch Sachliche, das Harte und doch Empfindsame, das Nüchterne und doch Musikalische, nur Brecht gelingt es, diese Elemente miteinander zu verbinden. Und wie. Es ist kein Zufall, dass der große Brechtkenner Jan Knopf seinem Handbuch von 1984 den Untertitel *Eine Ästhetik der Widersprüche* mitgibt.

Nicht umsonst hat Brecht den Text mit Gesangsnoten bereichert. Die Melodien schrieb er selbst, und er fand sie offenbar gut genug, um sie in sein Meisterwerk aufzunehmen.

Nur allzu gern trug er die Balladen aus der *Hauspostille* bei Freunden und in Kneipen vor, wobei er sich selbst begleitete. Vom Bühnenautor Carl Zuckmayer, dem Romancier Lion Feuchtwanger und dem Kritiker Herbert Ihering wissen wir, dass sogar die Tangotänzer in den Kneipen innehielten, wenn Brecht ein Lied anhob, und dass vor allem die Frauen nicht genug bekommen konnten von diesem nach Schweiß und billigen Zigarren stinkenden, unrasierten Männchen mit der heiseren Stimme, dem faustdicken bayerischen Akzent und den grausamen, manchmal fast animalischen und trotz allem zarten Liedern.

1921 sang Brecht auf dem Podium der Berliner »Wilden Bühne« eines seiner frühesten und derbsten Gedichte, die »Legende vom toten Soldaten«. Wegen dieses Lieds wagte es Kiepenheuer am Ende nicht, die *Hauspostille* in einer großen Auflage zu drucken. Einer der Geldgeber des Verlags, der sich selbst als *deutscher Mann* bezeichnete, forderte, das Buch solle ungedruckt bleiben. Das Gedicht handelt von einem gefallenen Soldaten, der von einer ärztlichen Kommission des Heeres ausgegraben und k.v. gestellt wird, *kriegsverwendungsfähig*.

Brecht gebraucht in diesem Lied Klischees aus deutschen Soldatenliedern und missbraucht das Vokabular der kaiserlichen Kriegspropaganda. Er schreckt nicht vor Worten wie *Kot* und *verwest* zurück, und der Soldat marschiert

… Wie ein besoffner Aff.

Der nationalistische, revanchistische Teil der deutschen Bevölkerung sollte Brecht von nun an mit unversöhnlichem Hass verfolgen. Er trat ihnen genau ins Gemächt, und das tat sowieso schon weh nach der schmachvollen Niederlage von 1918.

Die *Hauspostille* wurde von einem jungen Komponisten hypermoderner, unzugänglicher, tödlich ernster Musik verschlungen. Sein Name war Kurt Weill, er gehörte nicht zu Brechts Freundeskreis und war mit der aus Wien stammenden Tänzerin, Schauspielerin und Ex-Prostituierten Lotte Lenya verheiratet. 1927 bat Weill Brecht um die Erlaubnis, die leicht absurden »Mahagonnygesänge« aus der *Hauspostille* vertonen zu dürfen.

Die Zusammenarbeit von Brecht und Weill oder besser, die Symbiose der beiden, hat die Lieder möglich gemacht, die bis heute, sofort, unverkennbar, die zwanziger Jahre heraufbeschwören; die meisten, aber längst nicht alle, stammen aus der *Dreigroschenoper*.

Der gigantische Erfolg der *Dreigroschenoper* fiel nicht vom Himmel. Brecht hatte gleich erkannt, dass Weill viel besser komponieren konnte als er; wohl machte er weiterhin Vorgaben. Er ging auf jeden Fall davon aus, dass seine Gedichte gesungen werden mussten.

Schon seit der ersten, furchtbar chaotischen Aufführung am 31. August 1928 waren die Lieder der *Dreigroschenoper* echte Gassenhauer, die von kleinen Gaunern und Dienstmädchen gesummt, gepfiffen und gesungen wurden. Zwei Jahre später war die *Dreigroschenoper* bereits viertausendmal aufgeführt, auf mehr als hundert deutschen Bühnen.

Die Musik ist dem amerikanischen Jazz verpflichtet, der damals in Europa Furore machte, die Texte dem deutschen Kabarett; Brecht kannte es in- und auswendig, sowohl die Berliner wie die Münchner Bühnen. In München hatte er beispielsweise im Orchester des berühmten Karl Valentin gespielt, unbestritten einer der größten Komiker des zwanzigsten Jahrhunderts. Ein Brief von 1920:

… saß abends bis 11 im Kabarett bei Valentin und wälzte mich fast vor Lachen …

Auch die lakonischen, spitzen, respektlosen, frechen Texte von Tucholsky, Kästner oder Mehring kannte er gut, wie auch die Musik von Friedrich Holländer (»Ich bin von Kopf bis Fuß auf Liebe eingestellt«) und von Hanns Eisler – ja, auch Eisler hat außerordentlich gute Kabarettlieder komponiert.

Ich schreibe nicht gern, dass Brecht in einer großen Tradition stand. Das klingt zu muffig, zu formell; kraftvoll und geistreich, erneuernd, hinreißend vulgär, das war die Poesie, das war die Musik der Berliner und Münchner Kabaretts und Theater.

Nach dem Zweiten Weltkrieg wurde der abgerissene Faden wieder aufgenommen, in der Bundesrepublik, aber auch in der DDR. Als ich am 18. März 1990, an dem Tag wurden in der DDR die ersten Wahlen nach dem Fall der Mauer und zum letzten Mal vor der deutschen Wiedervereinigung durchgeführt, das Gebäude der Sozialistischen Einheitspartei Deutschlands am Ostberliner Werderschen Markt betrat, stand da vor einem proppenvollen Saal ein kurzgeschorener, grobknochiger junger Kerl, wie aus Eisen, in grauem Anzug, neben einem glänzenden schwarzen Konzertflügel und sang. Sarkastisch, scharf politisch, Brecht, Tucholsky und viele Lieder, die ich zum ersten Mal hörte, sein Begleiter hämmerte Dissonanzen aus dem Instrument. Herzzerreißend schön, das Beste, was uns Deutschland in diesem Jahrhundert geschenkt hat. Ein halbes Jahr später gab es die DDR nicht mehr.

In Brecht steckt viel mehr, viel mehr als Antimilitarismus, Provokation und Kommunismus.

Die Versuchung ist groß, jetzt in die meditative Trägheit einzutauchen, die Brecht in so vielen Gedichten ausbreitet.

Natürlich muss man auf dem Rücken liegen
So wie gewöhnlich. Und sich treiben lassen.
Man muss nicht schwimmen, nein, nur so tun, als
Gehöre man einfach zu Schottermassen.

Ich verweise auf das zweiunddreißig Zeilen lange »Vom Schwimmen in Seen und Flüssen«, weil es eines meiner Lieblingsgedichte ist und um zu zeigen, dass Brechts Register viel umfangreicher ist als das des genialen Bänkelsängers oder nihilistischen Asphaltpoeten. Brecht hat nicht übermäßig viele Naturgedichte geschrieben, sie sind allesamt vortrefflich, freundlich, faul, die Grenze zwischen Mensch und Umgebung existiert und wird aufgehoben.

Mit Brechts Sonetten ging jahrelang etwas Merkwürdiges vor sich. Bis 1982 blieben sieben von ihnen ungedruckt. Es waren pornographische Sonette, über die sonderbare Gerüchte in Umlauf waren. Als sie dann endlich veröffentlicht wurden, rümpften die Kritiker die Nase. Schande! Da sieht man's wieder, der kleine Bertolt gab mal wieder das überlegene Alphamännchen. Wieviel Prüderie steckte wohl hinter dieser unliterarischen Kritik? Brecht scheut Wörter wie Schwanz oder vögeln nicht, und er schreibt beispielsweise im neunten Sonett, dass er einer Frau das Vögeln beigebracht habe. Männliche Überlegenheit? Dass ich nicht lache. Frauen bringen Kerlen bei, wie sie ficken müssen, Männer lehren Frauen, wie sie vögeln müssen, und Talent wie Lerneifer sind sehr verschieden. Brecht beschreibt sich selbst übrigens als Lieferant eines Schwanzes, der Lust verschaffe. Er fragt die Frau:

dass du untertauchst
In deinem eignen Fleische ...

Aber das ist noch harmlos. Wer etwas wirklich Derbes lesen möchte, nehme sich das »Lehrstück Nr. 2« vor, die Ratschläge einer alten an eine jüngere Hure. Obwohl es kein Sonett ist, steht es in den *Augsburger Sonetten*. Zum Beispiel die sechste Strophe:

Nicht immer ist es schmackhaft, ungesalzen
Sich einen bärtigen Schwanz ins Maul zu stecken ...

Und womöglich noch derber, hier ist Brecht wirklich der König der pornographischen Dichtung, oder vielleicht der Räuberhauptmann, sind die danach folgenden Strophen (7 bis 16). Zum Beispiel die neunte:

Für unsereinen ist es eine harte Nuss
Sieht sie, dass ihre Fotz zu weit wird (wie bei mir)
So dass ein Mann gar nichts mehr spürt bei ihr
Und er sich um den Schwanz ein Handtuch wickeln muß
...

Man findet sie in der großen kommentierten Ausgabe, Band 11, auf S. 328, aber nicht in *Die Gedichte von Bertolt Brecht in einem Band*, zumindest nicht in der sechsten Auflage von 1990, die ich besitze. Erbärmliche, jämmerliche Scham, heute noch, obwohl doch allgemein bekannt ist, dass Brecht wie ein absolutistischer Herrscher die ihn umringenden Mösen regierte.

Der amerikanische Professor John Fuegi hat nachgewiesen, dass Brecht nicht nur alle Frauen beschlief, die sich in seiner Reichweite befanden, er ließ sie auch noch lange Seiten seines Werks schreiben. Dass Brecht ein Schuft und zugleich ein unwiderstehlicher Weiberheld war, ich glaube nicht einmal, dass er es hätte leugnen wollen. Ich begreife übrigens nicht, warum Professor Fuegi sich so darüber erregt, dass die arme, proletarische Grete Steffin dem zum Opfer fiel, ich verstehe es sofort. Aber all die anderen Frauen – erwachsene, intelligente, für ihre Zeit ungewöhnlich gut ausgebildete Frauen wie Elisabeth Hauptmann, Ruth Berlau und Helene Weigel – warum ließen die es widerstandslos zu, Jahr für Jahr, dass dieser magere, ungewaschene kleine Dichter sie schamlos ausbeutete? Sie hätten ihm doch ins Gesicht lachen können. Sie hätten ihm doch den Laufpass geben können. Es gab genug Frauen, die das getan haben, die Brecht haben sitzen lassen, wenn es ihnen zu bunt wurde. Marianne Zoff zum Beispiel, seine erste gesetzlich angetraute Ehefrau, hat ihm nach viel Elend die kalte Schulter gezeigt und ist mit dem Schauspieler Theo Lingen über alle Berge. Oder noch besser, Hedda Kuhn; sie setzte Brecht resolut vor die Tür, sobald sie mitbekam, dass er sich mit nichts weniger zufrieden geben wollte, als ihrer vollständigen, bedingungslosen Unterwerfung.

Schon Jahre vor 1933 warnte Brecht seine Mitbürger vor dem Nationalsozialismus. Und noch viel früher hatte er bereits das militaristische, nationalistische Deutschland verabscheut, und dieses Deutschland hasste ihn ebenfalls. In der zweiten Hälfte der zwanziger Jahre bekam Brechts viszerale Abneigung eine politische Richtung. Er las Marx und stellte sich entschieden an die Seite der Kommunisten, ohne je Mitglied der KPD zu werden. Selbst als er nach dem Zweiten Weltkrieg in der DDR lebte, hat er nie einen Parteiausweis besessen. Wohl besaß er, schlau und ewig misstrauisch, einen österreichischen Pass, ein Schweizer Bankkonto und einen westdeutschen Verleger.

1931 publiziert er in der *Illustrierten Roten Post* »Das Lied vom SA-Mann«. Es ist kein Lied gegen den SA-Mann. Brecht analysiert, wie Hunger und Not (es fängt an: »Als mir der Magen knurrte«) Arbeiter dazu treiben, auf ihre Brüder zu schießen. Er nimmt das Gedicht in *Lieder Gedichte Chöre* auf, in denen auch ausgesprochen didaktische, kommunistische Texte mit Titeln, die an Deutlichkeit nichts zu wünschen übrig lassen, zu finden sind: »Lob des Kommunismus«, »Lob der Partei«, »Lob der illegalen Arbeit«.

Literaturkritiker sagen oft, dass Brecht hier tief gesunken sei, und sie können nicht verstehen, wie sich der große Dichter für platte Propaganda hergeben konnte. Dem kann ich mich nicht anschließen. Sind die Gedichte etwa schlecht geschrieben? Oder sagen die Kritiker, sie seien schlecht geschrieben, weil sie nicht mit dem politischen Inhalt einverstanden sind? Das ist das Erste. Und das Zweite, was den politischen Inhalt angeht: Es hat mehr als genug Schriftsteller und Dichter gegeben, die viel zu spät oder gar nicht reagiert oder die mit den Nazis gemeinsame Sache gemacht haben – apropos tief gefallen. Drittens, die Kommunisten waren keine unbedeutende Splittergruppe. Noch bei den Reichspräsidentenwahlen von 1932 holte der Kommunist Ernst Thälmann in Berlin 29 Prozent der Stimmen, Hitler nur 23 Prozent. Zum Schluss doch noch eine literarische Bemerkung: Finden wir die Ilias hässlich und verwerflich, weil Homer die Grausamkeiten und Launen der barbarischen Feldherren in den höchsten Himmel lobt?

Auf der berüchtigten schwarzen Liste von Personen, die verhaftet werden sollten, sobald die Nazis die Macht ergriffen hätten, steht Brecht schon 1923 an fünfter Stelle. Am Tag nach dem Reichstagsbrand 1933 flüchtet er aus Deutschland. 1935 wird ihm die deutsche Staatsbürgerschaft entzogen. Er hatte

... durch ein Verhalten, das gegen die Pflicht zur Treue gegen Reich und Volk verstößt, die deutschen Belange geschädigt ...

Die Gedichte, die Brecht seit 1933 im dänischen Svendborg im Exil schrieb, zeugen von einer politischen Weitsicht, die an Hellseherei grenzt. Sehr präzise beschreibt er die Gräuel, die Frauen, Männer, Kinder, Städte, Dörfer und Häuser in seinem geliebten Deutschland treffen werden und die Gräuel, die sein Vaterland anderen Ländern antun wird. Kein Jahrzehnt später hat er schon Recht bekommen. Allein das sollte uns zu großer Bescheidenheit ermahnen, wenn wir über Brechts Verhältnis zum Kommunismus sprechen.

1934 erscheint bei Editions du Carrefour in Paris der Gedichtband *Lieder Gedichte Chöre*. Über das Saargebiet werden dreitausend Exemplare nach Deutschland geschmuggelt. Für diese Sammlung hatte Brecht eng mit dem Komponisten Hanns Eisler zusammengearbeitet, der wie Brecht, wie Weill, wie Lotte Lenya, aus seinem Vaterland hatte fliehen müssen. Eisler hat nicht jedes Stück, das im Notenanhang des kleinen Buches steht, komponiert. Schon früher hatte Brecht Texte auf populäre Melodien geschrieben, hier griff er auf allseits bekannte Psalmen aus dem Lutheraner Gottesdienst zurück. Zum Beispiel auf »Lobet den Herren«.

Lobet den Führer, den jeder durch Mark und
durch Bein spürt!
Dort ist der Sumpf
Und hier erwarten wir dumpf
Dass uns ein Führer hineinführt!

In diesem Band steht auch der vielleicht schönste Liederzyklus des zwanzigsten Jahrhunderts, die Wiegenlieder für proletarische Mütter. Die dänische Schauspielerin Ruth Berlau, eine der vielen Mitarbeiterinnen und Geliebten Brechts (das fiel meistens zusammen), hörte die Lieder zum ersten Mal von *der Weigel*, gesungen in einem dänischen Wohnzimmer. Sie schreibt, dass junge Leute hemmungslos laut zu weinen begannen und Jahre danach keiner der Zuhörer, die damals, 1933, dabei gewesen waren, dieses Erlebnis je hatte vergessen können.

Von Hanns Eisler wissen wir, dass dieses politische Liederbuch von ihm und Brecht bewusst als eine Sammlung von Volksliedern konzipiert wurde, weil die Nazis die große deutsche Volksliedtradition monopolisierten und dadurch deformierten. Die Übergänge von den herrlichsten romantischen Melodien zu den drohendsten Märschen, sind überaus trügerisch, deshalb war es wichtig, dass genau zu diesem Zeitpunkt Lieder von Brecht und Eisler nach Deutschland geschmuggelt wurden.

Brecht selbst hat ausführlich über Rhythmus, Metrum und Musik geschrieben. Er erfand sogar ein eigenes Wort für die neue Musik, die zu seinen Gedichten passte, er nannte sie *Misuk*, Töne für eine neue Zeit, und vor allem für seine Konzeption von Rhythmus. Hanns Eisler schreibt darüber:

> *Es ist für einen Musiker schwer, Misuk zu beschreiben. Sie ist vor allem nicht dekadent und formalistisch, sondern im höchsten Grade volkstümlich. Sie erinnert am ehesten an den Gesang arbeitender Frauen in Hinterhöfen an den Sonntagnachmittagen. Ich hoffe, Brecht richtig zu interpretieren, wenn ich ferner feststelle, dass Misuk eine Kunstart sein will, die das vermeidet, was zum Beispiel bei Sinfoniekonzerten und Opern oft eintritt: Gefühlsverwirrung. Denn Brecht war nie bereit, sein Gehirn an der Garderobe abzugeben.*

Brecht misstraut regelmäßigem Rhythmus.

In »Über reimlose Lyrik mit unregelmäßigen Rhythmen« analysiert er bis ins kleinste Detail einige seiner Rhythmusschemata. Er verweist auf das Rufen der Markthändler und demonstrierender Arbeiter, und er führt genau vor, wo sich die Spannungen zwischen Metrum und Sprechduktus auftun, wo man den Versfuß verlängern oder eine kurze Pause einfügen muss. Ihn fasziniert ein Film, in dem Fred Astaire auf den Maschinenlärm in einer Fabrikhalle tanzt, und er vergleicht den Lärm einer modernen Stadt mit Jazz.

Formlosigkeit verabscheute Brecht; Unregelmäßigkeit lobte er dort, wo sie die Dynamik des Textes vorantreibt. Er geht davon aus, dass die Haltung oder der *Gestus* das Sprechen und

Schreiben bestimmt. Im *Buch der Wendungen* sagt er über einen imaginären Dichter:

Er wandte eine Sprachweise an, die zugleich stilisiert und natürlich war. Dies erreichte er, indem er auf die Haltungen achtete, die den Sätzen zugrunde liegen: Er brachte nur Haltungen in Sätze und ließ durch die Sätze die Haltungen immer durchscheinen. Eine solche Sprache nannte er gestisch, weil sie nur ein Ausdruck für die Gesten der Menschen war.

Brecht weiß auch genau, wo und warum er Reime einsetzt. Er reimte mühelos, aber er schrieb querbeet gereimte und reimlose Gedichte. Schon in der *Hauspostille* steht »Morgendliche Rede an den Baum Green« ohne jede Spur von Reim. Die reimlosen *Buckower Elegien* ähneln trügerisch der Sprechsprache, aber kurz davor handhabt er in dem kindlich schönen »Friedenslied«, einer sehr freien Bearbeitung von Pablo Nerudas völlig reimlosem »Paz para los crepúsculos« (*Canto general*, 9, VI) das Verfahren des unterbrochenen Reims (abcb).

Nach seiner Rückkehr aus Amerika, der letzten Station seines Exils, schrieb Brecht intensiver als je zuvor Lyrik, nicht nur überraschend einfache Gedichte, wie die *Kinderlieder*, die von Hanns Eisler vertont werden sollten, sondern auch ungewöhnlich lange Werke. Brecht bedauerte, dass die Kunst, ein Epos singend vorzutragen, verloren gegangen sei. Die einundvierzig Strophen von »Der anachronistische Zug oder Freiheit und Democracy« (ja, englisch) und die zweiundfünfzig von *Die Erziehung der Hirse* wurden von Paul Dessau vertont.

»Der anachronistische Zug« ist von Percy Bysshe Shelleys »Masque of Anarchy« inspiriert. Shelley lässt die Anarchie auf einem blutbefleckten Schimmel durch das hungernde, unterdrückte England reiten; Brecht lässt die noch kaum geschlagenen, alten deutschen Dämonen durch Deutschland ziehen, einem Kreuz hinterher, dem die Haken überklebt wurden, und hinter morschen Tafeln mit der Inschrift *Freiheit und Democracy*. Brecht war fest davon überzeugt, dass in der Bundesrepublik der alte Staat mit seinen alten Dienern in Ehren wieder eingesetzt worden war, unter amerikanischer Aufsicht, geschmückt mit amerikanischen *democratic* Symbolen. Deshalb marschieren dort graue Herren aus den Vorständen, Patres, Wissenschaftler, Dichterfürsten, die nach Lorbeerkränzen schreien, Frauen mit gerafften Röcken, SS-Männer, Richter, Journalisten, kurzum, alles Leute, die die Nazis geduldet und ihnen gedient hatten. Die Nachkommen werden auf Leichenwagen mitgeführt. In den letzten zwei Strophen folgen nur noch Ratten dem Zug durch die Ruinen. Dieses Gedicht klingt wahrhaft sinnbetäubend, wie Paul Dessau es weinen und wimmern lässt. Es ist unglaublich roh, der Gesang ist wie Schrott, die Begleitung wie Split.

Die Erziehung der Hirse wurde als angebliche Lobeshymne auf die Kollektivierung verketzert. Es ist ein fast naives Epyllion, ein kleines Epos, das der sozialistischen Arbeit huldigt. Der Nomade Tschaganak Bersijew aus Kasachstan stellt der Kolchose seine Erfahrung als Hirsebauer zur Verfügung. Dem alten Nomaden gelingt es entgegen aller Vorurteile, die Ernteerträge spektakulär zu steigern, auch, weil er den guten Rat der Sowjet-Akademie der Wissenschaften beherzigt. Am Ende wird die Hirse zum Grundnahrungsmittel der Soldaten in der Roten Armee, die das Vaterland gegen den deutschen Aggressor verteidigen.

Es sind zweiundfünfzig Bilder wie aus einem Kinderbuch; mit geschickter Hand bringt Brecht leichte Striche an, Konturen, summarische Figuren. Der Autor wollte den Sprachlosen, die in den Fabriken und auf den Feldern arbeiten, eine Stimme geben. Groteskes Geschwafel, sagten westdeutsche Kritiker; Ode an Stalin, war auch zu hören. Der Name Stalin kommt in der

Tat einmal in dem Gedicht vor; aber nur, wer es sehr oberflächlich liest oder mit großen Scheuklappen, sieht Ähnlichkeiten mit Reden von Walter Ulbricht oder mit Arbeitersprechchören. Es hat nichts Pompöses, nichts Geschwollenes, nichts von der zuzementierten Sprache der Apparatschiks; Brecht vermeidet peinlichst die große Geste, das einzig Große ist das Thema. Er vermeidet noch etwas: Mit keinem Wort erwähnt er die Hunderttausende, die während Stalins Kollektivierungskampagne am Hunger krepiert sind.

Walter Benjamin schreibt, dass Brecht ihn 1938 ein Gedicht zu Ehren Stalins habe lesen lassen und zugleich seine Zweifel über die Entwicklungen in der Sowjetunion geäußert habe. Sollten sich die Verdächtigungen, die seit geraumer Zeit kursierten, jemals bewahrheiten, dann müsste dieses Regime offen bekämpft werden, sagte Brecht. Um diese Zeit wurde sein Freund und Mentor Sergej Tretjakow von einem Volksgericht verurteilt und hingerichtet, was Brecht schmerzlich getroffen hat. Er schreibt darüber das Gedicht »Ist das Volk unfehlbar?« und jede Strophe, außer der letzten, endet mit der Frage: *Gesetzt, er ist unschuldig?* Die letzte Strophe besteht aus zwei Zeilen: Jener Frage und *Wie mag er zum Tod gehn?*

Als 1956 Stalins Untaten auf dem Zwanzigsten Kongress der Kommunistischen Partei der Sowjetunion bekannt gemacht wurden, hat Brecht mit Stalin abgerechnet, unter anderem mit diesen starken, sehr Brechtianischen Zeilen:

Der genialste Schüler Lenins
Hat ihn aufs Maul geschlagen.

Aber dem Sozialismus, dem DDR-Sozialismus, ist er bis zu seinem letzten Atemzug treu geblieben. Wer denkt, er hätte sich nach dem Arbeiteraufstand vom 17. Juni 1953 gegen das Ulbricht-Regime gewandt, der irrt. Brecht hat in diesen Tagen öffentlich, in der Zeitung *Neues Deutschland*, der SED seine Verbundenheit ausgesprochen. Er hatte eine tödliche Furcht, dass der Faschismus selbst nach dem Krieg noch bis ins Herz der sozialistischen DDR nachwirken könne. Sein berühmtes Gedicht »Die Lösung« wurde im Westen allzu leicht als versteckte Anklage gegen die DDR gelesen.

Nach dem Aufstand des 17. Juni
Ließ der Sekretär des Schriftstellerverbands
In der Stalinallee Flugblätter verteilen
Auf denen zu lesen war, dass das Volk
Das Vertrauen der Regierung verscherzt habe
Und es nur durch verdoppelte Arbeit
Zurückerobern könne. Wäre es da
Nicht doch einfacher, die Regierung
Löste das Volk auf und
Wählte ein anderes?

Das war Brechts Reaktion auf einen selten beschränkten Text des Parteidichters und Mitglieds des Zentralkomitees der SED, Kurt Barthel, in der Parteizeitung *Neues Deutschland*, ein Text, der übrigens auch von anderen in der DDR öffentlich kritisiert wurde. Dennoch weiß man nicht, was Brecht signalisieren wollte. Mit den Leuten, die im Westen nur allzu begierig nach dem Untergang des ersten sozialistischen Staates auf deutschem Boden Ausschau hielten, wollte er nichts zu tun haben. Sich der Kritik zu enthalten, das lag ihm auch nicht. Gefahr für Leib und Leben herauszufordern, noch viel weniger. Er schrieb sich meisterlich heraus. Wie er auf eine nächste Revolte in einem sozialistischen Land reagiert hätte, wissen wir nicht. Brecht war bereits vor dem ungarischen Aufstand 1956 gestorben.

Für mich ist Brecht einer der größten Dichter, wenn nicht der allergrößte. Zotige Sprichwörter hat er geschrieben, drastische

Gassenhauer, klare, kluge Volkskunst, das war seine Absicht, er hat es mehr als einmal gesagt.

Im zwanzigsten Jahrhundert ist er der Einzige, der in Zusammenarbeit mit den allerbesten Musikern Gedichte geschrieben hat, viele Gedichte, Dutzende, die den Vergleich mit der großen deutschen Liedtradition bestehen können. Zugänglich, nicht leicht, intelligent, nicht intellektualistisch. David Bowie übernimmt sie, Louis Armstrong blies sie auf seiner Trompete.

Das von mir und so vielen anderen verachtete und lächerlich gewordene *Volkstümliche* ist nicht ungefährlich. Einst kam es in Begleitung von Stiefeln. Noch heute schwappt es hektoliterweise aus dem deutschen Radio, wenn auch ohne Stiefelknallen. Aber selbst wenn es bis in die klebrigsten Abgründe des Kitsches hinabsteigt, baut es doch direkt auf einer wahrhaft großen Tradition auf, auf Bürger, auf *Des Knaben Wunderhorn*, auf Uhland oder Heine, auf Brahms, Mendelssohn und Schubert. Das ist heute nicht anders als zu Brechts Lebzeiten, nur gibt es zum Glück viel weniger Nazis, die davon Missbrauch machen könnten.

Wo das Volkslied etwas Kompliziertes einfach sagt,
sagen die modernen Nachahmer etwas Einfaches
(oder Einfältiges) einfach. Außerdem wünscht das Volk
nicht tümlich zu sein.

Von Luther hat Brecht die Kombination strenger, gemeißelter Sprache mit dem bäurischen, rülpsenden Deutsch übernommen. Gerade diese Eigenschaft der deutschen Sprache, für die sie seit dem Kaiserreich von Millionen verabscheut wird, ich meine das Laute, Brüllende, Brutale, weiß Brecht für das zarteste Zerbrechliche zu nutzen. Fromm und frei schreibt er über die schlimmsten Gräuel, nichts oder niemand nimmt er aus, und gerade dadurch ist er, ach, fast heiter.

Ab und zu, man wagt es kaum hinzuschreiben, schleicht ein Hauch trostreicher, taoistischer Schläue in seine Zeilen. Eines seiner schönsten erzählenden Gedichte ist übrigens die »Legende von der Entstehung des Buches Taoteking auf dem Weg des Laotse in die Emigration«, ein Gedicht, in dem nach Walter Benjamin nicht nur der Weise, der weiß, und der Zollbeamte, der wissen möchte, sondern vor allem die Freundlichkeit wichtig ist, die Freundlichkeit, die sich die alten chinesischen Weisen selbst in den blutigsten, den finstersten Zeiten bewahrt haben sollen, die einen dazu bringt, das Größte zu tun, als sei es das Geringste, die den Abstand zwischen Menschen nicht aufhebt, sondern belebt.

Dieses Verständnis finde ich das Allerwichtigste bei Brecht. Er will nicht nur selbst freundlich sein, er rät es auch seinem Sohn, er rät es seinem Volk.

Dabei wissen wir doch:
Auch der Hass gegen die Niedrigkeit
Verzerrt die Züge.
Auch der Zorn über das Unrecht
Macht die Stimme heiser. Ach, wir,
Die wir den Boden bereiten wollen für Freundlichkeit,
Konnten selber nicht freundlich sein.

Schon in der Hauspostille steht das Gedicht »Von der Freundlichkeit der Welt«. Die Welt wird beschrieben als:

… voller kaltem Wind …

Aber eine Frau mummelt ein nacktes Kind ein, und ein Mann nimmt das Kind an die Hand.

Am Ende seines Lebens schreibt Brecht ein rebellisches Gegenlied:

Soll das heißen, dass wir draußen bleiben,
Ungeladen in der Kälte sitzen müssen,
Weil da große Herrn geruhn, uns vorzuschreiben,
Was da zukommt uns an Leiden und Genüssen?

Aber es endet mit der Zeile:

Und die Welt uns endlich häuslich einzurichten!

Ja, häuslich. Brecht hatte sehr bequeme, man kann schon sagen reaktionäre Vorstellungen von den einfachen Dingen seiner Umgebung. Alte Möbel wollte er, neue fielen auseinander, bevor sie eine Geschichte hätten. Einen saftigen Lendenbraten auf dem Tisch, Roggenbrot, Käse vom großen Laib, einen Krug kühles Bier, heißt es in einem späten Gedicht. Gerade diese Vorliebe für das Einfache, Konkrete in Reichweite macht Brechts Gedichte konkret.

Nicht lange vor seinem Tod fasste er all das einmal in dem überaus simplen Gedicht »Vergnügungen« zusammen. Simpel? Der Kenner Jan Knopf widmet dem Gedicht mindestens sechs Spalten. Als letztes Vergnügen nennt Brecht *freundlich sein.* Das kommt von einem notorischen Weiberhelden, von einem, von dem Thomas Mann bedauernd sagte: Man muss anerkennen, das Scheusal hat Talent; von dem Mann, den W. H. Auden für einen der wenigen Menschen hielt, die die Todesstrafe verdienten, ja, Auden wollte Brecht notfalls selbst hinrichten. Brecht, der revolutionäre Marxist, Ex-Nihilist, schreibt kurz vor seinem Tod über die Freuden des Lebens:

Der erste Blick aus dem Fenster am Morgen
Das wiedergefundene alte Buch
Begeisterte Gesichter
Schnee, der Wechsel der Jahreszeiten

Die Zeitung
Der Hund
Die Dialektik
Duschen, Schwimmen
Alte Musik
Bequeme Schuhe
Begreifen
Neue Musik
Schreiben, Pflanzen
Reisen
Singen
Freundlich sein

Siehe auch: Bavaristik, Demokratie, DDR, Hölderlin, Mauer, Özdamar, Sorben, Tucholsky

Clärchens Ballhaus

Das Haus hat den Kaiser und die Nazis überlebt, es hat die Kommunisten überlebt, mehr noch, zu DDR-Zeiten erlebte es seine größte Blüte. Ob es die kapitalistische Zeit unversehrt übersteht, wird sich noch zeigen, die neuen Besitzer respektieren es, zumindest vorläufig. Clärchens Ballhaus ist eben nicht von dieser glattpolierten, keimfreien Welt, die ständig Moral mit Hygiene verwechselt. Nicht, dass es sich um ein Bordell oder eine Schmuddelecke handelte, bei weitem nicht, es ist viel mehr, wie soll ich sagen, es ist früher und heute zugleich, wo findet man noch so etwas?

Allein schon wie es dasteht, in der Berliner Auguststraße, nicht in der Häuserfront, sondern ein bisschen zurückgesetzt. Was ist denn daran so auffallend, werden Berlinkenner fragen, Hinterhöfe gibt's doch überall. Mit Hinterhöfen hat Clärchens Ballhaus nichts gemein, es versteckt sich ein bisschen verlegen hinter einem ziemlich kümmerlich bewachsenen Vorgarten.

Klein ist es nicht, in Berlin sieht man selten etwas Kleines. Man nehme nur die Fassade. Die ist nicht, wie in allen sanierten Straßen, weiß oder vornehm perlgrau, nicht mitteleuropäisch rosa oder gelb. Sondern einfach grau. Altersschwach. Abgebröckelt. Man sollte nicht vergessen, dass vor nicht mal zwanzig Jahren noch die halbe Stadt so aussah. Heute sind sie selten geworden, diese mitleiderregenden Fassaden im alten Ost-Berlin, die nur noch der Putz zusammenhält.

Ein trüber Novemberabend scheint mir ideal, dieses Kleinod zu bewundern. Ein guter Freund, zwar ein Belgier, aber er wohnt schon seit Jahren in der Stadt, hat mich in einer lauen Septembernacht hingeführt. Wir schlüpften durch einen Seiteneingang hinein. Irgendwo über unseren Köpfen gab eine Frauenstimme ruhig, aber bestimmt den Takt eines Musikstücks vor. Wir stiegen die Treppe hinauf. Zwischen schweren Vorhängen sahen wir einen Saal aus einer längst vergangenen Zeit. Sehr heutige junge Leute waren dabei, Tanzschritte zu üben. Die Musik war gerade noch hörbar. Hautenge Jeans versuchten dem Rhythmus zu folgen. Über einem Hosenbund wölbte sich ein schwangerer Bauch. Auf Tischen in den Ecken standen Kandelaber mit brennenden Kerzen. Romantik wogte über uns hinweg.

»Unten wird auch getanzt«, flüsterte mein Begleiter. Im Vestibül am Fuß der Treppe hing ein riesiger Kronleuchter. Auch er hatte das verheerende zwanzigste Jahrhundert überlebt, jedoch nicht unversehrt. Wir fragten uns, ob die Glühbirnen seit der Wende schon einmal ersetzt worden waren.

Wir betraten den Saal im Parterre. Es war zu schön, um wahr zu sein. An den Wänden standen, quer, Küchentische und Stühle. Auf den Tischen weiße Leintücher, Kerzen, aber hier auf Flaschen gesteckt. Dazu Gläser, Rotwein. Später wurde mir erzählt, dass hier früher Tischtelefone gestanden haben sollen, von denen aus man bei den anderen Tischen anrufen konnte. »Fräulein, darf ich bitten?« Aber die Tischtelefone sind verschwunden. Auf den Stühlen Menschen jeden Alters. An den Wänden schimmernde Lamellen, senkrecht hängend, sanft bewegt. Lange Neonröhren in ausgeblichenen Pastelltönen werfen Licht auf die Lamellen. In der Mitte ein riesiger, leerer Tanzboden. Vorn ein Podium, auf dem ein halbes Dutzend junger Leute mit irgendetwas Elektronischem beschäftigt ist. Einer von ihnen zaubert aus einem tragbaren Computer unverfälschte, sehr altmodische Tangotöne.

Langsam füllte sich die Tanzfläche. Sie kannten die Schritte, aber tangotanzende Deutsche, das hat doch immer etwas von einem Vorderradantrieb. Dachte ich. Seit Jahren. Bis sich in Clärchens Ballhaus ein vierschrötiger Mann und eine stämmige Frau von ihren Stühlen erhoben, zweifellos Ostler. Das konnte nicht gut gehen. Leicht aufeinander gestützt begannen sie zu gleiten. Sagte ich, gleiten? Zu schwerfällig, das Wort. Wo sie vorüberkamen, war die Schwerkraft aufgehoben. Am Boden zerstört sah ich ihnen nach. Sobald ich mich auf die Tanzfläche wage, verzaubert mich ein böser Geist in eine Kreuzung aus Besenstiel und Mastschwein. Die beiden dicken Ossis jedoch waren in ein vierfüßiges, geschmeidiges Tier verwandelt. Ab und zu knallte der Mann martialisch mit den Absätzen auf den Boden, um zu verhindern, dass sie gen Himmel entschwebten.

Alle anderen Tänzer waren jung, schlank und athletisch, alle trugen die passenden knapp sitzenden Jacketts oder die passenden, ein wenig aufreizenden Kleider. Die beiden steckten in Genähtem aus einem volkseigenen Textilkombinat. Und strahlten dennoch intime Erotik aus. Mein Freund sagte: »Komm, nichts wie weg, sonst fange ich noch an, mitzutanzen.«

Meine unheilbar schwergängigen Beine folgten ihm. Draußen war es kühl geworden. Wir wurden von der Nacht verschluckt.

An einem Sommertag sitze ich am Ufer des Müggelsees. Vom Wasser her sind Stimmen zu hören. Drei Frauen schwimmen vorbei, gemütlich plaudernd. Siebzig werden sie sein, vielleicht ein bisschen jünger, und alle drei sind splitterfasernackt. Da schwamm die Unschuld des Ostens. Da schwamm die Freiheit der Stadt hinter der Mauer.

Siehe auch: Demokratie, Mauer, Palast der Republik, Landolf Scherzer

Demokratie

Demokratie kann man einem Land nun einmal nicht von außen her vorschreiben. Demokratie kann man nie mit Gewalt aufzwingen. Diese zwei Sätze sind schon geraume Zeit fester Bestandteil einer wohlmeinenden westeuropäischen Argumentation, jedes Mal, wenn das Wort Demokratie mit anderen Kulturen in fernen Regionen – altmodisch ausgedrückt, in wärmeren Gefilden – in Verbindung gebracht wird. Man hört die zwei Sätze in kaum wahrnehmbaren Variationen aus dem Mund kluger, vernünftiger, verschiedene Zeitungen lesender, nuanciert denkender, sich als links einschätzender Menschen, vor allem heute, wo sich im Irak Tag für Tag die Blutbäder in einer nicht enden wollenden, infernalischen Serie wiederholen.

Aber auch zahlreiche andere, die nicht den geringsten linken Makel an ihrem Körper vertrügen, die bei allem, was auch nur im entferntesten nach links riecht, sich würgend die Nase zuhalten, selbst sie werden vollmundig zustimmen, nein, Demokratie von außen vorschreiben, Demokratie mit Waffengewalt aufzwingen, das kann nie gut gehen.

Ich bin durchaus der Überzeugung, dass man ein demokratisches System, mit dauerhaft positivem Resultat, importieren kann. Ich glaube auch felsenfest, dass man mit Hilfe von Bombern, Panzern und Soldaten die Demokratie in einem Land herbeiführen kann, auch wenn die Einwohner anfangs absolut nichts davon wissen wollen. Im Laufe des zwanzigsten Jahrhunderts haben die Amerikaner, ja, hoch verehrte Freunde von links, diese Cowboys, diese Puritaner, diese unerträglichen Imperialisten, genau das zweimal durchgezogen, beide Male mit großem Erfolg. Ich übertreibe nicht, wenn ich sage, mit absolutem Erfolg.

68

Vor sechzig Jahren hat die alliierte Luftwaffe Deutschland nahezu in die Steinzeit zurück bombardiert. In Hamburg, Köln, Dresden, Berlin und vielen kleineren Orten konnte man die ganze Stadt überblicken, wenn man sich einfach auf einen Stuhl stellte, natürlich unter der Voraussetzung, dass ein Stuhl übrig geblieben war.

Wenige Jahre später, 1949, schrieben die Amerikaner in den westlichen Besatzungszonen die Demokratie vor. Die Bundesrepublik wurde geboren. Bis heute ist Deutschland eine Demokratie geblieben.

Deutschland ist sogar ein Musterbeispiel einer stabilen Demokratie.

Mache ich es mir zu einfach, weil Deutschland doch ein westeuropäisches Land ist? Das ist eine Bemerkung aus heutiger Sicht. Vor 1949 waren Millionen von Deutschen alles andere als überzeugt davon, dass ihr Land westlich wäre, es gibt mehr als genug unwiderlegbare Argumente für die Annahme, dass sie das genaue Gegenteil glaubten. Aber gut, nehmen wir das andere Beispiel. Die Amerikaner warfen zwei Atombomben auf das Kaiserreich Japan. Damit verübten sie das schrecklichste Kriegsverbrechen, das je in der Menschheitsgeschichte begangen wurde. Anschließend zwangen sie den Japanern die Demokratie auf, und siehe da: das neue Regierungssystem, mit dem das Land der aufgehenden Sonne keinerlei historische Erfahrung hatte, wuchs sich zu einem recht gut funktionierenden, parlamentarischen System aus. Von einem Tag auf den anderen war der Kaiser kein Gott mehr, und daher auch nicht mehr allmächtig. Ein ganz gewöhnlicher Premierminister hat dort das Sagen, zumindest, solange es der Wähler erlaubt. Davor standen die Japaner in ganz Ostasien im Ruf schauriger Leuteschinder, Vergewaltiger und Menschenschlächter. Das demokratische Japan hat seine sadistischen Triebe vorbildlich beherrscht. Beherrschen müssen.

Ich behaupte nicht, dass die Amerikaner ein drittes Mal Erfolg haben werden. Ich stehe unerschütterlich hinter dem Beschluss, für den sich die deutsche und die französische Regierung damals entschieden, unerschütterlich auch hinter meiner eigenen Regierung, der belgischen, die durch ihre Weigerung, sich in einen aussichtslosen und gefährlichen Konflikt hineinziehen zu lassen, mit Strömen amerikanischen Hasses und vor allem Verachtung übergossen wurde. Ich bin gegen den Krieg im Irak und glaube keine Sekunde lang, dass die Amerikaner zwischen Tigris und Euphrat eine funktionierende Demokratie hinterlassen werden, auch wenn ich in diesem Fall sogar Raum für einen dünnen Streifen Zweifel lassen möchte, vielleicht geschieht das nahezu Undenkbare doch noch. Aber dass es in Japan und Deutschland gelungen ist, daran besteht kein Zweifel.

In einer Orgie von Massenmord und grausamer Gewalt, alliierter Gewalt, alliiertem Massenmord, wobei die Amerikaner die Regie führten, wurde den Deutschen und Japanern die Demokratie eingebläut. Und sie behielten sie bei, die Demokratie, zur allgemeinen Zufriedenheit der jämmerlich gebrannten und geschlagenen Deutschen und Japaner, vor allem aber zur nicht geringen Erleichterung der ebenfalls gebrannten und geschlagenen Bürger in den Nachbarländern. Alle früheren Versuche, Deutschland zu demokratisieren, waren jämmerlich gescheitert.

Selbst während der Revolution 1848/49, als das allererste gemeinsame deutsche Parlament in der Frankfurter Paulskirche, wenn auch mit knapper Mehrheit, ein ziemlich demokratisches Grundgesetz verabschiedete, scheiterte der Versuch kläglich, die deutschen Fürstentümer zu einem einzigen, alle einschließenden Staat zu vereinen, der durch eine liberale Konstitution die Bürgerrechte und Bürgerfreiheiten garantieren sollte. In anderen Ländern forderten bürgerliche Liberale die verfassungsmäßigen Freiheiten ein. Die deutschen Demokraten in Frankfurt strebten gezwungenermaßen zwei Ziele an: Freiheit und Einheit. Das eine konnte man nie ohne das andere erreichen. Zudem waren die deutschen Länder in der Vergangenheit, anders als Frankreich oder England, nie zu einem echten Einheitsstaat zusammengewachsen. Die Einheit des Landes und damit einhergehend demokratische Institutionen, das war zu hoch gegriffen. Viel zu hoch. Freiheit und dazu noch Einheit, das konnte nie gelingen.

Heute ist es kaum vorstellbar, aber 1945 war Demokratie in Deutschland alles andere als normal. Die deutsche Republik, die sich demokratisch nannte, sollte ein Gegenentwurf zu der amerikanischen Schöpfung namens Bundesrepublik sein. Der Bonner Staat, wie Bertolt Brecht den westlichen Teil Deutschlands nannte, wurde von den Führern der jungen, östlichen Deutschen Demokratischen Republik von Anfang an als eine neue amerikanische Bedrohung, neben der alten faschistischen, gesehen. Und außerdem wurde im Westen, in der genauso taufrischen Bundesrepublik, der erste Kanzler Konrad Adenauer offen der Kanzler der Alliierten genannt.

1933 und in den Jahren, die zum Zweiten Weltkrieg führten, wurde der Autor Thomas Mann international als Stimme und Repräsentant des demokratischen Restdeutschland, des Deutschland der allerhöchsten Kultur gesehen, manch einer sagte auch: des wahren Deutschland. Dass die Nazis weniger wahre Deutsche gewesen sein sollen als Thomas Mann und seine begabten Verwandten, entspricht leider nicht der Wirklichkeit. In diesen Jahren und den Jahren darauf, sogar bis auf den heutigen Tag, sind nicht wenige Ausländer davon überzeugt, dass jeder dem Anschein nach freundliche und höfliche Deutsche sich eines bösen Tages als das entpuppen könnte, was, irgendwo auf der Höhe von Bauchspeicheldrüse und Nebenniere, tief in ihm steckt – als Nazi.

Es ist nicht befremdlich, dass die Nazis mit aller Macht versuchten, Thomas Mann auf ihre Seite zu ziehen. Unter den ersten Büchern, die verbrannt wurden, war kein Einziges des Großmeisters. Thomas Manns Bruder Heinrich hätten die Nazis am liebsten zusammen mit seinen Schriften ins Feuer geworfen, das war kein Geheimnis. Aber dass der Nobelpreisträger von 1929, der Schöpfer so vieler echter deutscher Meisterwerke, dass ausgerechnet dieser Olympier die Nazis tief verachtete, das hatten sie nicht erwartet, oder genauer gesagt, das hatten sie nicht erwarten wollen. Sie wollten, dass Thomas Mann sich auf ihre Seite schlägt. Er dachte nicht im Traum daran. Und da die Nazis in der Regel bekamen, was sie wollten, wussten sie dieses eine Mal nicht recht, wie ihnen geschah.

Thomas Mann suchte seine Zuflucht in der Emigration, nicht wie sein aufsässiger Bruder bei Deutschlands Erbfeind Frankreich, sondern in der kreuzbraven Schweiz, wo die Bürger, wie man weiß, auch ein paar Brocken Deutsch sprechen. Beide Brüder sollten sich später in den Vereinigten Staaten von Amerika wiedertreffen.

Die Nazis liefen Thomas Mann nach wie ein Schoßhund einem fetten Braten. Natürlich sah ein hyperintelligenter Schurke wie Goebbels auch, dass das neue Reich so gut wie die gesamte lebende deutsche Kultur ins Ausland oder ins Konzentrationslager jagte, bis auf wenige, wie etwa Heidegger und Gottfried Benn, der Letztgenannte auch nur in der Anfangszeit. Als der größte, lebende deutsche Maler, der hochbetagte Max Liebermann, von der Dachterrasse seines Wohnhauses am Pariser Platz nach Hitlers Wahlsieg die triumphierenden SA-Männer hinter ihren Fackeln unter dem Brandenburger Tor durchmarschieren sah, soll er in plattem Berliner Dialekt gesagt haben: *Ick kann jarnich soviel fressen, wie ick kotzen möchte.* Das fasste die Haltung zusammen, die die meisten Geistesgrößen der deutschen Kultur vertraten. Insoweit sie noch nicht verhaftet waren, verließen sie in hellen Scharen ihr geliebtes Vaterland und gingen nach Prag, nach Paris, nach Amsterdam, nach Moskau. Thomas Mann zog nach Zürich. Liebermann konnte noch in Berlin sterben, 1935. Mit achtundachtzig Jahren.

Für den, der heute auf diese Ära zurückblickt, wirkt Thomas Mann als der fleischgewordene demokratische Anstand. Dass in ihm einst ein anderer Thomas Mann gesteckt hat, überfordert unsere Vorstellungskraft. Und dennoch, es hat ihn gegeben, den Thomas Mann, der die Demokratie den Verfall des Staates nannte, der meinte, dass die Demokratie Gift für das deutsche Wesen sei, den Thomas Mann, der die Ungleichheit der Menschen bejubelte und den Gleichheitsgedanken verabscheute, den Thomas Mann, der den Feudalismus gegen das verteidigte, was er als *fortschrittliche Entartung* bezeichnete, dieser Thomas Mann hat sein überwältigendes Talent dazu verwendet, um Polemiken zu verfassen, scharf wie ein Skalpell und schwer wie ein Vorschlaghammer, dieser Thomas Mann hat all seine Dämonen entfesselt, um die Demokratie als verfault herabzusetzen. Ein Beispiel von vielen: »Der Glaube an die Demokratie ist eine geistige Unterkunft um jeden Preis, ist Obskurantismus.« Ein weiteres Beispiel: »Das ›feudale Prinzip‹, jede Art Konservatismus, der religiöse, monarchische, nationale, sittliche, wirtschaftliche, jede Widersetzlichkeit gegen fortschrittliche Entartung und Zersetzung, wurzelt im Grund und Boden, und ist der natürliche Gegner jenes anderen, des demokratischen Prinzips, des Prinzips der Menschenrechte, welches nirgendwo wurzelt, außer in der ›Vernunft‹.« Und noch eines: »Ich bekenne mich tief überzeugt, daß das deutsche Volk die politische Demokratie niemals wird lieben können, aus dem einfachen Grunde, weil es die Politik selbst nicht lieben kann, und daß der vielverschrieene ›Obrigkeitsstaat‹ die dem deutschen Volke angemessene, zukömmliche und von ihm im Grunde gewollte Staatsform ist und bleibt.«

Also ist nach Thomas Mann Demokratie Gift und der autoritäre Staat gut für die Deutschen, besser gesagt, sie wollen nichts lieber als eine autoritäre Regierung. Das verspricht nichts Gutes! Er hält sein Versprechen, wie es nur ein Genie kann.

Zwischen dem Ende des Ersten Weltkriegs und Hitlers Machtübernahme lagen nicht einmal volle fünfzehn Jahre. 1918, dem letzten Jahr dieses für Deutschland fatalen Kriegs, erscheint eine Reihe von Aufsätzen, von denen einige bereits 1916 und 1917, also vor dem Waffenstillstand, publiziert waren. Der geniale Romancier überlässt sich ungehemmt, sprühend, fauchend vor Hass, kochend vor Empörung, Wutausbrüchen, Schimpfkanonaden, Standpauken und benebelnden deutschen Finsternissen. Wer heute Thomas Manns *Betrachtungen eines Unpolitischen* liest, wird die Frage nicht umgehen können: Wie war es nur um Himmels willen möglich, dass Thomas Mann den Nazis nicht in die Arme gefallen ist?

1918, als Adolf Hitler nicht mehr als ein namenloser kleiner Gefreiter war, der in verräucherten Münchner Bierhallen an den Stammtischen seine wundersamen Erlebnisse an der Front bei Ypern zu erzählen wusste, hatte, in derselben Hauptstadt des gerade erst dahingeschiedenen Königreichs Bayern, der bekannteste Schriftsteller von ganz Deutschland auf mehr als fünfhundert kompakt gedruckten Seiten die härtesten, bittersten, gröbsten Ideen zusammengeschrieben, die den Bedarf der damals noch nicht existierenden Nazis in den nächsten Jahren decken konnten. Bis auf einen Schlüsselbegriff: Antisemitismus. Aber Rassismus liegt immer auf der Lauer, auch wenn ich mich weigere, ein Schriftstück, das vor nahezu einem Jahrhundert verfasst wurde, nach heutigen Maßstäben zu messen. Als Apologie eines hohe Maßstäbe setzenden, aristokratischen Staates sind die *Betrachtungen* unerreicht. Sie sind so gut geschrieben, dass man sich ab und zu selbst zur Ordnung rufen muss. Kraftvoll zerrt einen der Autor mit hin zu dem übelriechenden Abgrund der Antidemokratie.

Man muss die Zitate nicht einmal aus dem Zusammenhang reißen, um erschüttert zu sein. Sie verdrängen sich gegenseitig, das eine ist giftiger und eloquenter als das vorhergegangene. »Der politische Geist als demokratische Aufklärung und ›menschliche Zivilisation‹ ist nicht nur psychisch widerdeutsch; er ist mit Notwendigkeit auch politisch deutschfeindlich, wo immer er walte.« Oder dieses: »Der Fachmann aber ist sachlich, das heißt unpolitisch, das heißt undemokratisch.«

Ist dies der demokratische Halbgott, der wenige Jahre darauf der kollektiven braunen Geistesverwirrung mit dem messerscharfen Rapier seiner unvergleichlichen Feder zu Leibe rückte? Das ist derselbe Mann, aber, das sollten wir niemals aus dem Blick verlieren, er stand in den Jahren des Ersten Weltkriegs nicht allein, im Gegenteil. Seine Vorstellungen wurden von tausenden, zehntausenden Intellektuellen des kaiserlichen Deutschland (und Österreichs) geteilt, von Protestanten, Katholiken, Freidenkern, Juden, ihre Zahl war nicht zu messen. Einzig Thomas Mann besaß das Genie, die Gedanken, die uns heute – jetzt, wo wir zurückblicken können – mit Grauen erfüllen, präziser, klarer, mit viel größerer Schlagkraft als seine Mitstreiter aufzuschreiben. In jedem Winkel witterte er Feinde. Und dennoch gab es davon bitter wenige innerhalb der Grenzen der zwei kriegsführenden Kaiserreiche. Es ist schwer zu glauben, was für ein *Rausch* die Massen in Deutschland damals benebelt hat. In seinem Meisterwerk *Die Welt von Gestern,* beispielsweise, verleiht Stefan Zweig seiner tiefen Enttäuschung Ausdruck, als er 1914 mit wachsendem Unglauben mitansehen muss, wie deutsche und österreichische Intellektuelle in hellen Scharen blutrünstig mit den schlimmsten Kriegstreibern heulen. So verrückt war Thomas Mann nun doch wieder nicht. Aber er steht durchaus voll und ganz hinter dem deutschen

Kriegstreiben. Defätisten verachtet er. Vor allem auf einen von ihnen richtet er das Brennglas seines Hasses, auf einen anderen, großen, berühmten Schriftsteller, auf seinen Bruder Heinrich.

Ein Großteil dieses Werks ist als direkter Angriff auf seinen schreibenden Bruder gedacht, auf Heinrich Mann, links, frankophil, ein unversöhnlicher Gegner des autoritären Kaiserreichs. Die wechselseitige Abneigung war bitter. Mit der Zeit grüßten sich die Brüder auf der Straße nicht mehr. Die Streitschrift ging jedoch viel weiter und tiefer als eine rein persönliche Abrechnung. Schon in der Vorrede stellt Thomas Mann den *Geist* der Politik gegenüber. Für ihn gibt es keinen Zweifel: Politik und Menschlichkeit werden nie miteinander ausgesöhnt werden können. Für ihn verbinden sich damit eine Reihe anderer, ihm zufolge genauso unversöhnlicher Gegensätze: Kultur versus Zivilisation, Seele versus Gesellschaft, Freiheit versus Wahlrecht (ja, sicher) und, den überraschendsten, Kunst versus Literatur. Er duldet keine Doppeldeutigkeiten. »Deutschtum, das ist Kultur, Seele, Freiheit, Kunst und *nicht* Zivilisation, Gesellschaft, Stimmrecht, Literatur.« Etwas weiter spricht er von dem »… unsterblich wahren Gegensatz von Musik und Politik, von Deutschtum und Zivilisation«.

Diesen Grundgedanken wird er auf einigen hundert Seiten entwickeln, untermauern, erläutern, mit Beispielen stützen, aber nie – in diesem Buch lässt sich keine einzige Passage nachweisen –, wirklich nie wird er von seiner Grundidee abweichen, oder auch nur eine Nuancierung dulden. Er reitet richtiggehend darauf herum: Wird das allgemeine Wahlrecht eingeführt, dann ist Deutschland nicht länger Deutschland, noch schlimmer, dann ergreifen die Erzfeinde Deutschlands die Macht, und sie werden das geliebte Vaterland grauenhaft verstümmeln. Meint er die Nationalsozialisten? In dem Augenblick, in dem das wilhelminische Deutschland sang- und klanglos untergeht und auf einem Seitenbalkon des Reichstags die Weimarer Republik verkündet wird, streichen schon zahllose höchst verdächtige rechtsextreme und antisemitische Gruppen durch die Ruinen des Kaiserreichs, aber die braune Dampfwalze hat noch keinen Motor, der sie vorwärts bewegen könnte. Mit Erzfeinden meint Thomas Mann die aufgeklärten, liberalen, freidenkerischen Köpfe in seinem Heimatland, die das französische oder britische Demokratiemodell bewundern. Das ist die Art von Zivilisation, die er aus ganzem Herzen verabscheut, die Zivilisation, die niemals mit dem deutschen Wesen versöhnt werden kann. Jakobinisch-französisch, und – horribile dictu – merkantil-englisch, Freiheit und Gleichheit für alle Bürger, allgemeines Wahlrecht, kurzum, alles, was im heutigen Europa als üblich, zivilisiert, höchst erwünscht, unantastbar angesehen wird. Was dem nicht entspricht, empfindet der zeitgenössische, wohl situierte Europäer als Diktatur, Verfolgung, Unterdrückung, Folter, als unserer Zeit oder unserer behaglichen westlichen Welt nicht mehr angemessen. Und sobald sich nur Spuren dessen in dieser westlichen Welt finden, und sie sind zu finden, so sicher wie das Amen in der Kirche, denn westliche Gesellschaften haben offen zu sein, ertönt augenblicklich gut hörbarer Protest.

Thomas Mann sah das 1918 überhaupt nicht so. »Aber Deutschland als *Republik*, als Tugend-Staat mit Gesellschaftsvertrag, demokratischer Volksregierung und ›vollständigem Aufgehen des Individuums in der Gesamtheit‹; Deutschland als *Staat* und als nichts weiter und der deutsche Mensch als Jakobiner und citoyen vertueux mit dem Zivismusschein in der Tasche – das wäre der Schrecken! Und namentlich: es wäre nicht Deutschland mehr.« Und kurz darauf fällt dieser Satz, den man kaum glauben kann: »Der Deutsche war frei und ungleich, das heißt aristokratisch.« Wahre Freiheit kann nur mit Ungleichheit einhergehen, und darunter steht in gewaltigen Lettern die Unterschrift von keinem geringeren als Thomas Mann. »Fort also mit dem landfremden und abstoßenden Schlagwort ›demokratisch‹! Nie wird der mechanisch-demokratische Staat des Westens Heimatrecht bei uns erlangen. Man verdeutsche das Wort, man sage ›volkstümlich‹ statt ›demokratisch‹ – und man nennt und erfaßt das genaue Gegenteil: denn deutschvolkstümlich, das bedeutet ›frei‹ – nach innen und nach außen, aber es bedeutet nicht ›gleich‹ – weder nach innen noch nach außen.«

Freiheit und Ungleichheit sind also, so behauptet Thomas Mann, unverbrüchlich im deutschen Volkstum miteinander verbunden. Was dieses Volkstum auch immer sein soll, welche Charakterzüge die Deutschen aus Oberhausen, Regensburg, Pasewalk, Graudenz oder Metz (denn auch diese beiden letztgenannten Städte, heute polnisch beziehungsweise französisch, gehörten damals dazu) allesamt gemeinsam haben sollten, diese Frage stellt er nicht. Aber ein anderes Element ist hier vielleicht noch wichtiger. Die so verabscheute Demokratie ist ein Produkt des ebenso verabscheuten Westens. Davor schrieb Thomas Mann von »der deutschen Einsamkeit zwischen Ost und West«. Nirgendwo habe ich brillanter formuliert gelesen, was mehr als ein Jahrhundert lang womöglich Deutschlands allergrößtes Problem gewesen war. Für Westeuropäer, die nach dem Zweiten Weltkrieg geboren wurden, fiel Deutschland automatisch mit *West*-Deutschland zusammen. *Ost*-Deutschland, das erstarrte in der Tundra zwischen Irkutsk und Wladiwostok allmählich zu Eis. Als ich in den achtziger Jahren nach Eisenach reiste, um das Geburtshaus von Johann Sebastian Bach zu besuchen, fragte ein Kollege: »So weit!?« Eisenach liegt fünfhundert Kilometer von meiner Brüsseler Haustür entfernt, nicht mehr, aber trotzdem war seine Verwirrung aufrichtig. Er hatte plötzlich entdeckt, dass Bach ein Asiate war. Wer liest, was Thomas Mann am Ende des ersten Weltbrandes schrieb, der durch das zwanzigste Jahrhundert fegte, kann seine Ausrufe des Abscheus über alles, was aus dem Westen kommt, dutzendfach von den Seiten abklauben. Wer das liest, wird begreifen, dass Deutschland nach dem Zweiten Weltkrieg eine Wende miterlebte, die in seiner Geschichte beispiellos war, eine Wende in der kopernikanischen Bedeutung des Wortes. Die ganze Ausrichtung des Landes drehte sich nicht um neunzig, sondern um hundertachtzig Grad. Der seit alters her vertraute Fokus wurde weggeschleudert, hinein in die Braunkohlenschwaden. Aus dem Nichts entstand ein neues Zentrum. Vorher war Deutschland kein westeuropäisches Land. Nachher wurde Deutschland ein westeuropäisches Land par excellence. Man vergleiche die Landkarte des Kaiserreichs mit der Landkarte der Bundesrepublik. Im Westen verlor Deutschland Elsass-Lothringen und eine Handvoll Dörfer bei Eupen und Malmédy, im Osten wurde Deutschland in weniger als dreißig Jahren siebenhundert Kilometer westwärts gejagt. Der Gebietsverlust war enorm. Wer sich davon eine Vorstellung machen möchte, fahre von Dresden nach Aachen, quer durch das heutige Deutschland. Das sind auch siebenhundert Kilometer.

Nur Historiker und unheilbare Nostalgiker erinnern sich noch daran, dass Tsjerniachovsk, Olsztyn, Szczecin und Jelenia Góra in der ersten Hälfte des zwanzigsten Jahrhunderts ganz normale deutsche Städte waren, Insterburg, Allenstein, Stettin, Hirschberg, so deutsch wie heute Bochum, Stuttgart oder Erfurt. Es war kein Zufall, dass die ostpreußische Gräfin Marion Dönhoff, Chefredakteurin der *Zeit*, ihrem Buch, das sie über ihre auf immer verloren gegangene Heimatregion schrieb, den Titel gab *Namen die keiner mehr nennt*.

Thomas Manns Kritik an der Demokratie westlicher Machart schneidet so gnadenlos wie die beste Solinger Klinge. Zwischen Demokratie und Westen setzt er ein Gleichheitszeichen, und gleichzeitig kotzt er sie aus. Dennoch wird er später die Marschrichtung der Nazis nicht nur ablehnen, sondern sogar frontal angreifen. Er wartete damit nicht, bis es zu spät war, bis die Nazis 1933 die Macht ergriffen. Am 21. Oktober 1930 schrieb Carl von Ossietzky in der *Weltbühne*: »Dank sei Thomas Mann, daß er aus der Reihe der schweigenden Geistigen heraustritt, wenn auch nicht mit der Vehemenz Emile Zolas.«

In einem der Seminare, die er im Exil an der Universität von Princeton gab, *On Myself (dt. Über mich selbst)*, spricht er von der schmerzlichen Selbstbefragung, die das Schreiben der *Betrachtungen* für ihn gewesen sei. Er spricht über seine brennende Liebe zu Deutschland, das sich »zur Musik, Metaphysik, Psychologie, einer pessimistischen Ethik und einem ... individualistischen und humanistischen Idealismus bekannte.« Er sagt: »Wohlgemerkt, für Goethes Deutschland kämpfte ich, nicht für den Kaiser, nicht für Ludendorff.« Ludendorff war der Oberbefehlshaber des deutschen Heeres im Ersten Weltkrieg. Das Letztgesagte ist nicht ganz aufrichtig, in den *Betrachtungen* stehen viele Passagen, die das kriegssüchtige Vaterland preisen und verteidigen, unter anderem ein hässlicher, unwürdiger Angriff auf den Ruf von Edith Cavell, der englischen Krankenschwester, die von Brüssel aus für die Alliierten spioniert haben soll und von den Deutschen standrechtlich erschossen wurde. Aber Thomas Mann erkennt auch, dass er in diesem Buch irrte und er die Ideen, die er früher leidenschaftlich bekämpft hatte, jetzt leidenschaftlich verteidigt. Er nennt die *Betrachtungen* den »Ausdruck einer Krise, das Produkt einer neuen, von tiefaufwühlenden, geschichtlichen Ereignissen hervorgerufenen Situation«, in der die Frage des Menschen und der Menschlichkeit zu einer Gewissensfrage wurde und bekennt, »daß es ein Irrtum deutscher Bürgerlichkeit gewesen war, zu glauben, man könne ein unpolitischer Kulturmensch sein.« Die Erkenntnis, »daß Kultur in schwerste Gefahr gerät, wenn es ihr am politischen Instinkt und Willen mangelt«, ließ Thomas Mann schließlich zum Demokraten werden, und er fragt sich, auf welcher Seite er sich wiedergefunden hätte, »wenn mein Konservatismus bei einem Deutschtum verharrt wäre, das all sein Geist und all seine Musik nicht davor bewahren konnten, in die niedrigste Gewaltanbetung und in eine die Grundlagen der abendländischen Gesittung bedrohende Barbarei einzumünden!«

Der Zauberberg spiegelt den gigantischen, intellektuellen und politischen, aber ansonsten höchst persönlichen Zwiespalt, in den Thomas Mann während des Ersten Weltkriegs verstrickt war, und in den direkt darauf folgenden Jahren. Der große Roman entstand zum Teil vor und zum Teil nach den *Betrachtungen*. Es ehrt den Mann, der mit seinem ganzen Genie die westliche Demokratie in Grund und Boden geschrieben hatte, nicht wenig, dass er, als es darauf ankam, der Versuchung der Finsternis widerstand, die sich auf sein Land herabsenkte, auch wenn Millionen seiner Mitbürger in der kältesten Nacht jubelten, die Europa je überkommen war.

Mit all seinem Genie ist Thomas Mann während des Ersten Weltkriegs gegen die Demokratie in den Kampf gezogen. So glänzend ist sein Angriff, dass mich mehr als einmal fast unwiderstehlich die Neigung überfiel, zustimmend zu nicken. So sehe ich es auch, Herr Mann, was Sie dort vor fast einem Jahrhundert geschrieben haben, das sehe ich heute um mich herum. Die *Betrachtungen* als kompromisslose Kritik an Politik und Kultur des heutigen Europa hätten, begleitet von einem gebildeten, und doch nicht allzu komplizierten Verkaufsgespräch, durchaus das Potential zu einem Kultbuch. Zum Beispiel: »Was der *Zivilisationsliterat* (meine Hervorhebung, GvI) uns Deutschen anerziehen will, ist die unbezahlbare psychologische Fähigkeit, Moral und Geschäft, Humanität und Ausbeutung, Tugend und Nutzen in eins zu sehen, in eins zu setzen – eben hierin besteht die Politisierung.« Das Wort »Zivilisationsliterat« ist eine Erfindung von Thomas Mann. Es heißt soviel wie Zivilisationsautor, ein Wort, das auch nicht im Wörterbuch steht, ein Schreiberling, der sich für eine Art Zivilisation einsetzt, die alles, was für Thomas Mann echt deutsch ist, in den Schmutz zieht und kaputtmachen will. Thomas Mann gibt hier nicht mehr und nicht weniger als die Definition der praktischen Politik, die in allen westlichen Demokratien heute betrieben wird. Kurz darauf behauptet er, dass Demokratie nichts anderes sei als die psychologische Aussöhnung der Tugend mit dem Nützlichen, der Ethik mit dem Geschäftemachen. Er prophezeit den Spektakelstaat, obwohl das Fernsehen noch nicht erfunden war, er spricht vom *amüsanten Staat.*

Er braucht keine dreißig Zeilen, um die koloniale Ausbeutung in Britisch-Indien und Irland zu Staub zerfallen zu lassen, indem er zum Beispiel beiläufig darauf hinweist, dass in den vergangenen dreißig Jahren die Zahl der Todesfälle in Indien um fast fünfzig Prozent gestiegen und die Bevölkerung Irlands unter britischer Herrschaft um die Hälfte zurückgegangen ist. Oder man nehme die Passage über die imperialistischen Methoden, die Großbritannien einsetzt, um die Welt zu beherrschen: »Es hat doch die Gelegenheit benutzt, um nicht nur mit der größten Umsicht und Präzision und angefangen mit Calais alle für die Erhaltung und Ausdehnung seiner Weltherrschaft wichtigen europäischen und außereuropäischen Punkte zu besetzen, sondern auch um sich, vermittelst einer umfassenden Postspionage, in den Besitz der Geschäftsgeheimnisse der ganzen Welt zu bringen.« Das ist doch genau das, was die Amerikaner heute und bereits seit Dutzenden von Jahren tun, mit Ausnahme von Calais. Ob sie im Pentagon wohl Thomas Mann gelesen haben? Neben dem Vitriol des reaktionären Künstlers wirkt die Kritik der radikalsten Marxisten und härtesten Globalisierungsgegner wie reine Zuckerwatte.

Wenn Thomas Mann schreibt, dass die typischen Merkmale demokratischer Epochen praktisch Materialismus, Plutokratie und Wohlstandsbesessenheit seien, dann ist das für den, der noch Zweifel haben sollte, eine ungeschminkte Ablehnung jedweder demokratischen Epoche. Dagegen kann ich nicht einmal viel vorbringen. Mein einziges Argument ist ad hominem und trifft daher nicht den Kern der Sache. Thomas Mann konnte sich einen großzügigen, großbürgerlichen Lebensstil erlauben, aber das ist nicht das Wesentliche. Darüber möchte ich kein böses Wort verlieren. In der Politik ist Neid immer ein verwerflicher Beweggrund, und ich verabscheue jeglichen Populismus, der voller Ressentiment über jene Eliten herzieht, die er allein zu dem Zweck erfindet, um sie anschließend niederzumachen. Derlei Populismus kommt übrigens von der Linken wie von der Rechten. Allerdings gibt es etwas anderes, das mich jedes Mal wieder richtiggehend anwidert: Ein wohlbetuchter Mensch wie Thomas Mann, der für andere, für ärmere, oft sehr viel ärmere Menschen, die ebenfalls reich werden möchten, nur Verachtung aufbringen kann, ist entweder herzlos oder böswillig, oder beides. Aber das nur nebenbei. Thomas Mann schöpfte aus seinem Ekel über das, was er die westliche Demokratie nennt, prophetische Kraft. Dass jemand seines Formats und von seinem Ansehen sich im Kaiserreich derart beharrlich gegen das westliche Europa ausspricht, beweist, dass Deutschland nicht nur geographisch ein mittel- und osteuropäischer Staat war, sondern auch Philosophie, Politik und Lebensstil sich nicht an westlichen Modellen orientierten. Thomas Mann ist in diesen Aufsätzen oft sehr hellsichtig. Bei Ausbruch des Ersten Weltkriegs fragte er sich, warum er so völlig in den Bann des Gefühls geriet, »... daß ich nicht hätte leben – ohne im geringsten ein Held und todesmutig zu sein, buchstäblich nicht weiter hätte leben mögen, wenn Deutschland vom Westen geschlagen, gedemütigt, im Glauben an sich selbst gebrochen worden wäre, so dass es sich ›schicken‹ und die Vernunft, die ratio, der Feinde hätte annehmen müssen?«

Ein demokratisches Deutschland, damals für Thomas Mann eine Horrorvision, deren Realisierung er womöglich mit dem Leben bezahlen würde, entspräche in etwa einem westlichen Deutschland. Das kann nicht sein, schreibt er, weil «... die Demokratie im westlichen Sinn und Geschmack bei uns landfremd ist, ein Übersetztes, das ›nur in der Presse vorhanden‹ und niemals deutsches Leben und deutsche Wahrheit werden kann.« Wie ich bereits zitierte, »... es wäre nicht Deutschland mehr«.

Schon wieder prophezeit Thomas Mann die Zukunft. Was er schreibt, wird sich noch zu seinen Lebzeiten im Jahr 1949 Wort für Wort bewahrheiten. Ein Staat wird geboren, der noch dazu den Namen des alten Landes trägt, einen Teil des Namens, der aber doch völlig anders ist. Schrieb ich da geboren? Das Wort ist viel zu organisch, als handle es um einen natürlichen Lauf der Dinge, ein unvermeidliches Ereignis neun Monate nach der Befruchtung. Das neue Deutschland war innerlich und äußerlich, durch und durch künstlich. Fähige angelsächsische Mechaniker fügten alle Einzelteile zusammen, erprobte Bestandteile, schon einige Jahrhunderte lang in Westminster und Washington ausgetestet, auch wenn sie dann Etiketten mit einem historisch gesicherten deutschen Namen aufgeklebt bekamen. *Kanzler, Länder.* O ja, gewiss, die deutschen Länder hatten Jahrhunderte lang einen locker zusammengenähten Flickenteppich gebildet. Das neue Deutschland sollte also ein föderaler Staat werden. Sieh mal an, war das nicht die Staatsform, mit der die Amerikaner seit 1776 vertraut waren? Doch dieser föderale Staat musste von einem soliden, unverwüstlichen, demokratischen Motor angetrieben werden. Die politischen Ingenieure sorgten auch dafür, dass dieses Mal, anders als in der Weimarer Zeit, der Motor nicht auseinander flog, nicht beschädigt wurde und Kraftstoff zugeführt bekam, so dass er sich weiterdrehte, man konnte es nicht oft genug kontrollieren. Schmieröl war da, zuerst amerikanisches Geld und danach emsige deutsche Arbeit, Wirtschaftswachstum, das *Wirtschaftswunder.* In der Bundesrepublik trat ein echtes Parlament zusammen, das eine echte Regierung kontrollierte, es gab echte Parteien, die sich in echten, freien Wahlen bekämpften, es gab wirklich unabhängige Richter, es gab eine Nationalbank, unabhängig von der Regierung, es gab eine stolze nationale Währung, die beste aller Währungen, und die Inflation galoppierte nicht, im Gegenteil, die Präsidenten der Bank hatten nur ein Lebensziel: Um jeden Preis eine manische Inflation zu vermeiden, wie sie nach dem Ersten Weltkrieg Deutschland mit der Gewalt eines Orkans heimgesucht hatte. Die Ängste waren sehr deutsch, aber die Heilmittel waren für Deutschland neue Produkte, die meisten davon waren importiert. Es gab sogar eine wirklich freie Presse, zu Beginn argwöhnisch beäugt von den Besatzungsmächten, aber diese Presse hat die Vormundschaft mit Glanz überstanden und hinter sich gelassen. Wer hat noch nie von der *Zeit,* der *Welt,* der *Süddeutschen Zeitung,* der *Frankfurter Allgemeinen,* dem *Spiegel* gehört – alles Titel aus der Nachkriegszeit. Seitdem wurden in Deutschland weniger oft Versuche beobachtet, der Presse einen Maulkorb anzulegen, als beispielsweise im Nachkriegs-Frankreich.

Man durfte die Bundesrepublik also tatsächlich als Demokratie bezeichnen, als modernen Rechtsstaat. Männer in langen Ledermänteln stießen nicht länger unschuldige Bürger in schwarze Autos, Berichte über Rizinusöl, Lagerbaracken und Enthauptungen wurden nicht mehr gehört, weil sie nur noch ein Bestandteil der schrecklichen Vergangenheit waren, dieser schwärenden, offenen Wunde. Hier ist nicht der Ort, sich über das düstere Geschehen im Gefängnis von Stammheim zu verbreiten oder über das schändliche Berufsverbot oder über die Nazis, die dank der Komplizenschaft der Christdemokraten eine zweite Karriere machten.

Die junge deutsche Bundesrepublik wollte mit aller Macht westlich sein, und am allerliebsten möglichst amerikanisch. Sogar die Hauptstadt wurde soweit es nur irgendwie ging nach Westen verschoben, in einen malerischen Provinzort am Rhein, in ein Städtchen, das noch nie zuvor in irgendeiner Hinsicht eine politische Rolle gespielt hatte. West-Deutschland sollte noch Jahre mit seiner historischen Schuld ringen, aber ein Staat, der Bonn zur Hauptstadt ausruft, kann seinen Nachbarn nicht mehr viel Böses wollen. Auch das war ein Bruch mit der schlimmen Vergangenheit – man kann schon sagen, eine Kluft, man könnte sagen, ein Abgrund – zu 1870, zu 1914, zu 1939. In Deutschland wurde Thomas Manns abscheulichster Alptraum bis ins letzte Detail Wirklichkeit. Da stand sie, die demokratische Republik. Nicht mehr Nacht und Nebel. Man konnte Thomas Manns Prophezeiung am helllichten Tag zwischen Rhein und Eisernem Vorhang betrachten. Deutschland war nicht mehr Deutschland, und das war eine Verbesserung auf der ganzen Linie.

Groß ist die Verlockung zu behaupten, die Stürme der Geschichte hätten das alte Deutschland so unbarmherzig hin und her geschleudert, dass es mit der Zeit einfach in zwei Teile zerbrechen musste. Ein Teil hing wie eine Klette an den Erbfeinden Frankreich, Belgien und später Großbritannien, der andere Teil landete im slawischen Raum neben der Tschechoslowakei, das seine deutschen Bewohner gewaltsam weggesäubert hatte, neben Polen, das, genau wie Deutschland, von Stalin ein paar hundert Kilometer westwärts gekickt worden war und das angestammte deutsche Dörfer und Städte in Beschlag nahm. Noch ein Stück weiter befand sich das gefürchtete und zugleich heimlich bewunderte Russland.

Seit der deutschen Niederlage 1945 lag zwischen grob gesagt Schwerin, Suhl, Görlitz und Usedom ein rechteckiges Stück Land, dessen Ost- wie Westgrenze noch nie zuvor in der Geschichte auf diese Weise verlaufen war. Es war eine der vier alliierten Besatzungszonen, nicht mehr und auch nicht weniger, es war allerdings die Einzige der vier Zonen, die noch Jahre später *die Zone* genannt wurde. 1948 führten die Amerikaner, Engländer und Franzosen einseitig, ohne sich auch nur eine Sekunde mit dem vierten Alliierten, der Sowjetunion, zu beraten, in ihren Zonen eine Währungsreform durch. Sie schufen die D-Mark, und das war viel mehr als eine einfache Finanzoperation. Ein Mythos war geschaffen, für *Otto Normalverbraucher*, den gewöhnlichen Deutschen, wurde ein Meilenstein des Vertrauens eingeführt. Das Geld wurde noch vor dem neuen Staat geboren. Man kann sagen, dass die D-Mark die Wiege der Bundesrepublik gewesen ist und zugleich die Vereinigung Deutschlands torpediert hat, was völlig den Vorstellungen Adenauers entsprach, der lieber im Schatten des Kölner Doms als im Schatten des Brandenburger Tors spazieren ging, und außerdem lag es voll auf der Linie der amerikanischen Strategie. Die Reaktion der Sowjetunion war genauso rüde, wie sie später berühmt-berüchtigt wurde: Die Russen blockierten alle Zugangswege nach Berlin, so dass die Alliierten die isolierte Stadt über eine Luftbrücke versorgen mussten. Ein neues Heldenepos der bedrohten Freiheit ging in die Annalen ein.

Am 23. Mai 1949, ebenfalls einseitig, ebenfalls ohne jegliche Beratung mit dem Gegenüber, trat im Westen Deutschlands ein neues Grundgesetz in Kraft. Die Bundesrepublik war ein Fakt, und sie begann sich prompt so zu gebärden, als vertrete sie das gesamte Deutschland. Erst vier Monate später, am 7. Oktober 1949, kam die Deutsche Demokratische Republik zustande, und das geschah sicher nicht mit großer Begeisterung. Es stimmt absolut nicht, dass die DDR der Bevölkerung brutal aufgezwungen wurde. Noch viel weniger stimmt es, dass in den drei westlichen Besatzungszonen die deutschen Bürger frei über das Entstehen ihrer neuen Republik entschieden hätten.

Sie wurde auf einer Konferenz in London beschlossen, an der die Vereinigten Staaten, Großbritannien, Frankreich und die Beneluxländer teilnahmen und auf der sich der amerikanische Standpunkt durchsetzte: eine föderale Republik, die sich auf die drei westlichen Zonen beschränkte. Was ihr die spöttische Bezeichnung Republik Trizonien einbrachte. Danach arbeitete ein deutscher Parlamentarischer Rat das Grundgesetz aus.

War der Rheinländer Adenauer in Bonn die Schachfigur der Amerikaner, dann war in Pankow Walter Ulbricht der Strohmann der Sowjets. Ulbricht hatte den ganzen Krieg über in Moskau die harte Schule des Stalinismus durchlaufen, und er hatte seine Lektionen gründlich gelernt, der gerissene Sachse. Die Verfassung für eine Deutsche Demokratische Republik war anfangs für das gesamte deutsche Gebiet gedacht. Der Einheitsgedanke wurde im östlichen Teil Deutschlands also nicht aufgegeben. Die Verfassung musste auch für den westlichen Teil akzeptabel sein und garantierte daher auch alles, was der wahre Demokrat sich nur wünschen kann, herrliche Dinge wie das Recht der freien Meinungsäußerung und die bürgerlichen Grundrechte. International geht es in den Paragraphen vor allem um Frieden und Völkerfreundschaft. Das Wort Sozialismus kommt in dem gesamten Text kein einziges Mal vor. Und die praktische Anwendung all dieser humanistischen Prinzipien? Das, Genossen, ist natürlich eine ganz andere Frage, die man dialektisch betrachten muss.

Die Sowjets waren von den einseitigen Manövern und Schachzügen der westlichen Bundesgenossen alles andere als *amused*. Die Bundesrepublik steuerte energisch die Integration in ein neues Netzwerk westlicher Bündnisse an.

Stalin wollte ein neutrales, entwaffnetes Deutschland, gänzlich auf den Prinzipien basierend, auf die sich die Vereinigten Staaten, Großbritannien und die Sowjetunion auf der Potsdamer Konferenz geeinigt hatten. Er sah mit großem Argwohn, wie sich die Bundesrepublik nahtlos dem Westen anschloss. 1952 machte Stalin umfangreiche Vorschläge (die umstrittenen Stalin-Noten) für einen Friedensvertrag, an dem eine gemeinsame Regierung für ganz Deutschland mitwirken sollte. Wie diese Regierung zu bilden wäre, darauf müssten sich die alliierten Mächte, wohlgemerkt, alle alliierten Mächte, einigen. In Deutschland sollten die üblichen demokratischen Rechte garantiert werden: Versammlungsfreiheit, Pressefreiheit, ein Mehrparteiensystem – von freien Wahlen steht dort noch nichts. In einer zweiten Note forderten die Sowjets freie Wahlen für die Zeit nach dem Friedensvertrag. Eine Kommission der Vereinten Nationen, die die Wahlen kontrollieren sollte, wurde abgelehnt. Die Sowjets waren der Ansicht, das sei die Aufgabe der Besatzungsmächte.

Das klingt alles andere als unvernünftig. Aber da ist Hopfen und Malz verloren. Adenauer wollte über die erste Note nicht einmal reden. Er wolle weiter mit den drei westlichen Besatzungsmächten verhandeln, ließ er mitteilen, als gebe es diese Note nicht, wenn ich es einmal mit meinen eigenen Worten ausdrücken darf. Es kam den Amerikanern nicht in den Sinn, ernsthaft über die sowjetischen Vorschläge nachzudenken, geschweige denn, darüber zu sprechen. Deutschland musste in westliches Fahrwasser gesteuert werden, und so geschah es auch.

In der Zwischenzeit begann die DDR mühsam aus ihren Ruinen aufzuerstehen. Fatalerweise war die DDR das kleinere, das viel kleinere Deutschland, und sie war, falls das überhaupt geht, noch künstlicher als die Bundesrepublik. Es ist ein Paradox, dass ausgerechnet dieser von den Kommunisten beherrschte Staat, der eifrig herumposaunen ließ, dass er, und nur er allein, das gute Deutschland verkörpere, weil er, und nur er allein, für immer und alle Zeiten mit der kriegerischen deutschen Vergangenheit gebrochen habe, der Staat, der krampfhaft jede Minute das Wort *Frieden* ausstieß wie der Weihnachtsengel in der Erzählung von Heinrich Böll, dass ausgerechnet dieser Staat viel mehr als die Bundesrepublik die Merkmale des Vorkriegsdeutschlands bewahrte.

Erstens war die Deutsche Demokratische Republik natürlich alles andere als eine Demokratie. Sie war, in der reinsten Bedeutung des Wortes, ein *Obrigkeitsstaat*, mit dem Unterschied, dass die Macht nicht länger in den Händen von Aristokraten lag, sondern von gewöhnlichen Menschen, Menschen, die zudem während des vorangegangenen autoritären Regimes in Lagern und Gefängnissen gesessen hatten oder ins Ausland geflohen waren.

Das soll nicht heißen, dass es die finsterste Diktatur aller Zeiten gewesen wäre. Nach 1989 hat Helmut Kohl, und haben mit ihm sehr viele Deutsche aus Ost und West versucht, die DDR völlig mit der Naziherrschaft gleichzusetzen. Ich hege keinerlei Illusionen über Ost-Deutschland, ich will kein einziges Verbrechen vertuschen oder schönreden, nie werde ich behaupten, dass die Gefängnisse von Hohenschönhausen oder Bautzen oder anderen schrecklichen Orten im Grunde doch nicht so schlimm gewesen wären, aber die rote Regierung genauso verbrecherisch wie den SS-Staat nennen? Nein, das geht einfach nicht. Niemals. Die Nazis waren zwölf Jahre an der Macht. Durch ihr Zutun wurden Millionen von Menschen getötet. Die DDR hat vierzig Jahre existiert. Die Zahl der Menschen, die von der kommunistischen Regierung in den Tod getrieben wurde, wird in Tausenden gezählt. Das ist schon schrecklich genug. Aber es gibt uns keinen ethischen Freibrief. Wir werden hier besser nicht tote Indonesier, Kongolesen, Algerier und Nordiren zum Thema machen, oder die Toten, egal wo auf der Welt, die bei amerikanischen Interventionen gefallen sind.

Die DDR wurde von ihren Erzfeinden in West-Deutschland immer wieder das Rote Preußen genannt. Diese Feinde ahnten nicht im Geringsten, wie sehr sie Recht hatten. Ach, man sah die Volksarmee in grauenhaftem Stechschritt paradieren. Aber das war nicht allein Preußen vorbehalten. Preußen war soviel mehr als ein beschränkter Militärstaat, und gerade dieses andere, dieses humanistische Preußen, begannen die Ost-Deutschen allmählich zu ihrem eigenen Vorteil zu nutzen.

Die DDR wollte sich, zweitens, immer nachdrücklicher als einzig wahrer Erbe der deutschen Geschichte profilieren, ausgewählter Kapiteln der deutschen Geschichte. Es gab die große klassische Epoche der Literatur, es gab die Reformation Luthers, und es gab das Preußen des aufgeklärten Despoten Friedrich des Großen, dessen Reiterstandbild 1980 wieder Unter den Linden prangen durfte, nachdem es an die dreißig Jahre in einer abgelegenen Ecke im Schlosspark von Sanssouci hatte vor sich hin rosten dürfen. Und ließ nicht der große DDR-Historiker Ernst Engelberg beim Akademie-Verlag in Ost-Berlin sein bahnbrechendes, monumentales Werk *Bismarck, Urpreuße und Reichsgründer* erscheinen, 1985, als jeder glaubte, die Mauer werde noch hundert Jahre stehen? Es muss gesagt werden, diese unbegreiflichen Staatsgrenzen umschlossen viel Schönes. Ein einziges Mal war die Geschichte der DDR wohlgesonnen. War Bach nicht in der DDR geboren, und Händel und Schumann und Wagner?

Hatte nicht Goethe in der DDR-Stadt Weimar sein großzügiges Haus? Und Schiller und Herder und Wieland? Lessing war in der DDR geboren, auch Fontane. Das konnte doch alles kein Zufall sein. Brecht stammte zwar leider aus Augsburg, aber er lag doch in Berlin begraben, Hauptstadt der DDR, auf demselben Friedhof wie Hegel und Heinrich Mann, der demokratische Bruder, gegen den Thomas so gewütet hatte. Für die sorgfältig ausgewählten Geschichtsfragmente gab es auch einen Namen: das fortschrittliche Erbe, und das finde ich eigentlich sehr respektabel. Ziemlich skurril war dann wieder, dass sich die DDR als strahlenden Kulminationspunkt der gesamten deutschen Geschichte sah, als unvermeidlichen Höhepunkt. Wer daran zu zweifeln wagte, war nicht in der Lage, die historischen Fakten vor dem Hintergrund ihres objektiven Kontextes korrekt zu interpretieren. Kam das ein oder andere ärgerliche Splitterchen historische Wirklichkeit trotzdem hartnäckig in die Quere, dann wiederholten Ideologen und Machthaber bis zum Überdruss die Litaneien von Dialektik, Klassenkampf und komplexen gesellschaftlichen Widersprüchen. »Auch in der *sozialistischen Gesellschaft*, die angetreten ist, die Grundwidersprüche des Kapitalismus durch die sozialistische Revolution zu überwinden, gibt es Widersprüche«. So heißt es in einer Einführung in die marxistisch-leninistische Philosophie für die Abiturprüfungen, und ein Stück weiter geht es um die Widersprüche zwischen Produktivkräften und Produktionsverhältnissen, zwischen gesellschaftlichen, kollektiven und individuellen Interessen, und wird auch behauptet, dass die »dialektische Methode verlangt, in allen materiellen Systemen, Gegenständen, Prozessen, die bestimmenden Widersprüche aufzudecken, den ›Kampf‹ der Gegensätze, die Wechselwirkung gegensätzlicher Tendenzen, Kräfte, Bestrebungen usw. zu untersuchen und auf diese Weise die Quelle und die Triebkräfte der Entwicklung zu finden.«

Drittens, auch die sichtbare DDR, die alltägliche DDR, die stinknormale, ich meine, die Häuser, die Gartenzäune, der Straßenbelag, die Fabriken, die Straßenbeleuchtung, das alles erinnerte viel mehr an das Vorkriegsdeutschland als in der Bundesrepublik, das heißt, insoweit die Fotos und Filme aus der Zeit vor 1939, die ich gesehen habe, nicht lügen, denn ich bin auch ein Nachkriegskind. Nahm West-Deutschland schon bald den Charakter eines frühen, unangenehm grellen Farbfotos aus den fünfziger Jahren an, Ost-Deutschland blieb bei Schwarz-Weiß. Ein ostdeutscher Fotograf organisierte nach

1989 eine Ausstellung seines Werkes aus der Zeit vor der Wende mit dem Titel *Gilb*, wie in *vergilbt*. Sepia wäre übertrieben gewesen und außerdem zu unschuldig. Als ich mit einem Kameramann über die Nebenstraßen des Hohen Fläming fuhr, einem ländlichen Gebiet zwischen Magdeburg und Berlin, sagte er zu mir: »Hier kann man auf der Stelle einen Vorkriegsfilm drehen. Man muss nichts wegnehmen, man muss nichts abdecken, man muss nichts ranschaffen.« Kameraleute haben ein geübtes Auge für Kulissendetails.

Die Bundesrepublik wurde eine westliche Demokratie. Das Stück Deutschland, von dem sich der Thomas Mann von 1918 mit Grauen abgewandt hätte, weil es seinen allerheiligsten Vorstellungen vom innersten Wesen des Vaterlandes spottete, warf sich zum einzigen, legitimen Erben des alten Reichs auf. Aber die Geschichte, sardonisch wie sie sein kann, verwandelte Westdeutschland in eine bizarr geformte Insel im Atlantischen Ozean, ein Treibgut irgendwo auf halbem Wege zwischen den Vereinigten Staaten und Europa. Und das kleinere Deutschland, das titanische Anstrengungen unternahm, um endlich, endlich einmal definitiv mit den *Junkern* und *Feldwebeln* abzurechnen, schien sich unerbittlich in Richtung des strengen Ostpreußen zu verlagern.

Bis die Berliner Mauer fiel.

Siehe auch: Bertolt Brecht, DDR, Ems, Görlitz, Denkmäler, Mauer, Palast der Republik, Tucholsky

Denkmäler

Kyffhäuser

Hoch ist der Berg nicht, er ragt nicht einmal volle dreihundert Meter über die *Goldene Aue* empor, in der das Getreide für den besten Korn der Welt wächst, den aus dem benachbarten Nordhausen, aber dieses Land ist so flach, dass man den Berg schon kilometerweit sieht. Über dem Bergrücken hängt eine Krone, nicht golden, nicht glänzend, aber unverkennbar eine Krone, eine Krone für ein Riesenhaupt. Bevor man sie erreicht, muss man einen Weg mit sechsunddreißig Kurven hochsteigen, dabei Hunderten schweren Motorrädern ausweichen, die wie brüllende Stiere um einen herum den Berg hinaufrasen.

Dann steht man auf einem Parkplatz und sieht, dass die Krone aus rosa Sandstein besteht. Auch das Restaurant, wo Männer und Frauen in schwarzer Lederkluft vor Bierkrügen in allen Füllständen sitzen, ist in rosa Sandstein ausgeführt, bis auf die Veranda, die ist aus Holz und stammt aus kommunistischen Zeiten, man sieht es an den kupferfarbig eloxierten Aluminiumfenstern. Das Gasthaus wurde 1891 eröffnet und heißt völlig zu Recht Burghof Denkmalwirtschaft.

Auf dem Bergkamm steht die Ruine einer der einst mächtigsten Burgen deutscher Lande, der Kyffhäuser. Daneben wurde am Ende des neunzehnten Jahrhunderts ein Denkmal zu Ehren der neu erworbenen deutschen Einheit errichtet. An der Spitze des vereinigten Deutschland stand ein Kaiser, ein nagelneuer Kaiser, der erste Wilhelm. Eine solche Chance darf man nicht ungenutzt verstreichen lassen. Deutscher zu sein und zugleich Chauvinist. Neben den neuen Kaiser muss ein alter kommen, am besten ein ganz alter, damit es so aussieht, als gehörten die beiden untrennbar zusammen, als seien sie Teil einer einzigen großen, deutschen, kaiserlichen Tradition. Dass diese Tradition noch jünger ist als das Kaiserreich, dass diese Tradition vor Ort erfunden wurde, darf kein Hindernis sein. Wir erfinden ständig Traditionen, um die Geschichte nach unserem Geschmack umzumodeln, nichts Neues für einen Flamen.

Das ist auch der Grund, warum die Steine hier und nirgendwo anders aufgestapelt wurden. Ruhte hier nicht der legendäre mittelalterliche Kaiser mit dem roten Bart, Friedrich Barbarossa, einer der Größten aller deutschen Zeiten?

Barbarossa wurde nach seinem Tod (1190) gewissermaßen in Sagen eingesponnen oder, wie es die Deutschen so schön ausdrücken, *sagenumwoben*. Nach der bekanntesten Geschichte soll er in einer Höhle unter dem Kyffhäuser sitzen und schlafen, sein Kinn ruht auf einem Tisch aus Stein. Sein flammend roter Bart ist im Lauf der Jahrhunderte durch den Tisch hindurch gewachsen, und ab und zu nickt er ein und zieht mühsam ein schläfriges Augenlid hoch. Mit ihm ist auch Deutschlands Glanz eingeschlummert, doch eines Tages bricht an der Tag, an dem Barbarossa wird aufersteh'n und sich alle Feinde von Deutschlands Freiheit geschlagen seh'n, ich merke, dass ich zu reimen anfange, und das ist nicht verwunderlich. Der schlafende Kaiser im Berg ist ein ständig wiederkehrendes Thema der deutschen romantischen Dichtung. Heine erwähnt es im vierzehnten Kapitel seines *Deutschland – Ein Wintermärchen*, es gibt Rückert (der zu Unrecht fast nur als der Dichter von Mahlers *Kindertotenliedern* und, selbstredend, der *Rückertlieder* bekannt ist), es gibt den unvermeidlichen Uhland. Naheliegend ist, dass die Nazis mit aller Macht versuchten, die uralte Legende ihrer brandneuen Ideologie einzuverleiben. Als viel später Hitler die Macht ergriff, wurde die Mär verbreitet, er sei die Wiedergeburt Barbarossas, der alte Kaiser habe seine Höhle im Berg verlassen und werde die Feinde Germaniens, die Juden und die Russen, vernichtend schlagen.

Das Denkmal ist, wie es die Franzosen bezeichnen würden, *kolossal avec k*. Es ist die steingewordene deutsche Maßlosigkeit. Man muss sich unter niedrige Bögen bücken, um es in seiner vollen Gestalt betrachten zu können. Die Kapitel unter den Bögen zeigen Löwen, Raben – Rückert erzählt, dass der Kaiser nicht aufwachen könne, solange Raben oben um den Berg kreisen – und abschreckende Krieger. Diese Krieger haben so gar nichts Deutsches an sich, sie sind nicht einmal europäisch. Ihre Köpfe ähneln noch am meisten Aztekenmasken. Hat man erst die Bogengalerie hinter sich, sieht man mit einem Blick zwei Kaiser. Unten sitzt Barbarossa gedankenverloren an seinem Tisch, seine Hand ruht auf dem Schwertknauf, auf dem Haupt trägt er die Krone Karls des Großen, und tatsächlich, sein Bart müsste dringend einmal gestutzt werden. Über diesem gekrönten Haupt befindet sich ein zweiter, viel jüngerer Kaiser, aus grüner Bronze und auf einem Pferd sitzend. Er heißt Wilhelm I. und wurde nach dem ruhmreichen deutschen Sieg über den Erbfeind Frankreich im Schloss von Versailles gekrönt. Über seinem Haupt stehen die Namen der beiden sich bis aufs Blut hassenden, aber durch Bismarcks schnöde Arglist zusammen geschmiedeten Länder: Bayern und Preußen.

Man kann nicht bis zu den Figuren herangehen. Zwischen Bögen und Kaisern klafft eine wüste Kluft, ein gefährlich steiler Abgrund, übersät mit großen Brocken mächtiger Felsen. Ich traue meinen Augen kaum. Ich sehe, muss sehen, kann nicht anders als sehen, wie die beiden Kaiser und hinter ihnen die Krone und der Turm, in den die Namen aller Regionen eingemeißelt sind, die damals Teil des imperialen Deutschland waren, von Lübeck bis Baden, von Anhalt bis zu dem eben erst eroberten Elsass, wie das ganze große Deutschland in die Tiefe stürzt, in den Abgrund, den es sich selbst gegraben hat. Kaiser Wilhelm I. macht sogar Anstalten, auf seinem Pferd in den Abgrund zu reiten. Es war nicht zu verhindern. Kein Land hat je die Tiefe mehr bewundert als Deutschland. *Tiefe* war ein Wort, das der deutsche Bildungsbürger erschauernd vor Ehrfurcht bei jeder Beethoven-Symphonie murmelte, bei jedem Goethe-Gedicht. Der Künstler, der dieses Monument entwarf, war sich keine Sekunde bewusst, wie prophetisch sein Werk war. Das sich auftürmende Denkmal von Deutschlands gigantischer Selbstüberschätzung steht am Rande des Abgrunds.

Zwei Jahre nach dem Tod Kaiser Wilhelms I. (1797–1888) begannen die deutschen Veteranen- und Kriegerbünde, ob aktiv oder nicht, Geld für ein Denkmal auf dem Kyffhäuser zu sammeln. Es gab zweiundzwanzigtausend dieser Vereine, fast zwei Millionen Männer waren Mitglied, das ist etwas mehr als jeder fünfzehnte männliche Deutsche, vom Knaben bis zum Tattergreis. Bei der Einweihung paradierten zwanzigtausend Soldaten. Das deutsche Kaiserreich war von Militarismus getränkt.

Deshalb muss es nicht verwundern, dass nach dem Zweiten Weltkrieg die Machthaber des östlichen Deutschland den ganzen Krempel einreißen wollten. Sie sagten, der Kyffhäuser sei ein faschistisches Denkmal, das ist aber vollkommener Unsinn, im neunzehnten Jahrhundert gab es noch keinen Faschismus. Das Volkseigene Handelszentrum »VHZ Schrott« aus Erfurt stand schon bereit, Hand anzulegen.

Die wahren Herren über dieses Stückchen Deutschland saßen jedoch im Kreml. Bei seinem Besuch des Denkmals erklärte der sowjetische Außenminister 1946, dort dürfe absolut nichts verändert werden. Russen haben ein Gespür für Grandeur. Für die hohen Sowjetoffiziere war der Kyffhäuser ein Denkmal der deutschen Einheit, und das stimmte natürlich auch. Das Denkmal musste bleiben, fanden die Sowjets, um den Amerikanern, Briten und Franzosen, die die westlichen Zonen in Deutschland besetzten, klarzumachen, dass in der östlichen Besatzungszone die Einheit des gesamten Grundgebiets angestrebt wurde, denn der Wille des überlegenen Sowjetmenschen war Gesetz.

Übrigens lautete die Adresse des Abbruchunternehmens, des VHZ Schrott, Straße der Einheit 45.

Stolpersteine

Berlin hat viele Denkmäler, die der normale Fußgänger nicht, oder nur mit besonderer Aufmerksamkeit, sehen wird. Sie sind in den Straßenbelag eingelassen. Sie ragen nicht über den Boden hinaus. Man nehme etwa die *Stolpersteine*, eine Idee des Kölner Bildhauers Gunter Demnig. Man findet sie in ganz Deutschland, inzwischen sind es schon mehr als zwölftausendfünfhundert, in mehr als zweihundertsiebenundsiebzig Städten.

Zuerst einmal, es sind keine Steine, und man stolpert auch nicht darüber. Die Platten haben in etwa die Größe von vier durchschnittlichen kleinen Porphyrsteinen und liegen meist diagonal zur Straßenrichtung. Sie zeigen auf etwas. Zum Beispiel in der Samariterstraße: *HIER WOHNTE ABRAHAM ROSENFELD JG. 1883 DEPORTIERT 1943 ERMORDET IN AUSCHWITZ.* Oder beim Eingangstor zum eleganten Einkaufszentrum *Die Hackeschen Höfe*: Anita Bukofzer, Ury Davidsohn, Paula Katz, Thea und Victor Schneebaum, Hermann und Jenny Brandinowitsch. Ury wurde 1943 geboren, und noch im selben Jahr haben sie ihn in Auschwitz vergast. Es gibt Hunderte dieser kleinen Messingplatten. Es sind bis aufs Äußerste verknappte Biographien. Geburtsdatum, Wohnort, Mord. Das ist alles. Man muss den Kopf neigen, um sie entziffern zu können. Vielleicht kommt man ins Stolpern, weil man sie mit gesenktem Kopf sucht. Oder anders, viel besser, man kommt mit seinen Gedanken ins Stolpern.

Bebelplatz

Neben der alten Berliner Oper, neben Unter den Linden, liegt der Platz, der noch heute nach dem Gründer der Sozialdemokratischen Partei benannt ist, nach August Bebel. Davor hieß der Platz ziemlich vorhersagbar Opernplatz. Der heutige Name stammt aus der kommunistischen Zeit. Bebel scheint also, wie Marx, aber im Gegensatz zu Lenin oder Dimitroff, auch für das kapitalistische Deutschland akzeptabel zu sein.

Hier begannen am 10. Mai 1933 nationalsozialistische Studenten der Humboldt-Universität, Bücher zu verbrennen. Während Blaskappellen der SA und SS fröhliche Märsche spielten, warfen künftige Intellektuelle die halbe deutsche Literatur in die Flammen. Literarisch begabt hatten sie auch rituelle Sprüche für jedes Druckwerk erdacht, das in Rauch aufging. Ihre Worte sind auch heute noch sehr lehrreich.

»Gegen Klassenkampf und Materialismus, für Volksgemeinschaft und idealistische Lebenshaltung«, und hopp, da ging Karl Marx.

»Gegen Dekadenz und moralischen Verfall! Für Zucht und Sitte in Familie und Staat!« Weg Heinrich Mann, weg der Katholik Erich Kästner. Kästner war der einzige Autor, der es wagte, sich vor Ort die Verbrennung seiner Werke anzusehen.

»Gegen seelenzerfasernde Überschätzung des Trieblebens, für den Adel der menschlichen Seele! Ich übergebe der Flamme die Schriften des Sigmund Freud.«

»Gegen literarischen Verrat am Soldaten des Weltkrieges, für Erziehung des Volkes im Geist der Wehrhaftigkeit!« Erich Maria Remarque ging dahin. Dieser Mann hatte leibhaftig im Sperrfeuer der Laufgräben gestanden. Der Student, der das Buch auf den Scheiterhaufen warf, hatte noch nichts mitgemacht, aber sobald die Arier das Heft in der Hand hatten, sollte sich das schnell ändern.

»Gegen Frechheit und Anmaßung, für Achtung und Ehrfurcht vor dem unsterblichen deutschen Volksgeist. Verschlinge, Flamme, auch die Schriften der Tucholsky und Ossietzky!«

Tucholsky ist ein bekannter Name. Doch wer kennt noch Carl von Ossietzky? Drei Jahre darauf sollte er, zum größten Zorn Hitlers, den Friedensnobelpreis erhalten. Die Nazis hatten versucht, ihn in den Konzentrationslagern von Sonnenburg und Esterwegen umzubringen. 1938 starb Ossietzky an Schwindsucht, einer Nachwirkung der Haftzeit.

Insgesamt wurden in ganz Deutschland zehntausend Titel von etwa achtzig Schriftstellern von den reinigenden Flammen verschlungen. Brecht, Döblin, Heine, Ödön von Horvath, Ringelnatz, Schnitzler, Anna Seghers und Stefan Zweig sind vielleicht die bekanntesten, aber sie bilden nicht mehr als zehn Prozent all dessen, was die Studenten vernichteten.

Neben dem Bebelplatz konnte der Spaziergänger im Jahr 2006 einen drei Meter hohen Bücherstapel sehen. Er war eines der Denkmäler, die zu Ehren des deutschen Genies errichtet wurden. Sie gehörten zu einer von Bundespräsident Köhler lancierten Kampagne, nach der Deutschland das Land der Ideen sein soll. Das ist fast genauso dumm wie der Ruf der flämischen *nouveau riche* »Was wir selber machen, machen wir besser«. Eines der Denkmäler war folgerichtig ein Auto. Besser hat mir das riesenhaft aufgeblasene Aspirin gefallen. Und eine Skulptur für die Relativitätstheorie, obwohl Einstein in die Schweiz emigriert war, als er die Theorie zu Papier brachte. Natürlich konnte auch ein Fußballschuh nicht fehlen. Alle Skulpturen wurden aus einer Art Plastik namens Neopor hergestellt und mit einer graubraunen Farbe besprüht. Auf den Rücken der aufgestapelten Bücher waren von oben nach unten die Namen von Schriftstellern zu lesen: Grass, Arendt, Heine, Luther, Kant, Seghers, Hegel, Gebrüder Grimm, Marx, Böll, Schiller, Lessing,

Hesse, Fontane, Mann, Brecht, Goethe. Ich halte das für einen feigen Stapel. Wäre ich in besserer Stimmung, würde ich sagen, einen faulen Stapel. Die dicksten Bände, und sie sind wirklich sehr dick, tragen den Namen von Autoren, an dem in Deutschland wirklich keiner Anstoß nehmen kann. Luther, Goethe, Mann, Thomas nehme ich an, Heinrich würde zu einer uferlosen Debatte führen. Der ostdeutsche Mitbürger soll sich nicht zurückgesetzt fühlen, daher Marx und Brecht, auch wenn der eine in Trier und der andere in Augsburg geboren wurde. Wir wollen lieber mal überprüfen, wer fehlt. Das Argument, dass in solchen Stapeln immer irgendeiner fehle, gilt nicht. Nur wer mit zwei Füßen fest auf dem allerhöchsten Gipfel des Parnass steht, kommt in Frage. Der hymnische, wahnsinnige Hölderlin, nicht wenigen zufolge der größte deutsche Dichter aller Zeiten? Fehlanzeige. Der Menschenfeind Schopenhauer? Fehlanzeige. Der ebenfalls wahnsinnige Erfinder des *Übermenschen*, der Mann, der das eleganteste Deutsch des neunzehnten Jahrhunderts schrieb, also Nietzsche? Fehlanzeige. Benn, der die Dichtung vor hundert Jahren eiskalt über den Haufen warf? Fehlanzeige. Ja, Benn hat kurze Zeit mit den Nazis kollaboriert, und wenn schon? War der schreckliche französische Faschist Céline etwa kein Genie? Heidegger? Fehlanzeige. Heidegger hat weiter mit den Nazis geheult und war hinterher zu feige es einzugestehen, aber er gilt trotzdem als einer der größten Philosophen aller Zeiten. Heiner Müller? Der größte deutsche Theaterautor seit Brecht? Womöglich gar der größte der Welt? War Deutschland zu kommunistisch? Zu sehr DDR? Aber er hat die DDR doch als eine Karikatur des Kommunismus bezeichnet, obwohl er halsstarrig im Osten wohnen blieb. War er zu erbarmungslos deutlich? Zu unversöhnlich? Zu zynisch? Moment Mal, und Celan, verdammt! Aber Celan ist gar kein Deutscher, er stammt aus der früher rumänischen, heute ukrainischen Stadt Czernowitz, die wenige Jahre vor seiner Geburt noch österreichisch war. Celan wurde 1955 französischer Staatsbürger, dennoch war er der größte deutsche Dichter seit der Befreiung. Thomas Mann hatte die tschechoslowakische und die amerikanische Staatsbürgerschaft. Ich sehe drei Nobelpreisträger. Wo ist der vierte? Wo ist Nelly Sachs, Nobelpreis für Literatur, zusammen mit Samuel Josef Agnon, aber trotzdem? War sie zu still? Zu bescheiden? Zu ängstlich? Zu verrückt? Waren ihre Gedichte vielleicht zu düster? Oder durfte sie nicht mit dazu, weil sie wieder die schwedische Staatsbürgerschaft angenommen hatte? Ihre deutschen Mitbürger wollten sie ermorden, die Schweden haben ihr Leben und das ihrer alten Mutter gerettet. War der Apfel der Erkenntnis zu schwarz, wenn ich hier eine ihrer Zeilen (aus: *Und niemand weiß weiter*) fragend paraphrasieren darf? Glücklicherweise steht ein Gedicht von Nelly Sachs auf einem anderen Denkmal, einem bewegenden Denkmal, einem unvergesslichen Denkmal, einem Denkmal für das zerrissene, ganz normale Leben, ein Tisch, ein Stuhl. Und ein umgestürzter Stuhl, auf dem Koppenplatz:

O die Wohnungen des Todes,
Einladend hergerichtet ...

Aber das kann das schuldige Versäumnis beim Aufstapeln dieser Plastikbücher nie gutmachen.

Ich kann mich nicht des Eindrucks erwehren, dass sie dorthin gelegt wurden, um die Aufmerksamkeit von einem anderen nahe gelegenen Denkmal abzulenken. Wenden Sie Ihren Blick von der Straße weg, über den Bebelplatz. Nichts zu sehen? Trotzdem ist es da. Ich gehe zur Mitte des Platzes. Dort ist ein kleiner Bereich ausgespart. Ein Fenster liegt vor meinen Füßen, ein Fenster aus unzerbrechlichem Glas. Das ist auch nötig, Tausende von Füßen sind achtlos darüber gelaufen. Nichts gemerkt, als ob nichts wäre. Es ist sehr zerkratzt, das Fenster, von den Schuhsohlen, vielleicht vom Regen oder Hagel, ich weiß es nicht. Man kann kaum noch durchsehen. Ich sinke auf die Knie und bücke mich, bis meine Nase beinahe das Glas berührt. Was bleibt, ist in der Mitte des Platzes, staubgrau, beige, fast die Farbe des damaligen Bücherstapels am Rand, ein leerer Fußboden zwischen vier Wänden. Die Wände werden völlig von Bücherregalen eingenommen. Alle Bretter sind leer. Wo sind die Bücher? In Rauch aufgegangen. Dies ist ein Werk des israelischen Künstlers Micha Ullman. Ich knie nicht nur, um sehen zu können. Man muss so oft knien, wenn man etwas sehen möchte. Das lehrt uns eine alte Weisheit. Ich knie vor Deutschlands schönstem Denkmal.

Mauer

Nur noch wenige Betonplatten sind stehen geblieben, wenn man bedenkt, dass der antifaschistische Schutzwall dreiundvierzig Kilometer lang war. Trotzdem war es längst nicht das größte Landart-Objekt aller Zeiten, nicht einmal in seiner eigenen Gattung. Die Chinesische Mauer, beispielsweise, ist viel länger. Auch sie wurde einst als Schutzwall gebaut. Viel länger sind andere, neuere Schutzwälle.

Heute findet man ein paar Reste an der Bernauer Straße und am Potsdamer Platz. Auf dem Potsdamer Platz und anderswo, zum Beispiel gleich neben dem verschwundenen Checkpoint Charlie, wird die Mauertrasse durch eine Doppelreihe Pflastersteine im Straßenbelag angedeutet. Da und dort liegt eine Stahlplatte statt der Steine. Darauf steht: BERLINER MAUER 1961–1989. Ein Belgier, der äußerst nützliche, doch viel zu wenig geschätzte Recherchen für die historischen Sendungen unserer öffentlich rechtlichen Sendeanstalten durchführt und Berlin kennt, wie wenige Berliner ihre eigene Stadt kennen, wies mich beiläufig darauf hin, dass man die Worte, Berliner Mauer 1961-1989, nur normal, gerade vor sich, lesen kann, wenn man aus dem Westen kommt. Kommt man aus dem Osten, stehen Buchstaben und Zahlen auf dem Kopf. Immer. Ich finde das befremdlich. Vermutlich hat darüber nie einer nachgedacht. Denn wer hat schließlich durch friedlichen Protest die Mauer zu Fall gebracht? Die Menschen aus dem Osten. Wer tanzte jubelnd von der Leipziger Straße zum Kurfürstendamm? Die Menschen aus dem Osten. Die große Völkerwanderung schob sich unaufhaltsam in eine Richtung: von Ost nach West. Die Westdeutschen waren so überzeugt von ihrer Überlegenheit, dass sie allmählich die Hunderttausende Ostdeutscher, die zu ihnen wanderten, nicht einmal mehr sahen. Die Tafeln wurden zur größeren Ehre und Glorie der Westdeutschen in den Straßenbelag eingelassen. Und die Ostdeutschen? Die Hab und Gut und womöglich ihr Leben aufs Spiel gesetzt hatten? Die Ostdeutschen? Was ist das für ein heruntergekommener Haufen? Können die eigentlich lesen?

Die Gedenkstätte für die ermordeten Mitglieder des Reichstags (Berlin)

Für den, der auf die sechs Säulen des Reichstagsgebäudes blickt, befindet es sich rechts. Seitlich. Dieses Mahnmal ragt wohl über die Erdoberkante hinaus, aber es reicht nicht höher als bis zu den Knien eines durchschnittlich großen Erwachsenen. Es besteht aus sechsundneunzig sehr dunkelgrauen, gusseisernen Platten. Sie sind vertikal aufgestellt, jeweils nur wenige Zentimeter voneinander entfernt, parallel in den Boden eingelassen. Ihre Ränder sind unregelmäßig, eckig, wie willkürlich abgesplittert, man denkt an Schiefer direkt aus dem Steinbruch. Auf jedem Tafelrand steht der Name eines Parlamentariers, der

von den Nazis ermordet wurde. Sie stammen aus allen demokratischen Parteien. Es sind sogar welche aus der doch ziemlich rechten Bayerischen Volkspartei darunter, aus der Deutschen Volkspartei und der katholischen Zentrumspartei.

Das Letzte mag merkwürdig erscheinen. Der Vorsitzende
der katholischen Partei, Prälat Ludwig Kaas, war der Erste,
der nach den Wahlen von 1933 Hitler im Parlament die Unterstützung für das *Ermächtigungsgesetz* zusagte, das den
wenigen Überbleibseln, die noch von der Weimarer Republik
geblieben waren, ein für allemal ein Ende bereitete. Ohne
diese Unterstützung hätte Hitler es nicht geschafft. Er hatte bei
den Wahlen, die auf den Reichstagsbrand folgten, trotz regel-
rechten Straßenterrors, trotz massenhafter Lügenpropaganda,
trotz massenhafter Verhaftungen, vor allem von Kommunisten, nicht die absolute Mehrheit bekommen. Die NSDAP erhielt 43,9 % der Stimmen. Das Ermächtigungsgesetz musste
von zwei Dritteln der Gewählten angenommen werden. Die
katholische Partei hatte dreiundsiebzig Sitze; ohne ihre Unterstützung hätte Hitler im Parlament niemals die von der Verfassung geforderte Stimmenzahl zusammenbekommen, die ihm
den Weg für die angestrebte totale Willkür freimachen sollte.

Das Zentrum war gespalten. Die Parlamentarier, die zur
katholischen Arbeiterbewegung neigten, wollten Hitler nicht
unterstützen. Sie wussten nur allzu gut, dass die Nazis ihre Gewerkschaft und alle anderen Gewerkschaften auflösen würden.
In den auf die verhängnisvolle Abstimmung folgenden Tagen
bewahrheitete sich diese Einschätzung.

Damals sprach Prälat Kaas mit der vollen kirchlichen und
politischen Autorität, die er bekleidete. »Die gegenwärtige
Stunde kann für uns nicht im Zeichen der Worte stehen. Ihr
Gesetz, ihr einziges, ihr beherrschendes Gesetz ist das der ra-
schen, bewahrenden, aufbauenden und rettenden Tat. Diese
Tat kann nur geboren werden in der Sammlung«, sagte er vor

der Abstimmung. Wer aus diesen Worten ableiten wollte, dass Monsignore Kaas alle noch in Deutschland vorhandenen demokratischen Kräfte sammeln wollte, um die Nationalsozialisten aufzuhalten, irrt schmerzlich. »Im Angesichte der brennenden Not, in der Volk und Staat gegenwärtig stehen, im Angesicht der riesenhaften Aufgaben, die der deutsche Wiederaufbau an uns alle stellt, im Angesichte vor allem der Sturmwolken, die in Deutschland und um Deutschland aufzusteigen beginnen, reichen wir von der deutschen Zentrumspartei in dieser Stunde allen, auch früheren Gegnern, die Hand, um die Fortführung des nationalen Rettungswerkes zu sichern«, so noch Monsignore Kaas. Nochmals, die brennende Not, damit waren nicht die Fackeln von Hitlers Sturmabteilung gemeint oder die Brutalität, mit der die Nazis ihre Gegner zusammenschlugen, oder ihr Judenhass. Die Gegner, denen Monsignore Kaas die Hand reichte, das waren nicht die Roten. Nein, so sah das der Prälat nicht. Er war der Erste im Parlament, der Hitler die Unterstützung seiner Fraktion, und zwar der ganzen Fraktion, zusagte, und ihm folgten alle anderen Parteien, außer den Sozialdemokraten. Die Kommunisten konnten nicht an der Parlamentssitzung teilnehmen. Sie waren verhaftet worden, untergetaucht oder im Exil, bis auf den letzten Mann. Die Ansprache des sozialdemokratischen Fraktionsvorsitzenden, Otto Wels, sollte die letzte, von Demokratie und Humanismus inspirierte Rede sein, die das Parlament zu hören bekam.

1933 wurden einundachtzig Kommunisten gewählt. Auf den Eisentafeln am Reichstagsgebäude stehen einundvierzig Namen von kommunistischen Volksvertretern. Die Hälfte von ihnen ist also zugrunde gegangen. Sechsundneunzig Parlamentarier von sechshundertsiebenundvierzig des letzten frei gewählten Reichstags wurden ermordet. Das ist fast einer von sechs. Die Nazis schreckten nicht davor zurück, ihre eigenen Leute über die Klinge springen zu lassen, aber dieses Mahnmal erwähnt keine Abgeordneten der NSDAP. Die waren zu zweihundert-achtundachtzigst. Es lässt sich leicht ausrechnen, dass von den dreihundertneunundfünfzig Parlamentariern aus anderen Parteien, rechts oder links ist unwichtig, mehr als ein Viertel ermordet wurde. Oder ist es gerade doch wichtig? Gut zweiundvierzig Prozent von ihnen waren Kommunisten. Die KPD hatte zwölfeinhalb Prozent der Sitze.

Das Mahnmal für die ermordeten Juden Europas (Berlin)

Links ist eine überdachte Terrasse. Dort kann man Dunkin Donuts, Löwenbräubier, Softeis, viel Kaffee und Berliner Pfannkuchen konsumieren. An der Rückseite hängt ein riesiges Plakat für den sechsundneunzigsten Deutschen Katholikentag. Thema ist diesmal »Gerechtigkeit vor Gottes Angesicht«. Es werden auch Megastars angekündigt, sonst kriegt man die Gläubigen nun mal nicht mehr an die Kommunionbank. Weiter sehe ich *Plattenbau*-Wohnblocks, nicht besonders hoch, acht Stockwerke und ein Mansardendach. Wir sind hier in der Nähe der Grenze, die vor nicht allzu langer Zeit die Welt in Ost und West spaltete.

Und dann gibt es die Betonquader. Sie sind grau. Das Pflaster, das sie beiderseits voneinander trennt, ist ebenfalls grau. Zusammengetrieben, denkt man, wie sie da zwischen normalen Straßencafés, normaler Werbung, normalen Wohnblocks liegen und stehen. Sie sind zusammengetrieben und haben die Farbe von Asche.

Das Gelände, auf dem sie aufgestellt sind, wogt und faltet sich, als sähe man von einer Anhöhe aus eine Stadt an einem Hügel liegen. Doch es ist keine Stadt, es ist auch keine Totenstadt, keine Nekropolis. Es ist eine Ansammlung polierter Betonblöcke, auch wenn es kein willkürliches Sammelsurium ist.

Auf dieser Seite, an der Cora-Berliner-Straße, sind die Blöcke niedrig, waagerecht, sie reichen bis ans Knie, aber zur Mitte hin, wo sich das Gelände ein wenig senkt, werden sie höher, viel höher. Hier gehen die Menschen wie auf einem Friedhof. Grabplatten fallen einem ein, liegende Grabplatten. Die Oberfläche mag vielleicht waagerecht wirken, doch das täuscht, oft kippt sie ein wenig, auf welche Seite, dafür gibt es keine Regel, wenigstens nicht beim ersten Sehen.

Das Gelände steigt leicht zu einer niedrigen – nein, das geht nicht: niedrigen Anhöhe. Gipfel oder Kamm, das wäre zu scharf oder zu spitz, zu einem hohen Rücken. Plateau wäre auch nicht das richtige Wort, das ganze Gelände scheint zu wogen und steht doch totenstill. Ich bin mir dessen bewusst, dass der vorige Satz als eine Definition von Dichtung verstanden werden kann. Nie kommt mir der Gedanke an ein Erdbeben, wohl ans Meer.

Nicht nur die Kopfseiten sind leicht geneigt, merke ich, jetzt, wo ich zu den etwas höheren Blöcken komme, auch ein paar senkrechte Seitenwände sind nicht völlig senkrecht. Sie scheinen aus dem Glied treten zu wollen. Das Wort Glied steht plötzlich da, nicht weil sich hier der Gedanke an Nazis heftig aufdrängte, sondern weil jede Grabplatte, jeder Stein, jeder Block, genau acht Pflastersteine vom nächsten entfernt ist, in allen vier Himmelsrichtungen. Die Gänge, die das wellenförmige Gelände zwischen den Steinen durchziehen, sind also schnurgerade, wohin man auch blickt.

Hier, mehr zur Mitte hin, ragen die Quader über mir empor. Leute tauchen auf, geben dem Grau Farbe, dann sind sie verschwunden. Ich höre Lachen, kann aber nicht sehen, wer lacht. Fröhliches Rufen, skandinavische Schüler auf Klassenreise. Mauern eines Ghettos, wird mir später jemand sagen. Jeder Block ein Gebäude, aus dem Menschen verschleppt wurden, sagt ein anderer. Sehr berlinisch, dieser Gedanke.

Ich überlege: Wenn alle Blöcke an allen Seiten von acht Pflastersteinen umgeben sind, muss jeder Block dieselbe Grundfläche haben. Ich beginne zu zählen, zuerst alle Reihen durch, dann mache ich Stichproben. Es gibt keine Ausnahme. Ich zähle außerdem: Die kurze Seite ist acht Steine lang, die lange zwanzig Steine. Eine stärkere Metapher für den Gedanken »Vor dem einen, allmächtigen Gott sind wir alle gleich« kann ich mir nicht vorstellen. Der Monotheismus ist eine uralte jüdische Erfindung. Ohne den jüdischen Monotheismus ist unsere Demokratie undenkbar. Wir sind alle gleiche Bürger, vor dem Gesetz sind alle gleich. Die exakt gleichen Oberflächen sind alle dem Himmel zugewandt, dem Ewigen, der in der jüdischen Tradition vor allem der große Gesetzgeber ist. Untereinander, ja untereinander gibt es Unterschiede, geringfügige Unterschiede, kein einziger Block neigt sich mehr als zwei Grad, und trotzdem, das kann man sehr gut sehen, so wie man in einer Menschenmenge Gesichter sofort erkennen und nicht erkennen kann. Die Metapher ist doppeldeutig, hat auch eine schreckliche Seite. Für die Nazis waren alle Juden dasselbe. *Ungeziefer*. Ungeziefer, das man zertritt.

Da und dort fehlt ein Block. An der Seite zur Ebertstraße und zur Hannah-Arendt-Straße stehen Bäume, alles in allem etwa vierzig Stück, und einige Blöcke liegen flach auf dem Boden, wie alte Grabplatten auf einem englischen Dorffriedhof. Auf allen jüdischen Friedhöfen, die ich besucht habe – den alten und den neuen Friedhof in Prag, den von Worms, den der Kreise in Xanten – stehen die Grabsteine senkrecht. Doch dann überlege ich, die ermordeten Juden Europas haben hier ja kein Grab: ... *wir schaufeln ein Grab in den Lüften da liegt man nicht eng*, so die bekannte »Todesfuge« von Paul Celan. Eine kurze Randbemerkung: Celan hat dieses Bild schamlos aus dem Gedicht »Er« seines früheren Schulfreunds Immanuel Weißglas gestohlen (*Wir heben Gräber in die Luft*, und *Das*

Grab in Wolken wird nicht eng gerichtet, schreibt Weißglas),
wie er sich auch nahezu Bild für Bild seiner »Todesfuge« aus
diesem einen Gedicht angeeignet hat, das Wort *schaufeln*, das
Haar von Margarethe, die bei Weißglas Gretchen heißt, der
Tod ist bei Celan *ein Meister aus Deutschland*, bei Weißglas *ein
deutscher Meister,* und das Spielen mit den Schlangen. Aber all
das wurde schon vor Jahren recherchiert.

Wie genau man auch die Ansichtskarten studiert, die man in
den Straßencafés kaufen kann, man wird kaum eine Schräge
entdecken. Die Stelen scheinen allesamt streng parallel aus-
gerichtete Quader zu sein, mit ausschließlich rechtwinkligen
Kanten. Die Karten sind Schwarzweiß. Farbfotografie hat wenig Sinn, an dem Mahnmal ist doch alles grau. Die Ansichtskarten wecken die Erinnerung an andere Fotos, die man seit
langem kennt. Weil die leichten Verzerrungen durch die Fo-
tografie wie wegradiert sind, kann ich nicht anders, als an die
endlosen, stramm ausgerichteten, geraden Reihen der Solda-
tengräber des Ersten und Zweiten Weltkriegs denken.

Unterirdisch kann man ein großes Informationszentrum
besuchen. Hier gibt es keine fröhlichen Stimmen von Schul-
kindern. Stille. Schlurfende Schritte. Die immer wieder aufs
Neue erschütternden Zahlen, die immer wieder aufs Neue
erschütternden Fotos. Viel ist im kollektiven Gedächtnis verankert. Sollte verankert sein. Die Schaufensterscheibe, *Kauft
nicht bei Juden*, daneben ein lachender SA-Mann. Die Juden,
die in Wien mit Zahnbürsten die Straße schrubben müssen.
Der sterbensbange kleine Junge, der im Warschauer Ghetto die
Arme hebt. Dennoch, es wirkt jedes Mal wieder wie neu, viel
ist dabei, das man nicht kennt, furchtbar viel. Ich suche drei
Fotos aus.

Das erste ist ein Farbfoto. In den dreißiger Jahren des letzten Jahrhunderts war das deutsche Unternehmen Agfa mit seinem Agfacolor-Neu der Weltmarktführer in Sachen praktisch

einsetzbarer Farbfotografie. Man sieht die Hauptstraße einer kleinen deutschen Stadt. Große, altmodisch gemütliche Häuser mit vielen kleinen, freundlichen Fenstern, mütterliche Dächer, ein Aushangschild mit Locken, ein Schild von einem sicheren Gasthaus, ich bilde mir ein, dass es *Krone* heißt oder *Zum Ochsen, Lamm, Zum schwarzen Adler,* Namen, die beruhigende, wohlgefüllte Teller und volle Gläser versprechen. Deutschland aus dem Märchenbuch, gutmütig, köstlich fett, Deutschland, wie es sein muss. An den prächtigen Fassaden gehen Menschen im Gänsemarsch entlang. Die Juden werden aus dem Städtchen entfernt. Fünfzig? Hundert? In ganz Deutschland hatten sie ihre Lebensmittelgeschäfte, ihre kleinen Baufirmen, ihre Arztpraxen. Seit Generationen. Und eine bescheidene Synagoge. Neben der evangelischen Kirche. Und der katholischen Kirche. Deutsche unter Deutschen. Verwundet im Ersten Weltkrieg. *Für Kaiser und Vaterland.* Das Eiserne Kreuz für seine Verdienste angeheftet bekommen. Mitglied der Blaskapelle. Des Fußballvereins. Und jetzt: Weg mit dir, du Vieh. Der Vernichtung und dem Tod entgegen. Es sind schon keine Menschen mehr, die dort an den satten Wohnungen entlang gehen. Schädliche Abfallstoffe. Durch den Abfluss mit ihnen. Seit die Juden ermordet wurden, stinkt Deutschland. Es stinkt überall, es stinkt zum Himmel, dieses schöne Land, das erschaffen wurde, um aus Römern kühlen Wein zu trinken, mit Ausblick auf einen mäandernden, glitzernden Strom, um in würzige Rauchwürste zu beißen und große Krüge kühles Bier zu leeren, unter den Linden hinter diesen Häusern.

Die zwei anderen Fotos sind schwarzweiß.

Eines von Dornbirn, Vorarlberg, Österreich, das sich ganz knapp Deutschland noch nicht in die Arme geworfen hatte. Ich kenne das Städtchen. Es könnte mit dem Farbfoto von soeben verwechselt werden. Hans und Walter Turteltaub im Garten ihres Elternhauses. Hans ist vielleicht fünf, sein kleiner Bruder vielleicht zwei Jahre oder ein bisschen älter. Sie stecken in kecken Lederhosen, die Knirpse, und auf den Revers ihrer Lodenjacken prangt stolz der Umriss eines Eichenblatts. Hans hält einen Hut mit einer Feder in der Hand. Die Locken des kleinen Walter lugen schalkhaft unter dem Rand seiner Mütze hervor. Schau nur, wie sie lachen und verlegen sind. Mehr deutsch als das hier, das gibt es nicht. In meinem Land könnte man ein solches Foto niemals machen, außer bei einem Kostümfest, und dann würde man sich heute noch in Grund und Boden schämen. Groß werden sie nie, Hans und Walter. Sie und ihre Eltern verschwinden in Auschwitz, dem Anus Mundi, dem Arsch der Welt.

Auf dem dritten Foto ist ein frommer Jude zu sehen, in einen weiten Tallit gehüllt, einen weißen Gebetsmantel mit ungleichen schwarzen Streifen. Er blickt ausdruckslos in die Linse. Er ist in Gesellschaft. Hinter und neben ihm stehen deutsche Offiziere und lachen triumphierend, während ein Gefreiter (ein Soldat? von Uniformen verstehe ich nichts) dem Juden die Peies, seine rituellen Schläfenlocken, abschneidet. Die verabscheuenswerten Gesichter der Offiziere sind eines wie das andere gut aussehend. Manche sogar sehr gutaussehend. Fotogen. Und teuflisch. Dieses verächtliche Einvernehmen von Herrenmenschen unter sich, wir, die Sieger, dürfen alles, alles, ALLES, ihre objektiv schönen Gesichtszüge, ihre arrogante Selbstsicherheit, das Herrenvolk muss sich doch nicht an all die spießigen Vorschriften und Einschränkungen halten, ihre strahlende Grausamkeit bis ins kleinste Detail, eine Haarlocke, das Bewusstsein, dass sie gleich den Drecksjuden da aufknöpfen werden, oh, was wird das für ein Spaß, wenn wir ihn dort neben den acht anderen Stücken Scheiße baumeln sehen, nur weiß dieser Judenbengel das noch nicht, prima, dann können wir ihn uns erst noch ein bisschen vornehmen, man wird doch noch ein klein wenig Spaß haben dürfen bei der Arbeit – das alles, das alles zusammen macht dieses Foto zu einem höchst wirksamen Brechmittel, ich werde kreidebleich, wenn ich es länger als drei Sekunden betrachte, und ich bin nicht der Einzige, neben mir sagt eine Französin *ça, ça, ça* ..., aber ihr fehlen die Worte.

Siehe auch: Bavaristik, Demokratie, Ems, Juden, Mauer, Widerstand im Dritten Reich, Xanten, Yperit

Ems

Es ist die Art von Kurort, die von der Eifel bis Siebenbürgen verbreitet sind. Ein schnelles, klares Flüsschen, mit einem Flussbett voll glatter Kieselsteine, teilt die geschlossene Ortschaft in zwei Hälften. Rundherum ragen fast senkrecht die bewaldeten Felsen des Mittelgebirges empor. Gebirge, das Wort ist zu hoch gegriffen, über vierhundertsechzig Metern schwebt man bereits in den Himmel. Ein nach Bismarck benannter Turm versucht noch ein paar Meter gutzumachen, aber das war es dann.

Am rechten Flussufer steht ein sahnefarbenes Hotel aus dem neunzehnten Jahrhundert. Viele Stockwerke hat es nicht, aber es ist ungeheuer breit, ich übertreibe nicht, wenn ich sage, dass es sich am Wasser entlang erstreckt. In diesem Hotel kann man bis auf den heutigen Tag Erleichterung, womöglich gar Genesung bei unwilliger Verdauung finden, bei Erkrankungen der Atemwege, bei Asthmaanfällen und allem, was das Herz schwächt. In einem endlosen Wandelgang sind in regelmäßigen Abständen kleine Trinkbrunnen angebracht, an denen der Patient Wasser zapfen kann, außerdem gibt es Gurgelräume, in denen man das Gurgelwasser in rosa Waschbecken wieder ausspucken kann. Es ist ziemlich warm, dieses Wasser, vierundvierzig Grad Celsius aus dem einen, zweiunddreißig Grad warm aus dem anderen Hahn.

Auch der Geist findet hier Erquickung. Gleich bekommen die Gäste, die sich in den Konzertsaal begeben, Musik zu hören, für jeden Geschmack ist etwas dabei, von »Der Kuckuck vom Schauinsland« bis »Yesterday«, von »Santa Lucia« bis »Berlin bleibt doch Berlin«. Außerhalb des Hotels befindet man sich ganz normal in Deutschland, BMWs, Bier, Döner und Pizza. Ganz normal? Was haben diese russischen Kirchtürme unter den goldenen Zwiebeln dort am anderen Ufer zu suchen? Warum heißt das nächste Hotel, viel kleiner, und ziemlich heruntergekommen, *Russischer Hof*?

Wir sind in Ems, Verzeihung, in Bad Ems, auch wenn letzteres wieder nicht so viel zu bedeuten hat. In Deutschland gibt es mehr als hundertsechzig Orte und Örtchen, die die drei stolzen Buchstaben Bad vor ihrem Namen tragen, von Abbach bis Zwischenahn, und dann sprechen wir noch nicht einmal von den Kurorten, wo schon zur Römerzeit kurzatmige oder gichtkranke Patienten Genesung im Wasser suchten, wie Aachen und Baden-Baden. Die letztgenannte Stadt ist berühmt, schon ihr Name weist auf viel Wasser in vielen Wannen hin; in meinem eigenen Land gibt es das sprichwörtliche Spa; in Frankreich wurde Vichy aus ganz anderen Gründen berühmt; Karlsbad, selbstverständlich, auch wenn es heute Karlovy Vary heißt; aber Bad Ems!? Und trotzdem. Einst war es der Ort, an dem sich ein berühmter Kopf sehen lassen musste. Gogol war hier, und Dostojewski und Wagner und Liszt und Clara Wieck. Jacques Offenbach logierte hier im Hotel Stadt Wiesbaden. Bis 1870.

Bis 1870.

Heutzutage scheinen die meisten Historiker dem großen Eric Hobsbawm zustimmen zu wollen: Das zwanzigste Jahrhundert hat nicht 1900 oder 1901 angefangen (ach du lieber Himmel, davon wollen wir jetzt aber bestimmt nicht reden), sondern im selben Moment, in dem der österreichische Kronprinz Franz-Ferdinand erschossen wird. Zeitpunkt: 28. Juni 1914. Ort: Sarajewo. Das Ende des vergangenen Jahrhunderts mit der grauenhaften, erstickenden Einkesselung und dem endlosen Morden, dem ganz Westeuropa verstört und wie gelähmt zusah, ohne auch nur einen Finger zu rühren, lokalisiert Hobsbawm in derselben Stadt. Wir waren nicht im Stande, und vor allem nicht bereit, die Barbaren vor unseren Toren zu vertreiben.

Ich werde nicht behaupten, dass das zwanzigste Jahrhundert eigentlich in Ems begonnen hat. Aber ich bin davon überzeugt, dass das schwankende, gefährlich wurmstichige Fundament des Jahrhunderts, das mit seinen zwei großen Kriegen und vier Völkermorden – leider zu Recht – das blutigste aller Zeiten genannt wird, dass dieses Fundament in diesem kleinen Städtchen mit seinen salzigen Quellen und süßen Hotels gelegt wurde. In Ems, im Sommer 1870.

Der Anlass hat keine Spur von zwanzigstem Jahrhundert. Stellen Sie sich Salons mit schimmerndem Parkett, Galabällen, Logen in luxuriösen Opernhäusern, Kerzen und Gaslicht vor, Könige, die in ihrem Land wirklich unumschränkte Herrscher waren, hauchfein verästelte, aristokratische Intrigen und diplomatische Nuancen, die heute mit dem bloßen Auge kaum wahrnehmbar sind.

Der preußische König Wilhelm I. geht wie jeden Sommer zum Kuren nach Ems. Das heiße Wasser aus dem *Emser Kränchen* stärkt schon seit ein paar Jahrhunderten manches adelige Magen-Darm-System.

In diesem Jahr 1870 gibt es noch kein Deutschland. Wohl haben sich die norddeutschen Fürstentümer zu einem Bund zusammengeschlossen, aber angesehene Königreiche wie Bayern oder Württemberg wollen nicht dazugehören. Der mächtigste Mann in diesem ganzen deutschen Durcheinander ist zweifellos Wilhelm I. Sein Ministerpräsident ist einer der größten Staatsmänner aller Zeiten. Er heißt Otto von Bismarck. Wilhelm ist zugleich das Oberhaupt der weitverzweigten Familie der Hohenzollern. In diesem Sommer in Ems bekommt die Verbindung dieser zwei Funktionen in einer Person europäische Bedeutung.

Alles hat einige Jahre davor angefangen, mit einer scheinbar banalen dynastischen Frage, nicht einmal in Deutschland, sondern in Spanien. Nach der soundsovielten Palastrevolution in Madrid wird Prinz Leopold von Hohenzollern gefragt, ob er nicht Lust auf den spanischen Thron habe. So ungewöhnlich ist das nicht. Deutsche Prinzen wurden durchaus öfter eingeladen, sich auf den Thron von Ländern zu setzen, die sie kaum auf der Landkarte finden konnten, zum Beispiel von Belgien, Bulgarien oder Rumänien – auch dort übrigens ein Hohenzoller.

Wilhelm I., das Oberhaupt aller Hohenzollern, musste zuerst seine Zustimmung erteilen. Die gab er, ohne Probleme, auf Bismarcks Rat hin. Freilich, der französische Kaiser Napoleon III. fürchtete eine Umzingelung seines Landes, vor allem, falls es einst einmal über die Familie Hohenzollern zu einer Personalunion zwischen Preußen und Spanien kommen sollte. Das war keine Wahnvorstellung, im Gegenteil. Napoleon III. ließ seinen Außenminister im Parlament erklären, dass *La France ne tolérerait pas l'établissement du prince de Hohenzollern ni d'aucun Prussien sur le trône espagnol* (Frankreich würde weder den Prinzen von Hohenzollern noch irgendeinen anderen Preußen auf dem spanischen Thron dulden). Sollten die Preußen halsstarrig bleiben und nicht prompt tun, was Napoleon III. forderte, dann werde Frankreich nicht zögern, seine Pflicht zu tun. Das war gerade noch knapp vor einer Kriegserklärung. Doch die Preußen taten brav, was Napoleon III. verlangte, Leopold von Hohenzollern verzichtete auf den spanischen Thron.

Jedoch, damit geben sich die Franzosen nicht zufrieden. Hier beginnt nun ihre Selbstüberschätzung. Die französische Regierung forderte nun außerdem, der preußische König solle feierlich und öffentlich erklären, dass das Haus Hohenzollern, dessen Oberhaupt er war, niemals Ansprüche auf den spanischen Thron erheben werde. Nur diese Erklärung könne die französische Regierung und Frankreichs öffentliche Meinung beruhigen.

Nun landen wir in Ems. Der französische Botschafter in Preußen, Vincent Benedetti, wurde in den Kurort geschickt, um mit Wilhelm I. zu sprechen. Der französische Außenminister setzte seinen Gesandten durch Telegramme ständig unter Druck. So schnell wie mit der E-Mail ging es noch nicht, aber doch schon so schnell, dass der Botschafter einen Schnitzer machte. Wilhelm I. hatte noch nicht einmal offiziell die Nachricht erhalten, dass sein Verwandter Leopold auf den spanischen Thron verzichte, da kam der französische Botschafter dem preußischen König bereits bei dessen Morgenspaziergang entgegen. Wilhelm wollte durchaus Leopolds Entscheidung akzeptieren, aber die neue französische Forderung – niemals ein Preuße auf dem spanischen Thron – wies er entschieden zurück, und man kann ihm nicht Unrecht geben, offiziell war er noch nicht informiert, und außerdem hatte der Botschafter noch nicht einmal eine Audienz. Später am Tag schickte Wilhelm seinen Adjutanten zu dem französischen Gesandten mit der Mitteilung, der Bericht sei inzwischen eingetroffen, doch sein letztes Wort in dieser Angelegenheit sei bereits gesprochen.

Noch am selben Tag telegraphierte ein Mitarbeiter Bismarcks den Hergang des ganzen Vorfalls und die Entscheidung des Königs an seinen Chef. Bismarck sollte der *Norddeutschen Allgemeinen Zeitung* eine Kurzfassung weitergeben. Kürzere Fassungen klingen meist härter als der vollständige Text, ihnen fehlen Nuancen, mangelt es oft an Hintergrundinformationen:

Nachdem die Nachricht von der Entsagung des Erbprinzen von Hohenzollern der Kaiserlich Französischen Regierung von der Königlich Spanischen amtlich mitgetheilt worden sind, hat der Französische Botschafter in Ems an S. Maj. den König noch die Forderung gestellt, ihn zu autorisiren, dass er nach Paris telegraphire, dass S. Maj. der König sich für alle Zukunft verpflichte, niemals wieder seine Zustimmung zu geben, wenn die Hohenzollern auf ihre Kandidatur wieder zurückkommen sollten.

Seine Maj. der König hat es darauf abgelehnt, den Franz. Bot-
schafter nochmals zu empfangen, und demselben durch den
Adjutanten vom Dienst sagen lassen, dass S. Majestät dem
Botschafter nichts weiter mitzutheilen habe.

Dieser Bericht ist in einer Sonderausgabe der Zeitung vom
13. Juli 1870 als *Emser Depesche* in die Geschichte eingegangen, das fatale Emser Telegramm. Wer es liest, denkt: Die Sache ist definitiv abgeschlossen. Aus keinem Wort geht hervor,
dass Preußen vielleicht eine Möglichkeit offenlassen könnte,
um möglicherweise noch diskret mit den Franzosen zu verhandeln. Überdeutlich steht dort eine völlig unangemessene
französische Forderung und die begreifliche Ablehnung dieses
arroganten Ansinnens durch den König. Der deutsche Zei-
tungsleser konnte sich kopfschüttelnd fragen, was für Flegel
Frankreich wohl in seine Botschaften entsendet, Rüpel, die den
nichts ahnenden, sich friedlich ergehenden preußischen König
bei einem Messingknopf seiner Uniform packen und ihm unter ihrem ekelhaften, mit Pomade eingefetteten Schnurrbart
hervor einen kurzen, französischen Befehl zukläffen.

In Frankreich wusste der Normalbürger bis dahin noch
nichts von der zusätzlich erhobenen Forderung der französischen Regierung. Theoretisch hätte Napoleon III. die ganze
Sache eines stillen Todes sterben lassen können, doch diese
Option war nun nicht mehr möglich. Der schlaue Bismarck
hatte Napoleon III. den Weg abgeschnitten, einfach durch eine
kurze Zeitungsmeldung. Die Angelegenheit explodierte jetzt
vor aller Augen. Außerdem hatte Bismarck dafür gesorgt, dass
auch die Botschaften seine Fassung des Telegramms erhielten.
Noch vor Mitternacht hatte man in Paris diese Fassung gelesen.
Am 19. Juli erklärte Frankreich Deutschland den Krieg.

Ich sagte es bereits, die französischen Herrscher litten an
gewaltiger Selbstüberschätzung. Nie hätten sie erwartet, dass

die süddeutschen Staaten ausnahmslos mit dem ungeliebten Preußen in den Krieg ziehen würden. Aber Preußen, Bayern, Württemberg, Baden und Hessen hatten sich durch Bündnisse, durch die *Schutz- und Trutzbündnisse,* zur wechselseitigen Verteidigung bei einem militärischen Angriff von außen verpflichtet. Und Bismarck hatte die Franzosen genau dort hinein manövriert, wo er sie haben wollte: in der wenig beneidenswerten Rolle des Aggressors. Kein einziger anderer Staat war geneigt Frankreich beizuspringen. Frankreich war zu diesem Zeitpunkt zweifellos die stärkste kontinentale Macht, so schien es zumindest. Wie sollten die deutschen Länder mit ihren wehrpflichtigen Soldaten es gegenüber dem brillanten französischen Berufsheer schaffen? Auf jeden Fall ging die Mobilmachung auf deutscher Seite erheblich schneller vonstatten als in Frankreich. Die verschiedenen deutschen Staaten versetzten noch vor der französischen Kriegserklärung, ihre Truppen in Alarmbereitschaft. Bereits am 3. August standen mehr als dreihunderttausend deutsche Soldaten an der französischen Grenze. Die deutschen Heeresverbände waren viel beweglicher als die französischen, was sicher auch der Führung des zu diesem Zeitpunkt fast siebzigjährigen Helmuth Karl Bernhard Graf von Moltke zu verdanken war. Der Graf gilt als der genialste Stratege des neunzehnten Jahrhunderts, zumindest nach Napoleon Bonaparte. Moltkes Auffassungen waren alles andere als streng preußisch, im Gegenteil. Er war ein Anhänger kurzer Kriege und schneller Erfolge dank schneller Truppenbewegungen. Er erlaubte seinen Untergebenen, nicht auf Befehle von oben zu warten, sondern selbst zu entscheiden, je nach den Erfordernissen der Situation, in der sie sich befanden. Moltke hatte sein Fach beim dänischen Heer und in seinen Jahren als militärischer Berater des ottomanischen Sultans gelernt. Resolut setzte er auf die für seine Zeit modernste Technik: Telegraphie, Eisenbahnen und weit schießende Kanonen, die in den Stahlküchen von Krupp hergestellt wurden. Die Franzosen verwendeten veraltete Kanonen aus Bronze. Moltkes berühmtester Satz lautet: *Kein Plan überlebt die erste Feindberührung.* Auch wenn dieser Satz apokryph sein kann, von einem Deutschen würde man vielmehr das Gegenteil erwarten. Moltke sollte der einzige Heerführer der Kriegsgeschichte sein, der keinen einzigen Krieg verloren hat. Hätte nur sein gleichnamiger Neffe, der im Ersten Weltkrieg die deutschen Heere befehligte, eine solche Geistesgewandtheit an den Tag gelegt, Deutschland wäre eine katastrophale Niederlage und Europa ein Zweiter Weltkrieg erspart geblieben.

Zu ihrer eigenen Verblüffung konnten die Franzosen den Deutschen kein Paroli bieten. Sie verloren Schlacht um Schlacht, dazu noch auf ihrem eigenen Hoheitsgebiet, bei Forbach-Spicheren, Wissembourg, Woerth, Gravelotte und schließlich bei Sedan, wo am 2. September 1870 der französische Kaiser Napoleon III. gefangen genommen wurde. Vierzehn Tage später ist Paris umzingelt.

Alles verläuft völlig entsprechend Moltkes Vorstellungen von einem schnellen Krieg. Doch die neue republikanische französische Regierung der *défense nationale* (der nationalen Verteidigung) unter der Leitung von General Trochu und dem brillanten Republikaner Gambetta weigert sich zu kapitulieren. Das bringt Frankreich einige kleine Erfolge, die jedoch das Blatt nicht wenden können. Alle Versuche, Paris zu entsetzen, scheitern jämmerlich. Der Hunger beginnt zu nagen und die Hauptstadt liegt täglich unter dem Beschuss der Kruppkanonen. Alle Teile des französischen Heers werden bald unterliegen, im Süden bei Orléans, im Westen bei Le Mans, im Norden bei Saint-Quentin und im Osten bei Belfort. Am 18. Januar 1871 – der Krieg ist noch nicht beendet – demütigen die Deutschen die Franzosen bis in den tiefsten Grund ihrer gallischen Seele. Der preußische König Wilhelm I. lässt sich in der Galerie des

Glaces, im Spiegelsaal, dem schönsten Saal des Schlosses von Versailles, zum deutschen Kaiser krönen, mit viel grellem Pomp und Gepränge. Die Spiegel erzittern, als die vereinten Generäle deutscher Lande die Hymne »Heil dir im Siegerkranz« anstimmen. Sieger waren sie, auch wenn die französische Republik erst zehn Tage später in die Knie ging. Der böse Genius hinter dieser unnötig verletzenden Zurschaustellung unangreifbarer deutscher Allmacht war merkwürdigerweise der allzeit kühl kalkulierende Bismarck. Hatte er nicht unmittelbar nach Sedan den Franzosen einen gemäßigten Friedensvorschlag gemacht, mit nicht einmal allzu großen Grenzkorrekturen im Elsass? Damals fürchtete er, andere Großmächte könnten Frankreich zu Hilfe eilen, was aber nicht geschah.

Erst am 10. Mai 1871 sollte der endgültige Frieden geschlossen werden. So schwer fiel es dem völlig geschlagenen Frankreich, das Unausweichliche zu akzeptieren. Den Verlust von Elsass-Lothringen hat es nie verwinden können, obwohl das gesamte Elsass und ein Großteil von Lothringen in dieser Zeit unstrittig Deutsch sprachen – oder genauer gesagt, deutsche Dialekte. In den Jahren zwischen dieser Niederlage und dem Ausbruch des Ersten Weltkriegs häuften die Franzosen ihren Groll geduldig auf. In der ganzen Zeit war der Widerhall einer patriotischen Hymne wie »Vous n'aurez pas l'Alsace et la Lorraine« an allen Nationalfeiertagen zu hören. Wie alle patriotischen Hymnen in allen Ländern strotzt auch dieses Lied von falschem Pathos und von Lügen, doch das ist nicht der Knackpunkt. Man sollte vielmehr auf das Futur achten, ihr werdet Elsass und Lothringen nicht besitzen. Man hat also die feste Absicht, diese Region wieder zurückzuerobern. Achtundvierzig Jahre lang singen die Franzosen im Namen der neuen deutschen Staatsbürger, die zwischen Metz und Altkirch wohnen, die zweite Strophe, die mit den Worten *France à bientôt*, Frankreich bis bald, beginnt. Soviel zu Durchhalteparolen.

Um die Komplexität des französischen Hasses und der Rachsucht zu erklären, möchte ich hier auf die Passagen in *Les Mots* von Jean-Paul Sartre verweisen, in denen er von seinem elsässischen Großvater mütterlicherseits erzählt. Dieser Mann war einer der Hunderttausend aus der Region (gut sechs Prozent von anderthalb Millionen Einwohnern), der nach 1871 für das französische Vaterland optiert hatte. War er französischsprachig? Im Gegenteil. Nur auf Kosten mühsam durchgehaltener Anstrengungen gelang es ihm, Französisch zu lernen. Er zog nach Paris, wo er sein Brot verdiente mit ... Deutschunterricht. Sartre zufolge verfasste er auch ein ausgezeichnetes Lehrbuch der deutschen Sprache. Doch mit der Eroberung seiner Heimatregion hat er sich nie ausgesöhnt. Sein Leben lang hat Sartres Großvater Deutsche mit tödlichem Hass verfolgt.

Mit seinen Deutschstunden hat Sartres Großvater sicher eine hübsche Stange Geld verdient. Eine Menge Franzosen begannen nach 1871 eifrig, Deutsch zu lernen, mehr als Englisch. Das will nicht heißen, dass ihr Revanchismus abgenommen hätte, im Gegenteil. Die deutsche Gesellschaft wurde, ganz bestimmt seit der Thronbesteigung des taktlosen, uniformvernarrten Angebers Wilhelm II. und der erzwungenen Demission des politischen Genies Bismarck, immer umfassender militarisiert. Das ging soweit, dass ein Offizier, der in einen Streit mit einem Bürger geriet, am Ende immer Recht bekam. 1913 kam es in der elsässischen Stadt Zabern (heute: Saverne) zu schweren Ausschreitungen, bei denen schließlich ein Leutnant mit seinem Säbel einen unbewaffneten Schusterlehrling, der ihn ausgelacht hatte, schwer verwundete. Nach einer ersten Verurteilung wurde der Leutnant in zweiter Instanz freigesprochen. Die Richter urteilten, er habe im Zustand legitimer Selbstverteidigung gehandelt und der Schusterlehrling habe sich der Majestätsbeleidigung schuldig gemacht. In Offizierskreisen verlautete, der Leutnant habe durch seinen Angriff auf einen unbewaffneten Mann nur die Ehre des Heeres verteidigt, und eine derart schwache Begründung reichte aus. Der Urteilsspruch führte zu heftigen Debatten im Parlament, aber es war doch machtlos. Daraufhin kam es zu massenhaften Proteste unter anderem in Berlin, Breslau, Chemnitz, Duisburg, Düsseldorf, Köln, Leipzig, München, Straßburg und in noch acht weiteren kleineren Städten. Es war ganz bestimmt nicht so, dass sich die gesamte deutsche Bevölkerung vor dem Militär verbeugte, sondern Millionen von Deutschen fühlten sich der Willkür arroganter Offiziere ausgeliefert.

Doch auch in der französischen Gesellschaft nahm der Militarismus überhand. Man denke nur an die Dreyfus-Affäre.

1894 wird der französische Offizier Alfred Dreyfus verurteilt und wegen Spionage für die Deutschen degradiert. Das Beweisstück des Prozesses, ein unterzeichneter, handgeschriebener Brief an die Adresse des deutschen Militärattachés in Paris, stellt sich im Nachhinein als gefälscht heraus. Die Affäre spaltet die französische Gesellschaft, für und gegen Dreyfus, in links und rechts. Dreyfus war Jude. Es kommt zu antisemitischen Tumulten und antijüdischen Zeitungsartikeln. Emile Zola veröffentlicht in der Tageszeitung *L'Aurore* seinen berühmten Brief unter der Überschrift »J'accuse«, Ich klage an. Er klagt die falschen Anschuldigungen an, deren Opfer Dreyfus wurde. Zola wird ebenfalls verurteilt und setzt sich für einige Zeit nach England ab. Es dauert Jahre, bevor Dreyfus von jedem Makel freigesprochen ist. Die französische Heeresführung sabotierte eine Wiederaufnahme des Prozesses, und das war möglich, weil sie bei einem großen Teil der politischen, kulturellen, wirtschaftlichen und kirchlichen Elite wie auch bei breiten Schichten der Bevölkerung Unterstützung fand.

Natürlich haben sich Frankreich, Deutschland, Großbritannien, Österreich und Serbien in den Jahren, die dem ersten industriellen Krieg vorangingen, in einen Rüstungswettlauf ohnegleichen gestürzt. Aber es gab noch etwas anderes. Es gab die großspurige Rhetorik, sicherlich in Frankreich, sicherlich in Deutschland. Und es gab in Frankreich den übermächtigen Rachegedanken. Nicht in Deutschland, das wollte nichts weiter, als die flatterhaften, inferioren Franzosen ein für allemal in den Boden stampfen. Sicherlich, Frankreich wollte sich rächen, für alles Leid, das die Mutter der Zivilisation, denn so sahen die Franzosen damals ihr Land, 1870 erlitten hatte, aber vor allem, noch immer, nach fast einem halben Jahrhundert, für die erlittene Demütigung. Wie das französische Sprichwort so unerbittlich sagt : *la vengeance est un plat qui se mange froid*, Rache ist ein Gericht, das man kalt verzehrt.

Sie haben die Grobschlächtigkeit ihrer Erzfeinde – die Krönung des Kaisers im Spiegelsaal vom Versailles – tausendfach gerächt, die Franzosen. Es ist kein Zufall, dass 1919 der von reinem Revanchismus getränkte Vertrag, der Deutschland endgültig vernichten sollte, im Schloß von Versailles und nirgendwo anders unterzeichnet werden musste. Im Spiegelsaal, das versteht sich.

In Deutschland verkündeten nicht nur rechte Nationalisten, dass der Vertrag ein *Schandfrieden* sei, man bezeichnete ihn auch als *Schanddiktat,* oder kurz als *Diktat,* und das ist nur allzu verständlich. Es war den Deutschen verboten, an den Verhandlungen teilzunehmen, ein Vorgehen, das bei Friedensverhandlungen eine überaus große Ausnahme gewesen ist.

Der die Verhandlungen führende französische Premierminister, Georges Clemenceau, mit dem Beinamen *le tigre*, der Tiger, für seine Bewunderer *le père de la victoire*, der Vater des Sieges, will Deutschland von der Landkarte auslöschen, nicht weniger. Seinen Rachedurst wird er jedoch nicht völlig befriedigen können. Seine Forderungen sind völlig unrealistisch. Er möchte zum Beispiel das linke Rheinufer aus dem deutschen Gebiet herauslösen. Soweit wird es nicht kommen, aber

Deutschland verliert dreißig Prozent seines Gebiets, manchmal gegen die Ergebnisse der Volksbefragungen oder einfach, ohne dass die dortigen Bewohner überhaupt gefragt wurden, und die Reparationszahlungen sind astronomisch hoch.

Marschall Foch, der Oberbefehlshaber der alliierten Streitmächte im Ersten Weltkrieg, prophezeite, dies werde kein Frieden sein, sondern nur ein zwanzigjähriger Waffenstillstand. Der Vertrag von Versailles, diese Rache ohne Maß und Vernunft oder der schroffen Demütigung, die den Franzosen 1871 von den Deutschen zugefügt worden war, der Vertrag von Versailles wurde 1919 unterzeichnet. 1939 fiel Hitler in Polen ein.

Siehe auch: Demokratie, Denkmäler, Juden

Fraktur

Auf fast allen Aushängeschildern deutscher Kneipen sieht man sie, diese unmöglichen, ineinander verschlungenen Lettern, bösartige Schlangen, die unter Stacheln und anderen schlimmen Auswüchsen leiden, oder auf dem Etikett von Bierflaschen und von Jägermeister, oder immer noch, ist das nicht sonderbar, auf dem Apotheken-Wahrzeichen, dort ein rotes A. Zeitungsnamen, und nicht die schlechtesten, stehen häufig in dieser deutschen Schrifttype, die *Frankfurter Allgemeine* oder die *Berliner Zeitung*, und es gibt noch ein paar Dutzend andere. Die restliche Zeitung ist für den nichtdeutschen Sterblichen normal lesbar, außer die Überschriften mancher Artikel.

Fraktur heißt diese Schrift, das bedeutet gebrochen, und diese Bezeichnung trifft hundertprozentig zu. Man hat den Eindruck, als ragten aus diesen Buchstaben überall giftige, kleine Splitter hervor, an denen sich der Leser verletzen kann. Oder sind sie einer wie der andere gotische Miniaturkapellen und -kirchen? Eine andere Bezeichnung ist, tatsächlich, gotische Schrift. Man sieht eine solche Aufschrift und denkt automatisch ans Mittelalter und assoziiert zudem finster und zurückgeblieben. Dennoch ist die Fraktur jünger als die Antiqua, die allgemein übliche Schrifttype, die wir Tag für Tag in Hunderten von Varianten lesen. Die Antiqua haben wir von den Römern, und danach von den Karolingern übernommen. Sie ist also, wie es die Bezeichnung schon sagt, antiker als die Fraktur, um so mehr, weil die eigentliche Fraktur erst aus dem sechzehnten Jahrhundert stammt. Ihre mittelalterlichen Vorläufer, die Textur und die Schwabacher, sind heute noch nicht völlig verschwunden. Das A der Frankfurter Allgemeinen stützt sich zum Beispiel auf den Texturbuchstaben. Gutenberg wollte für seine Druckpresse – wenn je eine Erfindung revolutionär war, dann diese – nicht so etwas Überholtes wie die *littera antiqua*. Es sollte und musste die *littera moderna* sein, und das war damals die Textur. So geschah es im zweiundvierzigzeiligen, vergilbten Druck seiner Bibel, seiner ersten Bibel, und in den späteren Auflagen.

Zu Beginn des sechzehnten Jahrhunderts erteilte Maximilian I., Kaiser des Heiligen Römischen Reichs Deutscher Nation, dem Augsburger Drucker Johannes Schönsperger den Auftrag, ein Gebetbuch für ihn herzustellen. Kein geringerer als Albrecht Dürer sollte es illustrieren. Die Letter, die Schönsperger für sein einzigartiges Meisterwerk wählte, geht auf einen Entwurf des Kalligraphen Leonhard Wagner zurück, einem Großmeister seines Fachs. Dieser Wagner wurde bisweilen Wirstlin oder Würstlin genannt. Ich kann es kaum fassen, aber der geniale Benediktinermönch, der die *fractura germanica* erfunden und geschnitzt hat, den Buchstaben, der vierhundert Jahre lang, bis tief ins zwanzigste Jahrhundert hinein, die deutsche Schrift immer weiter von anderen Schriften absondern sollte, hatte den Beinamen »Würstchen«.

Ich habe die Fraktur als Elfjähriger entdeckt. Mein ältester Bruder brachte sein Deutschwörterbuch aus der Schule mit, und sobald er es irgendwo im Wohnzimmer liegen ließ, begann ich fiebrig darin zu blättern. Ich stürzte mich zwar auf all seine Schulbücher, denn ich konnte es nicht ertragen, dass er klüger werden sollte als ich, aber dieses eine Buch übte eine wahrhaft unwiderstehliche Anziehungskraft aus. Vorn im Buch fand ich ein Alphabet, wie ich noch nie eines gesehen hatte. Die Buchstaben sahen aus wie geschmiedet, an allen Seiten hingen nutzlose Haken und Schnörkel. Auch die handschriftliche Variante hatten die Germanisten in dieses Wörterbuch aufgenommen. Buchstaben für Buchstaben versuchte ich den Kode zu knacken; auf allen Rückseiten von Umschlägen, die mir in die Hände fielen, kopierte ich die geraden und die krummen Striche, aber die Buchstaben wehrten sich beharrlich gegen ihre Entzifferung. *M, n, u* und sogar das *c* hatten dieselben steifen Beine, manchmal eines mehr, manchmal ein halbes weniger, das *e* glich zu meiner Überraschung noch am meisten einem etwas eckigen *n*, wie wir es im Schönschreibunterricht nachzuahmen versuchten. Ich hatte die Sütterlinschrift entdeckt, die handschriftliche Form der Fraktur.

Wenige Jahre vor dem Ersten Weltkrieg entwickelte ein gewisser Herr Sütterlin im Auftrag des Preußischen Unterrichtsministeriums eine Schreibschrift, die seit 1915 an allen Schulen des Königreichs Preußen erlernt werden musste und eine stromlinienförmige Anpassung der Buchstaben war, die von den Deutschen seit einigen Jahrhunderten verwendet wurde. Diese Buchstaben unterschieden sich stark von all dem, wie in den Nachbarländern geschrieben wurde. Man nehme zum Beispiel einen niederländischen, französischen oder englischen Brief aus der Zeit um 1880. Gesetzt den Fall, das Papier ist nicht mit Krakelfüßen voll gekritzelt, kann man ihn ohne große Mühe entziffern. Einem heute etwa fünfzigjährigen Deutschen, der beispielsweise die kalligraphierten Liebesbriefe seiner Großmutter oder die etwas nachlässigeren Billets-doux seiner Mutter lesen möchte, wird das nur nach langen paläographischen Übungen gelingen. Zwischen der heutigen 68er-Generation und der Generation von vor dem Zweiten Weltkrieg steht eine kaum zu entziffernde Handschrift aus Schrecken erregenden Zeiten. Vermutlich wäre es nicht viel schwieriger, wenn die Deutschen ihre Sprache in kyrillischen Buchstaben aufgeschrieben hätten. Kein Wunder, dass die Abendkurse, in denen man die alte Schrift erlernen kann, solche Selbstläufer sind. Heute findet man sogar Lernprogramme im Internet.

Ich war ohne jeden Zweifel ein sonderbares Bürschchen, denn in meinen eigenen Hausaufgaben und Aufsätzen tauchten nach und nach Elemente der Sütterlinschrift auf, anfangs zur Verwunderung, dann zur Wut und schließlich zur Verzweiflung meines Grundschullehrers. Meine Handschrift, die sich schon davor nicht gerade durch Regelmäßigkeit und klare Formgebung ausgezeichnet hatte, wurde bald völlig unleserlich. Aber ich hielt trotzig durch. Ernste Ermahnungen, sanftes Drängen, harte Drohungen, nichts half. Das simple Wort »muur« bekam eine treffende Ähnlichkeit mit dem Sägezahndach einer altmodischen Fabrik. Die Schleifen meiner d's wurden immer lasziver und auf die Dauer rundheraus obszön, aber das wusste ich damals noch nicht. Der Lehrer wusste es wohl. In weniger als einem Monat gelang es mir, vier Jahre hartnäckiger Bemühungen des unterrichtenden Personals, das sich bis zu Schweißausbrüchen hin abgerackert hatte, mir die Rudimente einer leserlichen Handschrift beizubringen, zu eitlem Staub zerfallen zu lassen. Allein vor der allerletzten Konsequenz schreckte ich damals zurück: Das e schrieb ich weiterhin als e, nicht als das straff eingeschnürte n, das in der deutschen Kurrentschrift üblich war, der allgemein üblichen – kuranten – Handschrift für Briefe und Einkaufszettel. Hätte ich diese letzte Grenze überschritten, ich glaube, der Schulleiter höchstpersönlich hätte mich zum Objekt staatlicherseits längst verbotener Leibesstrafen gemacht.

Wenige Jahre später war in meiner Handschrift keine Spur mehr von deutschem Einfluss zu entdecken. Eigentlich hat mir mein weltfremdes Gehabe nichts als Vorteile gebracht. Meine Buchstaben wurden klar und streng, und sind es geblieben. Ich schreibe nicht groß, aber trotzdem sehr deutlich, und sogar in dieser von Computertastaturen verhexten Epoche erweist sich jeden Tag aufs Neue, wie sehr man das zu schätzen weiß. Auch finanziell stehe ich dadurch besser da. In Amsterdamer Antiquariaten und auf dem Flohmarkt in Brüssel kosten in Antiqua gedruckte deutsche Bücher ein Vielfaches derselben Bücher in Fraktur, weil die kein Aas mehr entziffern kann. Auch in

Deutschland sinken die Preise, denn die Generation, die wirklich mit Sütterlin und Fraktur großgezogen wurde, stirbt aus. Ich besitze weder das Temperament und noch viel weniger die Leidenschaft eines Bibliophilen, aber ich zögere selten, derartige Ausgaben zu erwerben. So stehen bei mir Eichendorff, Goethe, die Märchen der Gebrüder Grimm, Keller, Thomas Mann, Gustav Meyrink, August von Platen, Rilke und Stefan Zweig in Fraktur im Regal. Gleichzeitig besitze ich in Fraktur gesetzte verdächtige Kuriosa, wie die Anthologie *Das deutsche Gedicht* von 1941, Tausend Jahre deutscher Lyrik, aus dem natürlich drittrangige Schriftsteller wie Heinrich Heine, Else Lasker-Schüler, Hugo von Hofmannsthal, Bertolt Brecht und sogar Gottfried Benn ferngehalten wurden. In Fraktur besitze ich Gerhard Schumanns *Die Lieder vom Reich* von 1935, ob die wohl je in Antiqua herausgegeben wurden? Nicht, dass heute noch jemand Verse lesen müsste wie

Und aus des Herzens aufgerissnen Schollen
Brach heiß das Blut und schäumte Frucht und Tat.
Wie Innen-Außen zueinander quollen!

oder

Aus tausend Herzen brach der stumme Schrei
D e n F ü h r e r! Knechte uns! Herr, mach uns frei!

Die sind nicht nur schlecht, die sind grottenschlecht. Gerhard Schumann schrieb nach der Befreiung unverdrossen weiter rechtsextreme Belanglosigkeiten. Er starb 1995.

Fraktur ist die Art von Buchstabe, bei dem es den aufgeklärten, halblang frisierten oder maßvoll schnurrbärtigen und feinrandig bebrillten linksliberalen Deutschen eiskalt über den Rücken läuft. Fraktur, das steht für dicke Männer, glänzende

Schädel, Bier, Bratwurst, Stammtisch, CDU, markiger rechter Flügel. Schwule sind widernatürliche Schweine, um so etwas hinzuschreiben, dafür verwendet man Fraktur. Normale Buchstaben, das steht für rank und schlank gebliebene Greise, kühlen Weißwein (trocken, bitte!), Auberginen und Zucchini, Thairestaurants, FDP, Grüne oder SPD, linker Flügel. Homosexuelle dürfen Kinder adoptieren, das schreibt man in einer normalen Schrifttype. Fraktur ist die Schrifttype des finstersten Deutschland, Fraktur ist die Schrifttype des Nationalsozialismus. Siegfried: Fraktur. Willy Brandt: normale Schrift.

Schon vor hundert Jahren war Fraktur Gegenstand politischer Debatten. Seither schleppt diese Schrift eine bleischwere Beladenheit mit sich herum. Fraktur wurde vor dem Ersten Weltkrieg zur Schrift des einzigen, echten, tief verwurzelten, vorväterlichen, ehrlichen *Deutschtums*. Deshalb missbrauchten die Nazis diese Schrift anfangs auch noch verschwenderisch in ihrer Propaganda. Doch ab 1939 wurde die einzig wahre deutsche Schrift plötzlich zum Gegenstand, es spottet wirklich der wildesten Phantasie, antisemitischer Hetzereien. Am 3. Januar 1941 ließ der Führer eiskalt die Fraktur durch Martin Bormann verbieten. Mit einem Schlag war die Antiqua die ideale Schrift für alles, was Deutsch war. Wenn man den Wortlaut des Verbots liest, wird einem bei diesem Übermaß an Schwachsinn richtig schwindlig:

Die sogenannte gotische Schrift als eine deutsche Schrift anzusehen oder zu bezeichnen ist falsch. In Wirklichkeit besteht die sogenannte gotische Schrift aus Schwabacher Judenlettern. Genau wie sie sich später in den Besitz der Zeitungen setzten, setzten sich die in Deutschland ansässigen Juden bei Einführung des Buchdrucks in den Besitz der Buchdruckereien und dadurch kam es in Deutschland zu der starken Einführung der Schwabacher Judenlettern.

Wahrhaftig, so steht es da, man kann es kaum glauben, dass man soviel blühenden Blödsinn in so wenige Worte pfropfen kann. Nichts, aber auch nicht die geringste Spur von Judentum ist bei der Entwicklung der frühen gebrochenen Schrift im fünfzehnten Jahrhundert zu finden. Wohl trifft zu, dass die Nazizeitung *Völkischer Beobachter* eine etwas modernere Form der Fraktur verwendete, die Bernhard-Fraktur. Peinliches Detail: Der Entwerfer, Lucian Bernhard, war Jude. Bereits 1923 emigrierte er in die Vereinigten Staaten. Wie es scheint, hat das dann doch keine Rolle gespielt. Hitler hatte einfach eine persönliche Abneigung gegen die gebrochene Schrift. Ich mag dich nicht, also erkläre ich für jüdisch, also mach ich dich kaputt.

Dabei ist das Eigenartige, dass nach der Befreiung 1945 die Fraktur allgemein als typische Schrift des Dritten Reichs galt. In den alliierten Bombardierungen gingen Hunderttausende alter deutscher Bücher in Flammen auf. Dass auch die Druckmatrizen von den Bomben vernichtet wurden, ist weniger bekannt. Garantiert bis in die sechziger Jahre des vergangenen Jahrhunderts wurden Deutschland angelsächsische Schrifttypen aufgedrängt. Nach 1945 wurde nur noch sehr wenig in Fraktur gedruckt, obwohl ein völlig unverdächtiger Autor wie Hermann Hesse diese Schrifttype für den Druck seiner Bücher forderte.

Heute ist die Fraktur die beliebteste, man kann schon sagen, vergötterte Schrift der Neonazis. Fraktur findet sich auch bei Heavy Metal und verwandtem Gesindel gleicher Couleur. Fraktur ist auf Lederjacken von Straßengangs zu sehen, übrigens längst nicht nur bei deutschen, auf T-Shirts, CD-Hüllen, Postern, Tätowierungen, Aufklebern und in Comicalben. Das will nicht sagen, dass die jungen Leute, die diese Sachen kaufen, auch nur im Entferntesten wüssten, was dort in Fraktur geschrieben steht. Neulich las ich in Essen auf einer Litfasssäule *Motörhead*, selbstverständlich in gotischen Lettern und mit diesen unsinnigen Strichelchen auf dem zweiten o. Gotisch ist Nazi, Umlaut ist Deutschland, und das reicht, egal wo man den Umlaut auch hinschreibt, notfalls auf seinen blanken Hintern. Das wird gekauft, damit möchte man protzen. Fraktur ist ein ausgemergeltes Zeichen, Fraktur ist Mode, Fraktur ist eine Masche für alles, was nach Deutschland riecht. Ausgemergeltes Zeichen? Auf jeden Fall bleibt uneingeschränkt gültig: Füttern verboten. Fraktur ist die Schrifttype schlechthin bei Jugendlichen, die sich drohender gebärden wollen, als sie in Wirklichkeit sind, in Deutschland und anderswo. Günter Grass schreibt in seinem kurzen Roman *Im Krebsgang*, dass eine Kameradschaft Schwerin auf der Website www.blutzeuge. de gotische Lettern verwende, um ihre infamen Parolen noch zu betonen. Nur, sie können wirklich gefährlich werden, die Neonazis, ob glatzköpfig oder langhaarig. Und Fraktur bleibt natürlich die Schrifttype bejahrter, nostalgischer Herren, die bis zum Rand des Grabes grüne Lodenhüte mit Feder tragen. Und von geizigen Sonderlingen wie mir. Aber suchen Sie dahinter um Himmels willen nichts Politisches.

Siehe auch: Widerstand in Friedenszeiten

Genie

Der Mann, der für mich ab und zu ein Möbelstück schreinert, einen Handtuchhalter fürs Badezimmer oder einen Küchenschrank, ist ein Wallone. Er verarbeitet nur Eichenholz aus seiner Heimatregion, la Thiérache, ungefähr zwischen den Städtchen Vervins in Frankreich und Chimay in Belgien gelegen. Sein Werkstück ist solide, hat ausgewogene Proportionen, schlichte Linien und eine angenehme Maserung. Leicht ist es nicht.

Letzteres merkte ich neulich wieder, als wir gemeinsam den oberen Teil des neuen Küchenschranks hoch wuchteten.

»Wie soll man denn so was nur an der Wand befestigen«, fragte ich, »welche Schrauben können das halten?«

»Oh, kein Problem. Dort, sehen Sie diese Schiene?«

Über die ganze Breite der Rückwand war eine Metallschiene angebracht, parallel zum oberen Schrankrand und knapp darunter. Die Schiene war höchstens drei Zentimeter breit, garantiert nicht mehr, und sie hatte runde Bohrlöcher, jeweils paarweise nebeneinander, danach kam ein breiteres und etwas höheres Loch. Da brachte man locker an die siebzig Schrauben unter, dicke und dünne. Die Schiene war nicht flach, sie hatte ein Profil. Die Höhe des breiteren Teils, das mit den Löchern, schätzte ich auf zwei Zentimeter, und seine Ränder waren ein paar Millimeter breit umgebogen. Die eine Seite war dann wieder zurückgebogen, so dass man einen senkrecht hochstehenden Rand von einem halben Zentimeter bekam, parallel zum breiten Teil, also dem mit den Löchern.

»Man muss doch nicht etwa durch die ganze Rückwand bohren, durch die Löcher im Profil in die Wand!?«

Er sah mich lächelnd an. In seinem Lächeln lag ein gewisser Triumph.

»Warten Sie mal«, sagte er.

Er lief in den Flur und kehrte mit einem zweiten Profil zurück.

»Aber das ist genau dasselbe!«

»Das sehen Sie richtig. Es ist genau dasselbe. Wir haben es hier mit einem jahrhundertealten Prinzip zu tun. Dem Prinzip der doppelten, umgekehrten Zierleiste«, erklärte er feierlich. »Handwerker und Architekten kennen es seit Hunderten von Jahren. In der Kathedrale von Bourges ist ein ganz besonders gelungenes Exemplar zu sehen. Dreizehntes Jahrhundert, Monsieur, und womöglich noch älter, das gibt es seit dem zwölften Jahrhundert.«

»Aber das sieht doch nicht aus wie eine Zierleiste«, warf ich vorsichtig ein.

»Nein, es ist einfach ein Metallprofil. Es ist nicht ästhetisch, es ist praktisch. Das ist gerade das Geniale.«

Wir sprechen immer Französisch miteinander, und ich weiß wohl, dass in dieser Sprache große Worte ein bisschen leichter über die Lippen gehen. *Génial* klingt ein bisschen weniger genial als genial.

»*C'est le génie allemand, monsieur.*«

Bei deutschem Genie denke ich sofort an Dürer und Bach und Goethe und Marx und Max Planck und Einstein, sie haben mehr als genug Genies in Deutschland. Aber ein verzinktes Eisenprofil?

Inzwischen war er dabei, das lose Profil in das andere, das angeschraubte, zu schieben. Das eine konkav, nach außen gewölbt, das andere konvex, hohl nach innen gewölbt, oder wie Elektriker sagen: Männchen-Weibchen, oder Strickerinnen: rechts, links, oder mein Wallone: das Prinzip des doppelten umgekehrten Profils. Die nach außen gewölbte Seite des festgeschraubten Profils war der Rückseite des Schranks zugewandt und das hochstehende Rändchen zeigte nach unten. Die nach innen gewölbte Seite der losen Schiene war der Rückseite des Schrankes zugewandt, und sein gerades Rändchen zeigte nach oben. Sie schoben sich einwandfrei ineinander, zwei lange Geliebte.

»Das lose Profil befestigen Sie an der Wand. Mit etwa sechs oder acht Schrauben, das ist mehr als genug.«

»Aber der Schrank ist bleischwer. Knallt der nicht runter?«

»Garantiert nicht. Noch einmal: deutsches Genie. An dieser schmalen Eisenschiene an der Wand kann man die schwersten Gewichte aufhängen. Es gibt nämlich keinen Hebel, der dem Gewicht größere Kraft geben könnte, und das Gewicht wird gleichmäßig über die ganze Breite verteilt. Das größte Problem besteht eigentlich darin, dass man den Schrank hoch wuchten muss, um die beiden Profile ineinanderzuschieben. Fast bis zur Decke.«

»Ich werde schon ein paar starke Männer auftreiben.«

»Aber sicher.«

Ich dachte, dass er jetzt mit seiner Gebrauchsanweisung fertig wäre, aber er kam erst richtig in Fahrt.

»Das deutsche Genie, Monsieur, ist unerreicht, wenn es um die Herstellung von nützlichen Dingen geht. Das müssen nicht immer schwere Maschinen sein, wirklich nicht. Nehmen Sie mal mein Fach, die Möbeltischlerei. Die besten Geräte sind immer deutsch. Von hundsgewöhnlichen Hämmern und Zangen bis zu den kompliziertesten Motorsägen, die deutschen sind allen anderen haushoch überlegen. Ich verwende diese kleine Schiene hier. Seit Jahrhunderten bekannt. Seit Jahrhunderten als Zierleiste in Gebrauch. Und dann kommt so ein Deutscher daher, der sagt, nein, der sieht, aber das kann man doch auch anders benutzen! Daran kann man doch etwas aufhängen. Und er bringt ein paar kleine Veränderungen an, minimale, so gut wie keine, er bohrt ein paar Löcher hinein, absolut nichts Kompliziertes. Man muss nur darauf kommen. Es ist ganz simpel, wie alle genialen Ideen, es ist unverwüstlich, es ist praktisch. Das nenne ich das deutsche Genie.«

»Wie es scheint, machen die Amerikaner ...«

»Die Amerikaner? Die kommen nicht an die Deutschen ran. Es ist wirklich ihr Genie, Monsieur, ich übertreibe nicht. Klar, ich lese auch Zeitung, und es gibt heute alle möglichen Leute in Politik und Wirtschaft, die sagen, dass wir uns hier auf eine Dienstleistungsgesellschaft zu bewegen, dann ist es unvermeidlich, dass Dinge unseres täglichen Bedarfs aus China kommen werden. Darauf soll man in Deutschland besser nicht hören. Ich habe einen Freund, der arbeitet in Japan. Ich sage zu ihm, ja, die Japaner, die führen doch schon längst keine europäischen Waren mehr ein. Das hast du dir gedacht, sagt mein Freund, deutsche Maschinen, deutsches Werkzeug, sie wollen dort nichts anderes. Wussten Sie, Monsieur, dass die Deutschen jedes Jahr ein paar hundert Patente beantragen? Industriepatente. Und das schon seit mehr als hundert Jahren. Sie haben die schrecklichsten Dinge getan, die Deutschen, die unmenschlichsten, das wissen wir alle, aber wenn es um Werkzeug geht, um Arbeitsgerät – dann habe ich nicht das geringste Problem damit anzuerkennen, dass es das gibt: das deutsche Genie.«

Natürlich hat er recht, mein werter Wallone. Deutschland als Dienstleistungsökonomie, wo es auf Wendigkeit und Freundlichkeit gegenüber den unvorhersagbaren Launen der Kunden ankommt, auf Improvisation, das scheint mir von vornherein eine verlorene Schlacht zu sein. In der Dienstleistungsgesellschaft können die Deutschen nie den Amerikanern, Belgiern, Tschechen, Indern oder Chinesen das Wasser reichen. Zu schwerfällig. Wenn vom historischen Deutschland etwas übriggeblieben ist, dann ist es der Hang nach Reglementierung, nach Bürokratie, die felsenfeste Überzeugung, im Recht zu sein. Natürlich gibt es in Deutschland Millionen von netten

Menschen, aber Freundlichkeit ist eben eine Tugend, die man wahrscheinlich eher außerhalb von Behörden finden kann.

Wenn ich ein bisschen bösartig und ungerecht einen alten jüdischen Witz paraphrasieren darf: Erzählt man einem Gutsherren einen Witz, dann lacht er zweimal; zum ersten Mal, wenn er ihn hört, zum zweiten Mal, wenn man ihm die Pointe erklärt. Begreifen wird er ihn nie. Erzählt man einem Deutschen einen Witz, dann lacht er einmal, nämlich wenn man ihn erzählt, denn erklären lässt er sich prinzipiell nichts, und er wird ihn auch nie begreifen. Wenn man einem Juden einen Witz erzählt, sagt er, den kenn ich schon, und erzählt einen besseren.

Soweit der Witz. Jetzt der wirtschaftliche Ernst. Gib einem Deutschen heute einen Schraubenzieher in die Hand, und er macht dir morgen einen besseren daraus.

Siehe auch: Uhren, Schnaps

Görlitz

Mein Arbeitszimmer liegt im ersten Stock zur Straße hin. Es war ein schöner Frühlingsmorgen 2006, und ich saß am offenen Fenster und schrieb, als ich das Trappeln vieler Füße hörte. Befremdet sah ich auf. Ein Trupp Männer in Sportkleidung rannte vorbei, mit Marathontempo. Dreißig? Vierzig? Sie waren schon um die Ecke, bevor ich sie zählen konnte. Sie wurden von Polizisten eskortiert. Ich sah eine deutsche Fahne, ich sah eine polnische Fahne. Auf den T-Shirts standen die Worte Görlitz und Zgorzelec.

Vom äußersten Osten Deutschlands, vom äußersten Westen Polens waren sie bis in die europäische Hauptstadt gelaufen. Als sie in meine Straße einbogen, hatten sie ihr Ziel so gut wie erreicht. Mein Haus liegt ganz nah am Schumanplein, dem Ort, wo die europäischen Beamten, mit der Hartnäckigkeit, die den wahren Missionar auszeichnet, versuchen, uns zu ihrem Gott, zu ihrem einen und zugleich dreifaltigen Gott zu bekehren: zu Liberalisierung, Globalisierung und Privatisierung. Die Läufer forderten, dass ihre doppelte Stadt in zwei Ländern 2010 Kulturhauptstadt Europas werden solle. Es ist nichts daraus geworden. Ich glaube, es wird Essen.

Doch seit diesem Tag stand mein Entschluß fest. Ich musste und würde zur östlichsten Stadt Deutschlands reisen. Auf nach Görlitz.

Höchst selten sind die deutschen Städte, die am Ende des Zweiten Weltkriegs nicht von den Alliierten platt gebombt wurden. Bamberg ist eine davon, auch das alte Lüneburg wurde verschont. Lemgo. Und Görlitz.

Sie sollten sich aufmachen und sich all diese Orte ansehen und der Welt berichten, wie schön, wie idyllisch schön eine durchschnittliche deutsche Provinzstadt sein könnte, wenn die Deutschen nicht kollektiv und unter ohrenbetäubendem Jubelgeschrei dem Prahlhans Wilhelm II. nachgerannt wären, direkt in den Abgrund, und es zwanzig Jahre später nicht noch einmal doppelt und dreifach wiederholt, wenn sie wenigstens auf ihren Verstand gehört hätten und nicht mit der abgedrifteten Heulboje Hitler samt zugehörigen Brisanzgeschossen mitmarschiert wären, geradewegs in die Hölle, bis zum allerhintersten, zum allerletzten Ofen.

Görlitz ist also eine Reise wert.

Der älteste Teil der Stadt streckt sich behaglich auf einem Hügel aus, breite Häuser, Bogengänge, krumme Gassen, die Ähnlichkeit mit der *Mala Strana* in Prag ist verblüffend. Merkwürdig ist das nicht, die Region hat lange zu Böhmen gehört. Aber der Fluß, die Neiße, ist schmaler als die Vltava (die deutsche Moldau), viel schmaler, und die Talwände ragen hier steiler empor.

Am anderen Ufer liegt Polen, dort heißt die Stadt Zgorzelec. Zgorzelec ist eine deutsche Stadt mit polnischen Untertiteln. Bis 1945 lag die Grenze nur wenige hundert Kilometer weiter östlich und die beiden Städte bildeten noch ein Ganzes. Heute arbeiten die beiden Bürgermeister eng zusammen, um ihr gespaltenes Stadtreich im Ausland anzupreisen. Hinter Zgorzelec erstreckt sich Schlesien, Jahrhunderte lang deutsch, seit sechzig Jahren polnisch. Westlich von Görlitz liegt ein kleiner, deutsch gebliebener Keil Schlesien.

Der zweite Teil des Zentrums ist flach. Die Straßen sind meist schnurgerade, mit vielen Bäumen. Wir geraten ins neunzehnte Jahrhundert, zur Achtung gebietenden, bürgerlichen Eleganz der Gründerzeit. Es erinnert an Berlin, aber hier haben sie ein bisschen weniger mit Raum geklotzt. Dennoch ist die Anlage mehr als großzügig.

Früher war Görlitz reich, man sieht es an jedem Stein. Hier wurden die Waggons für die Preußischen Staatseisenbahnen gefertigt. Eisengießerei, Brauerei, chemische Industrie, hier wurde mit harter Arbeit viel Geld verdient. In Görlitz kann man heute mit eigenen Augen sehen, warum Engländer, Franzosen, Japaner, Amerikaner, Belgier und Niederländer mit maßloser Bewunderung, die womöglich noch größer als ihr Neid war, einst auf Deutschland und die Deutschen blickten.

Doch 1914, als Deutschland das unschuldige, kleine Belgien vergewaltigte, schlug die Bewunderung jäh in Hass um. Oder war es der Neid, der sich in Hass verkehrte? Dieses Gefühl war übermächtig: Da sieht man's, wir hatten schon immer so eine Ahnung, dass mit diesen Deutschen irgendwas nicht stimmt, seht nur, wie gefährlich sie sind.

Görlitz ist die schönste Stadt Deutschlands, sagt der Vorsitzende der Deutschen Stiftung Denkmalschutz, der Bundesstiftung für Denkmalschutz. Ich möchte sogar noch eins drauflegen. Görlitz ist vollkommen.

Das wusste man schon vor einem Jahrhundert. Die Stadt übte eine unwiderstehliche Anziehungskraft auf pensionierte preußische Beamte und Militärs aus. Sie lag in der Nähe der Berge, die Luft war gesund, es gab ein attraktives Kunst- und Theaterangebot, die Häuser waren schön und preiswert, so meldet eine alte Broschüre in spitzer Frakturschrift.

Heute stehen hier viertausend geschützte Denkmäler, und im gesamten Großraum leben nicht einmal sechzigtausend Menschen. Ein Denkmal auf fünfzehn Bürger. Ob sie, sagen wir mal, in Venedig, auch auf diese Zahl kommen?

Die Gemeindeverwaltung, die Europäische Union und die Bundesstiftung für Denkmalschutz haben die gewaltige Operation Stadtsanierung bezahlt. Und dann gibt es noch diese andere Stiftung. Seit sieben Jahren erhält Görlitz eine Summe, immer das Äquivalent von einer Million alter D-Mark, knapp eine halbe Million Euro, von einem Mäzen, der anonym bleiben möchte.

Und trotzdem. Ich laufe kreuz und quer durch die Innenstadt. So groß ist sie nicht, schon nach wenigen Tagen hat man alle Straßen abgeklappert. Am ersten Tag staunt man mit aufgerissenem Mund vor Bewunderung. Das ist ein Traum von Stadtsanierung. Mit Geschmack, Liebe und Achtung vor den historischen Gebäuden, vor jedem Schnörkel, vor jedem Stückchen Stuck, Liebe zu den architektonischen Juwelen wie zu den einfacheren Häusern, und trotz dieser Sorgsamkeit hat man nie den Eindruck, durch ein steriles Museum zu spazieren. Selbst die Fußgängerzonen wurden vernünftig angelegt, kurzum, nichts als Lob. Doch dann merkt man, zum Beispiel in der zentralen Berliner Straße, dass einer von drei Läden leer steht. Man sucht andere Straßen in anderen Stadtvierteln. Dasselbe Bild. Einer von drei Läden steht leer. Einer von vier. Die leeren Schaufenster starren einen an. Dann fällt einem allmählich auf, dass auch viele Wohnungen unbewohnt sind. Das springt weniger ins Auge, aber nach einem halben Tag ist man geübt genug. Eine von drei. Eine von vier.

In jeder Stadt, die ich besuche, lese ich die Angebote an den Maklerbüros. Meist trifft mich ein Schock, ein kleiner – so teuer! – bis zu einem größeren – verbrecherisch teuer! In Görlitz trifft mich der Schock meines Lebens: unglaublich billig. Ich muss den Drang unterdrücken, nicht in eines dieser Büros zu gehen und ein bisschen Kleingeld auf den Tisch zu werfen, das ich in den Tiefen meiner Jackentasche zusammengeklaubt habe. Komm schon, die Wohnung hier, die kaufe ich. Oh, gebe ich viel zuviel dafür? Na gut, ach, behalten Sie den Rest. Nein, ich werde nicht weitersagen, was die Wohnungen hier kosten, es ist allzu schlimm. Aber eines ist klar. Dieser wunderschönen Stadt geht es gar nicht gut.

Als die Kommunisten noch das Sagen hatten, waren ebenfalls ganze Straßenzüge unbewohnt, aber damals, weil sie kurz vor dem Einsturz standen. Eigentlich merkwürdig. Ich habe

genug davon gesehen, einstürzende ostdeutsche Städte, zugegeben, aber ich habe ebenso sehr wunderbar restaurierte Paläste gesehen, Kirchen, Schlösser. Bürgerhäuser. Plätze. Alleen. In
Weimar. Erfurt. Güstrow. Potsdam. Anderswo. Warum nicht
auch hier? Das ist keine Stadt, das ist ein Kleinod. Ein verstei-
nertes Paradies. Warum lässt man es vor die Hunde gehen?

In Görlitz wurden viele Plattenbauten hochgezogen, ostdeutscher Fertigbau, ein Halbkreis rings um die Altstadt. Es muss
gesagt werden, all diese Viertel hatten in der DDR eigene Geschäfte, Schulen, Kinderkrippen, sogar eigene Gaststätten. Die
Bewohner dort kennen sich und bleiben auch wohnen, obwohl
die Altstadt heute fast vollständig in ihrer Vorkriegspracht
wiederhergestellt ist. Fast. Man kann noch immer verfallene,
aber wunderschöne, großzügige Häuser kaufen, richtige Stadt-
villen, komplett mit verwildertem Garten und altem Baumbe-
stand, für, ach, ich werde den Betrag jetzt doch einmal hin-
schreiben, obwohl ich mich dabei schäme: für vierzigtausend
Euro. Und für weniger. Allerdings ist man verpflichtet, sein
Eigentum überaus sorgfältig zu renovieren, jeden Zentimeter
entsprechend den strengen Vorschriften des Denkmalschutzes.
Für die Bewohner der DDR-Viertel liegt das in unerreichbarer
Ferne. Sie haben nicht einmal das Geld für den Ankauf. Und
überdies sind ihre Wohnungen in den Heiz- und Instandhal-
tungskosten billiger als eine dieser schönen, alten Etagen in der
Innenstadt. Wenn man von Arbeitslosengeld oder einer klei-
nen Pension lebt, muss man jeden Cent umdrehen.

Arbeitslose gibt es genug, zwanzig Prozent, die übliche Zahl
in den neuen Bundesländern. Siemens baut hier zwar noch
Turbinen und Bombardier Eisenbahnausrüstung, das Bier der
Brauerei Landskron ist ausgezeichnet, doch wie überall hat die
Treuhand alle volkseigenen Betriebe geschlossen.

Frau Beck, die bei der Stadtverwaltung für Wirtschaftspo-
litik und internationale Zusammenarbeit zuständig ist, nicht

unwichtig hier an der Grenze, erzählt mir, dass neue Betriebe nur schwer in Gang kommen. Eigeninitiative wird nicht wirklich geschätzt. Wer ein Risiko auf sich nimmt, wer sich an etwas Neues wagt, muss sich gleich anhören, er sei ein fetter Kapitalist. Sie erzählt von einem Mann, der ein Informatikunternehmen aufbaute und schrecklich mutlos wurde, weil seine Nachbarn mit dem Finger auf ihn zeigten. Diese Mentalität ist ein Überrest des totalen Versorgungsstaats, der die DDR einmal war. Die neue Politik ist anders, aber deshalb nicht besser. Das Land Sachsen setzt um, was man Leuchtturmpolitik nennt. Das heißt, dass alle Mittel in einigen bestimmten Zentren konzentriert werden, etwa in Dresden, also der Hauptstadt, in Leipzig, Chemnitz, Zwickau, das wird es in etwa sein.

Görlitz hat seit 1989 einen von fünf Einwohnern verloren. Zu DDR-Zeiten wohnten hier mehr als fünfundsiebzigtausend Menschen, heute sind es keine sechzigtausend mehr. Görlitz ist eine *Schrumpfstadt*, wie man sie im östlichen Deutschland überall findet. Gera verlor fast dreißig Prozent seiner Einwohner, Frankfurt an der Oder und Zwickau dasselbe, Eisenach, Neubrandenburg und Schwerin ein Viertel, auch große Städte wie Halle oder Magdeburg werden verlassen, Cottbus kann die Stadtflucht dank Eingemeindungen ein wenig verbergen. Man kann die Liste leicht um das Zwei- bis Dreifache verlängern, und es sieht nicht danach aus, als würde das Ausbluten gestoppt. Nur Städte wie Jena oder Weimar halten Stand. Daher werden sie auch oft als leuchtende Vorbilder hingestellt. Gibt es in Görlitz eine Aussicht auf Besserung? *Der Schrumpf hat sich verlangsamt*; ein magerer Trost. Seit zwei Jahren steigt die Zahl der Zuzüge, sagt mir ein anderer Experte. Aber, fügt er seufzend hinzu, die Sterbeziffer liegt noch höher. Ein paar junge Leute, die die weite Welt erkundet haben, kommen zurück. Sie sind Gold wert. Sie bringen Fertigkeiten mit, Einsichten, neue Ideen. Ja, wir versuchen, neue Betriebe anzusiedeln, sagt Frau

Beck, wir sprechen zum Beispiel mit polnischen Investoren, davon gibt es genug, zahlreich und dynamisch. Unser großes Argument lautet: Görlitz ist zugleich das Tor zum Osten wie zum Westen.

Ich versuche zusammenzufassen. Kulturhauptstadt Europas? Gescheitert. Leerstand? Unlösbar. Arbeitslosigkeit? Unlösbar. Stadtflucht? Unlösbar. Überalterung? Unlösbar. Es ist eine Bilanz, bei der manch wackerer Politiker kreidebleich würde.

Abends lädt mich Frau Beck zum Essen ein. Ich weiß, was deutsches Essen ist, manchmal mag ich es, manchmal versuche ich die deutsche Küche gegen dumme Angriffe zu verteidigen – übrigens ohne Erfolg – und ich weigere mich, in Deutschland italienisches, thailändisches oder anderes ausländische Zeugs zu fressen. Für heute Abend befürchte ich das Schlimmste. Doch ich muss geschwind eingestehen, dass ich mich getäuscht habe.

Erstens, der Untermarkt, der Platz vor dem Rathaus, ist an diesem samtweichen Herbstabend unwirklich schön, mit seinen Bogenreihen und der Sonnenuhr und den Ecktürmen und der nonchalanten Symmetrie aus Renaissance, Barock, Klassizismus und Neostilen des neunzehnten Jahrhunderts. Wir gehen durch einen Torbogen. Weiße Gewölbe, wieder Prag.

Zweitens, das Restaurant Lucie Schulte ist konsequent modern eingerichtet. Nicht im Stil von pathetisch-pittoresk. Kein Schmiedeeisen und keine landwirtschaftlichen Geräte an den weißen Rauputzwänden. Strenge, schwarze Möblierung.

Drittens, wir bekommen eine perfekt rosé gebratene Rehkeule auf einem Bett von schwarzen Wildpilzen aufgetischt, Totentrompeten, auch perfekt, al dente, im Glas ein hervorragender Assmannshäuser, genauso samtig wie draußen der Herbstabend. Das ist keine deutsche Küche, außer dem Wein.

»Oh doch, aber sicher«, sagt der Inhaber, der sich zu uns gesetzt hat. »Ein Freund von mir hat das Reh geschossen, in einem Wald hier in der Nähe, und die Pilze wurden im selben Wald gesammelt. Alles deutsch. Man muss sich trauen, mit den Produkten aus der eigenen Umgebung etwas zu machen. Man muss sich trauen, mit der deutschen Küche kreativ umzugehen.«

Das kann er, und wie. Er ist ein Zugereister aus dem Westen. 1991 kam er zum ersten Mal hierher. Und verlor sein Herz. Die Stadt war damals ein richtiger Trümmerhaufen. Besitzt heute unmittelbar neben seinem Restaurant ein Weingeschäft. Eine Bar in der Stadt ist geplant. Aber heute Abend ist sein Restaurant so gut wie leer.

»Ja, die meisten Gäste kommen zwischen Mai und Oktober. Touristen. Die sind die tragende Säule. Im Herbst und im Winter vor allem an den Wochenenden. Dann kommen die Leute aus der Umgebung. Auch aus Polen. Ich organisiere regelmäßig Weinproben jenseits der Grenze. Werde vom Chauffeur geholt und gebracht. Es sind keine Gangster, wirklich nicht, das rieche ich auf zehn Meter. Sie wissen, was sie wollen. Der beste Bordeaux ist gerade gut genug. Für Geschäftsessen in Westeuropa. Sie wollen professionelle Information, sie wollen ihren Geschäftspartnern etwas Vernünftiges über den Wein erzählen können. Zuerst gebe ich ein paar Erläuterungen auf Englisch, danach viel auf Deutsch und Französisch.«

Warum verliert ein Westdeutscher ausgerechnet hier sein Herz, möchte ich wissen. Die Stadt wird doch immer leerer.

»Moment mal. Sie sagen Leere. Ich sage: Ruhe. Raum. Raum, um zu leben, um seine Arbeit zu machen. Man stößt hier nicht auf die Aggressivität, die Aufdringlichkeit, das Gehetze von Bochum, Frankfurt am Main oder Hamburg. Hier sitzen wir uns nicht auf der Pelle, hier ist nicht jeder ständig damit beschäftigt, dem anderen eine reinzuwürgen. Schauen sie sich lieber einmal die Qualitäten der Stadt an. Erstens: die Stadt an sich. Sie werden mir zustimmen, wo findet man noch etwas so

Schönes? Zweitens: man ist im Nu im Wald. Drittens: Sie wollen Ski fahren? Sie sind gleich in den Bergen, ohne Stau. Viertens: Schulen? Die sind hier ausgezeichnet. Fünftens: Kultur? Die gibt es. Zugegeben, in dieser Hinsicht stehen Dresden und Berlin besser da. Gut, dann fahre ich eben ab und zu einmal hin. Andererseits ist es eine Illusion zu glauben, dass jeder jeden Abend ins Theater möchte. Die Leute müssen arbeiten, die Leute haben Kinder. Wenn ich hier eine Stelle angeboten bekäme, würde ich nicht zögern. Noch etwas. Die Wohnungen sind großzügig, sie sind reizvoll, und man bekommt sie für einen Pappenstiel. Die Bevölkerung ist zu alt? Heutzutage sind die so genannten alten Leute gesünder denn je, und dynamischer, sie interessieren sich für alles. Und sie haben Zeit. Aber man muss die Qualitäten von Görlitz natürlich sehen wollen. Ich werde Ihnen einmal eine Geschichte erzählen. In meinem Restaurant war einmal ein Gast, eine Frau aus dem Westen, die klagte über alles. Die Stadt, das Leben hier, alles sei so armselig. Sie wusste nicht, dass ich der Eigentümer bin. Ich fragte sie: Sollen wir wetten, wer von uns beiden reicher ist? Sie verlor, denn ich sagte, ich habe fünfzehn Hektar Land und achtzig Mann Personal. Sie glaubte mir nicht. Ich sagte: Kommen Sie morgen und überzeugen Sie sich selbst. Ich empfing sie im Stadtpark. Ich hatte Kaffee für sie mitgebracht. Es war strahlendes Wetter. Sie sagte: Das ist nicht fair. Und ich: Warum nicht? Sie: Das gehört nicht Ihnen. Ich: Dieser Park steht mir permanent zur Verfügung. Das Personal muss ich nicht einmal bezahlen. Nicht alles muss einem unbedingt als Eigentum gehören. Sie verstand mich. Lenkte ein. Wir schreiben uns noch immer. Sehen Sie, das meine ich. Hier hat man Freiraum, und das ist der Vorteil dieser sogenannten Leere. Und wenn man genug von der Altstadt hat, von der Stille, von der Leere, dann geht man über die Brücke auf die polnische Seite. Dort sind im Sommer alle auf der Straße. Man kann dort bis in die Puppen trinken und reden. Man amüsiert sich königlich.« Das sagte der Eigentümer des Restaurants mit angeschlossener Vinothek. Kein Umweltfuzzi, kein moralinsaurer Ökofundamentalist. Im Gegenteil, ein erfolgreicher kleiner Unternehmer, ein geachteter Bürger.

»Meine Geschäfte gehen gut. Sollten sie in einer anderen Stadt etwa besser laufen? Bestimmt. Wachsen? Bestimmt. Noch mehr Geld verdienen? Bestimmt. Aber ich sage: Nein. Ich bleibe hier. Und ich weiß warum. In Görlitz habe ich zum ersten Mal Schnee fallen hören.«

Siehe auch: Aachen, Demokratie, DDR, Quedlinburg, Landolf Scherzer, Xanten

Hölderlin

Siebzehn Jahre war ich, siebzehn und sehr verwirrt. Mein Vater gab mir ein Buch. Nicht, dass es bei uns zu Hause keine Bücher gegeben hätte, ich bin mit einer Diät von Märchen, *Arendsoog* (Adlerauge) und *Rik Robberts Raketpiloot* (Rik Robberts, der Weltraumfahrer) groß geworden, noch früher: mit Gedichten von Han G. Hoekstra. In der Schule: das Fadeste und Langweiligste von Ernest Claes und Felix Timmermans. Danach stürzten wir uns auf Godfried Bomans wie auf einen Rettungsanker. Allmählich entfaltete sich die Welt. Wir begannen, die Existenz von Hugo Claus und Harry Mulisch zu vermuten. Bücher, noch ofenfrisch.

Und dann gab mir mein Vater ein Buch. »Das musst du mal lesen«, sagte er. Nicht nachdrücklich, er sagte es achtlos, fast nebenbei. Da ist immer Vorsicht geboten. Nach einer beiläufigen Bemerkung fiel die Berliner Mauer.

Es war deutsch. Es war Hölderlin.

Ich hatte ein Jahr, plus ein Vierteljahr, wöchentlich eine Stunde Deutschunterricht gehabt. Ich konnte kaum eine deutsche Zeitung buchstabieren, wie sollte ich um Himmels willen fähig gewesen sein, ein ordentliches deutsches Buch zu lesen, dazu noch von einem, der seit mehr als hundert Jahren tot war.

Das Buch klappte bei Seite 402 auf. Ich las das Wort »Andenken«, den Titel. War das ein Substantiv? Ein Verb? Tatsache, ich wusste es nicht.

Der Nordost wehet,
Der liebste unter den Winden
Mir, weil er feurigen Geist
Und gute Fahrt verheißet den Schiffern.
Geh aber nun ...

Mir … Ein Faustschlag ins Gesicht. *Geh* … Ein Hieb in den Magen. Ich las das ganze Gedicht, rasendschnell, ich schnappte nach Luft, ich floh von Vers zu Vers, ich watete durch das widerstrebende Deutsch zu den spärlichen Bedeutungsinseln, die ich da und dort auftauchen sah, und nach der letzten Zeile stieß ich einen tiefen Seufzer aus. Es war der Seufzer eines kleinen Kindes, wenn der Biber zur Maus kommt und sagt, dass die Geschichte aus ist. Tränen rannen über meine pickligen Wangen. Ich schämte mich tief und sah scheu um mich, ob mich denn niemand dabei beobachtete. Aber ich war allein im Zimmer. Zum Glück. Hätte ich bemerkt, dass mich im selben Moment jemand, egal wer, spöttisch betrachtete, dann hätte ich das Buch heimlich verschwinden lassen, ich hätte es ums Sterben nicht mehr angefasst, nie, nie mehr Gedichte. Wenn man mit siebzehn etwas garantiert nicht sein möchte, dann ein kleines Kind. Wenn man etwas nicht zeigen möchte, dann ist das Rührung. Man ist natürlich eine einzige, riesige Rotzblase von Gefühlen, und in all den Muskeln und Häuten steckt noch das kleine Kind.

Ich las dieses eine Gedicht »Andenken« immer wieder, ich wurde durchgeschüttelt, mein Innerstes nach außen gekehrt, es hagelte Tritte und Stöße, unsanft ergriff die Poesie Macht über mich, unterwarf mich, zwang mich in die Knie, das Gedicht stürmte mitten durch mich hindurch, schlitzte mich auf, brannte sich in meine Haut. Die Poesie ist bestimmt keine sanfte Frau, sie ist ein kreischendes Weib, bildschön, das schon, aber sie schlägt aus wie ein Rassepferd, und wenn man sie streichelt, rollt man nackt durch die Brennnesseln.

Nostalgische Jugenderinnerung?

Ach nee, damit will ich keinen anöden. Aber bis auf den heutigen Tag habe ich das Rätsel nicht gelöst: Wie kann es sein, dass Worte, die man nur zum Teil begreift, einen derart erschüttern? Ich wusste absolut nichts von Hölderlin, nichts von seinem Wahnsinn, nichts von seiner Griechenlandobsession, nichts von seiner posthumen Anerkennung. Vorwissen konnte es also nicht sein. Wusste ich etwas über Dichtung? Und was? Man hatte uns überwiegend drittrangige Gedichte eingebimst. War es die absolute ästhetische Erfahrung? Seit diesem einen Hölderlin-Gedicht weiß ich, dass es sie gibt. Die absolute ästhetische Dresche wäre allerdings ein sehr viel passenderes Wort dafür. Die absolute ästhetische Tracht Prügel. Der absolute ästhetische Schock.

Viele Jahre darauf sah ich eine Fernsehsendung über ein südafrikanisches Gefängnis. Ein paar gewissenlose Schurken (Menschenschlächter, Kindervergewaltiger, solche Kerle) heulten Rotz und Wasser wie kleine Kinder, weil, ja, das Wort ist hier angebracht, weil sie Verdi und Mozart hörten. Nichts in ihrem elenden, aus Mord und Totschlag bestehenden Leben hatte sie auf diese Musik vorbereitet, sie wussten nichts von Mozart und Verdi, nichts von Orchestern und Geigen, aber diese Schönheit bohrte sich gnadenlos, oder vielleicht im Gegenteil gerade gnädig, einen Weg bis tief in ihre höllischen Seelen.

An Worten hängt viel eindeutiger eine definierte Bedeutung als an Musiknoten. Diese Bedeutung lässt sich nicht einfach kappen, außer man schreibt Klanggedichte wie gelegentlich Jan Hanlo oder Ernst Jandl, und selbst dann. Aber das galt nicht, als mir Hölderlin zum ersten Mal unter die Augen kam. Kein *risch risch risch risch lüüüüüüüüüüü* oder *Oote oote Boe*. Hölderlin schrieb exakt definierte deutsche Wörter; für den, der sich die Mühe macht, sie im Wörterbuch nachzuschlagen, liegt eines wie das andere klar in seiner Schublade, wie Hämmer und Zangen in einer aufgeräumten Werkzeugkiste.

Ich frage mich, ob einen ein Gedicht, das man nur halb begreift, weil man die Sprache, in der es verfasst ist, nur unvollkommen beherrscht, nicht mit größerer Wucht trifft als ein Gedicht in der eigenen, vertrauten Sprache. Könnte es sein, dass die wenigen verstandenen Wörter dann die unverstandenen so sehr mit Assoziationen, Mythen, Strudeln, meinetwegen mit Ideologie oder Saitenspiel aufladen, und könnte es sein, dass man die unverstandenen Wörter, gerade weil man sie nicht begreift, so voll stopft, dass sie dann unter den halb vermuteten Bedeutungen ins Wanken geraten? Denn die Bedeutungen, die man in sie hineininterpretieren kann, sind unendlich, auch wenn man damit völlig falsch liegt. Keiner ruft einen zur Ordnung, keiner zwingt einen zur Selbstkontrolle, keiner legt einen in Ketten. Das ist natürlich genau die Welt, die ein Heranwachsender, wie ich damals einer war (und danach noch lange Jahre blieb), ersehnt: der Raum grenzenloser Freiheit. Zum letzten Mal der Genuss, keine Verantwortung tragen zu müssen. Vermutlich erschütterte mich Hölderlin damals gerade deshalb so heftig.

Nachher schlägt man natürlich doch in den Wörterbüchern nach. Nachher liest man über seine hoffnungslose Liebe zu einer verheirateten Frau, über seine sklavische Bewunderung Schillers, der nach einiger Zeit nicht mehr auf seine Briefe antwortete, über Goethe, der den mehr als zwanzig Jahre jüngeren Dichter nicht richtig einzuschätzen wusste. Nachher stellt man mit Verwunderung fest, dass der großartige Dichter erst mehr als fünfzig Jahre nach seinem Tod, zu Beginn des zwanzigsten Jahrhunderts, wirklich Anerkennung fand. Nachher reist man in das propere Städtchen Tübingen und steht in einer lauen Sommernacht mit einem anderen Dichter am Neckarufer und schwärmt und macht schnöde Witze, über die Frakturgraffiti, die unten an den Turm gesprüht wurden, wo Hölderlin seine letzten fünfunddreißig Jahre verbrachte, versunken in die Verfinsterung seiner höchsteigenen Sonne, in seine *Umnachtung*, in die Erschütterung seines Verstands. *Was bleibet aber, stiften die Dichter.*

Nachher.

Ich bin einer von denen, die ihr Gehirn vollaufen lassen müssen, es ist ein fast physischer Wissensdurst, der mich plagt. Also lese und lerne ich. Aber diese heftige Erschütterung, dieser Schlag, der mich damals taumeln ließ, dieses erste Mal, dieses einzigartige Mal, das erlebe ich nie wieder, auch nicht beim Lesen anderer Dichter. Nicht einmal die allergrößten, die ich nachher kennen lernte, gleich welcher Herkunft, in welcher Sprache sie auch schrieben, beispielsweise Pessoa, Neruda, Michaux, Benn, Pavese, sie konnten mich nicht mehr so aus der Bahn werfen, wie Hölderlin es vermocht hatte.

Hölderlin, der selbst in sein maßloses, mythisches Griechenland reisen wollte, hat mir den Weg in mein maßloses, mythisches Deutschland gezeigt. Man könnte sagen, dass er mich mit seinen Gedichten über den Rhein oder über Stuttgart nach Deutschland entführt hat, und vielleicht noch viel mehr mit seinen Hymnen, in denen Deutschland mit keinem Wort vorkommt. Hölderlin suggeriert vielmehr ein Deutschland, das ausschließlich aus blühenden Hügeln und dunstigen Wäldern besteht, denn für ihn sind sie oft nicht mehr als ein Anlass, über das zu sprechen, was ihn wirklich betört: seine Vorstellung von Griechenland.

Im Gedicht über den Main zum Beispiel, den Fluss, der an Frankfurt vorbeifließt, spricht Hölderlin zuerst über das Land der Griechen, Olympion, Ionien, über Limonen, Granatäpfel und Inseln. Erst in der achten Strophe (von zehn) fällt der Name Main. In seinem Gedicht über den Neckar erkennt er durchaus die unübersehbaren Lebensfakten:

In deinen Tälern wachte mein Herz mir auf
Zum Leben, deine Wellen umspielten mich,
Und all der holden Hügel, die dich
Wanderer! kennen, ist keiner fremd mir.

Schließlich ist er in Lauffen am Neckar geboren und aufgewachsen. Doch nach drei Strophen ist der Name des Flusses noch immer nicht gefallen. Wohl spricht er rasch von einem anderen Strom, einem aus der griechischen Antike, dem lydischen Paktolos, der Goldstaub mit sich führt. Ansonsten ist alles nur Smyrna und Ilion, wo man auch hinhört, und wir wandeln hauptsächlich an Tempeln, Lorbeerhainen und Pomeranzen vorüber. Nichts liegt mir ferner, als den unglücklichen und sehr bewunderten, mehr noch, geliebten Dichter hier in scherzhaftem Ton lächerlich zu machen. Ich möchte nur kurz illustrieren, wie sehr Hölderlin vom antiken Griechenland besessen war. Korrektur. Von seinem antiken Griechenland.

Nach Dietrich Eberhard Sattler, dem Herausgeber der Frankfurter historisch-kritischen Ausgabe, soll Hölderlin sogar tatsächlich aufgebrochen sein zu etwas, das er den Kaukasus nannte. In der Hymne »Die Wanderung« ruft er aus *Ich aber will dem Kaukasos zu!* Er sollte nicht weiter kommen als bis zur Schweiz. Bei Bonaduz (Kanton Graubünden), wo sich zwei Arme des jungen Rheins vereinen, wurde er, an einem Ort namens Scardanal, von Straßenräubern überfallen und ausgeraubt. Die Schurken hatten es auf sein Geld abgesehen. In seinem Ranzen trug er seinen Lohn als Hauslehrer in Bordeaux, eine seiner vielen vorübergehenden Anstellungen. Er interpretierte es als eindeutiges Zeichen des Gottes Apoll. Der hatte ihn niedergeschlagen, nicht ordinäres Gesindel. Sein Wahnsinn trat immer stärker zu Tage. Im Tübinger Turm verfasste er einige Gedichte, die er mit »mit Untertänigkeit Scardanelli« unterschrieb, und er datierte sie weit vor oder nach seiner Geburt, zum Beispiel 1671 oder 1940. Es ist bestimmt keine Einbildung, dass dieser Name auf den Schweizer Ziegenpfad verweisen sollte, wo ihn einst der griechische Gott der Musik und Dichtung, der Musagetes, der Anführer der Musen, Apoll, zu Boden geworfen hatte – wo Wegelagerer ihn zusammengeschlagen hatten.

Dennoch ist es nicht Hölderlins philhellenische Pein, die mich durchrüttelte. Sobald ich genügend Deutsch gelernt hatte, um wenigstens die Sätze zu begreifen, aus denen seine Gedichte zusammengestellt waren, fand ich ihn immer am stärksten, wenn er über Landschaften schrieb, die er selbst gesehen hatte, fast immer deutsche Landschaften, und das ist bis heute so geblieben. Selbst in dem Gedicht mit der unverkennbar griechischen Überschrift »Patmos« – der Insel, wo der Apostel Johannes seine Offenbarung geschrieben haben soll – finde ich die Strophen, in denen von Alpen und schattigem Wald die Rede ist, weitaus am besten. Ich kann keinen Weinberg am Rhein sehen, keinen deutschen See, keinen Wald auf einem ein paar hundert Meter hohen Buckel, geschweige denn eine Burg, und ich muss an Hölderlin denken. Es ist kein Deutschland, das es nicht gibt, es ist kein Deutschland, das in den Abgründen der Geschichte versunken ist, auch wenn ich eben erst auf Autobahnen gefahren bin, auch wenn ich weiß, dass über die Stelle, wo ich gerade stehe, amerikanische Bomber geflogen oder Sowjetpanzer vorbeigerattert sind. *Aber das Saitenspiel tönt fern aus Gärten*, ist eine Zeile aus einer von Hölderlins allerschönsten Elegien, sicherlich eines seiner allerschönsten Gedichte, »Brot und Wein«. Saitenspiele sind nicht mehr zu hören, obwohl heute viel mehr Menschen als vor zweihundert Jahren die Laute schlagen. Deutschland mag sich noch so hartnäckig Republik nennen, es bleibt das Kaiserreich des Explosionsmotors, und der übertönt alles. Aber die deutsche Landschaft, die ich so liebe, vor allem im Frühling und Herbst, gibt es noch in ihrer ganzen Pracht. Noch immer steigt der Mond über den Hügeln genauso *traurig und prächtig* auf wie früher. Die deutsche Landschaft leuchtet in Hölderlins Versen, seine Verse leuchten in Hängen und Bächen, beide leuchten jetzt.

Alles Kitsch? Nicht zufällig ist es ein deutsches Wort. Aber wie kann dann Kurt Tucholsky, der einen sehr lauteren Instinkt hatte, der ihn immer vor Geschmacklosigkeit bewahrte, wie kann ausgerechnet Tucholsky lyrische Reportagen über Wanderungen schreiben, die er mit Freunden durch den Odenwald und den Spessart machte? Tucholsky vergleicht die deutsche Landschaft – auch ihm ist vor allem der Herbst lieb – mit Musik, und das macht er sehr sorgfältig. Hölderlins Land, an Neckar und Main, ist wie Orgelklang. Im Land der Franken spricht er von einem deutschen Streichquartett. Von Tucholsky habe ich gelernt, dass man nicht suspekt sein muss, wenn man an diese urdeutsche Landschaft sein Herz verloren hat, an das Mittelgebirge. Aber Tucholsky habe ich erst in späteren Jahren entdeckt, was übrigens sehr bedauerlich ist. Hölderlin war der erste. Hölderlin hat mich mitgerissen, in die Poesie hinein. Und in Deutschland hinein. Mitgezogen. Mitgesungen. Er schreibt zwar wiederholt über das *heilignüchterne Wasser*, doch dank Hölderlin bin ich für alle Zeit trunken von dem schweren Wein mit der Lagenbezeichnung Deutschland.

Siehe auch: Bertolt Brecht, Juden, Quedlinburg, Emine Sevgi Özdamar, Kurt Tucholsky

Ideen

Bundespräsident Horst Köhler hat gesagt, dass Deutschland von nun an das Land der Ideen *sein müsse. Der Chefredakteur der Wochenzeitung* Die Zeit, *Theo Sommer, hat eine Reihe von Ausländern gefragt, was sie davon halten. Ihre Beiträge waren für eine englische Broschüre gedacht, die das deutsche Wochenblatt anlässlich der Fußballweltmeisterschaft herausgab, die 2006 von Deutschland ausgerichtet wurde. Das Folgende war meine Antwort.*

Deutschland, Ideenland? Das klingt fast so, als hätten die Bewohner anderer Länder keine Ideen. Sollen sie die etwa in Deutschland einkaufen? Oder eintauschen? Zum Beispiel eine schöne deutsche Idee gegen eine schöne Flasche Puligny-Montrachet? Aber, à propos Frankreich, das ist doch das Land, das den TGV erfunden hat! Ich fahre in 5 Stunden 21 Minuten ohne Umsteigen von der europäischen Hauptstadt nach Marseille, tausend Kilometer. Die Fahrt von Brüssel-Süd nach Berlin Hauptbahnhof, achthundert Kilometer, dauert im günstigsten Fall noch immer 7 Stunden 11 Minuten, und meist länger, denn in Köln muss man jedes Mal umsteigen und in der Regel eine Stunde lang warten. À propos, eine gute französische Idee.

Nein, lassen Sie uns einmal in der Schweiz nachsehen, wo die Bergbauern zwischen ihren braunen Kühen auf schmelzende Gletscher starren. Die kennen nicht einmal das Wort Idee. Aber wurde dort nicht die Swatch erfunden?

Oder die Belgier, ja, die Belgier, juhu, dieses dumme Völkchen, die haben garantiert nie eine Idee. Moment mal, Magritte, das war doch ein Belgier? Und kommen die Niederländer nicht in belgische Krankenhäuser, weil es in meinem komischen Ländchen keine Wartelisten gibt?

Ach, Deutschland, Land der Ideen, das ist nicht gerade das, was man im Englischen *a unique selling proposition* nennt. All deine Konkurrenten haben dasselbe im Angebot, wenn nicht etwas Besseres. Lichtenberg schrieb bereits vor mehr als zweihundert Jahren: *Der Deutsche ist nie mehr Nachahmer, als wenn er absolut Original sein will, weil es andere Nationen auch sind.* Das klingt ein kleines bisschen weniger gemein als bei Schopenhauer: *Es heißt zwar, die Deutschen hätten das Pulver erfunden: ich kann jedoch dieser Meinung nicht beitreten.*

Ich versuche hier nicht, mein Nachbarvolk zu beleidigen, indem ich geschickt einige seiner großen Schriftsteller zitiere. Ich versuche nur zu sagen, dass diese drei Wörter *Land der Ideen* völlig sinnlos sind, genau wie damals der Witz mit den *Dichtern und Denkern*. Es klingt doch sehr altmodisch, idealistisch deutsch, *Land der Ideen*, es ist so weit weg von der bösen Welt. Können Deutsche sich nicht etwas Besseres, etwas das zwischen Hegel und den hart malochenden Metallarbeiter passt, ausdenken?

Es gibt doch genügend Probleme, die Deutschland mit einer ganzen Reihe anderer europäischer Länder gemeinsam hat: die hartnäckige und viel zu hohe Arbeitslosigkeit, die schnelle Vergreisung, die extrem niedrige Geburtenrate, ich greife nur ein paar Dinge heraus und belasse es dabei, der Artikel ist kurz. All diese Probleme schreien nach Lösungen, also nach Ideen. Möglicherweise kann Deutschland in den meisten Fällen auf keine große Gegenliebe bei den Bürgern seiner Nachbarländer rechnen, aber es ist doch eine angesehene Demokratie. Wenn es Deutschland gelingt, kreativ, und vor allem menschlich, seine soziale Marktwirtschaft zu reorganisieren, könnte es womöglich zum leuchtenden Vorbild für andere europäische Staaten werden. Heute gibt Deutschland dem übrigen Europa alles andere als ein gutes Vorbild ab.

Man denke zum Beispiel an Hartz IV.

In allen Nachbarländern Deutschlands brüsten sich die Topmanager schamlos mit ihren astronomisch hohen Einkommen. Gleichzeitig klagen sie lauthals über die Lohnforderungen ihrer Arbeitnehmer. Am liebsten entlassen sie die einfach. In Deutschland hat sich Herr Hartz von Volkswagen allerdings einen Plan ausgedacht, den Arbeitslosen einen Teil ihrer Unterstützung abzuzwacken, während er und ein paar seiner Kollegen in Skandale verwickelt sind, in denen Luxushotels und sündhaft teure Badeorte eine prominente Rolle spielen. Diese anschaulichen Berichte werden auf den Titelseiten der Massenblätter breit getreten. Den DDR-Führern wurde nachgesagt, sie predigten Wasser und tränken Wein. Herr Hartz und die Seinen saufen Wein und zwar am liebsten, wenn ihnen dabei Unmassen von durstigen, armen Schluckern zuschauen. Und trotzdem sinkt die Arbeitslosigkeit nicht. Die *Raffgier*, wie dieses grausam schöne Wort in Ihrer Sprache heißt, ist in Deutschland brutaler, und dazu noch viel besser sichtbar, als anderswo. In diesem Punkt holt die Ethik, oder vielleicht muss ich sagen, der ganz normale Anstand, die Wirtschaft ein. Selbst wenn je ein Hartz MCMLXXXIX kommen sollte, selbst dann wird es nicht gelingen, weil Hartz dem Arbeitslosen das allerletzte Gran Selbstachtung nimmt. Also kneift der Bürger – und dazu muss er nicht einmal arbeitslos sein – ängstlich und misstrauisch seine Brieftasche zu, die er unerbittlich und unumkehrbar schrumpfen sieht, wie das *peau de chagrin* aus dem gleichnamigen Roman von Balzac (Das Chagrinleder).

Von der alten DDR hat das vereinigte Deutschland den grünen Abbiegepfeil und die Eule auf den Schildern der Naturschutzgebiete übernommen, vielleicht habe ich etwas vergessen, aber viel wird es nicht sein. In den neuen Bundesländern leben aber Hunderttausende, die jahrelang keine Arbeitslosigkeit kannten. Wer hat denn je erforscht, wie diese roten Socken das eigentlich geschafft haben? Oder welchen Einfluss ein sicherer Arbeitplatz auf, ich sag mal, Jugendkriminalität hat? Man muss doch kein Militanter aus der Linkspartei sein, um solche Fragen in einem Land zu stellen, das sich unter seiner Arbeitslosigkeit entzweit. In meinem Land hat ein Professor christdemokratischer Prägung vor nicht allzu langer Zeit vorgeschlagen, dass es ab und zu wünschenswert sein könnte, künstlich Arbeit zu schaffen. Wenn nun einmal jemand aus einer sehr großen Ökonomie wie der deutschen das gründlich untersuchte, dann würden wir, die Nachbarn, vielleicht eine völlig neue Idee aus Deutschland vernehmen.

Man soll erst mit siebenundsechzig in Rente gehen dürfen.

Ich persönlich möchte gern so lange arbeiten, wirklich, sogar noch länger. Ich darf so viele Gedichte schreiben, wie ich will, ich werde damit nie einem anderem den Arbeitsplatz wegnehmen. In einem normalen Betrieb liegt das doch ein bisschen anders. Es gibt keinen Wirtschaftswissenschaftler, keinen Soziologen, keinen Politiker, keinen Unternehmensführer, der mir je hat erklären können, wie man das bedrückende Problem der Jugendarbeitslosigkeit lösen kann, indem man alte Menschen länger arbeiten lässt. Dann fallen solche großen Worte wie *expansive job creation*, aber so etwas kann mich in meinem Alter schon längst nicht mehr beeindrucken. Außerdem, durch arbeiten bis siebenundsechzig füllt man eigentlich keine Pensionskassen auf. Ich habe noch nie eine Idee für ein Problem gehört oder gelesen, das ganz Europa doch noch einige Jahrzehnte im Griff haben wird, um genau zu sein, bis meine Generation ausgestorben ist, eine Idee, von der man sagen könnte: Das könnte vielleicht die Kosten der Überalterung erträglich machen oder: Das könnte die Kosten gerecht auf die verschiedenen Generationen verteilen.

Oh, gewiss, es gibt diese kalten amerikanischen Ideen. Sie laufen allesamt auf eines hinaus: Arbeiten, bis man tot umfällt. Das ist moralisch verwerflich. Aber die Alternative zum harten amerikanischen Kapitalismus hat doch einen deutschen Namen. Wir sprechen immer vom Rheinlandmodell. Ich würde gern eine oder zwei Ideen aus diesem Rheinland kommen sehen, oder man kann sie notfalls auch ein Stück weiter suchen, an der Elbe oder an der Spree, wo Ihre neue Kanzlerin herkommt.

Die niedrige Geburtenrate.

Kinder und Karriere scheinen sich in Ihrem Land ganz besonders schwer vereinbaren zu lassen, zumindest las ich das sogar in der *Zeit* (Nr. 12, 2006, S. 59). Die Folgen sind ziemlich vorhersagbar: viel weniger Kinder. Nehmen Sie es mir nicht übel, aber ich dachte schon wieder an die alte DDR. Warum hat Westdeutschland nicht, zusammen mit dem grünen Pfeil und dem Vogel, auch die Idee der Kinderkrippen übernommen? War das vielleicht zu kommunistisch? O ja? Wie kommt es dann, dass es wohl ausgezeichnete Krippen gibt, seit Jaaaahren, nicht nur in Skandinavien, sondern auch in Belgien? Und bei uns waren bis vor wenigen Jahren immer die Christdemokraten an der Macht, also besonders kommunistisch kann eine Kinderkrippe nicht sein. Sehen Sie, auch bei uns und in anderen Nachbarländern sind Arbeit und Familie nicht besonders gut miteinander zu vereinbaren. Doch bei Ihnen, meine ich zu begreifen, geht es überhaupt nicht. In Ihrem östlichen Teil hatte man nun einmal wirklich vernünftige Lösungen für das Problem gefunden. Deutschland, gib uns eine gute Idee. Vergiss die krankhafte Ansteckungsfurcht vor den Ossis. Nie, in keinem Land, habe ich, zu jeder Tageszeit, so viele Männer Kinderwägen schieben sehen wie in dieser strammen DDR.

Juden

Im November 2006 öffnete die neue Synagoge von München ihre Türen. Es ist ein beschwingtes, großzügiges Gebäude, entschieden modern, ein groß angelegtes Denkmal für die Versöhnung von Juden und Deutschen, und ebenso sehr ein Denkmal für klare, und deshalb immer schmerzliche Erinnerung, genau dort, wo Erinnerung und Versöhnung am meisten geboten waren, in der *Hauptstadt der Bewegung*, wie die Nationalsozialisten sie nannten, ihre Hauptstadt, die Stadt, die Hitler groß gemacht hatte.

Heute klingt das beinahe schofel, es klingt schäbig und dunkel verdächtig, wenn man sagt, dass Deutschland für die aschkenasischen Juden Europas lange Zeit ein wirkliches Vaterland gewesen ist. Und doch war es so. 1933 konnte sich manch jüdischer Deutsche nicht vorstellen, dass die größte Kulturnation der Welt, das Land Goethes, Schillers und Beethovens, ihn und seine Schicksalsgefährten unerbittlich verfolgen und abschlachten würde. Hatte nicht der große Philosoph Moses Mendelssohn 1763 für seine *Abhandlungen über die Evidenz in den metaphysischen Wissenschaften* den ersten Preis der Königlich-Preußischen Akademie der Wissenschaften erhalten, während sich Immanuel Kant mit dem zweiten Preis zufrieden geben musste? Und das für einen Mann, der einst als vierzehnjähriger Habenichts durch das Stadttor, das für *Juden und Vieh* bestimmt war, nach Berlin hereingekommen war. Es stimmt, Mendelssohn durfte nie Mitglied der Akademie werden, die ihn ausgezeichnet hatte, aber war er nicht mit Lessing befreundet? Und wurde Mendelssohn nicht der deutsche Sokrates genannt? Wohlgemerkt, nicht der jüdische, der deutsche.

In Mendelssohns Zeit hatten die Juden in Preußen kein Bürgerrecht. Höchstens eine Handvoll von ihnen stand unter hoheitlichem Schutz, doch vor fürstlicher Willkür waren sie alles andere als geschützt. Die Launen eines absolutistischen Staatsoberhaupts lassen sich eben nicht vorhersagen. Dennoch blickten Juden aus ganz Europa neidisch auf Berlin. In den Salons brillanter jüdischer Frauen wie Henriette Herz und Rachel Levin konnten sich wohl situierte christliche Bürger und wohl situierte Juden in einer ungezwungenen Atmosphäre begegnen. Die Salons waren richtiggehende Freihäfen in der rigiden preußischen Ständegesellschaft. Im neunzehnten Jahrhundert sollte Rachel Levin unter dem Namen ihres Mannes, Varnhagen, eine große Schriftstellerin deutscher Sprache werden. Dennoch litt sie ihr Leben lang unter ihrer Herkunft, oder wie es damals hieß, unter *ihrer infamen Geburt*. Zu Beginn des neunzehnten Jahrhunderts bekehrten sich Juden in Deutschland in hellen Scharen zum Christentum. Und zwar nicht unter Zwang, sondern weil sie gesellschaftlich aufsteigen wollten. Der Taufschein war die Eintrittskarte in die deutsche Gesellschaft und Kultur.

Heinrich Heine, die Eltern von Karl Marx, Rachel Varnhagen, vier Kinder von Moses Mendelssohn, sind nur einige bekannte Beispiele.

Angenommen, du bist zur Kaiserzeit Deutscher und Jude und du willst nach oben. Du träumst schon von der bekannten Liste: ganz vorn natürlich Bismarck, dicht auf den Fersen die Trias Goethe, Schiller und Beethoven, zu ergänzen nach Belieben, Bach, Brahms, Schumann, Mendelssohn, Heine, Eichendorff, Wieland, Lessing, Brentano, notfalls ein paar Österreicher dazu, Mozart, Haydn, Schubert, Bruckner. Jeden Sonntag gehst du treu und brav in die Kirche, denn du bist getauft, und du lauschst sittsam den Bibelworten in Martin Luthers Übersetzung.

Welchen Beruf muss man wählen, um seinem Vaterland und seiner eigenen Streberei nach besten Kräften zu dienen?

Offizier wäre natürlich am besten. Die Offizierskaste, das ist im Kaiserreich, auf jeden Fall nach 1900, eine Art höheres Menschentum. Freilich, dieser goldene Weg ist dir versperrt, getauft oder nicht, nie wird ein Jude Offizier. Und deshalb auch kein höherer Beamter – denn dafür musste man zuerst Offizier gewesen sein. Erst im Lauf des Ersten Weltkriegs wird sich das ändern.

Im feindlichen Frankreich wird der Jude Dreyfus zu Unrecht verurteilt. Eine trübe Welle von Antisemitismus überschwemmt die Wiege der *droits de l'homme et du citoyen*, der Menschen- und Bürgerrechte, aber vorläufig war dieser Dreyfus doch einfach ein Offizier im französischen Heer.

Dann in den Handel? Nein, kein Handel, das ist doch gerade so typisch jüdisch! Die Wertheim-Warenhäuser, die größten Europas, waren jüdisch, Tietz, auch so ein gigantisches Unternehmen, war jüdisch, Hausdorff war jüdisch. Man sieht sie schon von weitem, die perfiden Juden, wie sie dem kreuzbraven, bäurischen, grundehrlichen Deutschen listig sein Geld abluchsen und sich dann grinsend damit nach London oder New York verdünnisieren. Oder noch schlimmer, zu den frivolen Frauen von Paris.

Finanzen? Zugegeben, Bismarcks Bankier war der jüdische Gerson Bleichröder. Bleichröder finanzierte den Krieg gegen die Österreicher. Bleichröder zeichnete drei Millionen Taler auf eine öffentliche Anleihe, die den 1870er Krieg finanzierte. Bleichröder finanzierte sogar ein Blatt, das Lieder publizierte, die Soldaten an der Front aufmuntern sollte. Bleichröder wurde der persönliche Berater Bismarcks und der Berater vieler kleinerer preußischer Götter. Bismarcks Feinde, und die waren zahlreich, nannten Bleichröder höhnisch *Bismarcks Privatjuden*. Antisemitismus war, ganz gewiss bei höheren Offizieren, höchst virulent. 1871 schrieb Kaiser Wilhelm I. einen Adelsbrief für Bleichröder. Das war eine absolute Ausnahme. Bleichröder, von nun an von Bleichröder, war der zweite Jude in Deutschland, der in den Adelsstand erhoben wurde, und der erste mit Nachkommen. Sein Titel sollte vererbt werden.

Ein reicher jüdischer Bankier ist eine Seltenheit, was man darüber auch tuscheln mag. Ein reicher, jüdischer, adliger Bankier, davon gab es nur einen im Kaiserreich.

Wie stand es mit den Dichtern? Oder den Musikern? In den Dichterstand sind die Deutschen vernarrt. Und Musiker sind Heilige. Mein Vater brachte einmal ein eigenartiges Liederbuch mit nach Hause. Es war deutsch, vor dem Ersten Weltkrieg gedruckt, und es enthielt den vollständigen Liederschatz, den der Bildungsbürger kennen sollte, am besten auswendig, als das Kaiserreich auf dem Höhepunkt seiner Macht stand. Ich habe alles auf dem Klavier gespielt, »Ännchen von Tharau«, »Lebewohl mein flandrisch Mädchen«, »I thua wohl«, »Ich weiß nicht, was soll es bedeuten«, Wagenladungen Romantik und Heimat, aber auch der großkotzige Nationalismus von »Die Wacht am Rhein« und, wer kennt das heute noch, das bedenkliche »Der Gott der Eisen wachsen ließ, der wollte keine Knechte«.

Ohne es klar zu erkennen, erwarb ich Einsichten in die tiefsten Abgründe der deutschen Seele, aber ebenso sehr in die überwältigende Schönheit der deutschen romantischen Tradition. Viel später entdeckte ich, dass die Nazis diese Tradition nicht nur schändlich missbraucht haben, sondern dass sie von ihnen auch kaputt gemacht wurde. Ohne Juden ist die deutsche romantische Tradition in Musik und Dichtung undenkbar. Felix Mendelssohn-Bartholdy schrieb die schwärmerischste Melodie, die sich ein junger Wandervogel nur wünschen kann, zu dem Gedicht »Der Gärtner« des deutschen Edelmanns Joseph von Eichendorff, wundervolle Strophen, ein Liebesgedicht, es enthält alle Elemente, mit denen deutsche Touristenbroschüren heutzutage Besucher in eine typisch romantische Landschaft zu locken versuchen, Wald, Tal, Berg, Ferne und Aue:

Wohin ich geh und schaue,
In Feld und Wald und Tal,
Vom Berg hinab in die Aue,
Vielschöne, hohe Fraue,
Grüß ich dich tausendmal.

Nur ist bei Felix Mendelssohn der Text leicht abgewandelt und das Lied trägt den Titel »Gruß«. Wo der Text abweicht, klingt er noch romantischer als bei Eichendorff. Ein Hügel kommt dazu, und der Blick schweift in die Ferne:

Wohin ich geh und schaue,
In Feld und Wald und Tal,
Vom Hügel hinauf die Aue,
Vom Berg aufwärts weit ins Blaue,
Grüß ich dich tausendmal.

Deutsch? Was sonst. Aber leider war Felix Mendelssohn-Bartholdy der Enkel des großen jüdischen Philosophen Moses Mendelssohn, und obwohl sich bereits sein Vater hatte taufen lassen, obwohl er selbst Protestant war, obwohl er die Noten für das weltberühmte Weihnachtslied »Hark! The herald angels sing« komponiert hatte, das Millionen Mal gesungen wurde, auch von deutschen Kirchenchören in deutscher Übersetzung, für die Nazis war und blieb er jüdisch. Also wurde das Lied »Gruß« verboten. Also wurde der Name Mendelssohn aus den neuen Auflagen der Musikenzyklopädien gestrichen. Eins zwei drei, weg damit.

Mendelssohn vertonte Gedichte wie »Maiglöckchen und die Blümelein« von Hoffmann von Fallersleben, dem Mann, von dem die Worte *Deutschland, Deutschland über alles* stammen. Doch wer etwas Superromantisches hören möchte, etwas wirklich abgrundtief Deutsches, der muss sich Mendelssohns Lieder zu den Texten von Heine anhören. »Auf Flügeln des Gesanges« zum Beispiel, Wort und Melodie dampfen von schwärmerischem Fernweh, oder »Ich wollt' meine Lieb ergösse sich«, wo das Wort Liebe vom Wind bis zu der Auserkorenen getragen wird. Heines Lorelei-Gedicht, »Ich weiß nicht, was soll es bedeuten ...« plärrt täglich bei Sankt Goar aus den Lautsprechern eines jeden Ausflugsdampfers. Pensionierte Deutsche fühlen sich sehr heimisch, japanische Passagiere kennen den Text auswendig. Heines Gedicht ist so deutsch wie der Volkswagen. Es sank bis auf den Urgrund des deutschen Gemüts. Mit der Zeit wurde die »Lorelei« sogar für ein uraltes, anonymes Volkslied gehalten. Der Komponist, Friedrich Silcher, ist außerhalb Deutschlands weniger bekannt, obwohl er mit fliegender Feder mehr als zweihundert Lieder geschrieben hat. Aber auch Robert Schumann und Johannes Brahms haben zu Heines Gedichten Lieder komponiert. Nach Goethe ist Heine der meistvertonte deutsche Dichter. Die Verschmelzung von jüdisch und deutsch ist vollkommen. Allerdings, bei den Nazis war Heine unerwünscht, und nach dem Krieg lehnte ihn ein Teil der Deutschen weiterhin ab. Als man in seiner Geburtsstadt Düsseldorf die Universität nach ihm benennen wollte, löste das einen quälend zähen Streit aus, der erst Anfang der achtziger Jahre beigelegt wurde. Heute hat Düsseldorf eine Heinrich-Heine-Universität. 2006 erteilte die bayerische Regierung, nach hinhaltendem Widerstand, die Genehmigung, Heines Büste in die Walhalla von Regensburg aufzunehmen. Ich bin mir nicht sicher, ob Heine in die Walhalla hätte eingehen wollen.

Heine und Mendelssohn sind weltberühmt. Aber wer hat je von Berthold Auerbach gehört? Er gilt als Erfinder des Heimatromans. Ich weiß durchaus, dass viele Leser, zusammen mit links angehauchten, überaus ironischen, weit gereisten, überaus vernünftigen Deutschen aufstöhnen werden: Hätte er das bloß sein lassen. Doch darum geht es mir nicht. Genauso wenig will ich hier weitschweifig meine These verteidigen, dass eigentlich jeder große Roman ein Heimatroman ist, zum Beispiel *Ulysses*, zum Beispiel *Madame Bovary*, zum Beispiel *Buddenbrooks*, zum Beispiel *Il romanzo di Ferrara* und so weiter.

Wichtiger ist, dass Berthold Auerbach 1812 als Moses Baruch Auerbacher geboren wurde. Seine Wiege steht in Nordstetten im nördlichen Schwarzwald. Dort geht er in die jüdische Volksschule, die erste, die im Königreich Württemberg gegründet wurde. Er feiert seine Bar Mitzwa, und besucht anschließend die Talmudschule, er ist dazu bestimmt, Rabbiner zu werden. Er wechselt jedoch auf ein normales Gymnasium und studiert danach zunächst Jura, dann Philosophie in Tübingen und München und schließlich in Heidelberg. Er wird Mitglied der verbotenen, liberalen Burschenschaft Germania, einer radikalen Studentenverbindung. Das wird ihm zwei Monate Festungshaft einbringen, auf dem Hohenasperg. Im Volksmund wird dieses Gefängnis die *Demagogenherberge* genannt, weil dort so viele Burschenschaftler inhaftiert sind. Weil er nun ein Vorstrafenregister hat, kann er nicht Rabbiner werden. Er beginnt zu schreiben. 1843 erscheint der erste Band seiner *Schwarzwälder Dorfgeschichten*. Es wird ein großartiger Erfolg. Vier Bände werden es schließlich, in denen er versucht, über jedes Haus seines Heimatdorfes eine Geschichte zu erzählen. Heine und Fontane hielten nichts von Auerbachs Büchern, vielleicht aus Futterneid. Aber sein Werk hat Balzac, Turgenjew und Tolstoi beeinflusst, und das sind doch auch nicht die Unbedeutendsten. Er bekam sogar Ritterorden, was für Juden, vor allem wenn sie sich, wie er, nicht taufen ließen, doch sehr ungewöhnlich war. Ihm fiel es schwer, Deutscher zu sein, deutscher Autor und dazu noch Jude.

Ich habe einige seiner Dorfgeschichten gelesen. Ich hatte mich auf tränenreiche Stories vorbereitet, süßlich, verschleiernd, das paradiesische Leben auf dem Lande verherrlichend. Ich habe all meine Vorurteile hinunterschlucken müssen. Sicher, Auerbach beschreibt mit unverhohlenem Vergnügen die schöne Tracht der Bauern und Milchmädchen, den Gesang unter der Dorflinde, den Tanz am Sonntag. Auerbach hat ein gutes Gehör für die unvergleichliche Musikalität und Ausdruckskraft des Dialekts. Aber er beschreibt auch, wie hilflos der ausschließlich Dialekt sprechende Bauer vor einem Richter steht, der ihn auf Hochdeutsch anbelfert. Bauern prügeln sich oft, manchmal geht es ungehobelt zu, uneheliche Kinder werden geboren, eine Frau geht in den Tod – Auerbach verurteilt nichts. Was er verurteilt, ist die Willkür, die Feindseligkeit, die Sturheit des Amtsschimmels und der Justiz. Auerbach steht nicht auf der Seite der Staatsgewalt, was man in Deutschland doch erwarten könnte, und genauso wenig propagiert er den bürgerlichen Anstand oder unterstützt die dörfliche Zwangsjacke. Im Gegenteil, er thematisiert unmissverständlich die erstickende soziale Kontrolle in einer kleinen Gruppe. Er hat einen Blick für die Modernisierung der größeren Welt, die auch das Dorf nicht verschont. In diesem Sinne sind Auerbachs Dorfgeschichten die Vorläufer von John Berger, der mehr als hundert Jahre später über den Untergang der alpenländischen Bauernkultur schrieb. Bei Jungfräulichkeit und Sex zeigt er sich nicht prüde. Die Welt, die Auerbach heraufbeschwört, ist viel körperlicher als die Welt, die man in all den bänglichen viktorianischen Romanen vorfindet, ist auch weniger verschleiernd, ohne je unflätig zu werden wie mein geliebter Fontane in seinem übrigens meisterhaften Roman *Effie Briest*. Man darf es eigentlich ein Wunder nennen, dass Geschichten, die keine Vorurteile bestätigen, die den Leser nicht einschläfern, bei breiten Schichten der deutschen Bevölkerung so beliebt waren.

Auerbach war Augenzeuge eines Lebens, das wir heute als elend und hinterwäldlerisch verurteilen. Wir wagen es nicht

mehr, die Schönheit des Bauernlebens zu sehen, die Freundlichkeit, die Ruhe, den hohen Organisationsgrad, weil wir
falsche Folklore auf den Tod fürchten. Auerbach verheimlicht
nie, dass das Bauernleben hart war, grausam, manchmal roh,
engstirnig. Ist das heutige Leben in der Stadt das nicht auch
bisweilen?

Um Bücher schreiben zu können, müssen einen die Götter,
oder zumindest die Muse, geküsst haben. Man kann nicht erwarten, dass in jedem deutschen Juden ein Schriftsteller steckt.
Was sonst?

Professor Doktor. Das ist die Lösung. Deutsche sind verrückt
nach Titeln. Diese Manie ist noch längst nicht ausgerottet. Ich
habe einen belgischen Freund, der sich immer strikt *Herr Doktor* nennen lässt. Ja, er hat irgendwo seine Promotionsurkun-
de bekommen, viel hatte das nicht zu bedeuten, sagt er selbst,
aber ausschließlich außer Hörweite von Deutschen. Deutsche
begegnen diesem belgischen *Herrn Doktor* mit schlotternden
Knien und niedergeschlagenen Augen. Seine Hand bleibt un-
geküsst, 1968 hat auch in Deutschland einen schweren Tribut
gefordert.

Also *Herr Doktor*, darauf können wir uns einigen.

Und in welchem Fach? Natürlich in Chemie. Die deutsche
Chemieindustrie war schon im neunzehnten Jahrhundert
Weltspitze, auf deutschem Boden befinden sich bis auf den heu-
tigen Tag noch immer Giganten wie Bayer oder die Badische
Anilin- und Soda-Fabrik BASF.

Ich möchte auch über einen herausragenden jüdischen Chemiker der Kaiserzeit berichten. Sein Name war Fritz Haber. Er
war so jüdisch wie Moses und so deutsch wie der Kaiser. Mehr
noch.

Haber wurde 1868 in Breslau geboren. Sein Vater führte dort
ein Handelsgeschäft für Stoffe, Farben, Lacke und Arzneimit-
tel. Er nannte seinen Sohn nach dem alten Fritz, wie der preu-

ßische König Friedrich der Große im Volksmund hieß. Fritz widmet sich der Leidenschaft seiner Jugendjahre. Er studiert Chemie. 1891 promoviert er in Berlin. Als Student hinterließ er anscheinend keinen überwältigenden Eindruck. Das wird sich später ändern.

Er hat schnell begriffen, dass er als Jude niemals in wissenschaftlichen Institutionen Karriere machen wird. 1893 bekehrt er sich zum Protestantismus. Er heiratet Clara Immerwahr, jüdisch, wahnsinnig intelligent und protestantisch. Sie war die erste Frau, die an der Universität von Breslau in Chemie promovierte.

Von 1894 bis 1911 ist Fritz Haber an der Technischen Hochschule von Karlsruhe angestellt. 1911 wird er nach Berlin berufen, um dort eine nagelneue Institution aufzubauen und zu leiten, das Kaiser-Wilhelm-Institut für Physikalische Chemie und Elektrochemie. Dieses Institut wurde zu mehr als einem Drittel mit jüdischem Geld finanziert. Es ist ein weiteres Beispiel für solide jüdische Integration im deutschen Kaiserreich. Steinreiche Juden und steinreiche Nichtjuden trafen sich in der Finanzierung der allerbesten, wissenschaftlichen Forschung, die man damals weltweit finden konnte. Ein anderer großer Geldgeber hieß zum Beispiel Krupp.

Diese außergewöhnliche Chance wurde Haber nicht ohne weiteres gegeben. Fritz Haber hatte, zusammen mit Carl Bosch (und Alwin Mittasch, seltsamerweise wird dessen Name jedoch so gut wie nie erwähnt) eine Erfindung gemacht, die viele Jahre später von der maßgeblichen Zeitschrift *Nature* der wichtigste wissenschaftliche Fortschritt des zwanzigsten Jahrhunderts genannt wird. Haber und Bosch (aber in erster Linie doch Haber) hatten ein Verfahren zur synthetischen Herstellung von Ammoniak aus den Elementen Wasserstoff und Stickstoff gefunden. Allgemeinverständlich ausgedrückt, Haber und Bosch hatten das Mittel gefunden, mit dem man Kunstdünger herstellen konnte. Das ist freilich nur eine mögliche Anwendung, viele werden sagen, die wichtigste, andere werden sagen, dass das Haber-Bosch-Verfahren für die Herstellung von Sprengstoff mindestens genauso wichtig ist.

Haber und Bosch lösten ein Problem, über das sich Chemiker seit langem den Kopf zerbrachen. Wie kann man aus zwei Elementen, die unbeschränkt und kostenlos zur Verfügung stehen, nämlich Luft und in Wasser, das heiß begehrte Ammoniak synthetisieren. Luft besteht zu achtzig Prozent aus Stickstoff. Auf der anderen Seite ist Wasser (zwei Wasserstoffatome verbunden mit einem Sauerstoffatom). Ein Ammoniakmolekül besteht aus einem Stickstoff- und drei Wasserstoffatomen.

Haber fand heraus, dass man bei der Synthesereaktion die Temperatur bei möglichst hohem Druck möglichst niedrig halten muss ($200°$ Celsius). Aber selbst unter diesen Bedingungen blieb die Ausbeute viel zu gering. Einem Chemiker der Badischen Anilin- und Soda-Fabrik, Alwin Mittasch, gelang es nach etwa zwanzigtausend Versuchen, den unentbehrlichen Katalysator, also den Reaktionsbeschleuniger, aus dem richtigen Verhältnis von Eisen, Aluminiumoxid, Kalzium und Kalium zusammenzustellen. Bis heute ist dieser Katalysator unverändert geblieben. Carl Bosch, ebenfalls ein Chemiker und ebenfalls in Diensten der BASF, sorgte dann dafür, dass Habers Erfindung industriell hergestellt werden konnte. Beide Wissenschaftler beantragten 1910 das Patent, deshalb spricht man immer vom Haber-Bosch-Verfahren. 1913 gelang es der BASF, bis zu fünf Tonnen Ammoniak pro Tag zu produzieren. Heute werden tausendmal mehr hergestellt.

Früher kam Dünger auf Stickstoffbasis überwiegend aus den chilenischen Salpeterbergwerken. Schon damals wurden Berechnungen angestellt, wie wir es heute bei den Ölvorräten zu tun pflegen: Wie lange reichen sie noch? 1940 sollten die chilenischen Salpetergruben erschöpft sein. Heute, zu Beginn des einundzwanzigsten Jahrhunderts, wird fieberhaft nach Alternativen für Kunstdünger gesucht. Davon wurden im Lauf der Jahre derart ungeheure Mengen ausgebracht, dass die Nitrate dabei sind, Grundwasser und Oberflächenwasser zu verseuchen. Gleichzeitig sollte uns jedoch bewusst sein, dass ohne das Haber-Bosch-Verfahren vierzig Prozent weniger Menschen auf unserem Planeten leben würden, und für denjenigen, der jetzt Hurra! schreit, füge ich hinzu, dass diese geringere Bevölkerungszahl eine Folge regelmäßig wiederkehrender, vernichtender Hungersnöte wäre.

Haber war ein Mann mit großer Überzeugungskraft. Der damals schon berühmte Einstein verließ auf Habers Drängen die Schweiz und übernahm in Berlin einen Posten. Kurz darauf brach der Erste Weltkrieg aus. Der Kaiser und seine Generäle waren so siegestrunken, dass sie sich schon vor Weihnachten 1914 über die Boulevards von Paris marschieren sahen. 1870 war es doch auch schnell gegangen? Wer sprach da von Weihnachten? Es würde nur wenige Wochen dauern, dann wäre das französische Heer völlig aufgerieben.

Solche Vorstellungen bildeten nicht gerade eine solide Basis für rationale Vorratswirtschaft in Kriegszeiten. Walther Rathenau, Physiker, Sohn des AEG-Gründers und daher unvorstellbar reich, war bereits in jungen Jahren ein fähiger Unternehmensführer, bekannt und verehrt in den höchsten Kreisen des Kaiserreichs, jüdisch wie Haber, jedoch nicht zum Christentum übergetreten, später, im Jahr 1922, kurz Außenminister der Weimarer Republik und von rechtsextremen Militärs ermordet. Walther Rathenau gelang es dennoch, die Bevorratung des Heeres und des Landes zu organisieren, als die Briten die völlige Seeblockade über Deutschland verhängt hatten. Sie, und nur sie, konnten das, die britische Flotte war die mächtigste der Welt. Mit der unmittelbaren Folge, dass kein Gramm Salpeter mehr nach Deutschland kam. Wohl konnten die Deutschen zweihundert Tonnen Salpeter erbeuten, die im Antwerpener Hafen lagerten, und in ihre Munitionsfabriken transportieren. Aber selbst mit diesem Vorrat hätten die deutschen Geschütze notgedrungen nach den Weihnachtstagen von 1914 schweigen müssen. Mangels Pulver, wenn ich mich einmal so primitiv ausdrücken darf.

Angenommen, Haber hätte die Synthese von Ammoniak erst zehn Jahre später zustande gebracht hat. Dann hätte der Krieg kaum länger als sechs Monate gedauert, Millionen junger Menschenleben wären verschont geblieben, kein Vertrag von Versailles hätte Deutschland gedemütigt, Hitler hätte nie die Macht ergreifen können, die Juden Europas wären nicht hingemordet worden. Und Deutschland? Deutschland wäre das Paradies von Wissenschaft, Musik und Literatur geblieben.

Haber meldete sich unmittelbar nach Ausbruch der Feindseligkeiten als Freiwilliger. Der Militärarzt musterte ihn aus. Was hatte sich der *Herr Doktor* nur gedacht? Er war doch inzwischen fünfundvierzig Jahre alt. Daraufhin schlug Haber einen anderen Kurs ein – er würde persönlich beweisen, dass Industrie und Kriegsführung sehr gut zusammenpassen. Im Kriegsministerium wurde damals etwas Widernatürliches organisiert, genauer gesagt, etwas, das radikal den preußischen Gepflogenheiten zuwiderlief. Es wurde eine Unterabteilung geschaffen, die selbständig arbeiten konnte. Sie beschäftigte sich allein mit den chemischen Aspekten der Kriegsführung und war bekannt als *Büro Haber*.

Haber führte sein Büro, aber seine Gedanken weilten bei den Soldaten an der Front. Wie jeder sah auch er die verkrüppelten Heimkehrer. Das größte Gemetzel, das die Menschheit je gesehen hatte, brach los, und Haber wollte dem so schnell wie möglich ein Ende bereiten. Selbstverständlich musste Deutschland den Krieg gewinnen, Deutschland konnte einfach nicht verlieren. Er suchte nach einer humanen Lösung, einer Lösung, die Menschenleben retten sollte, und er fand sie schließlich: Er schlug vor, das giftige Chlorgas auf die feindlichen Linien loszulassen. Zu seinem Erstaunen und Unverständnis stieß er auf heftigen Widerstand. Andere deutsche Patrioten dachten in dieser Frage eindeutig anders. Zum Beispiel Otto Hahn, der Mann, der später den Nobelpreis für seinen Beitrag zur Kernspaltung erhalten sollte, leistete lange Widerstand, aber Haber wusste ihn schließlich zu überzeugen, dem ersten Gasangriff an der flämischen Front, unweit der Stadt Ypern, beizuwohnen. Max Born, ein weiterer künftiger Nobelpreisträger, weigerte sich. Einstein war mit Haber befreundet, aber den Gasangriff hat er ihm nie verziehen, obwohl die beiden später weiter zusammenarbeiteten.

Habers Frau Clara konnte es nicht verkraften, dass ihr Mann den Gasangriff organisiert hatte. Die verbrannten Lungen, die geblendeten Augen, die Erstickungserscheinungen, wenn ihr all diese schrecklichen Folgen des Giftgases noch nicht zu Ohren gekommen waren, hätte gerade sie, promoviert in Chemie wie ihr Mann, sie vorhersagen können. Sie erschoss sich mit seiner Dienstpistole und starb am Tag darauf. Das hielt Haber nicht davon ab, noch am selben Tag an die Ostfront aufzubrechen, wo mit neuen Gasangriffen experimentiert werden sollte.

Das Gas brachte nicht den von Haber erhofften Durchbruch. Das Massengemetzel sollte sich noch drei Jahre hinziehen. Ist es nicht eigenartig, dass ein Genie wie Haber zwei Dinge übersah, die ein Kind hätte wissen können? Erstens: Schlag einen anderen, dann schlägt er vielleicht zurück. Zweitens: Weht der Wind heute aus dieser Richtung, dann kann er morgen aus einer anderen wehen. Die Empörung auf britischer, französischer und belgischer Seite war groß, doch es dauerte nicht lange, bis die Briten und Franzosen begannen, die Deutschen mit Gas zu bombardieren. Ein Giftgasangriff kann nur gelingen, wenn der Wind günstig steht, das heißt, wenn der Wind das Gift zum Feind hin weht. Nun ja, an der Westfront, in der Yser-Ebene, kommt der Wind überwiegend aus Westen, also, meist, fast immer, wehte der Wind zu den deutschen Laufgräben hin. Einmal fiel Haber dem fast selbst zum Opfer, als sich der Wind unerwartet drehte. Im weiteren Kriegsverlauf setzten die Deutschen andere Gase ein, Phosgen und Yperit, die weniger von wechselnden Windrichtungen abhängig waren.

Aufgrund seiner außerordentlich großen Verdienste um das Vaterland wurde Haber eine Ehre zuteil, die vor dem Krieg undenkbar gewesen wäre. Er, von jüdischer Herkunft, wurde zum Hauptmann befördert. Zum Offizier! Unverdrossen setzte er seine Forschungen an einem noch tödlicheren Gas fort, das den schweren Stoff von Soldatenuniformen durchdringen konnte, und fand schließlich das barbarische Senfgas. Nach dem Krieg sollte sich herausstellen, dass weniger als 1 Prozent durch Gas den Tod fanden, neunzigtausend Soldaten. Vor dem Hintergrund, dass beispielsweise im letzten Kriegsjahr eine von vier abgeschossenen Granaten Gas enthielt, erscheint das wenig. Mehr als eine Million Menschen wurden durch Gas verletzt, blieben jedoch am Leben. Selbst Jahre nach Kriegsende waren Lungen und Augen von Tausenden Überlebender noch immer zerstört. Haber hat nie sein Bedauern über die Gasangriffe des Ersten Weltkriegs ausgesprochen.

Nach dem Waffenstillstand forderten die Siegermächte die Auslieferung des Chemikers und Kriegsverbrechers. Haber floh in die Schweiz, wo er mit offenen Armen empfangen wurde. Er brachte es sogar zum Eidgenossen, also Staatsbürger. Normalerweise sind die Schweizer damit sehr knauserig, nur sehr wohlhabende Menschen erhalten ab und zu diesen privilegierten Status. Sobald die Alliierten ihre Auslieferungsforderung fallen ließen, kehrte Haber ins deutsche Vaterland zurück.

Haber war ein deutscher Nationalist und Militarist alter, imperialer Prägung. Daraus darf jedoch nicht abgeleitet werden, dass er mit rechtsextremem Gedankengut sympathisiert hätte. Er begrüßte die Weimarer Republik und ihre demokratischen Institutionen. Das war nicht so alltäglich, wie es auf den ersten Blick erscheint. Überaus viele Richter, Beamte, Polizisten und vor allem Offiziere des Heeres waren sich in ihrer Ablehnung der Republik einig und ihnen war jedes Mittel recht, ob legal oder illegal, das diese zu Fall bringen und durch eine undemokratische Staatsform ersetzen würde.

Kriegsverbrecher oder nicht, im Jahr 1918 wurde Haber der Nobelpreis für Chemie verliehen. Nach dem Ersten Weltkrieg wurde deutschen Wissenschaftlern der Zugang zu internationalen Kongressen verboten. Haber und Einstein setzten sich einvernehmlich dafür ein, deutschen Gelehrten erneut zu Akzeptanz in der Welt der Wissenschaft zu verhelfen. Es dauerte bis 1926, bis das Verbot aufgehoben wurde.

Ich übergehe nun Habers hartnäckige Versuche, Gold aus Meerwasser zu gewinnen, um so Deutschland aus dem finanziellen Abgrund herauszuhelfen, in dem es sich seit der Niederlage befand. Hier verwandelt sich der dämonische Professor in den sympathisch verwirrten Gelehrten der Comicstrips. Nun wollen wir zu den Dämonen zurückkehren.

In den zwanziger Jahren leitete Haber das Unternehmen *Deutsche Gesellschaft für Schädlingsbekämpfung*. Unter seiner Ägide entwickelten die Mitarbeiter ein unerhört wirksames Mittel zur Ausrottung von Gliederfüßlern und anderen kleinen Tieren. Es bestand aus winzigkleinen Scheiben Holzstoff oder Partikeln Kieselerde, die mit Blausäure, einem Stabilisator sowie einem auffälligen Duftstoff getränkt waren, einem Warnstoff, denn auch für Menschen war das Mittel lebensgefährlich. Blausäure ist tödlich und flüchtig. Es verdampft bereits bei 25,7 Grad Celsius. Es wurde ein gigantischer Verkaufserfolg. War eine Wohnung von Ungeziefer befallen, dann wurden Fenster und Türen möglichst luftdicht verschlossen, die Schädlingsbekämpfer trugen Gasmasken, legten die Scheibchen aus und verließen so schnell wie möglich die Wohnung. Der Name von Habers Bekämpfungsmittel ist inzwischen weltberühmt: Zyklon B. Unter der Leitung des Juden Haber wurde in Deutschland das Mittel entwickelt, mit dem die Juden vergast werden sollten. Er ist der geniale Verdammte, selbst noch deutscher als der deutsche Gelehrte Faust. Eine grausamere Form der Integration lässt sich kaum vorstellen.

1933 hielt sich Einstein in den Vereinigten Staaten auf. Als Hitler an die Macht kam, erklärte er öffentlich, er werde nicht in sein Vaterland zurückkehren, weil dort die elementarsten Bürgerrechte mit Füßen getreten würden. Max Planck, der Vorsitzende der *Preußischen Akademie der Wissenschaften*, Nobelpreis für Physik 1918, schlug den Mitgliedern vor, Einstein auszuschließen, weil er im Ausland Deutschland abtrünnig geworden sei. Fritz Haber stimmte Plancks Vorschlag begeistert zu. Nur Max von Laue, Nobelpreis für Physik 1914, hatte den Mut zu opponieren. Einstein ging endgültig ins Exil. In diesen ersten schwierigen Tagen bemühte sich ein befreundetes Ehepaar in dem belgischen Badeort De Haan/Le Coq sur Mer, sehr um ihn, König Albert I. und Königin Elisabeth von Belgien.

Noch im selben Jahr sollte das Schicksal auch Fritz Haber treffen. Das neue Regime beseitigte aus allen deutschen Institutionen alle jüdischen Mitarbeiter, auch alte, auch hoch verehrte. Der große deutsche Patriot *Hauptmann*, dekoriert mit dem Eisernen Kreuz für seine Verdienste, konnte nicht verhindern, dass die jüdischen Mitarbeiter seine geliebte *Kaiser-Wilhelm-Gesellschaft* verlassen mussten. Er trat ebenfalls zurück. Noch nie habe er sich so jüdisch gefühlt, schrieb er. Er emigrierte und starb ein Jahr darauf in Basel.

Während des Zweiten Weltkriegs gaben die Nazis den Befehl, Zyklon B ohne den auffälligen Warnstoff zu produzieren, ein grober Verstoß gegen die deutschen Gesetze.

Was bleibt von diesem deutschen jüdischen Menschenleben übrig? Oder muss ich sagen von diesem jüdischen Deutschen?

Innerhalb der weltberühmten *Max-Planck-Gesellschaft* gibt es ein *Fritz-Haber-Institut*, wo sich die Forscher mit Elektrochemie und Physikalischer Chemie beschäftigen. An der Hebräischen Universität von Jerusalem wurde das Zentrum für Molekularbeschleunigung nach Haber benannt. Und es bleibt, was in den Physikbüchern die Habersche Regel genannt wird. Wenn man Gas ausgesetzt ist, gilt, dass das Produkt aus Konzentration und Zeit eine Konstante ist: Giftkonzentration mal Wirkdauer. Haber fand also die mathematische Formel, um zu berechnen, wie schnell ein Mensch an Gas stirbt.

Siehe auch: Bertolt Brecht, Demokratie, Ems, Friedrich Hölderlin, Emine Sevgi Özdamar, Kurt Tucholsky, Yperit

Karneval

Sechs Uhr abends, elfter November. Es ist schon dunkel, als ich dort ankomme. Die hölzerne Bockmühle vor den Stadtwällen ist rot und grün gestreift, die Flügel drehen sich. Auf der Haube prangt eine gelbe Mondsichel mit einem Gesicht, das nach links blickt. Auf dem Mühlenkörper lese ich *Narrenmühle*, in Fraktur. Lausbuben klettern auf die Galerie des Mühlengehäuses unten und versuchen, nach den Flügeln zu schnappen. Sie greifen ständig daneben, aber das kann ihnen den Spaß nicht verderben. Jauchzend hüpfen sie zwischen den kreuz und quer liegenden Mühlsteinen neben der Eingangstür. Dahinter finde ich eine steile Treppe. Die klettere ich hoch. Eine Tür öffnet sich. Ich befinde mich im Allerheiligsten, im Großen Weisheitssaal. Mir wird die hohe Ehre zuteil, Gast der Narrenakademie sein zu dürfen, der berittenen Akademie der Künste und Wissenschaft, der Erleuchteten Monduniversität der rheinländischen Stadt Dülken. Ich habe flüstern hören, dass es auch im nahe gelegenen Moers eine solche Akademie geben soll. Mit diesen Leuten will ich nichts zu tun haben. *Gloria tibi Dülken*! Diesen feierlichen Lobspruch werde ich im Lauf der Nacht noch ein paar Dutzend Mal singen.

Wem in diesem zappenden Zeitalter das deutsche Fernsehen vor Augen kommt, vor allem im Januar oder Februar, dem wird ein erstaunliches Schauspiel geboten. Suchen Sie ruhig für eine Weile einen anderen Sender, mit Nachrichten, und schalten Sie eine Stunde später zurück, kein Problem, das Schauspiel dauert noch, Stunde um Stunde. In proppenvollen Sälen – und mit voll meine ich voll, fünftausend Männer und Frauen, wir sind nicht kleinlich wegen ein paar tausend – also, in proppenvollen Sälen, an langen Tischen sitzend – und mit lang meine ich lang, ein paar hundert Meter lang, wir sind nicht kleinlich wegen zwanzig Metern mehr oder weniger – also, an langen Tischen sitzend, sehen wir erwachsene Männer und Frauen jeden Alters, ausstaffiert als Pharao oder Pirat oder Kokotte oder Sonnenkönig oder Sowjetgeneral oder Milchmädchen oder sonst im schmalen, schwarzen Anzug oder in einem dramatischen Abendkleid, und all diese erwachsenen Männer und Frauen singen sich die Kehle aus dem Leib und schunkeln Arm in Arm zu einem Swing, der nicht swingen kann, weil er in die Zwangsjacke deutschen Stampfens eingeschnürt ist, und sie stemmen Litergläser Bier und feuern zu präzise von einem straffen Ritual vorgegebenen Zeitpunkten Parolen ab wie Kölle! Alaaf!, oder Oche! Alaaf!, oder etwas anderes! Alaaf! Alle Prominenten der näheren und ferneren Umgebung sind gekommen und lachen, als hinge ihr Leben davon ab. Und es hängt auch davon ab. Wenn sie sich hier nicht zeigen, können sie es für den Rest des Jahres knicken. Die Kunden werden einen weiten Bogen um ihr Geschäft machen. Die Wähler werden zu rivalisierenden Parteien wechseln. Die Gläubigen werden ihre Seligkeit in anderen Kirchen suchen. Also sieht man sie dort untergehakt schunkeln, man sieht sie bechern, man hört sie die Schlager mitgrölen, Bürgermeister, Stadträte, Parlamentarier, Parteivorsitzende, Minister, Erzbischöfe – nein, die nicht. Aber ich habe einmal den Erzbischof von Mainz gesehen, wie er sich auf dem Podium in einem dieser Säle fortbewegte, fade Witze in Knüppelversen verbrach, nach jedem abgeschmackten Distichon von einem donnernden Alaaf unterbrochen.

Karneval. Stundenlang konnte ich den Blick nicht davon lösen, kopfschüttelnd, Notizen kritzelnd, ab und zu aus dem Zimmer wankend, um stärkende Mittel zu mir zu nehmen, stundenlang. Bis meine Hausgenossen sich bedeutungsvolle Blicke zuwarfen, sobald ich mich vor dem Fernseher niederließ; als ich merkte, dass sich meine Lieben beim Herannahen der Fastenzeit hastig aus dem Haus schlichen, habe ich Schluss damit gemacht. Ich fasste einen klugen Entschluss. Diese Fernsehsendungen, das ist ja alles aus zweiter Hand. Ich war feige und lau. Ich musste mich dem Ungeheuer gegenüber behaupten. Physisch. Auf ins Rheinland!

Augenblicklich senkte sich eine unaussprechliche Einsamkeit über mich. Keinen, keine Menschenseele würde ich überreden können, mich auf diese gefährliche Fahrt zu begleiten. Soweit geht die Liebe nicht, da versagt auch der treueste Freund schmählich, und wer wollte es ihm übel nehmen? Einen Reisebegleiter zu bezahlen, würde mich mein letztes Hemd kosten. Nein, soviel Geld hatte ich nicht auf meinem Sparbuch. Ich erkannte, dass ich ganz allein auf mich gestellt war. Aber ich musste einfach hin, das heißt, wenn ich die rheinländische Seele ergründen wollte, und das wollte ich, denn das Rheinland, das war doch das Kerngebiet der Bundesrepublik. War denn nicht die ganze Adenauerpolitik darauf ausgerichtet, West-Deutschland von den Alpen bis zur Elbe zu einem einzigen, großen, wohlhabenden Rheinland umzugestalten? Na also. Die Pflicht rief.

Unverdrossene Recherchen in staubigen Bibliotheken führten mich in eine Stadt – ein Städtchen – zwischen Krefeld und Mönchengladbach: nach Dülken. Dort gibt es eine Narrenakademie, dort blüht der Unsinn, schon seit dem sechzehnten Jahrhundert.

Und lass es nun einen Zufall sein, in meiner Familie hält sich hartnäckig eine alte Legende, dass meine Großmutter väterlicherseits aus Dülken stammen soll! Zumindest ihre Eltern. Oder war es ihr Großvater? Zur Zeit Bismarcks verließ ein gewisser Eduard Rennen Dülken und zog gen Westen, in das um so viel freiere Belgien. Die Familienfama will es, dass ihn die preußischen Herrscher des Rheinlands für vogelfrei erklärt haben sollen, weil er sich weigerte, als Soldat zu dienen. Er soll ein wandernder Kesselflicker gewesen sein, vielleicht auch ein

Musikant, der auf Jahrmärkten und Kirchweihen aufspielte. Jedenfalls hatte meine Großmutter den Spitznamen Adèle, die Preußin. Kerzengerade war sie und vital und lustig bis ins hohe Alter. Ihren Nachnamen, Rennen, findet man heute noch in den Telefonbüchern von Dülken und den benachbarten Drosteien. Und eine leichte Form von harmlosem Wahnsinn war der Familie meines Vaters nie fremd.

Also stieg ich am 11. November 2006 in Dülken ab. November? Jeder weiß doch, dass Karneval ins Frühjahr fällt! *Rosenmontag* und *Mardi Gras* sind doch die Tage, die dem Aschermittwoch vorangehen! Das alles ist auch mir bekannt. Aber wer weiß schon, dass am 11. November das Akademiejahr der Narren feierlich eröffnet wird? Ich will hier kurz um einen Moment der Stille und Einkehr bitten. Allzu wenig meditieren wir heute noch über die tiefe symbolische Bedeutung dieses Tags. Der elfte des elften Monats. Elf ist die Narrenzahl. Alaaf soll eine Verballhornung von elf sein, aber wir wollen uns vor allzu einfachen, apokryphen Pseudotiefsinnigkeiten hüten. Allerdings kann niemand bestreiten, dass elf eins weniger ist als zwölf, die Zahl der Vollkommenheit. Elf ist also die Zahl, der ein kleines bisschen zur Vollkommenheit fehlt, und gerade dadurch ist sie so menschlich. Sind all unsere Unternehmungen nicht letzten Ende närrisch? Elf ist die kleinste Primzahl, die aus mehr als einer Ziffer besteht. Primzahlen sind völlig unabhängig, da sie nur durch eins und sich selbst teilbar sind. Elf ist Mann und Frau nebeneinander, ebenbürtig, einer gegen einen. Und schließlich: Meine Großmutter hatte elf Kinder. Elfter November war also unvermeidlich, Dülken war unvermeidlich, und wer Dülken sagt, sagt *Narrenmühle*.

Der Große Saal der Weisheit ist vor allem klein und ganz aus Holz. In der Mitte reicht die schwere, runde Achse des Mühlrads von der Decke bis zum Fußboden. Rundherum ist eine runde Tischplatte angebracht. Darauf stehen Gläser und ein ordentlicher Vorrat schlanker Flaschen Piesporter Grafenberg Riesling Kabinett Trocken, Jahrgang 2002, der Wein, der eigens im Auftrag dieser illustren Gesellschaft ausgebaut wird. Ich werde vom Rektor Magnificus der Narrenakademie willkommen geheißen, einem Arzt in sehr formellem, schwarzem Anzug. Auch seine Krawatte ist schwarz, hat aber ein Muster aus kleinen goldenen Mühlen. Ein Architekt begrüßt mich, und ein gut situierter Kaufmann, beide in Anzug, beide mit dieser Krawatte. Bin ich beim Rotaryclub einer kleinen Provinzstadt gelandet? Fotos an den Wänden machen mir klar, dass es hier doch um etwas anderes geht.

Jedes Jahr ernennt die Akademie einen *Doktor humoris causa*. Ich sehe ein Foto mit dem ausgedörrten Kopf Konrad Adenauers, ein Stück weiter eines von Wernher von Braun. Die Mitglieder der Dülkener Monduniversität kommen immer im Zeichen des neuen Lichts zusammen, bei zunehmendem Mond. Von Braun erhielt seine Auszeichnung, weil er den seit vierhundert Jahren gehegten Wunsch der Akademie möglich gemacht hat – auf dem Mond zu landen. Man weist mich verschmitzt darauf hin, dass auch Neil Armstrong Doktor dieser Akademie ist, der erste Mann auf dem Mond, wie könnte es anders sein? Und Salvador Dali, vielleicht weil der einfach verrückt war. Die Herren lenken pietätvoll meine Aufmerksamkeit auf ein Barthaar des Meisters, das hier ausgestellt wird. Ich nicke ernst, als würde ich es glauben. Selbst der bis in die Fingerspitzen ernsthafte Johann Wolfgang von Goethe brachte es zum Doktor humoris causa. Den Ernennungsbrief tat der Dichterfürst deshalb mit den Worten *rheinische Absurditäten* ab.

Wir erheben die Gläser, der Piesporter ist wirklich vorzüglich, *Muutzen* werden serviert, eine Art tropfenförmiger, in Weißzucker gerollte Krapfen von der Größe einer Kinderfaust, aber die Gattungsbezeichnung Krapfen tut ihnen bitter Unrecht. Sie sind wunderbar leicht. Schon nach dem ersten Bissen lasse ich meinen ernsten Vorbehalt – so fettiges Zeug zum Wein! – fahren, sie sind gar nicht fett, und obwohl man sie durchaus als süß bezeichnen kann, passen sie doch vortrefflich zu dem knochentrockenen Riesling. Der Große Saal der Weisheit füllt sich allmählich mit Honoratioren. Einige von ihnen tragen goldene und dunkelblaue Narrenkappen, dekoriert mit Pferdeköpfen und Mondsicheln, vorne wippt bei jedem eine kleine Quaste. Mir fällt ein, dass sich diese Akademie beritten nennt. Aus den Tiefen ihrer Wintermäntel holen die Herren kleine Steckenpferde heraus und beginnen, sich mit völlig lächerlichen, kurzen, gelben Capes aufzuzäumen. Ruhig und höflich summt die Konversation, man lacht, aber nicht zu laut, Akademiker unter sich. Jetzt stehe ich schon eine dreiviertel Stunde hier, ich habe wirklich nicht mehr als anderthalb Glas Wein getrunken und frage mich, was für ein Delirium das wohl sein mag, das so schnell mein Gehirn hat kapern können. Draußen schwillt Musik an. Ich hatte Blechbläser erwartet und kräftiges, deutsches Humtata. Ein Irrtum. Es klingt viel älter, Trommelwirbel und Schalmeien. Der Arzt flüstert mir ein paar Worte zu, die man auf diese Melodie zu singen hat, er ist schließlich auch der Rektor Magnificus der Akademie:

Elftausend Gecken
reiten auf Stecken …

Schon seit siebzig Jahren ist die Akademie fester Bestandteil des großen Karnevalsgeschehens, in das die Rheinländer im Allgemeinen und die Bewohner von Dülken im Besonderen so vernarrt sind. 1805 erscheint in Köln ein kleines Buch über einen Narrenorden, der mit Dülken und mit *Fasching*, also mit Karneval, zu tun hat. Aber eigentlich war die Narretei unabhängig von den Feiern, die die Fastenzeit einläuteten. Im neunzehnten Jahrhundert war die Akademie vielmehr ein Verein von Honoratioren, die sich das ganze Jahr über, und vor allem im Frühjahr und im Herbst, mit allerhand Scherzen und Späßen, handgreiflicher wie geistiger Natur, verlustierten. Man musste über alles und jeden lachen können, und zuallererst über sich selbst.

Immer wieder wird erwähnt, dass die Akademie im Jahr 1554 gegründet worden sein soll. Schriftliche oder ikonographische Quellen, die das beweisen oder sogar mehr oder weniger als wahrscheinlich nachweisen, wurden freilich bisher noch nicht gefunden. Das soll jedoch keineswegs bedeuten, dass es in Dülken nie so etwas gegeben hat, wir wissen es nur nicht. Wohl wissen wir, dass zu Beginn des siebzehnten Jahrhunderts im hier ansässigen Kreuzherrenkloster eine Akademie existierte, sagen wir mal, eine Schule, eine Lateinschule von zweifelhaftem Ruf. Anscheinend waren die Doktordiplome nicht viel wert, und es ist sehr gut möglich, dass sich die Einwohner Dülkens über die Patres und ihren schlechten Unterricht lustig machten, wer weiß, vielleicht lachten die frommen Geistlichen sogar über sich selbst. Die ersten verlässlichen Spuren einer spottenden Gesellschaft stammen aus dem achtzehnten Jahrhundert, aus der Zeit um 1750. Damals war von einer *Cacademia* in Dülken die Rede, oder besser von einem *cacademicus*. Die Scheu vor schmutzigen Wörtern wird erst später, im neunzehnten Jahrhundert, aufkommen. Um 1780 lesen wir zum ersten Mal den Spruch »Gloria tibi Dülken«. In dieser Zeit wird Dülken bereits als Republik der Narren beschrieben. Von 1799 stammt ein Holzschnitt, auf dem unter anderem ein Mann, der auf einem Steckenpferd reitet, abgebildet ist. Wie lange gab es diesen Brauch bereits? Wir wissen es nicht. Wir wissen nur, dass das Steckenpferd, *caballus ligneus oblongus*, zu diesem Zeitpunkt sicher einige hundert Jahre alt war und seit damals nie mehr von der Bildfläche verschwunden ist. In der napoleonischen Zeit äußert sich der *souspréfet* von Kleve über die *université des fous,* für die Dülken berühmt sei. 1808 erscheint, ebenfalls in Kleve, ein Buch, das eine *Hooge School der Gekken* (zu deutsch: Narrenhochschule) in Dülken ansiedelt, die die »doctoraale Waardigheid en een Bulle«, die Doktorwürde und ein Diplom, verleiht. Oh ja, die allgemeine Umgangssprache in Kleve, damals Kleef, war damals noch simpel Niederländisch, die Region wurde Preußisch-Flandern genannt. Um diese Jahre herum ist von einem alten Orden die Rede, der in Dülken existieren solle, eine nahezu mythische Gesellschaft. Die von Köln bewunderten die aus Dülken wegen ihres Wahnsinns. Die Narren sollten im Lauf des neunzehnten Jahrhunderts Vereine mit verschiedenen Namen (Orpheum, Berittene Monds-Universität, und so weiter) gründen. Dülken trägt und verkündet weiterhin stolz die Bezeichnung Narrenstadt. Närrische Geschichten kursieren, aber die wurden bereits seit dem sechzehnten Jahrhundert aufgeschrieben, unter anderem im *Lalebuch,* und man findet sie oft auch in anderen Ländern, beispielsweise in Kampen in den Niederlanden oder in Olen in Belgien. Aber der richtige Karneval, wie wir ihn heute noch kennen, mit bunten Straßenumzügen begann erst 1934. Es hätte keinen Sinn, heute eine solche Tradition ins Leben zu rufen, vertraut mir ein prominenter Akademiker an, das wäre zu skurril.

Das abtretende Karnevalsprinzenpaar zieht in den Großen Saal der Weisheit ein. Heute Abend wird die Akademie feierlich verkünden, welches Paar ihre illustren Mitglieder dazu auserwählt haben, das herannahende Narrenjahr zu regieren. Es ist Zeit, vom Mond auf die Erde herabzusteigen. Inzwischen ist es noch dunkler als gerade eben.

In weitem Kreis stehen die Einwohner der Stadt um die Mühle, junge, alte, alle Altersgruppen dazwischen, vom Säugling bis zum Greis. Karnevalsgesellschaften präsentieren sich, die einen in roten Jacken, die anderen in blauen Uniformen,

188

die vage ans achtzehnte Jahrhundert erinnern, die Akademiker in Schwarz und Gelb, den Stadtfarben von Dülken. Die meisten halten ihr Steckenpferd bereit, aber sie benehmen sich nicht wie Kleinkinder, sie sind nicht einmal ausgelassen. Steckenpferde werden auch an die vielen Kinder ausgeteilt, die um die Erwachsenen herumspringen.

Der Rektor magnificus hält eine kurze Ansprache. *Freude bringen, das ist der Sinn der Sache.* Sag ja zum Leben, darauf läuft es in etwa hinaus. Karnevalsprinz und Karnevalsprinzessin verabschieden sich. Ich notiere ein Wort aus Prinzenmund, das majestätische *nichtsdestotrotz*. Mit einem Holzhammer schlägt der Rektor magnificus unten dreimal an die Tür der Mühle. Der absurd gesinnte Teil der Dülkener lässt prompt erneut das Gloria tibi ertönen. Danach schwellen Schalmeien und Trommeln an. Ich erkenne das Lied. »Elftausend Gecken«. So viele sind hier nun auch wieder nicht angetreten, aber ein Massenereignis ist es wohl, zweifellos. Der Rektor magnificus schwenkt den Hammer. Kollektiv setzen sich die Dülkener Honoratioren feierlich in Bewegung, jeder auf einem Steckenpferd.

Einen Moment traue ich meinen Augen nicht. Bin wirklich bewegt. Das hier hat etwas von einem uralten, langsamen, priesterlichen Tanz. Der Zug umkreist die Mühle, einmal, zweimal, dreimal. Der Zauber bricht, das Wort grotesk schießt mir durch den Kopf. Ich zucke mit den Achseln. Ach, Karneval, das kannst du doch eigentlich nicht … Aber dann denke ich, Moment mal, ein Bischof, der ein Weihrauchfass schwenkt, ist doch genauso grotesk wie der ehrbare Arzt dort mit seinem Holzhammer und der Narrenkappe. Und die Kardinäle in Rom mit ihren Mitren auf den Köpfen, die sind doch genauso lächerlich. Doch wehe dem Bösewicht, der es wagt, über Religion zu spotten. Diese Herren hier erheben wenigstens den Spott zur Religion.

Noch nie war ich in einem Karnevalszug mitgelaufen. Ich merke jetzt, dass ich durch die Straßen von Dülken gehe, an der Seite der Akademiker. Im fortgeschrittenen Alter wird man leicht kindisch. Ich trage einen normalen Anzug, fühle mich aber sehr verkleidet. Die Fanfare erschallt. Die Gehsteige sind schwarz vor Menschen. Auf Balkonen stehen ganze Familien, die winken und zur Musik schunkeln. Von allen Seiten höre ich den Ruf »Gloria tibi« auf mich zuwogen. Ich würde mir wünschen, dass auch meine Stadtgenossen mühelos lateinische Zitate auswendig aufsagen könnten. Es ist ohrenbetäubend klar, dass es sich um keine Pflichtnummer handelt, dies ist Volkes Wille. Hier spricht die Basis. Spontan. Lass sauertöpfische Progressivlinge schwarzgallig über die platte Kommerzialisierung der postindustriellen Zivilisation brüten. Ich weiß, dass ferne Vorgänger dieser hochgestellten geistig Umnachteten über *das Verschweigen dessen, was man nicht weiß* zu meditieren pflegten. Dieser Satz wurde 1828 von einem heute völlig vergessenen unfähigen Lehrer, Heinrich Weimann, aufgezeichnet. Die Unterschiede zu einem Satz, der ein Jahrhundert später weltberühmt werden sollte, drängen sich auf, aber genauso berühren sich die Worte: *Wovon man nicht sprechen kann, darüber muss man schweigen.* Könnte der überaus ernsthafte Wittgenstein eventuell etwas mit Karneval zu tun haben?

Was mir nach dem Ende des Umzugs bevorsteht, kann ich leicht vorhersagen. Der Saal. Die langen Tische. Herren in schwarzen Anzügen. Herausgeputzte Damen. Die schreckliche Bumsmusik. Das Schunkeln. Nur sind hier die Bierkrüge zu schlanken O,2-Liter-Stangen Kölsch zusammengeschnurrt. Mit diesem Miniformat weit unter der Untergrenze des deutschen Wahrnehmungsvermögens liefert die alte Bischofstadt alltäglich einen ebenso drastischen wie ironischen Kommentar zum Größenwahn bayerischer und anderer Maßkrüge. Auch hier sind keine fünftausend Menschen zusammengeströmt.

Hier ist nicht Düsseldorf. Oder Köln. Ich zähle dreihundert Anwesende, ansteigend bis auf vielleicht vierhundert im Lauf des Abends. Ich höre andere Karnevalsrufe, in solide niederdeutsche Rechtschreibung umgesetzt etwa: *Zuchtele! Moerezoad!* Was in etwa heißen soll: Süchtelner Möhrensamen. Die tieferen Bedeutungsschichten dieses Ausdrucks wird man mir im Jenseits erläutern. Dann lieber *Gloria tibi.* Weshalb habe ich denn sonst das ganze Latein gelernt?

Zum zweiten Mal an diesem Abend bin ich bewegt. Die Karnevalsgruppen ziehen zwischen den Tischen durch. Die Mitglieder singen. Die Mitglieder verteilen Rosen. Die Mitglieder marschieren schunkelnd auf die Bühne. Aber all das ist es nicht. In ihren munteren Reihen marschiert ein Junge mit Down-Syndrom mit. Er trägt kein lächerliches Kamisol in schreienden Farben, sondern eine ausgeleierte Jeans und einen schlammfarbenen Anorak, aus dem nächstbesten, billigen Supermarkt. Er singt, bevor er an der Reihe ist, niemand, der ihn zurechtwiese. Er steht mit auf der Bühne, er darf mit auf alle Fotos, er verbeugt sich zur falschen Zeit, er wartet geduldig auf den feierlichen Hinweis des Karnevalsprinzen und der -prinzessin, einem jungen Paar, mittelständische Gewerbetreibende, die ein Gartenartikelgeschäft führen. Hätte dieser behinderte Junge eine Uniform getragen, wäre er mir vermutlich nicht einmal aufgefallen, so ungezwungen geht er in dem Ganzen auf.

Und dann denke ich, aber dieser ganze Narrenzirkus hat doch 1936 oder 1937 eine neue Blütezeit erlebt. Im Rheinland sind erst damals, also kurz nach der Ernennung Hitlers zum Reichskanzler, die Karnevalsumzüge, wie wir sie heute kennen, eingeführt worden. Kann das ein Zufall sein? Oder ist es eine indirekte Folge der trügerischen Ruhe, die sich nach 1933 auf Deutschland herabsenkte, und des Wirtschaftsaufschwungs dank der Kriegsindustrie? In Dülken waren es sicher nicht die Nationalsozialisten, die den Karneval wieder in neuen Schwung versetzten. Auf jeden Fall hätte dieser behinderte Junge damals nicht mitgemacht. Eines schönen Tages wäre er verschwunden gewesen, eingesperrt, Spritze, tot. Wegen *blöd*.

Es ist noch etwas. Der Zug der Honoratioren auf den Steckenpferden ritt am 11. November 1938 ungestört aus. Mich erschrecken meine eigenen Gedanken. Das war zwei Tage nach der »Reichskristallnacht«. War die denn an diesem freundlichen Städtchen unbemerkt vorübergegangen?

Ich schlage es später nach. Nein, auch in Dülken hat die Synagoge gebrannt. Zeugen zufolge sollen SA-Männer von außerhalb der Stadt schuld gewesen sein. Es waren keine Dülkener daran beteiligt. Von außerhalb der Stadt? Das sagen alle überall, wo Krawalle außer Kontrolle geraten. Trotzdem scheint es zu stimmen, dass die ortsansässigen Nazis die Juden vor dem bevorstehenden Unheil gewarnt haben. Das erinnert an Belgien, einige Jahre später. In der Lokalpresse wurde die Brandstiftung in der Synagoge danach mit keinem Wort erwähnt, dafür sorgte schon die Zensur. Die Synagoge war kein ängstlich versteckter Gebetsraum in einer Wohnung, sie stand nicht in einer Seitengasse oder einem Garten hinterm Haus, sondern an der breiten Martin-Luther-Straße, direkt gegenüber der protestantischen Christuskirche. Es war ein großes, stolzes Gebäude, und der Deutlichkeit halber waren Kreise mit eingeschlossenem Davidstern auf den Ziegelmauern angebracht. Der Turm war sehr orientalisch und zugleich sehr deutsch, mit einer zwiebelförmigen Kuppel. Ein so großes Gebäude, das in hellen Flammen steht, kann man nicht übersehen. Nach dem 9. November 1938 wird bestimmt alles Mögliche geflüstert worden sein. Und am 11. November ritten die Dülkener Großbürger fröhlich scherzend um die Narrenmühle.

Die Dülkener Protestanten waren eine kleine Minderheit und schlossen sich der Bekennenden Kirche an, das war die Kirche, die gegen Hitler in den Widerstand ging oder wenigstens versuchte, innerhalb des totalitären Staates ihre Unabhängigkeit zu wahren. Am 9. November 1938 hatte ihr Pfarrer die Geistesgegenwärtigkeit besessen, den Brand im Gebetshaus auf der anderen Straßenseite zu fotografieren. Er hatte auch versucht, seinen jüdischen Mitbürgern zu helfen, wo er nur konnte, bis die letzten fünf 1942 abtransportiert wurden. War er vielleicht närrisch? Manchmal hat der Narr Recht. Sein Name sei erinnert, er hieß Wilhelm Veit.

Siehe auch: Advent, Widerstand im Dritten Reich

Katlenburg

Und es geschah: Als aber Judi drei oder vier Blatt gelesen hatte, zerschnitt er's mit einem Schreibmesser und warf es ins Feuer, das im Kaminherde war, bis das Buch ganz verbrannte im Feuer.
Und niemand entsetzte sich noch zerriß seine Kleider, weder der König noch seine Knechte, so doch alle diese Reden gehöret hatten.

Lutherbibel, Jeremias 36:23,24.

... dort, wo man Bücher verbrennt, verbrennt man auch am Ende Menschen!

Heinrich Heine

Ein Häuschen am Fuß eines bewaldeten Hügels. Sehr deutsch ist dieses kleine Haus. Es hat Fachwerkmauern, schwarze Balken, weiße Gefache und kleine Fenster. Wir denken an die sieben Zwerge. Wir denken an Grimm.

Die Tür geht auf. Dort steht ein Bursche wie aus einem Märchen. Mit kurzem Körper, langem Bart, kahlem Schädel: Martin Weskott, der evangelische Pfarrer des schmucklosen Dorfs Katlenburg, Niedersachsen, also Westdeutschland, aber in nächster Nähe der alten Grenze mit der inzwischen verschwundenen DDR. Nicht der überwältigend schönen Natur wegen bin ich in dieses Dorf gekommen, nicht wegen einer heilkräftigen Quelle oder eines geheimen Palastes, sondern weil ich weiß, dass Martin Weskott einen Spitznamen hat. Man nennt ihn den Bücherpfarrer, und hinter diesem Namen verbirgt sich ein Skandal.

194

»Kommen Sie«, sagt er, »steigen Sie ins Auto, wir fahren zur Kirche.« Und er zeigt zum Gipfel des Hügels hinauf. Dieser Gipfel ist nicht bewaldet. Dort prangt die Kirche der evangelischen Gemeinde Sankt Johannes, mit gotischen Elementen, aber sie hat auch wieder dieses Fachwerk wie unten im Dorf. Wir sehen große Scheunen, ein massives, gelb gestrichenes Haus, ein schweres Torgebäude.

»Im Mittelalter war das ein Augustinerkloster«, sagt der Pfarrer, »danach wurde es von Nonnen bewohnt, aber damit war es natürlich im sechzehnten Jahrhundert vorbei, als wir mit Luther die Reformation bekamen.«

Auf einem Transparent über dem Scheunentor lese ich die Worte BROT FÜR DIE WELT.

»So heißt die Entwicklungshilfe der deutschen evangelischen Kirche.« Pfarrer Weskott fingert an einem Vorhängeschloß. Die Tür schwingt auf.

Bücher. Bücher. Unten, oben, in Schränken, auf Tischen, in Stapeln, Bücher, Tausende von Büchern, soweit das Auge reicht. Und weiter. Bücher.

»Im Keller liegen noch mehr«, sagt Weskott, er muss lächeln über meine Verblüffung, »und unten im Dorf haben ein paar Bauern ihre Scheunen zur Verfügung gestellt. Alles für Bücher, die noch in der DDR gedruckt wurden. Sehen Sie sich nur in aller Ruhe um.«

Ich finde Gedichtbände, die ich in den achtziger Jahren in Ost-Berlin oder Weimar gekauft habe, und ja, diesen Roman kenne ich auch, damals in Erfurt gefunden; es gibt Berge hinreißender Kinderbücher, es gibt ausgezeichnete Atlanten, nur ist das Zentrum der Landkarten nicht West-, sondern Osteuropa, nicht Brüssel, sondern Leningrad. Nun sollten Sie aber nicht meinen, dass in dieser harten, roten Republik, in diesem ersten sozialistischen Staat auf deutschem Boden, wie die Führer der DDR ihr Land so gern bezeichneten, nur Schriften von

Marx und Engels oder Memoiren von Opa Honecker gedruckt wurden, und dazu noch auf holzhaltigem Papier. Die DDR-Verlage brachten geschmackvoll gestaltete Bücher heraus, darüber sind auch westliche Fachleute einer Meinung, und die ostdeutsche Literatur, auch die offizielle, war überraschend reich und kritisch.

»Die Welt ist Zeuge, dass der Ruhm und die Ehre der deutschen Sprache durch die Literatur aus der DDR bereichert wurde.«

Das sind nicht die Worte eines Kommunisten, das schrieb der frühere Bundespräsident Richard von Weizsäcker, und das war ein Christdemokrat. Aber alles, was an die DDR erinnerte, sollte und musste in rasender Eile verschwinden, verdrängt werden, fortgeworfen, es musste verrotten.

Im Frühling 1991, anderthalb Jahre nach dem Mauerfall, nimmt Pfarrer Weskott an einer von der evangelischen Kirche organisierten Tagung zum Bibliothekswesen teil. Dort hört er zum ersten Mal eine bizarre, eine unglaubwürdige Geschichte. Irgendwo in der ehemaligen DDR werden Tonnen und Abertonnen Bücher auf die Mülldeponie geworfen. Kurz darauf sieht er ein Foto in der Süddeutschen Zeitung. Er traut seinen Augen nicht. Tatsächlich, Bücher auf einer Müllkippe.

Im Frühsommer steigt er mit zwei Mitgliedern seiner Pfarrgemeinde in einen Lieferwagen und fährt nach Plottendorf, einer kleinen Gemeinde vierzig Kilometer südlich von Leipzig. Was er dort vorfindet, spottet jeder Vorstellungskraft. Tausende, Abertausende von Büchern verschimmeln im Freien, auf einer Sero-Kippe, so hieß zu DDR-Zeiten der Staatsbetrieb für Abfallverwertung.

Weskott stößt auf eine Ausgabe von Briefen des aufgeklärten preußischen Königs Friedrich des Großen, er liest eine lateinisch-deutsche Ausgabe der Phaedrus-Fabeln auf, eine Autobiographie von Ingmar Bergman und Band drei einer Reihe tschechischer Lyrikübersetzungen mit Gedichten von Jaroslav Seifert, Nobelpreis für Literatur 1984. Reif für die Kippe. Balzac findet er, Camus, Mozartbriefe, *Die Gebrüder Karamasow* von Dostojewski. Kurzum, Müll.

»Ein echter Bücherfriedhof«, sagt der Pfarrer, »aber ein deutscher Bücherfriedhof. Wir sind durch ein Loch im Zaun gekrochen. Beim Tor sah ich im Gebüsch ein Buch von Heinrich Mann hängen, *Im Schlaraffenland*, und ich dachte, die Nazis haben deine Bücher schon einmal auf den Scheiterhaufen geworfen, 1933, jetzt wird dein Werk zum zweiten Mal vernichtet.«

An diesem Tag lädt Martin Weskott achthundert Bücher in seinen Lieferwagen. Achtzig Prozent sind noch in gutem Zustand. Er schenkt sie der Pfarrbücherei der evangelischen Gemeinde Sankt Johannes in seinem eigenen Ort Katlenburg. Zu dem Zeitpunkt hat er noch keine Ahnung, was er sich da gerade aufhalst. Seither wurden von Katlenburg aus hundertfünfzig Fahrten gen Osten unternommen, und Martin Weskott hat alles in allem mehr als zweihundert Tonnen Bücher, das sind mehr als fünfhunderttausend, eine halbe Million Bücher gerettet. Aber niemand weiß besser als der Bücherpfarrer, dass es nur ein Bruchteil der Wagenladungen ist, die auf Mülldeponien oder in verlassenen Braunkohlengruben und Steinbrüchen gelandet sind.

Täglich wurden in der DDR etwa vierhunderttausend Bücher gedruckt. Die Jahresproduktion lag bei ungefähr hundertvierzig Millionen Exemplaren, ungefähr acht Bücher pro DDR-Bürger. Es gab achtundsiebzig Verlage, und jedes Jahr wurden mehr als sechstausend Titel produziert. Nicht völlig zu Unrecht nannten die kommunistischen Machthaber ihre Republik deshalb so gern ein *Leseland*.

Die Buchhandlungen wurden von einer zentralen Stelle beliefert, dem Leipziger Kommissions- und Großbuchhandel.

Diese Situation lässt sich in etwa mit der in unserem Sprachgebiet vergleichen. Niederländischsprachige Bücher werden im *Centraal Boekhuis* in der Gelderländischen Kleinstadt Culemborg gelagert.

In den Schuppen des Kommissions- und Großbuchhandels, in Pötzschau bei Leipzig, ist es passiert.

Im November 1989 zerplatzt die DDR wie eine faule Frucht, die zu Boden fällt. Die sozialistische Planwirtschaft bricht zusammen. Verzweifelt versucht die Leitung des Kommissions- und Großbuchhandels die gigantischen Vorräte plötzlich unverkäuflich gewordener Bücher aus ihren Lagerhallen loszuwerden. Zehntausend Paletten Bücher – nein, so darf man sie nicht länger nennen, sie sind mit einem Schlag in Altpapier verwandelt – zehntausend Rollcontainer sollten die Papier verarbeitenden Unternehmen abnehmen, doch das übersteigt die normale Kapazität der Papierverwerter bei weitem. Auch das alte Sero-System für Abfallverwertung, das in der kommunistischen Zeit ziemlich gut funktionierte, ist in Auflösung begriffen. Und die Privatisierung schlägt zu. Eine Lagerhalle muss dringend geräumt werden, ein westdeutscher Brauer will dort sein Bier einlagern. Nebenbei bemerkt, wie grausam ist doch die Ironie der Geschichte: ein Biergroßhändler aus seiner Gemeinde wird Martin Weskott kostenlos einen Lastwagen für den Büchertransport zur Verfügung stellen. Zu diesem Zeitpunkt muss ein Altpapierhändler den Verarbeitungsunternehmen fünfzig Mark pro Palette zahlen, und die Transportkosten schlagen mit ungefähr derselben Summe zu Buche. Es ist billiger, die Bücher wegzugeben. In der Umgebung von Leipzig werden achtzig Schulen und Kindertagesstätten begeisterte Abnehmer des Großbuchhandels und des Kinderbuchverlags. Aber auch das ist nicht genug, bei weitem nicht.

Ende des Jahres 1990 hat man in Leipzig eine blendende Idee. Man wird die Bücher gratis los, indem man sie wegwirft. Warum sollten sie nicht Kontakt mit einem Braunkohleunternehmen in der Umgebung aufnehmen? Die offenen Tagebaugruben lagen wie Narben im Land. Und hatten die Braunkohleleute nicht auch schon früher Abfälle des Buchhauses zu einer illegalen Kippe im nahen Oelzschau gebracht? Keine Bücher, aber trotzdem. Der Bürgermeister von Oelzschau hat keine Einwände, im Gegenteil. Lieber Bücher in einer aufgegebenen Grube als Giftmüll, lautet seine Argumentation. Hundert Paletten mit Schulbüchern landen in der illegalen Kippe. Noch einmal tausend Paletten verschwinden auf einer anderen Deponie in der Nähe, in Kömmlitz.

Und siehe da, die Menschen strömen herbei. Schimpfend, manchmal unter Tränen, wütend, aber auffallend vorsichtig setzen sie die Füße, streifen sie über die Bücherberge. Hier finden sie Titel, um die sie in ostdeutschen Zeiten oft monatelang vergeblich bei ihrem Buchhändler gebettelt hatten, der ihnen auch nicht helfen konnte.

Am 28. Februar 1991 verständigt ein aufgebrachter Bürger die *Leipziger Volkszeitung,* und am 5. März übernimmt DPA den Bericht, die offizielle Deutsche Presseagentur. Es gibt keine Entschuldigung mehr, ganz Deutschland kann nunmehr wissen, was sich dort bei Leipzig abspielt.

Am 6. März 1991 fahren, bei Einbruch der Dunkelheit, die Bulldozer über die Bücher. Sie werden untergegraben. Definitiv. Inzwischen hat sich herausgestellt, dass die ostdeutschen Verlage niemals die Genehmigung erteilt haben, Bücher als Abfall zu behandeln, obwohl die chaotisch verlaufende Privatisierung sie immer öfter dazu zwingt, literarisch oder künstlerisch sehr wertvolle und dabei einwandfreie Bücher zum Preis von Altpapier abzugeben.

Binnen zwei Jahren werden zwischen fünfzigtausend und achtzigtausend Tonnen Bücher abtransportiert, grob geschätzt sollen zwischen hundertdreißig und zweihundert Millionen

Bücher auf diversen Mülldeponien und Kippen gelandet sein. Und das ist nicht alles. Etwa gleichzeitig, also Anfang 1991, überfällt Buchläden und Bibliotheken der zusammengebrochenen DDR ein wilder Drang, eine Phrenesie, ihre Bücher zu vernichten. Fünfzigtausend Bibliotheken und Buchhandlungen gab es in der DDR. Sie leeren ihre Regale, ihr ganzer Vorrat landet in Containern auf dem Gehsteig. Weg damit.

Die verschwundene DDR hatte erstaunlich viele Bibliotheken und Büchereien. Nicht nur in jeder Stadt oder jedem Dorf, sondern auch jedes Hotel und jeder Betrieb, der ein bisschen auf sich hielt, besaß eine ausgewachsene Bücherei, meist von der Einheitsgewerkschaft verwaltet. Im Harz habe ich zum Beispiel einmal die *Buddenbrooks* von Thomas Mann und die deutsche Übersetzung von Charles de Costers *Ulenspiegel* aus der Bibliothek eines Landgasthofs ausleihen dürfen. Die Volkseigenen Betriebe (VEB, man sah diese Abkürzung überall) wurden von unserer aggressiven Marktwirtschaft zugrunde gerichtet. In einer kapitalistischen Fabrik ist kein Platz für so etwas Unrentables wie schöne Literatur.

Martin Weskott hat auch von dort Bücher bezogen. Er gibt mir eine kleine Sammlung Reiseerzählungen als Präsent. Mit einem roten Stempel: »Stahl- und Walzwerk Grödlitz im VEB Rohrkombinat – Gewerkschaftsbibliothek«. Er schenkt mir auch einen Gedichtband aus der Stadtbücherei von Zwickau. Darin hat ein bis zum letzten Atemzug pflichtgetreuer Beamter blau eingestempelt: *ausgeschieden*.

Wer ist für diesen barbarischen Anschlag auf die deutsche Literatur verantwortlich, dem zweiten im zwanzigsten Jahrhundert? Jeder und keiner.

»Eigentlich ist es schon das dritte Mal«, korrigiert mich Pfarrer Weskott, »nach 1945 wurden die Bibliotheken in Deutschland von Naziliteratur gesäubert. Aber damals wurden wenigstens fachkundige Kommissionen eingesetzt, man ist viel umsichtiger vorgegangen. Man darf natürlich nicht einfach mir nichts, dir nichts Parallelen zu den Bücherverbrennungen von 1933 ziehen. Die Nazis waren von ihrer Ideologie besessen. Heute ist keine Ideologie im Spiel. Oder es müsste die verdrängte Ideologie der Marktwirtschaft sein. Der Markt hat keine Moral. Warum wirft man sonst Nietzsche, Tolstoi, Kochbücher, Oscar Wilde und eine Anleitung ›Wie repariere ich meinen Trabant‹ weg? Weil sowohl im Osten wie im Westen Leute aus der Bücherbranche in Bausch und Bogen davon ausgingen, dass diese Bücher nicht mehr verkäuflich wären. Übrigens, das Buch über die Trabantreparatur ist schon heute ein teures Sammlerstück. Und die Leute aus dem Osten wollten auch so schnell wie möglich und zu jedem Preis einen guten Eindruck bei den neuen Machthabern erwecken.

Wo am Ende die Verantwortung liegt? Ich möchte sagen, am Mangel an Vorstellungskraft und außerdem kommt noch die Gleichgültigkeit hinzu. Es standen genügend Fabrikhallen und Kasernen auf dem Territorium der früheren DDR leer. Ist keinem eingefallen. Wir haben schon Bücher an Schulen und Universitäten in Brno, Alma Ata, Czestochowa, Minsk und Nanking geliefert. Dort hat man zu wenig Geld für den Ankauf von teuren Büchern. Aber wir haben auch Anfragen beispielsweise aus Paris oder Nizza bekommen, Abteilung Germanistik. Eine Studentin aus Leiden hat uns besucht, um sich Bücher für ihre Abschlussarbeit über ostdeutsche Mädchenbücher zu holen. Manche reisen Hunderte von Kilometern, nur um hier ein einziges Buch zu finden. Nein, Bedarf für die Bücher gibt es mehr als genug. Der Staat hat übrigens tatenlos zugesehen. Gut, ich habe schließlich das Bundesverdienstkreuz bekommen, das ist eine hohe Auszeichnung. Aber echtes Interesse? Ein einziger deutscher Politiker hat sich interessiert. Ein einziger Politiker aus den Niederlanden war schon einmal hier, um sich umzusehen, ich glaube, er saß früher im Europaparlament.«

»Und zum Beispiel der Schriftstellerverband?« frage ich hoffnungsvoll.

»Der östliche, ja. Einige ostdeutsche Autoren sind gezwungenermaßen hierher gefahren, um ihre eigenen Bücher zu suchen. Sie konnten sie nirgendwo sonst noch finden. Verträge mit Verlegern waren plötzlich wertlose Fetzen Papier. Aber die Autoren aus Westdeutschland? Die haben keinen Ton von sich gegeben. Können Sie sich vorstellen, wie sich ein Autor fühlt«, fragt mich Weskott, »wenn er seine Bücher mit einer Mistgabel unter den faulenden Kartoffeln herausholen muss?«

Ich bekomme Magenkrämpfe. Mir wurde schon schlecht, als mir mein Verlag De Arbeiderspers einmal schrieb, dass sie meine Gedichte verramschen wollten. Und daran war eigentlich nichts auszusetzen, sie verhielten sich vertragsgemäß.

Ich will die Geschichte aus dem Mund eines Autors hören. Im äußersten Südosten der alten DDR suche ich Jurij Brězan auf. Brězan gehört zu den Sorben, die mit sechzigtausend Menschen ihre eigene slawische Sprache und Kultur in einem Meer von Deutschsprachigen zu bewahren suchen. Brězan hat sein Leben lang Deutsch und Sorbisch geschrieben. Und er ist wahrlich kein unbedeutender Autor, sondern einer der Großen. Von seinen Büchern wurden allein auf Deutsch zweieinhalb Millionen verkauft, und seine Werke wurden in dreiundzwanzig Sprachen übersetzt, auch ins Niederländische.

»Eines schönen Tages war ich in Bautzen, das ist ein Städtchen hier in der Gegend, und wie immer suchte ich kurz die Volksbuchhandlung auf. Doch dort ging etwas Seltsames vor sich. Auf dem Bürgersteig stand ein Container voller Bücher. Kleist sah ich liegen, und drei Bände Fontane aus der Bibliothek deutscher Klassiker, Sie werden diese Reihe kennen.«

Und ob ich die Reihe kenne, Bücherschätze sind es, Leineneinbände, nur waren sie früher in ihrem Herkunftsland, der DDR, so gut wie nicht zu kriegen.

»Und dann sah ich ein Buch von mir! *Bild des Vaters*, an die fünfzig Exemplare. Ich fischte sie sofort aus dem Container, das konnte ich doch nicht hinnehmen, oder? Da kommt ein Verkäufer aus dem Laden gelaufen und sagt: ›Das dürfen Sie nicht.‹«

»Wieso nicht? Sie werfen die Bücher doch sowieso weg.«

»Ja, das stimmt, aber Sie müssen sie doch bezahlen.«

»Ich habe dann pro Buch zwei Mark bezahlt und alle mit nach Hause genommen, sonst wären sie auf der Kippe gelandet.«

»Existierte in der DDR so etwas wie Ramsch?«

»Aber sicher, nur gingen meine Bücher immer weg wie warme Semmeln. Es gab natürlich diese schlechten sozialistisch-realistischen Autoren, die mussten trotzdem verlegt werden, und in Leipzig blieben sie natürlich auf gigantischen Beständen sitzen. Kein Mensch in der DDR wollte das lesen, sie waren hier Besseres gewohnt. Nach einer gewissen Zeit kamen sie dann in den Ramsch. Ramsch gab es schon, aber das ist doch etwas völlig anderes, als Bücher in Container werfen.

Das kam so. Hier in der Gegend, in Sachsen, wurden die Volksbuchhandlungen allesamt von der Familie Thurn und Taxis aufgekauft. Die haben alles rauswerfen und Bücher aus Westdeutschland in die Regale stellen lassen. Konsalik und Konsorten. Solche Autoren hatten wir damals nicht in der DDR.«

»Kann man das, was heute geschieht, mit 1933 vergleichen?«

»Nein, die Bücherverbrennungen der Nazis sind nicht vergleichbar. Die Nazis hatten es nur auf einige Autoren abgesehen, zwar weltberühmte, das stimmt, aber nur auf wenige. 1933 war ich ein siebzehnjähriger Junge, und ich wusste schon damals, dass Literatur mein Leben sein würde. Ich stand dabei, das gab es auch in Bautzen, als SA-Männer auf dem Schulhof meines Gymnasiums Bücher von Thomas Mann ins Feuer warfen. Nobelpreis für Literatur 1929. Das war reine Ideologie.

Heute gibt es keine ideologische Begründung. Heute ist es ein platter Anschlag wider den Geist.«

»Das ist ein großes Wort.«

Jurij Brězan schweigt kurz, denkt sichtlich nach.

»Nein, das ist kein großes Wort. Sie können mir glauben, dass in der DDR sehr gute Literatur geschrieben wurde. Diese Literatur ist ein wesentlicher Bestandteil des allgemeinen Weltkulturerbes. In diesem Zusammenhang sind diese Worte wirklich nicht zu groß.«

Jeden Sonntag um halb elf, nach Predigt und Gottesdienst, schließt Pfarrer Weskott die Tür des Gotteshauses, überquert eine kleine Wiese und öffnet die Tür des Buchhauses. Jeder, der möchte, kann dann zwei Stunden lang im Bücherparadies schmökern. Wer Schätze oder papierene Kostbarkeiten findet, kann sie mit nach Hause nehmen.

»Zu welchem Preis verkaufen Sie eigentlich die Bücher?«

»Wir verkaufen nichts.« Weskotts Stimme klingt sehr entschieden.

»Wer ein Buch möchte, gibt Geld. Wir verschenken dann das Buch. Es geht also um Geben und Geschenke, nicht um Handelsware und Preis. Hier auf der Katlenburg weigern wir uns, Bücher als Wirtschaftsgüter zu sehen, auf die man die Marktgesetze anwenden kann. Unsere Aktion ist auch eine Kritik an der Wegwerfgesellschaft. Wo allein Geld zählt und allein das Neue gilt, müssen wir demonstrieren, was verschenken heißt. Das Geld, das wir für die Bücher bekommen, geht an Projekte des Evangelischen Werks für Entwicklungshilfe, an Brot für die Welt, daher das Transparent über der Tür. Wir haben schon Projekte in Kenia, Brasilien und Indien unterstützt. Aus den Büchern, die unsere Gesellschaft wegwirft, machen wir Brot. Dieser Lagerplatz hier bei der Kirche war im Mittelalter die Zehntscheuer des Klosters. Die Bauern mussten den Mönchen ein Zehntel ihrer Getreideernte als Steuern abgeben.

Man könnte sagen, dass die Zehntscheuer ihre alte Funktion zurückerhalten hat. Wir holen wieder Brot heraus, aber diesmal für die Allerärmsten unter uns.«

Martin Weskott ist als deutscher Staatsbürger motiviert, weil er die schreckliche Geschichte seines Landes im Hinterkopf hat.

»Man kann sich nicht von der Last der Vergangenheit befreien, indem man dies hier mit dem Sperrmüll mitgibt.«

Und dann sagt er Worte, die ich schon öfter aus deutschen Mündern gehört habe: »So geht man nicht mit seiner Geschichte um.« Aber Martin Weskott gibt diesen Worten einen unerwarteten Dreh.

»Die Sache hat auch eine ökologische Seite. Ich übertreibe kaum, wenn ich sage, dass wir in unserem Abfall zu ersticken drohen. Im übertragenen Sinne kann man sagen, dass, wer seine Geschichte nicht aufarbeitet, wer seine Geschichte auf den Abfallhaufen wirft, daran ersticken wird. Die Geister der Vergangenheit werden weiterhin auftauchen, immer wieder.«

Genauso groß ist Martin Weskotts Engagement als evangelischer Pfarrer. »Ich wurde als Theologe ausgebildet. Dabei habe ich gelernt, kritisch mit Quellenmaterial umzugehen, mit Schriften. Natürlich muss man ein Buch nicht so zu Rate ziehen, dass man kritiklos übernimmt, was dort steht. Man muss die Quellen kritisch betrachten, mit Vorsicht. Diese Bücher können beim Zusammenwachsen Deutschlands eine wichtige Rolle spielen. Indem sie Bücher lesen, die von Menschen, die im Osten lebten, geschrieben wurden, können Menschen aus dem Westen lernen, wie das Leben dort vor sich ging, wie ihre neuen Mitbürger früher dachten und handelten. Das geht viel weiter als wir manchmal denken, wirklich. Wissen Sie, dass das Bundesverfassungsgericht in Karlsruhe hier in der Zehntscheuer Handbücher zum DDR-Strafrecht geholt hat? Die waren nirgendwo sonst mehr zu finden. Weggeworfen.

Wir alle, und vor allem wir in Deutschland, müssen unsere Geschichte aufarbeiten. Deshalb müssen die Dokumente über unsere Geschichte dem kritischen Bürger zur Verfügung stehen. Man wirft diese Schriften nicht weg. So geht man nicht mit Büchern um. So geht man nicht mit Kultur um. So geht man nicht mit der Schöpfung um.«

Siehe auch: Bertolt Brecht, Demokratie, DDR, Emine Sevgi Özdamar, Friedrich Hölderlin, Sorben, Kurt Tucholsky

Lachs

Es schwimmen herbei und lauschen
Die Salme, die leckern Gesell'n,
Und rings um uns da rauschen
Des Deutschen Stromes Well'n.

Heinrich Heine

Koblenz. Eine grüne Promenade am Rhein. Ein strenges
Haus. Seien Sie bitte kurz still. Dort drinnen arbeitet die In-
ternationale Kommission zum Schutz des Rheins. Ich bin mit
Frau Schulte-Wülwer-Leidig verabredet, Verzeihung, mit Dr.
Schulte-Wülwer-Leidig. Sie, hat man mir erzählt, weiß alles
über Lachse. Alles. Und sie weiß mehr als alles über Lachs im
Rhein.

»Lachs im Rhein? Sie scherzen.«

Dr. Schulte-Wülwer-Leidig: »Aber nein. Oder nicht mehr. In
den fünfziger Jahren des vergangenen Jahrhunderts war der
Lachs aus dem Rhein verschwunden. Definitiv weg. Damals
dachte man, der Lachs käme nie wieder. Nur wenige Arten waren fähig, im Rheinbecken zu überleben, nur die unempfind-
lichsten Arten, die gewöhnlichsten, die alltäglichsten, und es
sah nicht so aus, als würde sich das je wieder zum Guten wenden. Es hat auch ein paar Unfälle gegeben.«

»Sie meinen Sandoz?«

Dr. Schulte-Wülwer-Leidig: »Schon viel früher. 1969 war aus
einem Nebenfluss, dem Main, Endosulfan in den Rhein geflossen. Das ist ein hochwirksames Insektenvertilgungsmittel.
War der Chemiekonzern Hoechst dafür verantwortlich? Ein
offizielles Eingeständnis hat es nie gegeben, aber, wie dem auch
sei, die Niederlande protestierten laut. Sie sahen ihr Trinkwas-

ser bedroht. Tonnenweise trieben tote Fische im Rhein. Und dann, am 1. November 1986, hatten wir die Umweltkatastrophe beim Schweizer Chemieriesen Sandoz. Ein Lagerhaus, in dem Unkrautvernichtungsmittel gelagert wurden, geriet in Brand. Löschwasser floss bei Basel, dem Fabriksitz, in den Rhein; die Folgen waren verheerend. Wir schätzen, dass an diesem Tag zwischen zehn und dreißig Tonnen Pestizide in den Rhein geraten sind. Alle Aale zwischen Basel und Koblenz trieben oben, weil das Gift über den Grund abfloss, und dort leben die Aale nun einmal. Vierhundert Kilometer weit. Und alle Wirbellosen gingen zu Grunde. Weichtiere und Gliederfüßler.«

»Eine riesige Umweltkatastrophe.«

Dr. Schulte-Wülwer-Leidig: »Ja, das kann man wohl sagen. Aber diese Katastrophe hatte doch etwas Gutes. Die Regierungen handelten. In den darauffolgenden elf Monaten traten mindestens drei internationale Ministerkonferenzen zusammen. Womöglich noch wichtiger war, dass die Bürger klar zum Ausdruck brachten, dass es so nicht weitergehen konnte. In allen Rheinstädten, zuerst in Basel, dann in Straßburg, in Karlsruhe und so weiter, wurden auf den Rheinbrücken Menschenketten gebildet. Bereits vier Jahre darauf, 1990, wurde wieder der erste Lachs gesichtet, der von der Nordsee zum Oberlauf des Nebenflusses Sieg zurückschwamm. Im Jahr 2000 laichten die Lachse in einem etwas südlicheren Nebenfluss, in der Ahr. Sie kamen nicht ohne Unterstützung bis dorthin. Nach der Sandoz-Katastrophe wurde der gesamte Flussboden bei Basel ausgebaggert, es gab keine Alternative, zumindest nicht, wenn der Rhein wieder sauber werden sollte.

»Kann man den Rhein denn überhaupt wieder sauber bekommen? Trotz der vielen Industrie und dem Schiffsverkehr und den Abwässern von Millionen Haushalten?«

Dr. Schulte-Wülwer-Leidig: »Wir hoffen natürlich, dass wir keine Umweltkatastrophen mehr erleben, aber die machen es

ja nicht allein aus, das stimmt. Der Rhein und seine Neben-
flüsse werden ständig schwer belastet. Zwischen der Schweiz
und dem Delta in den Niederlanden wohnen fünfzig Millionen
Menschen, allein schon das.«

»Die können Sie doch nicht verjagen?«

Dr. Schulte-Wülwer-Leidig: »Nein, darum geht es nicht. Die
Frage lautet: Kann man etwas ändern oder nicht? Es wurde in
sauereres Flusswasser investiert, fünfzig Milliarden Euro in
den letzten dreißig Jahren, und das Ergebnis kann sich sehen
lassen. Das Rheinwasser ist heute viel sauberer als in den siebziger, den sechziger oder den fünfziger Jahren. Sehr viel sauberer. In den siebziger Jahren stank der Rhein. In den siebziger
Jahren wurden siebenundzwanzig verschiedene Fischarten gezählt. Heute sind es mehr als sechzig. Fast alle Arten sind wieder zurückgekommen, aber ich muss zugeben, dass die meisten
Populationen noch nicht stabil sind. Längst nicht. Nur der Stör
ist ausgeblieben, es ist ein äußerst empfindlicher Fisch.«

»Klingt beeindruckend.«

Dr. Schulte-Wülwer-Leidig: »Dazu zwei Bemerkungen. Erstens: bei den großen Wirbeltieren haben wir noch nicht ganz
die frühere Artenvielfalt erreicht. Zweitens: es werden sehr
viele Arten beobachtet, die früher nicht vorkamen, ein Phänomen, das wir Neozoen nennen. Diese Fische kommen zum
Teil über den Rhein-Main-Donaukanal aus dem Donaubecken
ins Rheinbecken, andere reisen am Kiel von Schiffen mit. Ein
Leichter, der aus dem Rotterdamer Hafen nach, sagen wir mal,
Straßburg, fährt, kann die sonderbarsten Tiere mit sich transportieren, denn in Rotterdam legen Schiffe aus der ganzen
Welt an. Dabei handelt es sich übrigens um ein weltweites
Phänomen, dass verglichen mit vor zwanzig, dreißig Jahren
viel mehr Fischarten kreuz und quer über die Weltmeere geschleppt werden. Einige dieser Arten finden in unseren Gewäs-
sern ein Biotop, das zu ihrer Lebensweise passt. Meist sind das

die Opportunisten, wie man die einfachen Varietäten nennt. Also dürfen wir sagen, dass sich die Fauna im Rhein und den Nebenflüssen langsam, aber sicher erholt, nur sehen wir nicht die gänzlich gleiche Skala wie früher. Aber wir dürfen unsere Anstrengungen sicherlich noch nicht einstellen.«

»Wie bekommen sie heute wieder Lachse in den Rhein? Wie gehen Sie vor?«

Dr. Schulte-Wülwer-Leidig: »Zuerst muss man den Lebenszyklus des Lachses mitberücksichtigen. Lachse laichen in Bächen mit kaltem, klarem, sauberem, sauerstoffreichem Wasser. Nach einem Jahr sind die Jungtiere zwölf bis zwanzig Zentimeter lang und schwimmen zur Nordsee und von dort in den Atlantischen Ozean, bis irgendwo unter Grönland. Sie fressen kleine wirbellose Meerestiere. Sie fressen sich bis zu zehn Kilo an und können bis zu einem Meter lang werden. Anschließend, aber dazwischen muss wenigstens ein Winter liegen, schwimmen sie wieder zu dem Fluss zurück, in dem sie aus dem Ei geschlüpft sind, also zum Oberlauf desselben kalten, klaren Baches. An genau dieselbe Stelle. Nur dort kann der Zyklus von vorn beginnen. Laichen, Eier legen, sterben, neues Leben aus den Eiern, und so weiter.«

»Aber diese Eier, sagen Sie mir doch bitte, wo sollen die herkommen? Doch nicht aus dem Rhein? Der Lachs war hier verschwunden.«

»Stimmt, die alten Stämme waren definitiv ausgestorben. Aber wir haben Eier in Frankreich geholt, aus dem Loirebecken und aus der Allier, aus Irland, Schottland und aus Skandinavien. Heute versuchen wir nicht mehr, die Stämme zu mischen. Es gibt nämlich Lachse für Kurz- und Langdistanzwandern, wenn ich es einmal so ausdrücken darf. Den ersten findet man in Skandinavien, den zweiten in Frankreich. Über die eigenen zurückkehrenden Lachse haben wir bislang außerordentlich wenig Material. Vorläufig weiß noch niemand, wie groß die

Population sein muss, um sich selbstständig am Leben zu erhalten. Die Natur ist verschwenderisch, und der Lachs ist dabei keine Ausnahme. Ein Prozent der ausgeschlüpften Fische überlebt, das läuft auf hundert Jungfische pro zehntausend Eier hinaus. Wenn wir nun eine Berechnung anstellen. Zehntausend Lachsweibchen legen hundert Millionen Eier. Davon bleibt eine Million übrig. Wir haben im Moment hundert Hektar Laichplätze, also Kieselböden im Oberlauf klarer Bäche. Wir kennen bis jetzt ungefähr siebenhundert Hektar Habitat für junge Fische. Das reicht aber nicht. Ein junger Lachs braucht zehn Quadratmeter als Habitat. Für eine Million junger Lachse wären das zehn Millionen Quadratmeter oder tausend Hektar. Nun, die stehen uns nicht zur Verfügung, insoweit wir das feststellen konnten. Wir kennen nicht mehr als siebenhundert Hektar Habitat, das heißt, genug für siebenhunderttausend junge Lachse. Aber vermutlich gibt es noch andere Gebiete, die für Jungfische geeignet sind.«

»Das erscheint mir doch Schwindel erregend viel. Eine Lachsflosse neben der anderen im Rhein.«

Dr. Schulte-Wülwer-Leidig: »So ist das natürlich nicht. Nur ein bis zwei Prozent kehren als erwachsene Exemplare aus dem Ozean zurück. Wir haben berechnet, dass ungefähr zwischen siebentausend und allerhöchstens einundzwanzigtausend erwachsene Exemplare zurückkehren können.«

»Gibt es eine Chance, dass der alte Bestand wieder erreicht wird, der von, sagen wir mal, 1800?«

Dr. Schulte-Wülwer-Leidig: »Nein. Niemals. Wir haben eine Zählung aus dem Jahr 1885. Damals wurden zweihundertachtzigtausend Lachse im Rhein gefangen. In Deutschland und in den Niederlanden zusammen. Es gab bestimmt mehr. Wie viele sind in diesem Jahr durch die Maschen der Fischernetze geschlüpft? Das wissen wir nicht. Wieviel Lachse waren dort noch früher? Uns sind keine älteren Zählungen bekannt.

Wir wissen nur mit Sicherheit, dass 1885 die Industrialisierung an den Rheinufern voll in Gang war, also können wir mit an Sicherheit grenzender Wahrscheinlichkeit vermuten, dass im Jahr 1800 viel mehr Lachse im Rhein lebten. Der Lachs war damals, was wir einen *Brotfisch* nennen, für arme Leute war der Lachs ein echtes Grundnahrungsmittel. Man konnte immer einen schönen, großen Lachs aus dem Rhein angeln. Wir haben heute ein klares Ziel vor Augen: 2020 wollen wir zwanzigtausend Lachse zählen können. So sehen Sie gleich die Verhältnisse zwischen heute und früher.«

»Ist das machbar?«

Dr. Schulte-Wülver-Leidig: »Ich glaube schon. Wissen Sie, der Lachs ist natürlich ein Symbol, ein attraktives Symbol, aber es geht um viel mehr. Für eine Menge anderer empfindlicher Arten ist unsere Arbeit buchstäblich eine Frage des Überlebens. Für den Fischotter, den Biber, die Gelbbauchunke, den Haubentaucher, den Eisvogel. Es geht um die ökologische Wiederherstellung des gesamten Wasserhaushalts im Rheinbecken, also sowohl im Hauptstrom wie in der Lippe, der Sieg, Ahr, Mosel, dem Main, Neckar, bis in die Our, die kommt von Ihnen her, aus Belgien, und in Frankreich der Ill und der Fecht und so weiter.«

»Nun haben Sie noch immer nicht gesagt, was Sie genau dafür tun.«

Dr. Schulte-Wülver-Leidig: «Fangen wir einmal mit den Uferstrukturen an. Die sind heute viel einförmiger, eintöniger als vor hundert, zweihundert Jahren. Der Rhein ist völlig geradegezogen und reguliert, und wir werden ihn nie wieder völlig in seine ursprüngliche Form renaturieren können. Wohl können wir die Uferbereiche abwechslungsreicher gestalten. Dann geht es um die ökologische Wasserqualität. Die hat sich seit dem Jahr 2000 sensationell verbessert, unter anderem durch den Druck, den die EU durch die Erstellung von Richtlinien ausübt, und dieser Druck ist nicht gering, das kann ich Ihnen versichern. Drittens versuchen wir den alten Zusammenhang zwischen Strom und Überschwemmungsgebieten wieder herzustellen, zwischen dem Fließwasser und den Flutungsräumen. Auch hier gilt, eine völlige Wiederherstellung wird nie gänzlich möglich sein, selbst nicht annähernd, dort wohnen schon zu viele Menschen. Nach den Überschwemmungen von 1993 und 1995 ist zwar auch dort ein neues Bewusstsein entstanden, und es wurde beschlossen, das Problem international anzugehen. Seither gibt es einen Aktionsplan Hochwasser. Wir denken, dass wir ungefähr hundertfünfundzwanzig Quadratkilometer renaturieren können, aber viel mehr als ein bis zwei Prozent des gesamten Areals schaffen wir nicht. Wir arbeiten auch an Hochwasserrückhaltebecken für die kurzzeitige Speicherung von überschüssigem Wasser. So kann man bei sehr hohen Wasserständen das Wasser eine gewisse Zeit aufhalten. Aber wir müssen davon ausgehen, dass technische Mittel nie die natürlichen Überschwemmungsgebiete ersetzen können. Und schließlich gibt es, und das ist vielleicht noch wichtiger als all das vorher Gesagte zusammen, die Zugänglichkeit des Flusses. Lachse kehren immer an ihren Geburtsort zurück. Das geht einfach nicht anders. Wenn sie nicht zurückkönnen, pflanzen sie sich auch nicht fort, und sie sterben aus. Im Lauf der Zeit wurden viele unüberwindliche Hindernisse im Rhein und in den Nebenflüssen gebaut. So gibt es bereits seit dem Mittelalter Mühlenwehre. Aber die alten Mühlenräder drehten sich nicht ständig, und sie waren ziemlich klein, vor allem verglichen mit dem, was wir heute haben; sie bildeten also für die stromaufwärts schwimmenden Lachse und anderen Fische keine besonders großen Hindernisse. Die Mühlen und Turbinen, die im neunzehnten und zwanzigsten Jahrhundert gebaut wurden, drehten sich dagegen ständig oder doch fast die ganze Zeit, es wurden auch Elektrizitätswerke gebaut, große und kleine. Das

alles sind unüberwindliche Hindernisse für die zurückkehrenden Lachse. Die müssen also beseitigt werden. Oft geht das gar
nicht, und wir müssen eine Umgehung anlegen. Das wird alles gemacht. Es werden Fischtreppen gebaut, viele kleine, zum
Beispiel auf der Sieg bei Bonn, aber auch ein paar riesige; die
größten Europas, unweit von Straßburg, stehen unter gemein-
samer Verwaltung Deutschlands und Frankreichs, Iffezheim
und seit 2006 Gambsheim.«

Ich bin hinterher nach Iffezheim gereist. Dort versperrt ein
Wasserkraftwerk, mit elf Metern Gefälle und riesigen Turbinen
über die gesamte Breite des Rheins, den Lachsen den Rückweg
zu ihren Laichgründen. An der Seite wurde ein einfallsreiches
Gebilde angebaut, kaum sichtbar, aber dadurch nicht weniger
beeindruckend. Es ist eine Abfolge von siebenunddreißig, wie
soll ich es bezeichnen, Betonserpentinen vielleicht, die allmählich, eine nach der anderen, den Höhenunterschied überwinden. Fische, die ermüdet sind oder sogar der Erschöpfung
nahe, können hinter allen möglichen Ecken ausruhen, bevor
sie sich zur nächsten Serpentine aufmachen. Manche Fische
brauchen zwei Wochen für den ganzen Parcours, andere sind
viel schneller. Aber diese eigenartige Konstruktion ermöglicht
es den Fischen, dahinter ihren Weg fortzusetzen. In einer Art
Betonbunker an der Seite ist, unter dem Wasserspiegel, ein
Fenster eingelassen. Dort kann man die Fische vorbeischwim-
men sehen. Sie werden auch mit Kameras beobachtet. Ich sehe
zwei Brassen. Nicht, dass ich die Tiere erkennen würde; Herr
Schaeffer, der kleine Franzose, der mich herumführt, sagt es
mir. 2005 wurden neunundvierzig Lachse gezählt, das ist weniger als in den vorangegangenen Jahren. Außerdem passierten
hundertdrei Neunaugen die Fischtreppe und mehr als vier-
zehnhundert Aale. All diese Fischarten machen lange Reisen.
Die heimischen Fische sind zahlreicher. Viertausend Brassen,
siebentausend Flussbarben und noch ein paar andere Arten.

Zurück nach Koblenz.

»Woher erhält die Kommission das Geld?«

Dr. Schulte-Wülwer-Leidig: »Normalerweise finanziert der Staat alle Maßnahmen, die vor Ort getroffen werden. Im Fall der Lachse jedoch, für dieses Programm konnten wir zwischen 1992 und 1998 auf ein LIFE-Projekt der Europäischen Union zurückgreifen. Dadurch wurden die vom Staat stammenden Mittel um etwa 1,2 Million Euro erhöht, also EU-Mittel. Die Hälfte kommt von der Europäischen Union, der Rest von allerlei Behörden, auch von Fischereiverbänden, die Regierungen der Ufer-Anrainerstaaten bezahlen einen Teil, die Niederlande, Deutschland, Luxemburg, das über die Mosel mit zum Rheinbecken gehört, Frankreich, die Schweiz und dann auch alle betroffenen Bundesländer, Nordrhein-Westfalen, Rheinland-Pfalz, das Saarland, Hessen, Baden-Württemberg, Bayern.«

»Spüren Sie viel Widerstand?«

Dr. Schulte-Wülwer-Leidig: »Ja, sicher am Anfang. Das Gebiet war viel zu dicht besiedelt, die Chemieindustrie beäugte uns mit großem Argwohn, aber sobald die ersten Lachse tatsächlich zurückkehrten, drehte sich die Stimmung. Fischer aus anderen Becken wollten auch Lachs haben. Inzwischen hat man zum Beispiel auch im Elbe- und Weserbecken Initiativen ergriffen.«

»Warum tun Sie das denn eigentlich? Millionen Menschen ruinieren seit Dutzenden von Jahren den schönen Rhein, und dann basteln Sie ein bisschen herum, um den Schaden zu begrenzen.«

Dr. Schulte-Wülwer-Leidig: »Nein. Der Rhein war ruiniert, das stimmt, aber inzwischen ist der Rhein auf dem Weg der Besserung, das stimmt genauso. Auf internationaler Ebene wie von Mitarbeitern hier in der Kommission zum Schutz des Rheins wurde hartnäckig gearbeitet und wird noch jahrelang ebenso hartnäckig weitergearbeitet werden müssen. Ich, und nicht nur ich allein, das werden Sie verstehen, ich habe eine Vision. Der Lachs muss ungehindert durch den Rhein schwimmen können, stromaufwärts, von der Nordsee bis zum Bodensee. Diese Vision unterstützt das Programm, an dem wir heute mit unserer Kommission Rhein-Lachs 2020 arbeiten. Und ich habe auch eine eigene Vision, meine Privatvision: Der Lachs muss sich im Rheinbecken auf natürliche Weise fortpflanzen können. Vielleicht können wir dann in zwanzig, dreißig Jahren wieder Lachs fangen und essen. Dafür lohnt es sich doch, oder nicht?«

»Es ist schon wieder November«, sagte mein Chefredakteur, »und wir haben noch Geld übrig. In Berlin haben sie das Zentralkomitee der Partei einberufen. Was meinst du dazu? Du bist der einzige, der schon mal dort gewesen ist, im Osten.«

»Aber da ist doch nichts mehr zu holen. Den Honecker haben sie in Rente geschickt. Du warst doch immer der Oberhäuptling der Sparschweine. Hast du auf einmal zuviel Geld?«

»Ja, deshalb. Alles muss vor dem 31. Dezember ausgegeben sein, sonst sagen sie im Verwaltungsbeirat, die Redaktion hätte zuviel Geld. Geh mal nach Berlin, drei Tage. Sie werden die Mauer schon nicht einreißen, aber du kannst noch immer mit diesen Dissidenten in den Kirchen reden. Ist nur ein Vorschlag. Du weißt bestimmt, was interessant ist.«

Wusste ich, was interessant war? Ohne jeden Zweifel hielt man mich für den DDR-Experten der Redaktion. Das war ziemlich nahe liegend, es gab keinen anderen. Und ich hatte schon einmal die DDR besucht. Nicht beruflich. Auch nicht mit einer Delegation der Kommunistischen Partei, in dem Fall hätte ich es nie bis zum Journalisten bei einem öffentlich-rechtlichen Sender gebracht, die westliche Demokratie hat so ihre Grenzen.

Ich war zu meinem Vergnügen in die DDR gefahren, stellen Sie sich vor. Eisenach, Bachs Geburtshaus, wo die Stadtführer Cembalo spielten, die Wartburg, wo Luther Tintenfässer nach dem Teufel geworfen hatte; Erfurt mit seinen zwei Kirchen auf einem Berg; Weimar, Goethe, Schiller, Liszt. Ach, was heißt Vergnügen. Ich habe mich in Buchenwald durch einen Schneesturm gekämpft, hinter einem Trupp Sowjetsoldaten her, die durch das Torgebäude stampften. Aber trotz allem, ein schönes, nettes Land. Weniger fanatisch geschrubbt und chemisch gereinigt als die Bundesrepublik. Eigentlich gar nicht geschrubbt. In der tiefen, ostdeutschen Provinz war mein tapferer Opel durch die Schlaglöcher der Nebenstraßen geholpert, der Dunst von Braunkohle war in meine Nasenlöcher gedrungen und hatte meine Bronchien gereizt. Ich war nie süchtig nach Zigaretten, wohl nach Braunkohle, schon seit diesem ersten Einatmen. Und dieses Licht, dieses spärliche, gelbliche Licht der schwachen Straßenbeleuchtung, das fahle Licht der verstaubten Schaufenster am Abend! *La lumière si pauvre, si seule, si fragile* (dieses Licht, so arm, so einsam, so zerbrechlich), wie ich später im allerbesten Roman las, den je ein Westeuropäer über diesen Teil Europas in dieser Zeit schrieb, *L'Allemagne de l'est*, ein Roman von Yvon Beguivin. Wie die DDR-Bürger waren? Liebe Leute, wenigstens, wenn sie keine Uniform trugen, und, na ja, ziemlich korrupt. Man musste zum Beispiel mit List und Erpressung versuchen, an Essen zu kommen, denn alle Tische im Restaurant waren immer reserviert, bis man dem Portier fünf Westmark zusteckte, und er seufzend sagte: *Sie werden plaziert.* Sie benahmen sich überhaupt nicht überheblich und laut, diese Deutschen. Eigentlich wie Belgier. Und in keinem Land habe ich je so viele junge Väter Kinderwagen schieben sehen.

Meine Kollegen erklärten mich für verrückt. Sie sagten: Die DDR, so weit? Ich fragte: Und wohin fährst du dieses Jahr in Urlaub? Wieder in die Provence? Das liegt zwölfhundert Kilometer von Brüssel entfernt. Die DDR, das sind nicht mal sechshundert Kilometer. Meine Kollegen wurden kreidebleich. Plötzlich stand die Sowjetarmee um die Ecke. In ihrer Vorstellung war Eisenach ein Vorort von Wladiwostok. Nicht nur die DDR, ganz Deutschland war ihrer Meinung nach ein großes, schwarzes Loch östlich von Eupen und Sankt Vith.

Die Reise nach Berlin hatte ich mir eigentlich selbst zuzuschreiben. Im September hatte ich zu meinem Chefredakteur gesagt:

»Den Honecker werden sie jetzt bestimmt bald absägen. Aber danach wird es noch schlimmer. Dann kommt Krenz.«

»Wer?!?«

»Egon Krenz. Ein Vollblutapparatschik. Ein FDJ-Greis.«

»FD was?«

»*Freie Deutsche Jugend.* Das ist die dortige Jugendbewegung. Jeder ist dabei. Oder so gut wie jeder.«

Den Namen Krenz hatte ich einmal in einer deutschen Zeitung gelesen, keine Ahnung in welcher. Da haben diese roten Rindviecher in Ost-Berlin doch tatsächlich diesen Krenz gewählt. Mein Ruf als Deutschlandkenner und Prophet war nicht mehr kaputt zu kriegen.

Also standen wir, Kamera, Ton, Geschichte, am 8. November 1989, um elf Uhr abends, auf dem Marx-Engels-Forum in Berlin, Hauptstadt der DDR. Dort waren Leuchtreklamen: *AUF ALLEN MÄRKTEN DER WELT CHEMIEERZEUGNISSE AUS BITTERFELD.* Ich suchte vergeblich das *PLASTE UND ELASTE AUS SCHKOPAU*, das wir an der Elbebrücke bei Coswig an der Autobahn gesehen hatten. Es gab auch ein riesiges Hotel, das »Palast« hieß.

Wer hat denn da gesagt, dass die Bürokratie in den Staatshotels unergründlich und ungehobelt wäre? Blühender Unsinn. Nach einer Viertelstunde Palavern bekamen wir zwei Zimmer. Mit Bad, WC, Farbfernseher. Mit funktionierendem Telefon. Kurzum, Luxus für den verwöhnten Westler. Aber ich gebe es zu, die freundliche, elegante Dame von der Rezeption kam aus Ungarn.

Am nächsten Morgen wollte ich Zeitungen lesen. Das Hotel war knackevoll, fast alle Journalisten aus dem Westen. Sie saßen in dem großen Frühstücksraum mit Blick auf die Spree, schlürften Kaffee und Fruchtsaft, aßen Rührei, Speck und frische Brötchen und lasen *The New York Times, The Guardian, Le Monde, La Stampa, El Pais,* die *Frankfurter Allgemeine* und japanische Zeitungen. Einer wie der andere machte einen professionellen Eindruck. Ich arbeitete schon mehr als zehn Jahre beim Fernsehen, aber ich fühlte mich als dilettantischer Tölpel. Die freundliche Ungarin von der Rezeption – sie war schon wieder oder noch immer da – sagte mir, dass alle Zeitungen bis auf das letzte Exemplar verteilt seien. Ich antwortete:

»Aber ich habe hier keinen mit dem *Neuen Deutschland* oder etwas in der Art gesehen. Was im Westen geschrieben wird, weiß ich in- und auswendig. Haben Sie hier im Hotel denn keine DDR-Zeitungen?«

»Mein bester Herr, Sie sind der erste Ausländer aus dem Westen, der mich um eine DDR-Zeitung bittet.«

Wir sind kreuz und quer durch Berlin gefahren, keiner von uns dreien war schon einmal da gewesen. Es war Liebe auf den ersten Blick. Wirklich, eine prächtige Stadt, damals noch, Ost-Berlin. Wir hatten zum Beispiel im Internationalen Pressezentrum der DDR, in der Mohrenstraße, eine Dreherlaubnis für das gesamte Gebiet der Republik eingeholt. Ich habe den ganzen Tag lang Interviews gemacht, unter anderem mit einem Pfarrer, einem gewissen Triebler, einem kurzen, knochigen Mann, der zu meinem fassungslosen Unglauben ein Anhänger der kommunistischen Lehren Rosa Luxemburgs war, naturbelassen und ungespritzt, und der deshalb von den Einheitssozialisten auch ziemlich nachsichtslos angepackt worden war. Aber auf die Knie hatten sie ihn nicht bekommen.

Um fünf Uhr nachmittags schickte ich die Kameraleute zum internationalen Austausch des DDR-Fernsehens, das saß in Adlershof, sechzehn Kilometer vom Zentrum entfernt. Inzwischen hatten sie Modrow schon ins Politbüro aufgenommen und Christa Wolf hatte ihre Mitbürger eindringlich gebeten, in der DDR zu bleiben. In der Hauptstadt der DDR herrschte die Ruhe eines ganz gewöhnlichen, normalen Werktags im November.

Um sechs Uhr gab Günter Schabowski eine Pressekonferenz im Pressezentrum der DDR. Schabowski war ein hohes Tier, das hatte ich im *Neuen Deutschland* gelesen, er sprach im Namen des ZK der SED, des Zentralkomitees der Einheitspartei. Der Saal war gerammelt voll, nicht nur mit Journalisten aus dem Westen, auch von der ostdeutschen Presse waren Unmassen aufgekreuzt. Ich hätte nie gedacht, dass es so viele Zeitungen in diesem Land ohne Pressefreiheit geben könnte, Dutzende von Zeitungen, vor allem Lokalblätter, von Ahrenshoop bis Zittau. Ich habe meine Notizen aufgehoben. Es ging knallhart und turbulent zu. Die DDR-Journalisten schleuderten kübelweise Kritik Richtung Podium. Schabowski sprach von der Verantwortung des Zentralkomitees für schlechte Ergebnisse, die Schwierigkeiten in der Landwirtschaft, Industrie und Kultur wurden angesprochen, eine Vierte Parteikonferenz sollte am 15. Dezember organisiert werden, um die schwierige Situation des Landes zu evaluieren. Das Kommandieren und Einschüchtern der Presse sollte ein Ende haben, die Kommunisten in den Medien müssten ohne Befehle von oben kommunistisch handeln, Gorbatschows Perestrojka sei die Grundlage aller Debatten, es sei ein schwerer Fehler der DDR gewesen, die Perestrojka falsch eingeschätzt zu haben, der demokratische Gehalt des Sozialismus würde garantiert, alte Fehler dürften nicht noch einmal gemacht, die zentrale Planung müsse vereinfacht werden, sie würden die Leistung der Arbeiter stärker berücksichtigen, die Produzenten bekämen mehr Spielraum für Eigeninitiativen, freie demokratische Wahlen, ein sozialistischer Rechtsstaat, die DDR wird einen Weg finden, der der richtige für die DDR ist.

Das alles sagte Schabowski und fügte dann noch hinzu:

Wir bekommen die Probleme in den Griff.

So verlief die erste Stunde. Ganz DDR, ganz Sozialismus. Sie würden die Probleme in den Griff bekommen. Dann soll der Korrespondent der italienischen Presseagentur ANSA in Berlin, Riccardo Ehrman, eine Frage gestellt haben. Daran erinnere ich mich nicht. Genauso wenig habe ich irgendetwas Derartiges in mein Notizbuch geschrieben. Wohl sehe ich noch vor mir, wie sich jemand hinter dem Tisch nach vorn zu Schabowksi neigte. Ich meine mich auch zu erinnern, dass er ihm einen Zettel zuschob. Schabowski las sichtlich gelangweilt vor: »Der Volkswagen mit dem Nummernschild B-DX 4897 steht im Parkverbot und muss umgesetzt werden. Im Unterlassungsfall wird er auf Kosten des Eigentümers abgeschleppt.«

Das sagte Schabowski natürlich nicht. Aber es war der Ton seiner Mitteilung. Ein leicht gelangweilter Ton. Zwischen Tür und Angel. *Ganz nebenbei gesagt.*

Was Schabowski wirklich sagte, war dies:

Also. Privatreisen nach dem Ausland können ohne Vorliegen von Voraussetzungen, Reiseanlässen und Verwandtschaftsverhältnissen beantragt werden. Die Genehmigungen werden kurzfristig erteilt. Ständige Ausreisen können über alle Grenzübergangsstellen der DDR zur BRD beziehungsweise zu Berlin (West) erfolgen.

Diese Mitteilung hat nicht nur Europa, sondern alle Kontinente heftig erschüttert und den Sozialismus als Gesellschaftssystem auf den Misthaufen der Geschichte geworfen. In drei kurzen Sätzen veränderte Schabowski die Geschichte Deutschlands, Europas und der ganzen Welt.

Ein lautes Stimmengewirr fuhr durch den Saal. Ich fragte einen französischen Kollegen, der einer Übersetzung in den Kopfhörern gelauscht hatte, ob ich meinen Ohren trauen dürfe.

»Mais oui, mais oui«, murmelte er, »c'est pas possible!«

Ich frage einen Engländer.

»Sure. Can't believe it.«

Kamera und Ton holten mich nach der Pressekonferenz ab.

»Und jetzt erst mal richtig deutsch futtern«, sagte der Kameramann. »Wurst und Sauerkraut und …«

»Zurück!«, brüllte ich. »Nach Adlershof!!!«

Am selben Abend sah ich in Nebel und Nieselregen die ersten DDR-Bürger frei in den Westen gehen, über die Oberbaumbrücke. Diese Brücke über die Spree war schon jahrelang ein kleiner, unauffälliger Grenzübergang und wurde überwiegend von eher bejahrten Westberlinern benutzt, die ihre Verwandten besuchten, beladen mit Rasiermessern, Schuhwichse, Kaffee, und Monatsbinden für die jungen Nichten. Vor Mitternacht kehrten sie zurück, nunmehr beladen mit preiswerten Schuhen für die Enkel (West), Schallplatten und Gläsern mit ausgezeichneten Spreewälder Gurken. Diesmal jedoch war die Gesellschaft nicht homogen westberlinerisch und noch viel weniger pensioniert. Junge Männer füllten aufgeregt fahle Formulare aus. Wollten die jetzt schon nach drüben?

Wir parkten das Auto am Straßenrand. Keine Sekunde später stand ein Volkspolizist daneben. Er sah unser belgisches Nummernschild.

»Schsch«, machte er, mit einer giftigen, horizontalen Handbewegung.

»Entschuldigen Sie, wir haben eine Dreherlaubnis für das ganze Gebiet der Republik«, antwortete ich, »ausgestellt vom Internationalen Pressezentrum der DDR.«

Ich zeigte ihm alle Papiere. Seine Schlagfertigkeit war niederschmetternd.

Er sagte: »Sie stehen im Parkverbot.«

Das waren die ersten Worte eines DDR-Bürgers, die ich nach der Maueröffnung festhielt. Die nächsten Worte kamen aus dem Mund eines jungen Maurers, der über die Oberbaumbrücke nach Berlin (West) wollte. Gott sei Dank stehst du nicht auf dem Gerüst, dachte ich, denn seine Fahne war höher als der Fernsehturm. Er blickte mich durchdringend an und zischte:

Und jetzt wieder: Großdeutschland!

Wir sind nicht die vorgeschriebenen drei Tage, sondern drei Wochen in Berlin (Ost) geblieben. Festliche, jubelnde Wochen. Champagner für alle. Nun gut, *Sekt, halbtrocken*. Leidenschaftliche Küsse von völlig unbekannten Frauen. Lächelnde Grenzsoldaten.

Aber nicht nur Fest und Jubel.

Eine Hausfrau, die mit Mann, Kind und Bananen aus Westberlin zurückkam:

»Na ja, die ganze Kauferei, das ist doch auch nicht das Gelbe vom Ei.«

Ein Techniker vom Fernsehen:

»Als sie die Mauer gebaut hatten, waren wir hier davon überzeugt, dass unser Land das bessere Deutschland wäre. Wir sollten denen dort im Westen einmal zeigen, wie man mit Solidarität und ohne Arbeitslosigkeit Wohlstand schafft.«

Der Autor Christoph Hein, einer der bedeutendsten seines Landes und der zeitgenössischen deutschen Literatur:

»In der DDR haben wir viel zu wenig Wert auf die Bedeutung von Geld gelegt. Das Schlimmste wäre jetzt, dass die Öffnung der Grenze und dieses Spazieren auf dem Kurfürstendamm die Notwendigkeit von Reformen in den Hintergrund drängt und verschwinden lässt. Das wäre fatal.«

Während dieser Wochen habe ich in vielen Wohnungen Bücherregale betrachtet, sozialistischer Realismus? Mitnichten. Deutsche klassische Literatur. Aber auch DDR-Ausgaben von Franz Kafka, Erich Kästner, Günter Grass. Ausländer. Jaroslav

Seifert, Bohumil Hrabal. Große DDR-Autoren. Brigitte Reimann. Die wunderbare Dichterin Elke Erb. Christoph Hein.

Ich habe jede Menge vorbildlich gepflegter Wohnungen gesehen, mit Farbfernseher, Waschmaschine, Plattenspieler, hübschen Möbeln, gemütlichen Küchen, in etwa wie die bei uns in den siebziger Jahren. In den siebziger Jahren waren wir Belgier der Ansicht, dass wir es doch ganz schön weit gebracht hätten. Wir waren reicher als je zuvor in den Siebzigern. Konnte es noch mehr Reichtum geben?

Der Putz an den Fassaden ostdeutscher Städte war grau und bröckelte. Die Treppenhäuser waren schmuddelig. Sobald man jedoch eine Wohnungstür öffnete, betrat man ein behagliches privates Paradies.

Ich weiß, dass nicht wenige ihren bescheidenen Wohlstand ohne Zögern zurückgelassen haben. Für die Freiheit? Nicht so sentimental. Für Tinnef.

In diesen Wochen gab es Eltern, die ohne Pardon ihre Kinder im Stich ließen. Nach der Schule kamen die Kleinen in eine leere Wohnung. Papa und Mama waren ab in den Westen, dem Konsum hinterher.

Die Tage der Wende waren ein langer Rausch. Der Betrug des Ostens wurde zuerst herausgeschrieen und anschließend zertreten. Aber haben wir im Festtrubel des Endsiegs denn auf unseren eigenen Betrug geachtet, auf den Verrat des Westens, begangen an den Träumen, die Tausende und Abertausende einfacher Menschen gehegt hatten? Auf die traurige Wende?

Siehe auch: Demokratie, DDR, Denkmäler, Görlitz, Quedlinburg, Landolf Scherzer

Mühlenmesser

Da drückte Goldbrand stärker und stärker auf das Schwert:
Helm und Haupt durchfuhr es, den Panzer und den Bauch
Und fuhr bis auf den Gürtel und durch die Eisenhosen
auch.

Da fragte Goldbrand wieder: »Nun sprich wie es tut.«
Amilias versetzte: »Mir ist wie dem zumut,
Dem kalt ein Tropfen Wasser niederrinnt den Leib:
Ich wähne gar du machst dir hier unnützen Zeitvertreib.«

Goldbrand entgegnete: »So schüttle dich einmal.
Du hast den letzten Becher getrunken heut' im Saal.«
Nun schüttelte sich mächtig der Schmied Amilias:
Da fiel zu beiden Seiten ein halber Ritter ins Gras.

Karl Simrock, *Wieland der Schmied*

Da faßt er erst sein Schwert mit Macht,
Er schwingt es auf des Reiters Kopf,
Haut durch bis auf den Sattelknopf,
Haut auch den Sattel noch zu Stücken
Und tief noch in des Pferdes Rücken;
Zur Rechten sieht man wie zur Linken,
Einen halben Türken heruntersinken.

Ludwig Uhland, *Der wackere Schwabe*

226

Deutsche Dichter, groß wie klein, scheinen besessen zu sein von messerscharfen Schwertern, mit denen man Türken und andere Schurken sauber durchhauen kann. Uhland und Simrock waren Vollblutvertreter – Männer des neunzehnten Jahrhunderts, aber sie gehörten zum linksdemokratischen Teil des politischen Spektrums. Simrock wurde sogar einmal entlassen, weil er ein Gedicht geschrieben hatte, eine Lobeshymne auf die Französische Revolution von 1830. Nachträglich wurden ihre Balladen und Übersetzungen von üblem, angeberischem Gesindel nach Strich und Faden missbraucht. Trotzdem ist es dumm, alles, was Sage, Ballade oder *Nibelungen* ist, ohne weiteres Nachdenken auf den nazistischen Misthaufen zu werfen. Der Letzte in der Reihe deutscher Schriftsteller, die Figuren gern mittendurch hauen, war Arno Schmidt, ein typischer Vertreter des zwanzigsten Jahrhunderts und querköpfiger Modernist, der Sprachkonglomerate wie *Seelandschaft mit Pocahontas* und *Kaff* verfasste. Ich hatte noch nie von Simrock und Uhland gehört, und garantiert nicht von Schmidt, als ich schon wusste: die Klinge, darauf kommt es an.

Man konnte keine Küchenschublade aufziehen, ohne dass man es dort liegen sah. Vorsicht mit den Fingern, es war messerscharf. Ist. Wird sein. Das Mühlenmesser. Im Englischen nennt man so etwas *a household word*, und das ist es auch wirklich, ein Haushaltswort, viel mehr als das weithin bekannte Schweizer Offiziersmesser, das steht für Lagerfeuer, Sternenhimmel, rufende Eulen, und noch viel, viel mehr als Laguiole, das ist Snobismus, das verschwörerische Lächeln, schau nur, wir wissen, wie es sich gehört. Aber nicht das Mühlenmesser. Das kennt jedes Kind und fürchtet es. Nein, Finger weg, Finger weg, sag' ich dir! Willst du vielleicht deine Finger los sein? Mühlenmesser, das steht für Küchenmädchen, rote Hände, muskulöse Arme, oder geduldige Schuster oder sorgfältige Tapezierer, kurzum, ganz normale Leute, tägliche Arbeit, keine

Angeber. Ich habe mir sagen lassen, dass Kunstmaler es gern als Palettmesser verwenden.

Mühlenmesser, wer stellt die her? Wachsen sie nicht an den Bäumen? In den Bergen um Solingen, denn dieser und kein anderer Name ist in die Klinge eingraviert, ebenso wie die weit und breit bekannte kleine Windmühle und der Name Robert Herder. Solingen ist synonym mit Messer. Es gibt diese Orte, die völlig hinter ihrem Produkt verschwinden. Ist Cognac wirklich eine Stadt? Kommt der Duffelcoat tatsächlich aus Duffel?

Es ist Herbst, als ich nach Solingen reise, ein nasser Herbst, und die Ernte ist längst eingeholt. Ich erwarte wenigstens endlose Reihen Lagerhäuser, die vom Boden bis zum Dachfirst voll gestopft sind mit Brotmessern, Schälmessern, Filetiermessern, Fischmessern, Fleischmessern, Käsemessern, Kaakmessern, Tafelmessern, Obstmessern, Gemüsemessern, Taschenmessern, Federmessern, Hackmessern, Schlitzmessern, Tortenmessern, Vorschneidemessern, Buttermessern, Austernmessern, Bohnenmessern, Spargelmessern, Klappmessern, Rasiermessern, Schlachtermessern und noch viele andere Arten von Messern, von deren Existenz oder Verwendung ich noch nie etwas geahnt hatte.

Ganz Unrecht habe ich nicht. In Solingen produzieren bis auf den heutigen Tag dreißig Betriebe alles, was schneidet, vom Dünnschäler bis zum Skalpell, unvorstellbar viel für eine Stadt mit nicht einmal einhundertsiebzigtausend Einwohnern. Dennoch ist es nicht wie früher. In der Blütezeit der Messerindustrie gab es dort dreihundert Fabriken; und man krempelte sofort wieder die Ärmel hoch, nachdem die Stadt aus dem Schutt und der Asche des Zweiten Weltkriegs wieder auferstanden war, als die Wirtschaft ihr Wunder vollbrachte.

Solingen liegt im Bergischen Land, neben dem, nicht im Ruhrgebiet. Es hat etwas Wallonisches mit seinem halben Dutzend zu schnell gewachsener Weiler und den Schieferdächern auf den grünen Hügeln, aber es ist viel weniger schmutzig, viel weniger nachlässig, viel weniger hoffnungslos als zum Beispiel unser Borinage. Wie in Wallonien wimmelt es von Italienern. An jeder Straßenecke kann man Espressos schlürfen, kräftig wie Kopfbälle, die Farben von Juventus Turin und AC Milan studieren, während sich unrasierte Männer an der Bar Brocken in pfeffrigem Lombardisch und Piemonteser Dialekt zuwerfen. Die Kebabbuden der Türken sind allgegenwärtig, genau wie die grauhaarigen Deutschen, die ihre Einkaufsroller ziehen.

Die Arbeitslosigkeit liegt bei zehn Prozent, das ist sehr viel weniger als im schwärzesten Elend unseres eigenen schwarzen Landes, auch weniger als im nahe gelegenen Ruhrgebiet, wo der Prozentsatz in den letzten Jahren allmählich von dreizehn auf vierzehn Prozent steigt und fast exakt den Landesdurchschnitt von Nordrhein-Westfalen ausmacht, wozu Solingen gehört. Noch ein kleiner Vergleich: In den neuen Bundesländern, der früheren DDR, liegt der Durchschnitt bei achtzehn Prozent Arbeitslosen mit Spitzen weit darüber.

Seit mehr als fünfhundert Jahren wird in Solingen geschmiedet und geschliffen, zuerst waren es Schwerter, später Messer. Die in Solingen und die in Wallonien galten im Mittelalter als die besten Waffenschmieden Europas. Japan war noch lange nicht in Sicht. Das erste Schleifprivileg wurde den Solinger Schwertschmieden 1401 verliehen. Die Schwertfeger, die das Heft und das ganze Schwert zusammenbauten, folgten 1412. Erst 1571 beantragen die Messermacher ihr eigenes, gesondertes Privileg, aber noch hat ihr Handwerk eindeutig den niedrigeren Status.

Je moderner die Kriege, desto mehr Feuerwaffen und desto weniger Schwerter wurden benötigt. Die besseren Kreise legten allmählich Wert auf etwas völlig Neuartiges: auf Tischmanieren. Galt anfangs das Messer noch als Waffe, so fiel immer öfter das Wort Tischmesser.

Die Schmiede schufteten in *Schleifkotten*, Hütten am Ufer eines schnellströmenden Baches, am besten tief im Wald versteckt, Holzkohle war ihr Brennstoff, Wasser ihre Energiequelle, und auch das ist Wallonien sehr ähnlich. Eigenartigerweise fand man in Solingen dicht unter der Erdoberfläche Eisenerz. Lange Zeit mussten nicht einmal Schächte gegraben werden, um es zu schürfen, Kuhlen reichten aus.

Die barbarische Abnutzungsschlacht des Dreißigjährigen Krieges (1618-1648), die, mit wechselndem Kriegsglück, von Kriegsvolk aus Schweden, Spanien, Frankreich, Italien und Kroatien ausgefochten wurde, hat alle deutschen Länder – vom Elsass bis in die Sümpfe Litauens – für Dutzende von Jahren ruiniert. Es sollte hundert Jahre dauern, bis sich diese gigantische europäische Mittelregion wieder einigermaßen erholt hatte. Der Krieg war für die Schwertschmiede nicht einmal günstig. In Solingen musste die Hälfte der Bevölkerung dran glauben, wegen der hemmungslosen Soldateska, des hemmungslosen Hungers, der hemmungslosen Pest. In ganz Deutschland, betroffene und verschonte Gebiete (falls es sie gab) zusammengenommen, sank die Bevölkerungsanzahl um zwanzig Prozent, und das könnte durchaus zu tief gegriffen sein.

Im Lauf des achtzehnten Jahrhunderts wurde Solingen allmählich zu dem, was es heute noch ist: zur Stadt, in der Messer gemacht werden. Die Vorfahren der Familie Herder, die noch heute die Manufaktur führt, in der die Mühlenmesser hergestellt werden, übten seit mehreren Jahrhunderten dieses Handwerk aus. Auch heute noch gibt es in Solingen mehrere Firmen mit dem Namen Herder. Das ist logisch. Herder, so klingt im heimischen Dialekt das Wort *Härter*. Ein Härter ist der Mann, der die Schneide härtet, ein unentbehrliches Glied im Produktionsprozeß.

1872 gründet Robert Herder seine eigene Firma. Das Unternehmen ist noch immer dort untergebracht, wo er angefangen hat. An einer nichtssagenden Straße steht ein nichtssagendes Gebäude, ein flaches Rechteck, zwei Reihen mit neun Fenstern übereinander, absolut nichts Außergewöhnliches, kein nostalgischer Schornstein, kein Sägezahndach, unter dem sich alte Sozialisten abgerackert haben, kein Gran industrieller Archäologie und noch viel weniger modernes Hyperdesign. Das Schlimmste aus den sechziger, vielleicht den siebziger Jahren. Man würde hier einen dahinsiechenden Plastikeimerhandel vermuten, eine gerade in Konkurs gegangene kleine Nylongardinenweberei.

Mir tritt eine selbstbewusste, redegewandte Geschäftsführerin entgegen, eine Frau mit französischem Flair, aber sehr deutsch, sehr Solingerisch, Giselheid Herder, schon die vierte Generation. Sie führt mich in einen kleinen Ausstellungsraum, und während sie eloquent in ihr Handy spricht, um ein paar Termine zu verlegen, betrachte ich die diskret ausgestellten Messer. Stück für Stück Meisterwerke. Griffe aus Kirschbaumholz, Birnenholz, Pflaumenholz, Buche, Birke, Wacholderstrauchstämmen, Olivenbaumholz.

»Ihre Fabrik ...«, setze ich an, aber sie schneidet mir dezidiert das Wort ab.

»Entschuldigen Sie die Unterbrechung, aber wir sind keine Fabrik, wir sind eine Manufaktur. Unser Credo lautet: Gute Messer sind handgemacht. Wir sind die Letzten in Solingen, die das heute tatsächlich noch beherzigen. Selbst das allergewöhnlichste Küchenmesser wird hier mit größter Sorgfalt handgearbeitet.«

»Wie kommen Sie eigentlich zu dem Namen *Mühlenmesser*? Ich habe weit und breit keine einzige Windmühle gesehen. Ich nehme doch an, dass hier überwiegend mit Wassermühlen gearbeitet wurde, bevor die echte Industrialisierung einsetzte.«

»Der Name stammt von Ihnen.«

»Was höre ich da?«

»1889 war mein Großvater siebzehn Jahre alt und wurde nach Belgien und in die Niederlande auf Prospektion geschickt. Sein Vater, also mein Urgroßvater und Gründer des Unternehmens, wollte auch das Absatzgebiet erweitern und ins Ausland liefern. Mein Großvater kam mit der Idee zurück, dass wir vielleicht für den belgischen und den niederländischen Markt eine Mühle auf der Schneide anbringen könnten, das wäre für potentielle Kunden ein vertrautes Bild. Davor hatten wir noch andere Handelsmarken. Sehen Sie hier, ein Kleeblatt, oder hier, eine Säule, auf der ein Vogel sitzt.«

»Ein deutscher Adler?«

»Genau. Als Robert Herder seinen Betrieb gründete, war Deutschland gerade erst zu einem großen Ganzen vereint, das deutsche Kaiserreich war gerade ein Jahr alt. Die Zeichnung der Mühle, die mein Großvater mitgebracht hatte, war sehr naturalistisch. Man sah eine Poldermühle und ein Häuschen, Wasser, ein Segelboot und eine Wiese. Es war nicht so leicht, all das in den Stahl zu gravieren. Er ließ die Windmühle mit allem Drum und Dran 1905 registrieren. Bereits 1914 waren das Boot und das Wasser verschwunden. In den fünfziger Jahren blieb nur noch die Mühle übrig, auf einer Art Sockel, ich möchte es so ausdrücken, auf einem Deich, und so ist es bis auf kleine Änderungen bis heute geblieben. Sehr graphisch, aber es blieb eine auf den ersten Blick erkennbare Windmühle.«

»Ich verstehe, dass die Mühle für Belgien und die Niederlande eine geniale Idee war …«

»Aber auch für den deutschen Markt. Die Mühle wurde so ungeheuer beliebt, dass die anderen Handelsmarken einfach wegfielen.«

»Wie viele Messer produzieren Sie derzeit?«

»Jährlich zwischen neunhunderttausend und einer Million. So wahnsinnig viel ist das wirklich nicht. Es gibt größere Betriebe in Solingen. Trotzdem ist unser Absatzmarkt nicht gerade klein. In Deutschland sind wir natürlich überall vertreten, aber der Markt ist noch lange nicht gesättigt. Die Benelux-Länder sind unser wichtigstes Exportgebiet, daneben Frankreich, die Schweiz und Japan. Unser Umsatz im Inland ist noch immer etwas höher als der im Ausland.«

»Macht Ihnen das Schweizer Offiziermesser keine Konkurrenz?«

»Victorinox? Aber nein, die besetzen eine andere Marktnische.«

»Laguiole in Frankreich?«

»Da haben Sie schon Recht. Die Region in der Auvergne, wo die Laguiolemesser hergestellt werden, hat eine Struktur, die sich gut mit der hiesigen vergleichen lässt: viele kleine und mittelgroße Betriebe, die eine Tradition verteidigen. Doch dort hat man den Namen nicht schützen lassen. Solingen ist der einzige Ortsname in ganz Deutschland, der gesetzlich geschützt ist.«

Das ist merkwürdig. Frankreich schützt Ortsnamen in seinem halben Territorium, Champagne, Bordeaux, Camembert kennt jeder, aber es gibt wirklich Dutzende davon. In Deutschland gibt es nur das *Reichsgesetzblatt Nr. 119 vom 29. Juli 1938*, unterzeichnet von Adolf Hitler und seinem damaligen Wirtschaftsminister Walther Funk, dem Mann, der sich später die Konstruktion ausdenken sollte, wie man das Geld der in den Konzentrationslagern ermordeten Juden über die Reichsbank zur SS weiterschleusen konnte. Das ist wahrlich nichts, mit dem man prahlen könnte, aber zum Glück für Solingen datieren die ersten Versuche, den Namen zu schützen, mindestens von 1828. Seit 1924 gilt der Name Solingen gesetzlich als *Herkunftsangabe*, aber das war noch kein vollständiger Schutz. Überhaupt kann man Betrug nie völlig ausschließen.«

»Heute wird der Name Solingen in China und Süd-Korea hemmungslos missbraucht. Ich gehe immer entschieden dagegen vor, sobald ich Nachahmungen entdecke. Notfalls vor

Gericht. Aber es kommt auch vor, dass Leute, die wir gar nicht kennen und die nichts mit dem Betrieb zu tun haben, außer, dass sie unsere Messer kaufen, uns auf billige Nachahmungen hinweisen. Aus echter Empörung. Bisher haben wir unsere Marke mit großem Erfolg verteidigen können.«

»Und die normale Konkurrenz aus dem Fernen Osten?«

»Natürlich gibt es die. Die ersten ausländischen Billigmesser kamen, wie Sie sich vielleicht vorstellen können, aus Japan. Solingen insgesamt hat darauf schlecht reagiert. Wir hatten alle Trümpfe in der Hand: weltweites Ansehen, fachmännisches Können und Erfahrung auf jedem Gebiet, sowie gleichzeitig reichliche finanzielle Reserven. Zuerst wurden diese Reserven aufgebraucht. Als es keine mehr gab, wurde Solingen von der ersten Pleitewelle überschwemmt. Zwischen 1970 und 1974 gingen etwa hundert Unternehmen zugrunde. In weniger als fünf Jahren musste ein Drittel der Firmen schließen.«

»Sie konnten sich halten.«

»Ja, wir sind kleiner als früher. Wir haben sechzig Arbeitnehmer, früher waren es hundert. Unser Prinzip war immer: Nie auf Qualität verzichten. Nie die Standards senken. Das haben wir immer so gehalten, selbst in den schwersten Zeiten.«

»Es gibt doch alle möglichen Arten von Kunden, die alle möglichen Arten von Qualität wünschen.«

»Bei dem Windmühlenmesser ist die Produktbindung besonders groß. Wer ein Windmühlenmesser kauft, weiß, dass er Qualität kauft, auch wenn es sich um ein simples Kartoffelschälmesser handelt. Sehen Sie mal das hier.«

Sie zeigt mir das Foto eines beinahe durchgewetzten Messers. Die Schneide ist vielleicht noch drei Millimeter breit, der Griff ist geborsten.

»Der Besitzer dieses Exemplars hat uns angefleht, das Holz zu reparieren. Er hatte es noch von seiner Großmutter. Das nenne ich Produktbindung.«

Wir betreten die Manufaktur. Es ist eine echte Werkstatt. Den ganzen Morgen sehe ich vielleicht einen Computer und viele Männer bei der Arbeit. Frau Herder hat mir keinen Bären aufgebunden, hier wird das Handwerk noch hochgehalten.

Der Stahl wird gehärtet, indem man ihn bis auf 826 Grad Celsius erhitzt und anschließend in kaltes Öl taucht. Anschließend werden die Schneiden erneut langsam erhitzt, sonst sind sie zu hart für den täglichen Gebrauch. In einem angrenzenden Raum sitzt ein Mann an einem kleinen Tisch, auf dem eine sehr kleine Eisenplatte befestigt ist. Aus dieser Platte ragen vier, wie soll ich das nennen, Eisenfüßchen senkrecht in die Höhe, einige Zentimeter. Der Mann zieht die Klingen zwischen den Füßchen durch. Das ist die Kontrolle auf Makellosigkeit. Der Mann sieht sogar unsichtbare Rillen. Was nicht einwandfrei ist, wird erbarmungslos aussortiert.

Man darf zur Arbeit des Schleifers nie einfach schleifen sagen. Es ist der Ausgangpunkt, der *Grobschnitt*. Vollkommenheit wird erst beim *Feinpließten* erreicht und, höchstes Nirwana, beim *Blaupließten*, wodurch der Stahl blau zu irisieren beginnt. Siebzig Prozent des Schleifens ist Handarbeit. Durch die Automatisierung, sagt Frau Herder, ist das wirklich scharfe Messer aus Europa verschwunden.

Der *Dünnschliff*, das Schleifen der Klinge über die gesamte Breite, ist die Spezialität von Herder. Die Schleiffläche wird stetig mit Wasser besprenkelt. Das kenne ich gut. Mein Schwiegervater, der mich in die edle Kunst des Mähens mit der Sense eingeweiht hat, tauchte den heiligen Stein auch immer in Wasser, bevor er das Messer abzuziehen begann. Was ich noch nie gesehen hatte, war die *Nagelprobe*. Man hält die geschliffene Schneide an seinen Fingernagel. Die Schneide muss eine kleine Welle, eine minimale Wölbung zeigen, muss kurz aufleuchten. Buchstäblich wie bei einem Blitz sieht der wahre Fachmann, ob die Klinge geschliffen ist, wie es sich gehört.

Er ist freilich nicht mehr als der Tempelwächter des eigentlichen Schleifens. Nun ist der Augenblick gekommen, sich dem Hohenpriester zu nähern, dem Vorsteher, der es kennt und vor allem, der es kann. Wir betreten einen Verschlag.

Das Erste, was ich sehe, ist ein Behälter mit Schlamm. Wie unwichtig doch Äußerlichkeiten sind. Ich drücke die kundige Hand, die mir entgegengestreckt wird. Es ist eine betagte Hand. Herr Fehrenkampf ist neunundsechzig. Seit 1952 ist er schon im Beruf, seit seinem dreiundzwanzigsten Lebensjahr arbeitet er bei Herder. Ausgebrannt? Sehen Sie sich die Augen an. Müde? Sehen Sie sich das wissende Lächeln an. Vor mir steht der Modellarbeiter, nach dem die belgische Regierung ebenso verzweifelt wie fruchtlos auf der Suche ist. Fast siebzig ist der Mann, und das Ende seiner Laufbahn ist noch lange nicht in Sicht. Er bezieht Rente, sicher. Er muss nicht mehr vor sechs Uhr morgens fertig sein, warum auch? Jeden Tag macht er sich gegen halb elf auf zur Manufaktur. Seinen treuen Hund bringt er mit. Das Tier thront hinter ihm auf einem grünen Samtkissen. Dieser Mann wird nicht angespornt, angetrieben, gehetzt, und braucht deshalb auch nicht abzutreten. Herr Fehrenkampf ist der letzte der großen Schleifer. Frau Herder spricht ihn mit hörbarer Ehrerbietung an. Denn eigentlich ist er nicht der letzte. Er verkörpert Vergangenheit und Zukunft. Keine Zukunft ohne Vergangenheit. Neben ihm sitzt ein junger Mann über eine Schleifscheibe aus Eichenholz gebeugt. Auf dem Rand der Scheibe ist mit Leim Schlamm fixiert. Und jedesmal, wenn er eine Klinge in die Hand nimmt, taucht er sie zuvor in den Schlammbehälter. Ich gebe zu, dass das Wort Schlamm unzivilisiert klingt. Der Behälter enthält eine Mischung aus Öl und Schleifpuder, dessen Mischungsverhältnis nicht verraten wird.

Herr Fehrenkampf legt eine prächtig breite Klinge, ein hervorragendes Küchenmesser, an den flachen Teil eines kräftigen Stocks. Die Enden des Stocks sind abgerundet, so liegen sie gut

236

in der Hand. Jeder Klingentyp hat einen eigenen Typ Stock. Mit ruhigem Treten setzt er die Schleifscheibe aus Eichenholz in Gang. Gleichmäßigkeit ist die Devise, vor allem keine Hetze. Das muss der junge Mann lernen. In ein paar Jahren wird er ein voll ausgebildeter Schleifer sein. Wir begegnen Andrea, einem italischen Gott, mit Bart, langem, glänzenden, olivfarbenen Haar. Er hat die Meisterprüfung abgelegt. Stunden und Tage hat der junge Italiener neben dem alten Deutschen gesessen und zugehört, zugeschaut, ausprobiert. Jetzt kann er es.

In Belgien hampeln Minister, Gewerkschaften und Arbeitgeber herum, um Arbeitnehmer auch nur halbwegs in Arbeit halten zu können. Hier muss das Unternehmen aus wohlverstandenem Eigeninteresse die Arbeiter in Arbeit halten, und die Arbeiter wollen nichts lieber. Drei alte Meister werden hier gehegt und gepflegt wie Kronjuwelen. Zwei für das Schleifen, einer für die Holzbearbeitung. Ein Heftmeister, zwei Klingenmeister. Man muss es nur wagen. Die Ideologie dieser Zeit schreibt vor, dass Stillstand Rückschritt ist. Das ist völliger Unsinn, aber der ausgeübte Druck ist nicht gering. Man muss den Vorwurf, völlig unmodern zu arbeiten, beharrlich ignorieren. 1969 wurde in den Solinger Schulen das Unterrichtsfach Schleifen abgeschafft. Die Sensibilität geübter Menschenhände war nichts mehr für die moderne Zeit. Maschinen sollten alles übernehmen. Es wurde als eine Befreiung gepredigt, Befreiung von der Sklaverei der Handarbeit. Dass dadurch in einem großen Aufwasch auch der Stolz und das fachmännische Können kaputtgemacht wurden, wen kümmerte das? Dass das handwerkliche Können das Einzige war, worauf solche Menschen stolz sein konnten, weil sie nun einmal von ihrer Hände Arbeit leben mussten, wie der damals in breiten Kreisen gefeierte Philosoph Karl Marx es treffend geschrieben hatte, das wurde beiseite geschoben. Das geschah nicht nur in Solingen, es geschah in ganz Europa und weit über die Grenzen hinaus.

Die Manufaktur der Windmühlenmesser hat sich jedoch nicht damit abgefunden. Sie sorgte nicht nur dafür, dass sie eine Reliquie von unerhörtem handwerklichem Geschick im Hause behielt, sie setzte sich auch unverdrossen dafür ein, das Fach Schleifen wieder in allen Ehren einzuführen. Und so geschah es. Im Jahre 1997.

Ich bin nicht in ein Freilichtmuseum für industrielle Folklore gereist. Ein deutsches Bokrijk interessiert mich nicht. Ich habe mit einer Geschäftsführerin gesprochen, die sehr bewusst das ohrenbetäubende Quaken negiert, das unsere wirtschaftliche Zerstörungswut vor sich her jagt. Sie ist kein weinerlicher *laudator temporis acti*. Sie gibt wohlüberlegte praktische und realistische Antworten auf Fragen, auf die kein anderer Weltbetrieb eine Antwort findet. Genauer gesagt, finden kann.

Vor einigen Jahren reiste sie nach Japan, auf der Suche nach noch besserem handwerklichem Können. Wenn jemand aus Solingen anderswo sehen möchte, wie dort noch bessere Messer gemacht werden, zeugt das von großer Demut.

»Bis vor wenigen Jahren war ich davon überzeugt, dass wir hier in Solingen die schärfsten Messer der Welt herstellen. Vor ein paar Jahren habe ich das klassische japanische Messer kennengelernt. Heute weiß ich es besser. Man muss bescheiden bleiben. Durch die Zusammenarbeit mit japanischen Schmieden hat sich unsere Qualität ungeheuer verbessert, auch hier in Solingen. Ich bin nach Japan gefahren, um einen neuen Absatzmarkt zu finden. Und ich bin mit neuen Ideen über Schärfe zurückgekommen.«

»Wie groß sind die japanischen Betriebe, mit denen Sie zusammenarbeiten?«

»Groß? Das ist nicht das richtige Wort. Drei Leute. Zwei. Manchmal arbeitet ein solcher Schmied allein. Aber die japanische Serie öffnet uns die Türen der besten Läden. In Brüssel zum Beispiel bei Tilquin (in der Koninginnegalerij, GvI) oder bei Jamart (Gasthuisstraat, GvI). Ein Windmühlenmesser war ein Gebrauchsmesser und damit Schluss. Ich bleibe stolz auf unser gewöhnliches Kartoffelschälmesser. Aber wenn man die beste Qualität liefern kann, dann muss man sie auch liefern.«

Ich bin sehr beeindruckt, aber doch noch nicht so tief, dass ich 660 Euro für ein Messer ausgeben möchte. Das ist der Preis für ein Honyaki, das teuerste Objekt aus dem Katalog. Der kleinste und preiswerteste Japaner kostet noch immer 48 Euro. Da bleibe ich lieber bei meinem vertrauten Kartoffelmesser.

Und nicht vergessen, nach Gebrauch immer gleich abspülen. Niemals in die Spülmaschine.

Siehe auch: Uhren, Genie

Nationalhymne

In den Niederlanden haben sie das Wilhelmus, in Frankreich die Marseillaise, in Belgien die Brabançonne. Aber die Deutschen haben das Deutschlandlied. Was man ab und zu auch hört, ist »Lied der Deutschen«. Beide Bezeichnungen sind ungenau, und weil Deutsche nun einmal gern simple Sachen kompliziert machen – und komplizierte Sachen fürchterlich simpel – ist das angeführte Lied nicht wirklich ihre Nationalhymne. Nein, das wäre schon wieder zu einfach, nur ein Teil davon ist ihre Nationalhymne.

Nun pflegen sich Nationalhymnen gelegentlich einmal zu ändern. Sangen die Niederländer in früheren Jahren nicht aus voller Brust »Wien Neêrlands bloed in d'aders vloeit« (zu Deutsch: Wem niederländisches Blut durch die Adern fließt). Nur altehrwürdige Nationen wie Belgien haben seit ihrer Entstehung ganz entspannt, in guten wie in schlechten Zeiten, immer dieselbe Nationalhymne einfach weitergesungen. Die Brabançonne wurde 1830 zusammengereimt und –komponiert, schon während der Belgischen Revolution, und ist seither dieselbe geblieben. Gewiß, das Lied wird gemeinhin »den Brabbeson« genannt, denn die Belgier vertreten den ebenso prinzipiellen wie lobenswerten Standpunkt, dass das Vaterland nie genug verspottet werden könne. Im kleineren Kreis singen die Belgier auch leidenschaftlich gern skurrile oder rundheraus schlüpfrige Fassungen (*'nen ouwen aap zat zijn klote te schure, mè schuurpapier van zeve frang de rol* etc. (zu Deutsch: ein alter Affe saß und wischte sich den Arsch, mit Sandpapier für sieben Franc die Rolle usw.), aber wir wollen uns auf Deutschland konzentrieren.

Deutschland ist weder alt noch ehrwürdig. Der Text des Deutschlandlieds ist, wen wundert's, um Jahre älter als das

Land. Heinrich Hoffmann von Fallersleben hat es 1841 gedichtet. Der berüchtigte Anfang der ersten Strophe, *Deutschland, Deutschland, über alles, über alles in der Welt*, wurde und wird generell als reinster Ausdruck maßlosen, großkotzigen, teutonischen Größenwahns gesehen. Wer die dunklen Stunden des zwanzigsten Jahrhunderts studiert hat, dem ist das einleuchtend genug. Doch Hoffmann von Fallersleben konnte sie nicht kennen, er starb 1874. In einen Satz geballt wollte er den Herzenswunsch von Tausenden, wenn nicht Hunderttausenden Deutschen zusammenfassen. Über alles in der Welt wollen wir, dass das hoffnungslos zersplitterte Deutschland ein einziges Land wird. Wir wollen *ein* Deutschland statt Dutzender kleiner Fürstentümer und Königreiche. In diesen mühseligen Jahren des Vormärz war das ein sehr fortschrittlicher Gedanke, es war ein liberaler Gedanke, es war für die reaktionären Strohköpfe, die ängstlich ihr von Gott selbst verliehenes Stückchen Land bewachten, und vor allem für ihre Knechte, die Polizeispitzel, der verdächtige Gedanke schlechthin. Zwar konnte Hoffmann von Fallersleben in Breslau zum Ordinarius ernannt werden, aber als er eine Reihe unpolitischer Lieder publizierte, die alles andere als unpolitisch waren, gegen Zensur, gegen Fürstenwillkür, gegen die Zersplitterung der deutschen Länder, wurde er *ohne Pension* entlassen, er verlor seine preußische Staatsbürgerschaft und wurde des Landes verwiesen, das heißt aus Preußen. Alles in allem sollte er fast vierzigmal ausgewiesen werden, wenn man so viele verschiedene Staaten und Kleinstaaten im Angebot hat, ist das schneller passiert, als man denkt. Sein Deutschlandlied wurde von allen Studenten begeistert geschmettert, die für die Einheit und für die liberalen Freiheiten plädierten. Der Text gibt eine sehr weitgefasste Definition von Deutschland, und selbst da müssen wir keinen gefährlichen Imperialismus suchen. *Von der Maas bis an die Memel, von der Etsch bis an den Belt.* Die Maas, ist das etwa kein Imperialismus? Eben nicht. Die Niederländische Provinz Limburg gehörte von 1839 an, als sie von Belgien gelöst wurde, bis 1866 zum Deutschen Bund. Und dann Memel, im äußersten Osten? Memel, heute Klaipeda in Litauen, war damals einfach eine protestantische deutsche Stadt. Aber die Etsch, das ist doch die Adige und die fließt durch Italien! Stimmt, zumindest heute stimmt das. Damals nicht, denn damals war dort Österreich. Gerade die fortschrittlichen Politiker und Intellektuellen wünschten eine möglichst umfassende Vereinigung der deutschen Gebiete, nicht nur von West bis Ost, sondern auch von Nord bis Süd, und über allem wünschten sie, dass der österreichische Teil des nicht mehr existierenden Heiligen Römischen Reichs Deutscher Nation zum neuen Deutschen Reich gehören sollte.

Fünfundzwanzig Jahre nach der Entstehung des Deutschlandliedes sollten sich Preußen und Österreich auf Leben und Tod bekämpfen. 1866 zermalmten die Preußen die Österreicher in der Schlacht bei Königgrätz (heute Hradec Králové in Tschechien). Die Hoffnung auf eine möglichst umfassende Vereinigung war definitiv zerstört. Anfangs hatte es sogar den Anschein, als würde das im Wesentlichen katholische Süddeutschland nie und nimmer mit Norddeutschland verschmelzen. In diesem letzten Krieg mit Österreich kämpften unter anderem Bayern, Baden, Württemberg, Kurhessen und Sachsen an der Seite der Österreicher. Fünf Jahre später sollte Bismarck dank der meisterhaften Taschenspielertricks seiner *Realpolitik* all diese Länder ins Deutsche Kaiserreich locken. Aber selbst Bismarcks überragendes staatsmännisches Geschick reichte nicht aus, um auch noch Österreich einzufangen. In Wien sollte Franz Joseph, der in einer unnachahmlichen Weise scheinbar schlampig, lässig und kakanisch über seine vielen Völker herrschte, den Eisernen Kanzler auf dem Olymp der Macht um ein Vierteljahrhundert überleben.

Nicht allein der Text, auch die Melodie verweist auf die möglichst umfassend begriffene deutsche Einheit. Sie wurde 1797 von Joseph Haydn auf die Worte *Gott erhalte Franz den Kaiser* komponiert, der Deutlichkeit halber sei gesagt, es handelt sich dabei noch nicht um den späteren Franz Joseph. Haydn verwendete die Melodie in einem seiner wunderschönen Streichquartette, das bis heute als das *Kaiserquartett* bekannt ist. Die Komposition des alten Großmeisters sollte bis 1918 als offizielle Hymne des österreichischen Kaiserreichs und der Doppelmonarchie gültig bleiben, eigenartigerweise mit immer wieder anderem Text. Zugleich dekretierte Seine Apostolische Majestät Franz Joseph, dass der Wortlaut in allen Sprachen all seiner Völker zur Verfügung zu stehen habe.

Es bestand also die Absicht, alle Deutschen in einer Melodie zu vereinigen, die bis heute als offizielle deutsche Hymne beibehalten wurde – nicht jedoch im republikanischen Österreich. Das wollte nach der Höllenfahrt des Kaiserreichs 1918 jede Spur habsburgischer Herrschaft löschen. Und Haydns Musik war durch und durch habsburgisch. Er soll ein altes kroatisches Volkslied bearbeitet haben. Heute nennen wir so etwas multikulturell, die Österreicher wussten vor mehr als hundert Jahren, was sage ich, vor zweihundert Jahren mehr als genug darüber.

Die heutigen Deutschen singen also eine Hymne österreichischer, ja, slawischer Herkunft. Noch immer verwenden sie Hoffmanns Worte, aber sie verschweigen peinlichst die erste und zweite Strophe. Die erste stimmt geographisch und politisch nicht mehr, und wer will schon seine Verbündeten vor den Kopf stoßen, indem er bei jedem internationalen Fußballwettkampf unrealistische Gebietsansprüche erschallen lässt? Die zweite Strophe ist eigentlich ein fröhliches Trinklied. Die erste Zeile lautet: *Deutsche Frauen, deutsche Treue, deutscher Wein und deutscher Sang*. Nicht schlecht, eigentlich unschuldig, ganz und gar nicht kämpferisch, aber vermutlich würden die Feministen wütend protestieren, übrigens haben sie protestiert. Ansonsten sind diese Worte die einzig wirklich deutschen, die Hoffmann von Fallersleben in diesem Lied niederschrieb.

Denn die dritte Strophe, heute die einzige offiziell anerkannte, beginnt so: *Einigkeit und Recht und Freiheit,* und in der dritten Zeile ist auch noch einmal die Rede von *brüderlich.* Der Dichter übernimmt also die Ideale der Französischen Revolution, *liberté* und *fraternité,* da gibt es gar nichts zu zweifeln, wie verderblich die perversen Gallier in seinen Augen auch sein mögen. Nur findet er es wichtig, darüber hinaus eigens noch die Einheit des Landes vorauszusetzen. Das brauchten die Franzosen nicht, die *République Une et Indivisible,* die eine und unteilbare Republik, den jakobinischen Einheitsstaat, den hatten sie schon und den haben sie noch immer.

Sonderbar scheint mir, dass Deutschland, für viele nicht zu Unrecht die Musiknation schlechthin, nie eine eigene Melodie für ihre Nationalhymne hervorbringen konnte. Als der erste Kaiser des neuen deutschen Kaiserreichs gekrönt wurde, stimmten die Anwesenden das *Heil Dir im Siegerkranz* an, die Nationalhymne des Königreichs Preußen, und auch diese Melodie hat nichts Deutsches, es ist einfach das weltweit bekannte britische »God Save the Queen«. 1922 wurde das Deutschlandlied mit der ursprünglichen ersten Strophe zur Nationalhymne der Weimarer Republik erklärt.

Die DDR hatte eine eigene Nationalhymne, und die hat ebensowenig eine faltenlose Geschichte. Zuerst wurde sie gesungen und gespielt, danach nur gespielt, heute wird sie weder gesungen noch gespielt. Diese Hymne ist wohl deutsch. Sie wurde von einem großen Mann komponiert, von Hanns Eisler. Er hat zwar am Konservatorium von Wien studiert, aber geboren ist er in Leipzig, und er starb in Ostberlin. Seine Wiener Lehrmeister waren Schoenberg und Webern, doch das will nicht heißen, dass das Politbüro am 5. November 1949 ein dodekaphonisches Werk zur offiziellen Nationalhymne der jungen Republik ausgerufen hätte. So besonders avantgardistisch war die Vorhut des Proletariats nun auch wieder nicht. Eisler konnte schwer zugänglich aber zugleich auch offen sein und sogar sehr wohlklingend komponieren. Wer seine Lieder zu Texten von Brecht gehört hat, wird die melodische Linie nicht so bald vergessen. Die Worte wurden freilich nicht von Brecht erdacht, sondern von dem aus München stammenden kommunistischen Dichter Johannes R. Becher. Einige Jahre darauf sollte er der erste und vermutlich auch der beste Kulturminister werden, den die DDR jemals hatte. Oh, er hat grauenhafte Gedichte geschrieben, dieser Mann, aber dann so grauenhaft, dass man sich nicht mehr einkriegt vor Lachen:

Es wird ganz Deutschland einstmals Stalin danken;
in jeder Stadt steht Stalins Monument.
Dort wirst du, Stalin, steh'n, in voller Blüte
der Apfelbäume an dem Bodensee,
und durch den Schwarzwald wandert deine Güte
und winkt zu sich heran ein scheues Reh.

Die Worte, die er für die Nationalhymne fand, sind weit entfernt von dieser Torheit. Wir müssen bedenken, wo und wann sie geschrieben wurden, gleich nach dem Krieg, in dem Trümmerfeld, das Deutschland damals war:

Auferstanden aus Ruinen
Und der Zukunft zugewandt,
Laß uns dir zum Guten dienen,
Deutschland, einig Vaterland.

In der zweiten Strophe ist von Glück und Frieden die Rede. Deutschland will auch den anderen Völkern die Hand reichen. In der dritten Strophe steigt ein freies Geschlecht empor. Kurzum, der Wortlaut klingt ein bisschen geschwollen, wie in allen Nationalhymnen, aber es ist kein Hauch von Eroberungsdrang oder Kriegsgetöse herauszuhören. Für die Musik hat Eisler zum Teil Anleihen bei Beethoven (Opus 119, Nummer 11, eine Bagatelle) gemacht und ein kleines Stück dazukomponiert. Anscheinend wusste er nicht, dass der unverwüstliche König des deutschen Schlagers, Peter Kreuder, dieselbe Melodie bereits 1939 für seine Erfolgsnummer »Goodbye Johnny« verwendet hatte, gesungen von dem ebenso unverwüstlichen Hans Albers.

1968 änderte die DDR ihre Verfassung. Die Einheit Deutschlands flog heraus, und der Sozialismus marschierte ein. Als Erich Honecker wenig später die Macht von Walter Ulbricht übernahm, folgte rasch das Verbot, bei offiziellen Feierlichkeiten den Text der Nationalhymne zu singen. Die zahlreichen Orchester und Fanfarenzüge, an denen die kulturliebende Republik reich war, durften Eislers Noten zwar noch spielen, aber Schulkinder mussten den Text nicht mehr auswendig lernen. Von einem Tag auf den anderen war das einig deutsche Vaterland kein Eckstein der marxistisch-leninistischen Staatsordnung mehr. Kichernd flüsterten sich die DDR-Bürger zu, der Text sei tabu, weil die Ruinen aus der ersten Zeile ein allzu realistisches Bild der täglichen Wirklichkeit im siegreichen Sozialismus zeichneten. Auf jeden Fall gab es seither auf der ganzen Welt zwei Fußballnationalmannschaften, die zu Beginn des Spiels ihre Nationalhymne nicht mitsangen: die belgischen Roten Teufel, weil sie den Wortlaut nicht kannten, und die Jungs aus der DDR, weil sie den Wortlaut nicht kennen durften.

Seit der Vereinigung ist das Lied völlig weggedämmert. Ich bin der Ansicht, dass die Westdeutschen es falsch angepackt haben. Falsch, ich meine: taktlos, brutal, besserwisserisch, davon überzeugt, historisch richtig zu handeln. Ihr Lied, ihre Melodie, ihre Worte, die überlegenen Töne der westlichen Demokratie sollten aus den Kehlen der unterworfenen, unzuverlässigen, faulen Ostdeutschen erschallen, *und Schluss damit.* Die Westdeutschen waren viel zu überheblich, zu sehr von ihrer eigenen Vortrefflichkeit überzeugt, um sich einmal anderswo in der Welt umzusehen, wie dort mit diesem Problem umgegangen wurde. Problem!? Wieso? Gibt es etwa ein Problem? Ja, es gibt ein Problem.

In Südafrika hat Mandela die alte Nationalhymne nicht abgeschafft, geschweige denn verboten. Er weigerte sich, die Vergangenheit zu vergessen, aber er wollte auch *versoening* (Versöhnung), wie er es so weich artikulieren konnte. Also behielt er *Die Stem van Suid-Afrika* bei, die Nationalhymne der Buren, sagen wir ruhig des Apartheitheitsregimes, und Gott weiß, wie sehr Mandela und seine Mitstreiter unter diesem die Menschenwürde verletzenden Regime gelitten haben. Er ergänzte die von den Schwarzen so gehasste Hymne einfach um ihr eigenes prachtvolles *Nkosi sikele li'Africa.* Bei allen offiziellen Feierlichkeiten wurden sie nacheinander gesungen. Zwei Hymnen, um die Wunden einer zerrissenen Nation zu heilen, vielleicht hilft es. Auf jeden Fall hilft es mehr, als wenn man eine davon auf den Müllhaufen wirft. Das war am Kap aber noch längst nicht alles. Dort wurden die beiden Hymnen zusammengeführt: Die erste Strophe ist in Xhosa, die zweite in Sotho, die dritte in Afrikaans und die vierte in Englisch. Auch die zwei Tonarten der ursprünglichen Hymnen hat man beibehalten. Zu Beginn wird Gottes Segen für das Vaterland erfleht, aber in Sprachen, von denen ich kein Wort verstehe. Dann erklingt auf einmal *Uit die blou van onse hemel.* Einen blaueren Himmel kann ich mir nicht vorstellen, es ist wahrlich der Himmel der Versöhnung.

Nicht so die Deutschen. Ihre Entscheidung war ein Irrtum, ein schwerer Irrtum, ein unverzeihlicher Irrtum. Entschuldigungen werden nicht akzeptiert. Es gab ein Vorbild. Sprachprobleme haben sie jedenfalls nicht. Es war also keineswegs schwer, eine Lösung zu finden. Es musste nicht einmal nach einer Lösung gesucht werden, sie lag schon fix und fertig bereit, zumindest für den, der sie sehen wollte. Johannes R. Becher hat seine Verse so geschrieben, dass sie vollkommen zum Takt von Haydns Melodie passen. Wirklich und wahrhaftig, sie reimen sich sogar. Vergleichen Sie einmal das westliche:

Einigkeit und Recht und Freiheit
Für das deutsche Vaterland!
Danach laßt uns alle streben
Brüderlich mit Herz und Hand!

mit dem östlichen:

Auferstanden aus Ruinen
Und der Zukunft zugewandt,
Laß uns dir zum Guten dienen,
Deutschland, einig Vaterland.

Becher hält das die ganze Zeit durch, nur in der allerletzten Zeile weicht er plötzlich von seiner eigenen Prosodie und damit von Haydns Musik ab. Aber gerade diese Abweichung bot eine einzigartige Chance.

Warum hat die Regierung des frisch vereinten Landes nicht einen landesweiten Wettbewerb für eine neue Nationalhymne ausgeschrieben? Diese Methode hat den Kanadiern zu einer schönen Fahne verholfen, um die sie die ganze Welt beneidet. Ein Schuljunge hat den Entwurf gezeichnet. Deutschland hat Talente genug, mehr als Kanada. Genie ist die Blüte einer großen Anzahl. Hätte man vielleicht viel zu viele Einsendungen erhalten, achthunderttausend Luschen oder so? Einer von hundert Deutschen? Na und? Vielleicht wären es mehr gewesen. Öffnet man in Deutschland einen Schrank, dann fällt einem bestimmt jedesmal ein Dichter entgegen. Sicher ist, dass die Wettbewerbsjury mindestens zwanzig gute Arbeiten hätte bekommen können, und mit ein bisschen Glück zwei oder drei überragende. Die besten hätte man dann sammeln und in achtzig Millionen Exemplaren verlegen können. Oder, wenn das zu teuer wäre, warum hat die Regierung Kohl nicht zwei großen Dichtern einen feierlichen, ehrenvollen, außerordentlich patriotischen Auftrag erteilt, einem aus dem Westen und einem aus dem Osten? Zum Beispiel Sarah Kirsch und Durs Grünbein? Oder Wolf Biermann und Eva Strittmatter? Marcel Beyer. Richard Pietraß. Hilde Domin. Und so weiter. Man hätte sehen können, wie eine literarische, politische, gesellschaftliche Polemik entsteht, so breit wie die neue Republik, von Kienitz Nord bis Kevelaer. Künstlerische Fehden hätten das Land zerteilt, ohne sich um die alten Grenzen zwischen den zwei Deutschländern zu scheren. Oder noch eine andere Möglichkeit, ein noch anderer Auftrag, der hätte lauten können: Schreibt eine neue Hymne und benutzt dazu Elemente aus den beiden alten. Schreibt eine Ode zusammen, die in Form und Inhalt die frisch erworbene Einheit feiert. Oder noch etwas anderes: Sie sollten nur die letzte Zeile von Bechers ehrenwertem Text anpassen, einen einzigen Vers. Das ist nicht besonders sensationell, aber schwieriger als es auf den ersten Blick erscheint, und vermutlich dürfte es auch von einem ein kleines bisschen ambitionierten Reimeschmied durchaus zu schaffen sein. Dann nämlich würden die vereinten Deutschen fortan zum Takt von Haydns Hymne in die Zukunft schreiten.

Emine Sevgi **Ö**zdamar

Sie wurde in der Türkei geboren. 1965 kam sie nach Deutschland, kein kleines Mädchen mehr, etwa achtzehn Jahre alt. Und ist geblieben. Und spielte Theater. Und schrieb Bücher.

Literatur stillt ihren Wissensdurst nach Informationen aus der Fremde. Ich spreche hier nicht von den Vereinigten Staaten oder von Kanada, den klassischen Einwanderungsländern, sondern von unserem alten Europa. Emile Zola war der Sohn eines italienischen Gastarbeiters, Joseph Conrad ein polnischer Seemann, Ionesco und Cioran waren Rumänen; Tahar bin Jelloun stammt aus Marokko und Salman Rushdie aus dem alten indischen Kaiserreich. Wir im niederländischen Sprachgebiet haben Hafid Bouazza, Mustafa Stitou, Ramsey Nasr, Kader Abdolah und Naima El Bezaz. Der alte Durlacher beschrieb auf Niederländisch seine deutschen Kinderjahre im Dritten Reich und der junge Amerikaner Jonathan Littell schreibt auf Französisch über Deutschlands finsterste Zeit.

Und die deutsche Literatur darf stolz auf ihre blühende türkische Abteilung sein. Es gibt eine richtige *Migrantenliteratur*. In einem Verzeichnis im Internet stehen mehr als hundertzwanzig Namen.

Eine der auffallendsten Gestalten ist die hochgewachsene, dunkelhaarige Schauspielerin Emine Sevgi Özdamar. Sie stammt nicht aus dem finstersten Anatolien, sie stand schon mit knapp zwölf Jahren auf den Brettern. Was ich mir darunter vorstellen soll, weiß ich nicht recht, aber ich weiß, dass es in der Türkei war. Und sie spielte auf Türkisch, denn Deutsch lernte sie erst später, in Deutschland, in Westberlin. Sie lebte dort als Arbeiterin bei Telefunken; danach kehrte sie für einige Jahre in ihre Heimat zurück. Sie besuchte in Istanbul die Theaterschule. Dort, nicht in Deutschland, vernarrte sie sich völlig in Bertolt

Brecht. Zwar war der geniale Weiberheld schon mehr als zehn Jahre tot, aber dennoch wollte sie ihm so nahe wie möglich sein. Sie ging zur Ostberliner Volksbühne, um dort mit Benno Besson und Matthias Langhoff zu arbeiten. Besson war ein Brecht-Schüler, Langhoffs Vater ein enger Mitarbeiter Bertolt Brechts gewesen. Mit seiner Regie des Kaukasischen Kreidekreises feiert Besson 1978 und 1979 in Avignon und Paris Triumphe. Özdamar ist mit dabei. Darauf folgt das Bochumer Theater, und sie spielt in einigen Filmen mit. Und sie schreibt.

1991 erhält sie in Klagenfurt den Ingeborg-Bachmann-Preis, und das ist nicht ohne, für ihren Roman – jetzt muss man erst einmal kurz sehr tief Luft holen – *Das Leben ist eine Karawanserei, hat zwei Türen, aus einer kam ich rein, aus der anderen ging ich raus.* Man sollte meinen, wer sich so einen Titel ausdenken kann, braucht eigentlich keinen Roman mehr zu schreiben. Aber Özdamar ergänzt die kurze Fabel auf dem Umschlag um mehr als dreihundert Seiten. Für jede Seite darf der deutsche Leser dankbar sein. Einen Lustgarten voller Geschichten schließt Özdamar auf, einen Garten voller Fabeln, Litaneien, Spiele, Beobachtungen, Erfindungen, es ist ein sich auffächernder, wiegender, ein leise singender Text ohne Kapiteleinteilung, und dennoch nirgendwo schwer oder weitschweifig, ganz im Gegenteil, es ist ein Kräutergarten voller Geschichten, ein Obstgarten voller Geschichten, ein duftender Wäscheschrank voller Geschichten über ein Mädchen, das in der Türkei der fünfziger Jahre aufwächst. Sie hat das Gespür eines Dorferzählers für das heitere oder schmerzliche Detail, sie beobachtet scharf, und sie hat ein unfehlbares Ohr für Sprachregister. Das Buch wimmelt von geistesgestörten Nachbarinnen, Brautschauerinnen, Spiritustrinkern, bekloppten Hodschas, Friedhofsidioten, es gibt eine bucklige Hure, eine Schwester, die Schwarze Rose heißt, eine Großmutter mit einem Himmelsauge und einen Vater, der überall Geld leiht, aber nie einen Pfennig zurückzahlt. Moslems saufen Raki, als sei es das sechste Gebot des Propheten. Dies ist orale Tradition in Höchstform. Allerdings in schriftlicher Form. Aber das geht doch nicht! Und trotzdem macht Özdamar seelenruhig das, was nicht geht. Ist das nicht die Definition von Genie? Sie schreibt Sätze hin, die leise pochen wie Schlagadern, oder besser, Sätze, die atmen. Scheinbar ziellos schaukelt das Buch von kleinen Alltäglichkeiten zu kleinen Alltäglichkeiten wie Hausputz, Zucker kaufen, ins Badehaus oder zur Schule gehen. Trotzdem besitzt dieser uferlose Text eine solide Struktur. Es gibt Ruhepunkte: Märchen, Gedichte, Sprüche, Gebete, Kinderreime, Lieder, Totenlitaneien. Durch letztere wird der kleine häusliche Kreis mit den großen Ereignissen der großen Welt verbunden, mit der Geschichte. Mit untergehenden Kaiserreichen und Staatsstreichen. Der Islam in diesem Buch ist erstaunlich milde, hier herrscht kein rachsüchtiger Allah, das höchste Wesen scheint ewig zu lächeln.

Das war für mich am überraschendsten: *Das erkenne ich wieder.* Ich bin nicht islamisch erzogen, ich habe nie einen Fuß in die Türkei gesetzt, und dennoch gab es ein großes Erkennen: Gebete, von denen man keinen Wort versteht, keine lateinischen, sondern arabische. Die Fastenzeit. Der Pfarrer, der, wie der Hodscha in der Koranklasse, losfurzt. Alte Frauen, die immer gleiche Floskeln von sich geben. Den Trost, den das schenkt. Den Schutz. Nur war der Katholizismus, in dem ich aufwuchs, viel strenger und düsterer als Özdamars Islam. Aber ich darf nicht verallgemeinern. Oder doch. Ich gehe unbesehen davon aus, dass das ein etwas älterer Bayer oder jemand aus dem *Ländle* Baden-Württemberg mit demselben frohen Wiedererkennen liest wie ich, einem noch größeren Wiedererkennen, denn in diesen beständigen Gegenden wurde der Katholizismus weniger abgeschliffen als in meinem Land. Integration ist nicht schwer, zumindest nicht, wenn man bereit ist, ausgetretene Pfade der Sozialarbeit zu verlassen, und wenn man sich ohne Hemmung in den Verführungskünsten der Literatur verlieren möchte.

Denn dieses Buch handelt nicht nur von der Türkei. Das Mutterland ist das zurückgelassene Land. Es gibt eine Distanz, nicht nur zwischen dem erwachsenem Leben und den jungen Jahren, also eine zeitliche, sondern auch eine räumliche. Ganz am Ende, noch nicht ganz im Erwachsenenleben angekommen, aber schon auf der Schwelle, bricht das Mädchen nach Deutschland auf. Wir werden in einem Zug mit künftigen Gastarbeitern zurückgelassen, der stundenlang in Jugoslawien steht, in einem Land, das inzwischen von der Landkarte verschwunden ist.

Viele europäische Literaturen kennen eine ehrwürdige und alte orientalische Tradition. Bereits zu Beginn des achtzehnten Jahrhunderts erregte Gallands französische Übersetzung von *Tausendundeine Nacht* großes Interesse, und in der deutschen Literatur hörte es seit Goethes West-östlichem Divan (1819) nicht mehr auf.

Dies hier ist etwas anderes. Hier geht es einmal nicht um den verzückten Abendländer, der sich mit der faszinierenden orientalischen Ästhetik beschäftigt, nein hier verbeugt sich eine Morgenländerin vor der deutschen Sprache und streut in ein und derselben Bewegung verschwenderisch Zucker und duftende Kräuter darüber aus. Sie liebt diese Sprache vielleicht mehr, als sie es beschreiben kann. Deutsch ist nicht ihre *Mutterzunge*, wie sie eines ihrer späteren Bücher genannt hat. Im Türkischen steht Zunge auch für Sprache, wie im Französischen die *langue maternelle*. Sie hat den Deutschen dieses Wort geschenkt und so die deutsche Sprache bereichert. Sobald sich Özdamar in den deutschen Sprachraum hineinbegab, war die Wirkung auf sie genauso Schwindel erregend wie für ein Kind, das seine ersten Worte stammelt. Und umgekehrt wird ihre Wirkung auf ihre neue Sprache genauso Schwindel erregend sein. Für sie war die deutsche Grammatik der Königsweg zur Emanzipation. Sie wurde nicht nur Dolmetscherin für ihre Landsleute in Deutschland und musste jeden Tag Probleme lösen, von deren Existenz sie wenige Wochen zuvor noch nichts geahnt hatte, als das halbe Schulkind, das sie noch war, die deutsche Sprache verschaffte ihr auch einen direkten Zugang zur linken Studentenbewegung der sechziger und siebziger Jahre, deren Parolen sie in das Land, aus dem sie stammte, mitnehmen sollte.

Wenn ihre Bücher halbwegs autobiografisch sind, war Özdamar eine echte Kommunistin. In der Türkei bedeutete das Kerker, Folter, Tod. Die geringste Gefahr war noch die Verbannung, man denke an Nâzim Hikmet. Darüber hinaus führte das Deutsche sie an eine Dichtung heran, deren Existenz sie bis dahin nur vage hatte vermuten können, die sie nur vom Hörensagen kannte. In den Liedern Bertolt Brechts fand sie Trost und Kraft, auch nach ihrer Rückkehr in die unruhige Türkei. Sie ist Schauspielerin und steht noch voll in der mündlichen Überlieferung ihres Mutterlandes, ihrer Muttersprache. Deshalb lernt sie Hunderte deutsche Gedichte auswendig. Die wird ihr niemand nehmen können. Sie mag spät ins deutsche Haus gekommen sein, aber sie ist tiefer als mancher Muttersprachler bis in die privatesten Räume der unvorstellbar reichen Wohnung vorgedrungen. Es wird nicht lange dauern, bis sie selbst ihre Schätze einbringen und vor jedem ausbreiten wird, der sie bewundern und betasten möchte.

Ganz anders ist ihr Verhältnis zu den Segnungen des deutschen Wohlstands und Fortschritts – man lese: unseres westeuropäischen Wohlstands und Fortschritts. Sie hat ein wunderbares Märchen über einen armen türkischen Bauern geschrieben, der sein Glück im reichen Alemania suchen möchte, in Deutschland also, über den Kulturschock, den Zehntausende ihrer Landsleute erlitten, dem sie selbst ausgesetzt war.

Die zwei letzten Sätze des Märchens lauten:

... »Wir müssen nach Alemania fahren.« Und fuhr rückwärts
nach Alemania.

Ich bin Emine Sevgi Özdamar ein paar Mal begegnet, in Rotterdam und in Berlin. Sie ist eine fröhliche Frau, sie erzählt gern zweideutige Witze und ist einem ordentlichen Glas Whisky nicht abgeneigt. Ist sie schön? Ist das wichtig? Ihr Lachen ist schön, ihr Deutsch ist schön, in ihm steckt eine schräge Sonne und auch Pfeffer, ihre Art die Tür zu öffnen, ist schön, man sieht eine wirklich unkonventionelle Frau, nicht eine, die höhnisch auf einem Schrotthaufen von Jugendfrustrationen thront, und das ist immer schön.

Ich weiß nicht, ob sich Özdamar heute noch als kommunistisch bezeichnen würde. Früher gab es ernste und fröhliche Kommunisten, Lausbuben und Schulmeister. Seit einigen Jahren scheinen beide Vertreter so gut wie ausgestorben zu sein und, ehrlich gesagt, sie fehlen mir, diese vitalen, unbekümmerten, unbezähmbaren Kommunisten von früher, voller Selbstironie, voller fantastischer Geschichten nach einer durchzechten Nacht mit viel Hochprozentigem. Emine Sevgi Özdamar erzählt nicht nur fantastische Geschichten, sondern auch leise, hauchzarte, unerwartete, und sie kann Stimmen in Käfigen aus Papier und Tinte einfangen wie keine andere. Sie lässt Geschenke über Deutschland schneien, glitzernde, duftende Geschenke, für die deutsche Sprache, für die deutsche Literatur, für die deutsche Kultur. Dank dieser Türkin – und mit ihr vielen anderen Türken und Persern, und wer weiß wie viele andere Turbane uns noch ins Haus stehen – bekommen deutsche Bücher mehr Glanz, mehr Kraft, mehr Anmut, mehr Märchen. Sind etwa Märchen nicht das deutsche Genre schlechthin?

Wer türkische Frauen wie diese aus Deutschland verbannen möchte, wird Deutschland unwiderruflich verstümmeln. Lasst im Namen Allahs, im Namen des Christengottes, im Namen aller Heiden und ihrer Götzen, lasst diese schwarzhaarige Zauberin zwischen Neckar, Eider und Isar ihre Künste zeigen. Und wenn man sich überhaupt entscheiden muss, dann jagt lieber den Weihnachtsmann aus dem Land.

Siehe auch: Bertolt Brecht, Friedrich Hölderlin, Quedlinburg, Kurt Tucholsky

Organisieren

Die Deutschen sind weltberühmt für ihr phänomenales Organisationstalent. Sie selbst können darüber nicht schweigen. Mit hörbarer Geringschätzung sprechen sie über den hoffnungslosen Pfusch bei ihren Nachbarn, zum Beispiel bei den Franzosen, oder den Polen, ja, vor allem die sind gemeint. Zum Glück sind wir Belgier auf der internationalen Bühne ziemlich unsichtbar. Doch viele Male habe ich deutsche, in Brüssel akkreditierte Journalisten mit dumpfer Missbilligung über den Lauf der Dinge in meinem kleinen Vaterland schwadronieren hören, der nur ihr ebenso dumpfes Unwissen gleich kam.

Die Wahrheit ist jedoch genauso peinigend wie unausweichlich. Deutsche können gar nicht organisieren.

Ich bekenne frei heraus, dass ich selbst jahrelang fest an die deutsche Lebenslüge geglaubt habe. Ich wurde von einem alten, weisen, freundlichen, aber vor allem beeindruckenden Mann, der in meinem Viertel wohnte, meiner Illusionen beraubt. Er war im bewaffneten Widerstand gewesen, und die Nazis hatten ihn durch ein halbes Dutzend Konzentrationslager geschleppt. Dennoch weigerte er sich, einen Deutschen zu hassen. Hiermit bringe ich ein Ehrensalut auf Meneer De Brock aus. Leider lebt er nicht mehr.

Wie kommt es wohl, pflegte er zu sagen, dass ich noch hier vor dir stehe. Dass ich die Lager überlebt habe, hat drei Gründe. Erstens: Zufall. Wenn man einem Aufseher über den Weg lief, der einen schlechten Tag hatte, und ihm gefiel dein Gesicht nicht, dann konnte das dein Tod sein. Ein Schuss, ein Schlag, das reichte. Zweitens: Meine Überzeugung. Ich wusste, warum ich dort saß, ich wusste, gegen wen ich kämpfte. Mit Leib und Seele. Ich wusste, dass sie verlieren würden, sie mussten einfach verlieren. Wer zufällig bei einer Razzia erwischt wurde, der hatte es viel schwerer. Für so jemanden war das Lager völlig unbegreiflich. Drittens: Die Deutschen können nicht organisieren. Sie denken zwar, sie hätten alles im Griff, selbst das kleinste Detail, aber das funktioniert nie. Davon haben wir dankbar Gebrauch gemacht. Wir achteten genau auf die Löcher in dem so genannt vollkommenen Panzer. Die gab es immer. Aber die Deutschen wollten es einfach nicht sehen, und wenn sie es sahen, war es meist zu spät.

Später habe ich Beweise gegen die Behauptung von Meneer De Brock gesucht, fand aber nur Beweise, die seine Erkenntnis stützten. Deutsche können nicht organisieren.

Das Dritte Reich bricht zusammen. Heiner Müller, später einer der bekanntesten Theaterautoren des zwanzigsten Jahrhunderts, ist sechzehn, siebzehn Jahre alt. Er irrt durch die chaotischen Reste seines verwüsteten Landes. Die Konzentrationslager leeren sich, aus den Ostgebieten strömen deutsche Flüchtlinge, auf der Flucht vor der Roten Armee. In seinen Gedenkschriften *Krieg ohne Schlacht* sagt Heiner Müller, dass er damals voller Bewunderung für das phänomenale Organisationstalent gewesen sei, das Italiener unter chaotischen Bedingungen an den Tag legten. Bei Chaos, sagt er in seinen Gedenkschriften, kann man nur auf Italiener zählen, nicht auf Deutsche. Die werden panisch und dadurch unberechenbar.

Ich schreibe meine achtzehnjährige Tochter an der *Hochschule der Künste* in Berlin ein. Oder genauer, ich versuche sie einzuschreiben. Ich muss mit irgendeinem Papier zur *Ortskrankenkasse*. Das Sekretariat der Hochschule schickt mich zu einer völlig falschen Adresse. Nach langer Fahrerei, Berlin ist groß, komme ich an, es ist kurz vor Ende der Geschäftszeit. Zum Glück treffe ich einen ostdeutschen Portier, der sagt: Vielleicht finde ich doch noch jemanden. Er findet eine Mitarbeiterin, ebenfalls eine Ostdeutsche, die mir die richtige Adresse gibt. Ostdeutsche können improvisieren, sie schon. Sie hatten es oft schwer, aber sie mogelten sich durch, wie wir das nennen. Ihre Führer glaubten, dass sie organisieren könnten, daran ist ein ganzes Land zugrunde gegangen. Am nächsten Tag melde ich im Sekretariat der Hochschule, dass sie ihren Adressenbestand vielleicht ein wenig aktualisieren sollten. Die Frau am Tresen bestreitet mit stählernem Gesicht jeden Fehler. Sie wird sogar böse. Sehr böse. Danach muss ich mit einem anderen Papier irgendwo anders hin, um einen Absolut Unentbehrlichen Stempel zu holen. Nur, das Papier gibt sie mir nicht mit. Es wird mir hartnäckig verweigert. Ich darf es nicht mitnehmen. Ich habe es dann einfach stibitzt. Als ich es abgestempelt zurückbrachte und die Frau hinter dem Tresen mich hochnäsig fragte, wo ich es denn her hätte, habe ich mit stählerner Miene gesagt: Von Ihnen.

Aber das kann ja durchaus ein Einzelfall sein. Ich kann nämlich gar nicht organisieren, es wird also wohl alles an mir liegen. Oder an dieser einen, bösen Frau. Ich darf nicht allzu schnell verallgemeinern.

Ein paar Jahre später treffe ich in Berlin ein belgisches Ehepaar. Sie wollen ihren Sohn einschreiben. Hochschule der Künste, frage ich. Nein, Freie Universität. Kann auch die Humboldt gewesen sein oder die Technische Universität, auf jeden Fall, die Kunsthochschule war es nicht. Spontan schütteten sie mir ihr Herz aus. Schlecht organisiert, Meneer! Unglaublich! Und wir dachten, dass die Deutschen so … Die Geschichte von dem Papier und dem Stempel erzählen sie mir Wort für Wort. Meine Geschichte. Es liegt also doch nicht an mir. Und auch nicht an dieser miesepetrigen Sekretärin.

Für dieses Buch habe ich Deutschland bereist, kreuz und quer, oft mit dem Zug. Auf all meinen Reisen hatte nur ein einziger Zug keine Verspätung. Ein einziger! Ein Bummelzug von Berlin nach Stralsund über Neu-Strelitz. Der Zug Brüssel-Köln zählt nicht, der fährt zum größten Teil auf belgischem

Territorium. Dennoch habe ich es erlebt, dass wir in Aachen pünktlich ankamen und in Köln zu spät.

Einmal bin ich mit dem Zug aus Pilsen abgefahren, genau um 8 Uhr 32. In den zwei tschechischen Provinzorten, wo er hielt, kamen wir pünktlich an. Wir fuhren über die deutsche Grenze. Erster Halt, Regensburg, der Zug hat Verspätung. Ich steige in den Zug nach Köln um. Überall Verspätung. Zum Glück ist die Wartezeit in Köln lang. Wir überschreiten die belgische Grenze. Plötzlich fahren wir wieder nach Plan.

Neulich kam ich aus Berlin. Wir fahren vom nagelneuen Hauptbahnhof ab, wir geraten immer mehr in Rückstand. Und dann geschieht das Wunder. Kurz vor Köln fahren wir *fahrplanmäßig,* wie das heißt, völlig dem Fahrplan entsprechend. Ich muss noch hinzufügen, dass das Bordrestaurant des ultraschnellen Prestigezugs ICE wegen Nachschubproblemen keinen Service mehr bieten konnte. Kleiner Organisationsfehler. Sie konnten zwölf Tassen Kaffee und ein paar vertrocknete Croissants servieren, und das war es dann. Aber in Ordnung, das kann dem Besten passieren, ich will nicht nörgeln, vor allem nicht, weil ich einer der Auserkorenen war, die gerade noch Kaffee abbekamen. Ich bereite mich auf einen feierlichen Moment vor. Wir werden pünktlich in den Kölner Hauptbahnhof einfahren. Auf der Rheinbrücke bleibt der Zug stehen. Im Kölner Bahnhof ist irgendetwas schief gegangen, meldet der Lautsprecher. Wir kamen zu spät an.

Vor kurzem sprach ich mit Jan Hoet. Der bekannte flämische Konservator war einige Zeit künstlerischer Direktor des Museums MARTa in der deutschen Stadt Herford. Es ist eines der neuen Museen, auf die Deutschland zu Recht stolz ist. MARTa ist in einer alten Textilfabrik untergebracht, die von einem namhaften zeitgenössischen Architekten, Frank Gehry, umgebaut wurde, dem Mann, der auch das Guggenheim in Bilbao entworfen hat. Organisieren? Das können die Deutschen nicht, vertraute mir Jan Hoet an. Die Deutschen sind perfekte Maschinerien, die sich jedoch nur um ihre eigene Achse drehen. Es ist eine regelrechte Katastrophe.

So hört man es auch mal von jemand anderem.

Ossiladen

Es handelt sich nicht um den Namen eines bislang unbekannten, fürchterlich fanatischen und teuflisch gerissenen islamistischen Terrorristen. Es ist nicht einmal ein Mensch, es ist ein Geschäft, genauer gesagt, ein Versandhandel. Ganz banal. Das Sortiment jedoch ist alles andere als banal. Es besteht einzig und allein aus Produkten, die in Ostdeutschland produziert wurden und noch immer fabriziert werden. Ich stehe unter einem Schirm vor einem Bürogebäude. Nicht sehr groß ist es, nur wenige Stockwerke, einer dieser faden Glaskästen, die unseren Planeten vom Pol bis zum Äquator überziehen und nicht einmal den Mut zur Hässlichkeit haben. Noch bevor es Nacht ist, werde ich das Ding – schafft es denn diesen Status? – vollkommen vergessen haben.

Aber nicht das schwarzweiße Poster, das im Fenster hängt. Darauf sieht man eine lange Schlange Frauen von hinten, alle tragen einen billigen Regenmantel und haben wie ich unter einem Schirm Schutz gesucht. Sie warten aufgereiht neben einer Brandwand an einer leeren Straße. Der Asphalt der Straße ist sehr pockennarbig. Das alles kann nur in einem kommunistischen Land sein. *OSTPRODUKTE JETZT AUCH IM WESTEN!* lautet die triumphierende Parole auf dem Plakat. Noch nie habe ich einen witzigeren Kommentar auf das Hoffnungslose im Kommunismus und das Hoffnungslose im Kapitalismus gesehen.

Ich bin mitten durch einen Regen hierher gefahren, der meiner Meinung nach auch ein Ostprodukt ist. So kann der leckgeschlagene Himmel nur in der Ebene bei Leipzig auslaufen. Ich suchte das Dorf Espenhain, musste dreimal nach dem Weg fragen und bekam dreimal eine Antwort auf Sächsisch, es hörte sich an wie Brei, wie durch den sauren Regen in Auflösung begriffene Braunkohlebriketts. *Pasj*, sagen wir in Brüssel zu Brei, genauer geht es nicht. Doch mein Leidensweg war noch nicht zu Ende. Ich steuerte das Auto in ein asphaltiertes Sträßchen zwischen unterernährten Tannen, so ein Sträßchen, das garantiert nach Nirgendwo führt oder in ein darniederliegendes Industriegebiet, aber das ist dasselbe. Aus dem Augenwinkel sah ich plötzlich das Wort *Ossiladen* aufblitzen. Manchmal denke ich, dass einer meiner Vorfahren ein indianischer Fährtenleser war.

Firmenchef ist Michael Frühauf. Vor 1989 war er Ingenieur in einem volkseigenen Industriekombinat. Er war Fachmann für Maschinen, die alle möglichen Produkte testen konnten.

»Wir haben Maschinen gebaut, um die Zugkraft von Stahlkabeln oder von Schiffstau zu testen. Wir hatten auch eine Maschine, um die Reißfestigkeit von Kondomen zu untersuchen. Dehnen, bis sie reißen«, sagt er grinsend. Er hat einen starken sächsischen Akzent, aber zum Glück nicht so schlimm, dass ich nicht verstehe, was er sagt.

»Nach 1989 machte ich in Kommunikationstechnologien für Unternehmen. Man könnte sagen, dass ich maßgeschneiderte Telefonzentralen für Firmen installierte. 1999 habe ich mich selbständig gemacht und dieses Internetshopping-Unternehmen gegründet. Groß ist es ja nicht, hier arbeiten gerade mal drei Frauen, und das ist alles.«

Schon nach wenigen Jahren wankt der Ossiladen unter seinem eigenen Erfolg. Die Kunden sind zu achtzig Prozent Ossis, aber da sich nach dem Fall der Mauer der Wegzug in den Westen beschleunigte, wohnen heute viele von ihnen im Westen. Nach einer gewissen Zeit sagen sie dann zwar *Grüß Gott*, aber das tun sie immer noch mit sächsischem Akzent.

Es sind dreitausend Ostprodukte bekannt, Frühauf allein kann schon fast zweitausend liefern, aus dem Vorrat oder auf Bestellung. Vita Cola, Florena-Schokolade, Bockwurst aus Halberstadt, Senf aus Bautzen, Pflaumenmus aus Zörbig, Meerrettich und Leinöl aus der Lausitz, die herrlichen Gurken aus dem Spreewald, Kuscheltiere, die man sofort streicheln möchte, die charmantesten Kinderbücher, die ich kenne, Blümchenschürzen wie von meiner alten Tante und natürlich Jesuslatschen, dünne Sandalen, die mit ein bisschen Glück einen Sommer lang halten, jeder DDR-Bürger hat Dutzende davon an den Ostseestränden verschlissen. Jedes Produkt kann man als Witz sehen, den nur die in die Geheimnisse der Ostalgie Eingeweihten begreifen. Die Firma ist auch halb aus Jux entstanden. Die andere Hälfte war kein Jux, im Gegenteil.

»Nach dem Mauerfall sind massenhaft westdeutsche Waren in die ehemalige DDR geströmt. Plötzlich gab es die Produkte nicht mehr, an die siebzehn Millionen Menschen gewöhnt waren; sie wurden Stück für Stück durch Dinge aus dem Westen ersetzt.«

»Aber die Leute hier wollten nichts lieber«, sage ich. Ich erinnere mich an die Gehsteige ostdeutscher Städte in den Jahren 1990, 1991. Sie standen voller Möbel und Hausrat. Man stolperte darüber. Alles musste raus. Alles, was an die DDR erinnerte, wurde verworfen. Buchstäblich, auf die Straße geworfen.

»Stimmt. Aber das ist jetzt endgültig vorbei. Inzwischen sind die ostdeutschen Fabriken zwar bankrott. Oder wurden von den Wessis übernommen, die die Ost-Investitionssubventionen von Kohl einstrichen und nach zwei Jahren einfach zumachten. Und trotzdem gibt es Firmen, die die Wende überlebt haben, die trotz allem weiterproduzierten, die ihren Maschinenpark und einen Teil ihrer Kunden erhalten konnten. Stark geschrumpft, von hundert auf zehn Arbeiter, das ist viel öfter die Regel als die Ausnahme, aber sie arbeiten. Nicht in Branchen wie Maschinenbau, Textilindustrie oder Werkzeugbau. Das war die große Stärke der DDR, und die ist dahin. Nun gut, siebzehn Millionen Menschen sahen, fast von heute auf morgen, all ihre vertrauten Dinge verschwinden. Und ich meine wirklich stinknormale, alltägliche Dinge wie Brot, Strümpfe, Schuhe, Mäntel, Kaffee, Zigaretten, Bier, Wurst, alles weg, alles ersetzt durch etwas Neues. Siebzehn Millionen Menschen wurden mit einem Schlag ihrer ganzen vertrauten Lebenswelt beraubt. Ich weiß nicht, welche Produkte man bei Ihnen in Belgien so täglich verwendet. Werfen Sie die mal weg, alle, nicht eines nach dem anderen, nicht allmählich, sondern auf einen Schlag, und ersetzen Sie die alle durch, ich sag mal, niederländische oder englische Produkte. Früher oder später schrie das nach einer Reaktion. Wie würden Sie sich verhalten? Aus dieser Situation ist mein Unternehmen entstanden.«

»Verkaufen Sie denn viele Secondhand-Artikel?«

»Fast nichts. Das ist eine andere Art von Handel. Was ich anbiete, wird neu gefertigt, ausschließlich von Firmen in den neuen Bundesländern, also der ehemaligen DDR, das ist Prinzip. Ab und zu habe ich noch Restbestände von früher.«

Er zeigt ein Hemd der Einheitsjugendbewegung, der Freien Deutschen Jugend, knallblau, genauso hässlich wie haltbar. Es ist fünfzehn Jahre alt, echter als echt, selbst die Kunstfaser ist echt, und einst war der VEB Pirnetta aus Pirna, wo dem Etikett zufolge dieses Hemd hergestellt wurde, sehr real sozialistisch. Aber volkseigene Betriebe waren dem Kapitalismus ein Gräuel, also wurden sie abgeschafft. Ich sehe auch, was man neue alte Produkte nennen könnte. Alle Kinderbücher von früher werden seit einiger Zeit wieder aufgelegt. Und zu Recht. Es gibt jetzt CDs mit Liedern voller Klassenkampf und Morgenröte, für Beruf, Kinderzimmer und Partei. Es gibt DVDs mit populären DDR-Soaps. Und dann gibt es echte Nepp-DDR-Waren. Herr Frühauf reicht mir lässig ein Duschgel. Auf der Verpackung, exakt das Blau der Jugendbewegung, steht DDR und ERICHS LUXUS DUSCHBAD. Nach dem Mauerfall wurden Erich Honecker und seine betagten Genossen beschuldigt, sich in unerhörtem Luxus gebadet zu haben. Was sollen wir uns dabei vorstellen? Nur den Komfort, der einem leidlich erfolgreichen westdeutschen Zahnarzt zur Verfügung steht, nicht mehr und nicht weniger. Konnten sich Honecker und die Seinen auch nicht vorstellen. Nach der Gebrauchsanweisung muss dieses Gel bevorzugt von der Arbeiterklasse und von kollektivierten Bauern, die es bis zum Aktivisten der sozialistischen Arbeit bringen wollten, verwendet werden. Das Zeug kann gegen zwei Flaschen Tomatenketchup, eine Banane oder einen Scheibenwischer getauscht werden. Für den, der es nicht wissen sollte, in der DDR waren das sehr seltene Waren. Als Empfehlung sagte eine gewisse Gerda S. aus M., delegiert nach B., die im *VEB Walzwerk Oberfronwiesenau* arbeitete: »Auch ich bin für den Frieden.« Ich gebe nur eine kleine Auswahl all der urkomischen Sprüche, die auf Schachtel und Flasche stehen, mit dem skurrilen Textmaterial könnte man mühelos zwei Seiten füllen. Der Verkauf von Ostprodukten stützt sich auf zwei Pfeiler: Ironie und Ostalgie.

Binnen absehbarer Zeit wird das meiner Ansicht nach auch passé sein. Wer zu jung ist, sagen wir mal, zwanzig oder so, kann sich an nichts erinnern, kann also auch kein Heimweh haben und bestimmt nicht kapieren, was daran denn so witzig ist.

»Meine Kunden sind nie jünger als fünfundzwanzig. Aber in dem Alter fängt die Ostalgie schon an. Für mich ist die Geschäftslage also noch auf Jahre hinaus günstig. Ostalgie hat eine ansteigende Konjunktur. Ich muss keinen Cent für Reklame ausgeben. Fernsehen, Wochenblätter, Zeitungen, alle kommen aus eigenem Antrieb zu mir, sie stürzen sich einfach auf meine Firma. Ich will nicht einmal mehr sehen, was sie daraus machen. Morgen steht der Mitteldeutsche Rundfunk vor der Tür, der wird im Osten viel gehört. Und es sind nicht nur die kleineren Sender. Sat1, ZDF, ARD, auch die waren schon mal hier. Manchmal frage ich mich, bin ich ein Geschäftsführer oder ein unbezahlter Radiomitarbeiter?«

»Niemand will doch die DDR wiederhaben?«

»Das nicht gleich, aber es gibt etwas, das Leute aus dem Westen schwer akzeptieren können. Leute aus dem Westen begreifen nicht, dass es hier viel Gutes gegeben hat. Nehmen Sie meinen Fall. Ich wurde ordentlich bezahlt. Man hatte Kinderkrippen, schöne Ferien, wer studieren wollte, konnte ohne jedes finanzielle Problem studieren, wir reisten nach Ungarn zum Balatonsee, die Leute im Westen kennen ihn als Plattensee, und ans Schwarzen Meer nach Bulgarien. Das machen uns Touristen aus dem Westen übrigens nach. Okay, wir konnten nicht nach Paris, aber mich hat das, ehrlich gesagt, nie gestört. Wir, in den Betrieben, wir wussten natürlich besser als sonst wer, dass es hier eine Menge zu verbessern gab. Danach, als die Betriebe von Westdeutschen geführt wurden, haben wir dasselbe festgestellt: Es gibt noch immer eine Menge zu verbessern.«

»War dieser Übergang leicht, vom Beschäftigten in einem Staatsbetrieb zum Selbständigen?«

»Ich habe mich fast zehn Jahre lang in der kapitalistischen Wirtschaft umsehen können, deshalb beherrsche ich inzwischen die Spielregeln. Am schwierigsten war es, von der Bank einen Kleinkredit loszueisen. Die Auflagen bezüglich der trivialsten Dinge, die man vorhatte, lagen wie Blei auf mir, also habe ich keinen Kredit aufgenommen. Ich hatte 8000 Euro Ersparnisse liegen, sogar ein bisschen weniger, und die habe ich eingesetzt. 1999 habe ich dann eben die Veranda, die ich eigentlich an mein Haus anbauen wollte, nicht gebaut, und ich habe immer noch keine. Dank meiner Erfahrung in der Kommunikationsindustrie konnte ich mein eigenes Unternehmenskonzept entwerfen, maßgeschneidert für meinen Betrieb. Hätte ich das bezahlen müssen, dann hätte ich mich nie selbständig gemacht.«

»Wie kriegen Sie denn die Ostprodukte in die Ladenregale? Die Supermärkte sind doch auch alle in westdeutscher Hand und die haben ihre eigenen Lieferanten.«

»Erstens verkaufe ich an Privatkunden. Die Versandkosten sind nicht sehr hoch, und was den Preis der Artikel angeht, die Leute wollen gern ein bisschen mehr zahlen, solange es nicht allzu viel wird, solange sie nur ihren Senf aus Bautzen kriegen oder die Wurst, die genauso so schmeckt, wie sie es wollen. Außerdem klappere ich Märkte und Stadtfeste ab, vor allem im Osten. Ich arbeite oft hundert Stunden die Woche, ohne einen freien Tag, denn die meisten Feste werden samstags und sonntags organisiert. Wir fahren bis nach Berlin, Dresden, Chemnitz und Zwickau. Letzten Sonntag standen wir in Meiningen, das ist zwar nur eine kleine Stadt in Thüringen, aber ich kann Ihnen versichern, dort haben sie mir den Stand leer gekauft. Ich musste nichts mit nach Hause zurücknehmen. Dann gibt es die Supermärkte. Dort haben wir tatsächlich ein logistisches Problem. Wir könnten zum Beispiel in Berlin mehr liefern, sogar sehr viel mehr, aber wir kommen einfach nicht rein. Auch das ändert sich allmählich, wirklich. In den Supermärkten wissen sie auch, was die Kunden wollen. Und schliesslich gibt es die kleineren Ladeninhaber. Die nehmen nicht so riesig große Mengen ab, aber dem steht gegenüber, dass sie sehr dankbar sind, weil wir flexibel agieren. Die bleiben uns deshalb treu. Um ein Beispiel zu nennen: Ich habe einen Lebensmittelhändler in Köln, mit einem ganz normalen kleinen Geschäft; dieser Mann möchte von uns Kaffee, aber keine großen Mengen, die könnte er nicht auf ein Mal bezahlen und außerdem, soviel braucht er auch nicht. Wenn er es möchte, liefere ich ihm fünf Päckchen Kaffee. So etwas kriegt er beim normalen Großhandel nie, die liefern erst ab einer halben Palette. Fünf Päckchen *Röstfein Mocca Fix Gold*, das ist genau die Menge, die er an die Ossis los wird, die nach Köln gezogen sind, in seine Laufgegend.«

»Kann Ihr Geschäft noch wachsen?«

»Eigentlich möchte ich gar kein Wachstum. Damit bekomme ich nichts als Probleme. Mit meinem derzeitigen Umsatz funktioniert meine Firma prima. Wenn ich wachse, brauche ich mehr Lagerraum und mehr Personal. Gibt es dann einmal einen Nachfrageeinbruch, und der kommt früher oder später, stehe ich mit überzähligem Personal da, das ich entlassen muss. Nein, ich muss mit den Füßen auf dem Teppich bleiben. Also lieber kein Wachstum.«

Es gibt aber auch größere Betriebe, die dem kapitalistischen Orkan nach der Wende auf irgendeine Art und Weise glorreich standgehalten haben. Ich besitze ein Fernglas der Marke Jenopten, also aus Jena, hergestellt in einem, wie sollte es anders sein, volkseigenen *Kombinat*, ich habe es noch in der DDR gekauft. Die Linsen sind ein Wunder an Klarheit, man merkt das vor allem, wenn man Eulen in der Abenddämmerung aus der Nähe betrachten möchte. Der einzige Nachteil ist, dass man ziemliche Muskeln haben muss, um das Fernglas auf Augenhöhe zu halten, und man darf es absolut nicht mit einem Riemen am Hals baumeln lassen, sonst kriegt man garantiert einen Krampf. Bleischwer, aber verblüffende Qualität. Und unverwüstlich.

VEB CARL ZEISS JENA, wo mein Fernglas hergestellt wurde, hatte mehr als zwanzig Betriebe um sich geschart und dort arbeiteten fast siebzigtausend Leute. Heute ist Jena noch immer ein Weltzentrum für Optik der allerersten Kategorie. Bei den direkten Nachfolgern des VEB sind aber nicht einmal viertausend Leute beschäftigt, obwohl ich hinzufügen muss, dass in der direkten Umgebung viele Zulieferfirmen gegründet wurden. Jena mit seinen heute hunderttausend Einwohnern gilt bei Investoren als einer der attraktivsten Standorte in ganz Deutschland, genau wie das fast dreißig Mal größere Hamburg, aber viel besser als zum Beispiel Köln.

Alle Ölscheichs kennen den Namen des Städtchens Meissen an der Elbe, und vor allem kennen sie das Geschirr, das dort gebrannt wird. Sie sind erpicht auf das Zwiebelmuster und auf das Markenzeichen, die zwei gekreuzten, hauchzart gemalten, tiefblauen Schwerter, ein Wunder an Raffinement. Die *Königlich-Polnische und Kurfürstlich Sächsische Porzellan-Manufaktur* in Meissen produzierte in Europa das erste echte Porzellan, lange vor Sèvres, Limoges oder Burslem. Die Kommunisten haben vierzig Jahre lang dafür gesorgt, dass weder die phänomenale Qualität, noch die Produktion zu kurz kam. Im Gegenteil, sie verkauften nur zu gern Services an die kapitalkräftigsten der kapitalkräftigen Kapitalisten. Es war eine nicht zu verachtende Quelle harter Devisen. Unter den Linden in Ost-Berlin befand sich ein riesiger Ausstellungsraum, für jeden geöffnet, der Westgeld in der Tasche hatte. Dort habe ich mir einmal einen Aschenbecher von der Größe meiner Handfläche anschaffen wollen, verzichtete jedoch am Ende auf den Kauf. Er hätte das Äquivalent von 50 Euro gekostet. Dass in einer sozialistischen Planwirtschaft also nur minderwertige Produkte hergestellt wurden, stimmt somit nicht. Die Manufaktur war übrigens schon lange vor 1945 verstaatlicht, und ist es auch heute wieder.

Porzellan aus Meissen hat immer zur absoluten Spitzenklasse gehört, egal wer in Sachsen das Sagen hatte, und es gehört bis heute dazu. Noch immer wird es überall verkauft, wo Menschen skandalös, schamlos reich sind. Weltweit hat die Porzellanmanufaktur ein Netzwerk von dreihundert anerkannten Händlern. Eine niedliche kleine Teetasse, auf der ein Chinese in gelbem Gewand dargestellt ist, und ein ebenso niedliches kleines Tellerchen, auf dem anmutige kleine Schwalben herumflattern, kosten heute 248 Euro. Ein von Hartz IV betroffener Arbeitsloser bekommt pro Monat nicht einmal Geld für drei Tassen. Und so ein Ding hat noch nicht mal einen Henkel.

Die Erfolge im Sektor Alkoholika übersteigen die Vorstellungskraft.

Wenn ich in kultivierter Gesellschaft eine Lanze für ostdeutschen Wein breche, platzen meine Zuhörer spontan in genüssliches Lachen heraus, falls sie mir nicht ärgerlich den Rücken zudrehen. Ein Derivat der Chemieindustrie aus Bitterfeld, sagen die Bestinformierten hämisch, oder sonst Schwarze Pumpe, vielleicht haben sie ab und zu auch ein paar kubanische Rosinen untergemischt. Sie sind nie an einem sonnigen, aber noch etwas nebligen Septembermorgen von Naumburg aus nach Freyburg an der Unstrut gefahren. Dort liegen goldene Weinberge, eine alte, geruhsame Landschaft an einem gemächlichen Fluss. Terrassen, kurz vor der Traubenernte, herbstliche Laubgehölze, eine verfallene Burg, man muss kein großer Önologe sein, um zu wissen, da hat alles seine Richtigkeit. Deshalb stehen hier schon seit tausend Jahren Weinstöcke, zuerst auf den Landgütern der Klöster, später auf den Domänen der Adeligen und wohlhabenden Bürger. Im sechzehnten Jahrhundert erreichte der Weinbau mit zehntausend Hektar seinen Höhepunkt. Nachdem um 1870 die berüchtigte Phylloxera, die Reblaus, mit dem Beinamen Vastatrix, die verwüstende oder zerstörende Laus, nahezu überall in Europa den vollständigen Rebenbestand endgültig überfallen hatte, verschwand der Weinbau aus dieser Region. Später wurde ein bescheidener Anfang gemacht. Unter den Kommunisten gab es vierhundert Hektar Weinberge. Heute ist es um die Hälfte mehr und sie sind sehr präsent in der Landschaft. Unstrut (und Saale) ist das nördlichste Weinbaugebiet unseres Kontinents. Der große Bildhauer Max Klinger verglich dieses Gebiet mit der Toskana. Ich würde eher für die Loire plädieren.

In Freyburg steht eine selbstbewusste Villa, die versucht, wie die Champagnerpaläste auszusehen, die man in Reims und der unmittelbaren Umgebung finden kann. Das Türmchen aus

Hartstein über dem Eingang – in einem vagen Neorenaissancestil – trägt die Jahreszahlen 1856 und 1889. In der Eingangshalle besteigt man eine Treppe zwischen hellvioletten Säulen, geschmückt mit weißen Girlanden. An diesem Ort begannen die Gebrüder Moritz und Julius Kloss zusammen mit ihrem Freund Carl Foerster 1856 einen Weinhandel. Erst später kam das kleine Palais hinzu, es wurde 1889 vollendet. Eigentlich war es kaum mehr als eine Fassade für die gewaltigen Keller, fünf Stockwerke, dreizehntausend Quadratmeter, die aus der Bergflanke heraus gebrochen waren. Heute ist dies das älteste, als Denkmal geschützte Industriegebäude ganz Deutschlands.

1894 verlor die Firma einen Prozess gegen das weltberühmte französische Champagnerhaus Heidsieck & Co. Monopole S.A. Also musste sie für ihre Sektmarke Monopol einen neuen Namen finden. Da man in Freyburg die Flaschen mit rotem Stanniol abdeckte, wurde es Rotkäppchen. Rotkäppchen begann einen Siegeszug durch deutsche Wälder und Felder. 1896 wurde das größte Fass Deutschlands eingeweiht, für welches das Holz von fünfundzwanzig Eichen verarbeitet worden war, und es passte Wein für hundertsechzigtausend Flaschen hinein. Man kann es immer noch besichtigen, die Außenseite trägt kunstvolle Schnitzereien, und drinnen kann eine kleine Gesellschaft ohne weiteres speisen, denn das Fass wird schon lange nicht mehr mit Wein gefüllt. 1903 hat Kaiser Wilhelm II., der elf Jahre später sein Land in den Ersten Weltkrieg mitriss, das Unternehmen in den Rang der Hoflieferanten erhoben, und der Sekt wurde prompt in den meisten Offizierskasinos ausgeschenkt. Davon gab es in dieser Epoche noch ziemlich viele.

Was ist eigentlich Sekt? Die Bezeichnung Schaumwein wird als Beleidigung angesehen. Champagner ist auch verboten, dieser Name ist der Produktion aus der Region von Reims und Epernay vorbehalten. Köstliche Perlen ist zu schofel. Sekt ist einfach Sekt.

Rotkäppchen teilte Deutschlands Schicksal. Als die große Inflation ausbrach, kostete eine Flasche schnell eine Million neunhundertachtundzwanzigtausend Reichsmark. Vor allem im Norden und Osten des Landes werden Bäche von Sekt getrunken. 1949 übergab die sächsische Landesregierung das Unternehmen in die Hände des Volkes. In der DDR war Rotkäppchen wahnsinnig beliebt. 1989 produzierte Rotkäppchen fünfzehn Millionen Flaschen. Das ist ein klein bisschen weniger als eine Flasche pro DDR-Bürger. Die werden schon längst nicht mehr mit Wein aus dem kleinen Unstrutgebiet gefüllt. Schon zu DDR-Zeiten wurde der größte Teil aus Frankreich, Spanien und Ungarn importiert. Heute kommt der Wein immer noch zu einem Teil aus Frankreich und Spanien, aber doch überwiegend aus Italien und Westdeutschland. Wo die Tankwagen anliefern, steht in großen Buchstaben *È VIETATO LAVARE I CAMIONI* und in kleinen Buchstaben *FAHRZEUG-WÄSCHEVERBOT*.

Gleichzeitig mit der Berliner Mauer brach der Rotkäppchen-Absatz ein. In der zweiten Hälfte 1990 betrug der Verkauf noch eine Million achthunderttausend Flaschen. Das ist ein klein bisschen mehr als ein Zehntel Liter pro DDR-Bürger. Anschließend ging es rasch wieder bergauf. Derzeit erreicht man eine Produktion zwischen fünfzig und sechzig Millionen Flaschen pro Jahr. Darin sind dann auch die Miniflaschen mit 0,2 Liter eingeschlossen.

Es ist nicht so, dass die Ostdeutschen sich jeden Tag aus purer Verzweiflung die Hucke vollaufen ließen, indem sie sich pro Kopf ein halbes Dutzend zuckersüßen Schaumwein hinter die Binde gossen. Wohl war im Osten das rote Käppchen Gemeingut. Kein Kommunist, Christ oder Dissident, der die Marke nicht gekannt oder konsumiert hätte. Rotkäppchen war wirklich ein Nationalgetränk. Beim Fall der Mauer waren fast genauso viele Flaschen da wie Leute, die vor den Breschen vorwärtsdrängten. Man wurde spontan von Unbekannten abgefüllt, bis einem die Kiefer klebten und man nicht mehr wusste, wo Osten oder Westen lag. Im Westen war dieses Getränk völlig unbekannt. Wer dennoch wusste, was Rotkäppchen bedeutete, betrachtete es als ein schmähliches Symbol ostdeutscher kleinbürgerlicher Tristesse.

Die rote Prinzessin hat sich gerächt, und zwar in der einzigen Weise, wie man sich im Kapitalismus rächen sollte. Sie hat den Markt erobert. Das soll erst mal einer nachmachen. Eben erst aus dem Getränkekombinat Dessau ausgetreten und vor einem rasend schnell schrumpfenden Absatz stehend. In ganz Deutschland ging damals der Genuss aller Sektsorten stark zurück. Aber Rotkäppchen hat all seine Nachteile in Vorteile verkehrt. Es war ein Produkt aus der ehemaligen DDR, das bedeutete automatisch Dreck, wenn nicht gar verdächtiger Dreck, darüber hinaus altmodisch und langweilig. Sogar eher konservativ Gesinnte wollten um keinen Preis im weiten Umkreis einer solchen Flasche gesehen werden. Welche Flasche hatte denn so eine rote Kappe?

In der Tat, so gab und gibt es nur eine. Die fällt daher auch auf wie keine zweite. Ich habe selbst wiederholt in Supermärkten von Aachen bis hinter Dresden die Probe aufs Exempel gemacht, in Läden, in denen ich noch nie gewesen war. In der Regel ist für mich ein Besuch im Supermarkt eine verzweifelte Suche. Nur mit allergrößter Mühe gelingt es mir dort, ganz normale Waren zu finden, die ich haben möchte. Oft kann ich sie wirklich nicht finden, obwohl ich sicher weiß, dass sie dort stehen müssen. Nicht so mit Rotkäppchen. Man sieht die Flaschen so gut wie auf den ersten Blick. Und wenn sie nicht da stehen, weiß man, dass sie ausverkauft sind. Derzeit weigern sich manche Supermärkte mehr als drei Kartons – achtzehn Flaschen – pro Kunde mitzugeben, sonst kaufen die Restaurants, Tatsache, alle Bestände in kürzester Zeit auf.

Rotkäppchen hat die Absatzflaute mit großem Fleiß, aber mit relativ einfachen Mitteln ins Gegenteil verkehrt. Konsequent wurde der Sekt auf Fachmessen und Ausstellungen präsentiert. Verkostungen wurden organisiert. Man war sich nicht zu schade, die Märkte abzuklappern, nicht die abstrakten Märkte, sondern die realen, als normale Standbesitzer, zwischen einem Wurststand und einem mit Schirmen.

Besucher, vor allem aus dem Westen, aus Nordrhein-Westfalen, Niedersachsen, Bayern, wurden in die Firma nach Freyburg geholt. Pro Jahr kommen etwa hundertfünfundzwanzigtausend, und jeder Besucher wird als ein potentieller Botschafter gesehen.

Man produziert allerlei Varianten. So habe ich dort vor Ort einen knochentrockenen Weißburgunder verkosten dürfen, der den Vergleich mit den besten Champagnern mit Glanz bestanden hätte, strahlend blasses Gold, Fruchtigkeit (vor allem Birne) sehr reserviert im Hintergrund, nix feige Säure im Abgang. Aber die Betriebsleitung gibt ohne weiteres zu, dass sich der Geschmack halbtrocken, man kann auch einfach süß sagen, weitaus am meisten verkauft. Das ist ehrlich bis zum Schock. Die ganze westdeutsche tonangebende Schickeria begann bei dem Gedanken an süße Ware vor Abscheu zu würgen. Dass die französischen Sauternes und der ungarische Tokaier von Experten zu den allergrößten Weinen der Welt gezählt werden, sieht der kultivierte Westdeutsche als schalen Witz. Ich habe einmal in Mainz in der Gesellschaft einer hoch gebildeten, links angehauchten deutschen Dame auf das Wort *süffig* auf der Weinkarte gezeigt, nicht mehr. Sie warf mir einen Blick zu, kälter als der Nordpol, bevor die Erderwärmung begann. Ich begriff, dass ich mich einer Übertretung kosmischen Ausmaßes schuldig gemacht hatte. Ich hätte mich besser auf die Straße legen sollen und hoffen, dass schnell ein Auto daherkäme, um mich zu überfahren.

Diese hohe Mauer des Hohns hat Rotkäppchen durchbrochen und kann dadurch auf die Dankbarkeit von hunderttausenden normalen Westdeutschen zählen. Rotkäppchen hat den Markt überrumpelt. Schon 1995 wurde die Marke im ganzen vereinigten Deutschland verkauft, und der Verkauf steigt weiterhin. Bei Sekt ist Rotkäppchen unbestreitbarer Marktführer.

Um ostdeutsche Fabriken zu beschreiben, verwendeten westdeutsche Betriebsleiter einen rituellen Wortschatz. *Marode* war ein gängiges Epitheton, aber dann nicht ornans, denn das Wort bedeutet heruntergekommen. Das Wort *Bruchbude* wurde endlos wiederholt, als wäre es ein Mantra, und für chemische Betriebe wurde stets und ständig das Wort *Giftküche* verwendet.

Aber Rotkäppchen war alles andere als eine marode Bruchbude. In der roten Republik stand es an der Spitze des technischen Fortschritts in seinem Sektor und es hatte nicht grundlos eine hohe Auszeichnung für 25 *Jahre der ausgezeichneten Qualitätsarbeit* bekommen. Die fünf ostdeutschen Arbeitnehmer, die sich 1993 zu einem *Management buy-out* entschlossen, kannten ihren Betrieb von der Dachspitze bis in die untersten Weinkeller und sie wussten, dass sie kein schlechtes Geschäft machten. Ein stiller Teilhaber kam hinzu, und zwar kein geringerer als Harald Eckes. Eckes war in den westlichen Bundesländern mit Abstand der Marktführer bei alkoholischen Getränken.

Am 16. Januar 2002 herrschte in Deutschland ganz kurz verkehrte Welt. Ein ostdeutsches Unternehmen übernahm ein westdeutsches. An diesem Tag kaufte Rotkäppchen das Unternehmen Mumm in Eltville am Rhein und Hochheim am Main, nicht zu verwechseln mit der gleichnamigen Champagnermarke aus Frankreich. 2003 wurde Geldermann übernommen und damit steht Rotkäppchen an der französischen Grenze, in Breisach. Der kleine Ossi hat ganz entschieden den großen Westen erobert.

Überschreitet Rotkäppchen diese Grenze? Oder andere Grenzen? »Nein«, sagt mir der Sprecher der Sektkellerei resolut, »solange wir im Inland noch wachsen können, sind wir nicht am Ausland interessiert.« Man denkt dort in Freyburg auch nicht daran, in eine größere, bedeutendere Stadt umzuziehen. *Wer keine Herkunft hat, hat keine Zukunft.*

Siehe auch: Demokratie, DDR, Görlitz, Mauer, Nationalhymne, Quedlinburg, Schnaps

Palast der Republik

Ich kam dort vorbei an einem Tag im Mai, einem Traum von einem Tag, einem dieser Tage, über die viele schlechte Gedichte geschrieben werden, und sie waren dabei ihn abzureißen. Der Palast der Republik, alias das Ding oder der Würfel oder auch das Monstrum. Ihn. Er liegt unweit vom Alexanderplatz, zwischen dem Marx-Engels-Forum, wo die zwei bärtigen Philosophen stehen, in Bronze gegossen, ziemlich benommen, sichtlich ermattet, sie haben dort in Berlin auch schon so manches mitgemacht. Und der weite, leere Marx-Engels-Platz – genau dort, wo die Karl-Liebknecht-Straße über die Marx-Engels-Brücke in Unter den Linden übergeht, ist sie vor allem todlangweilig, und wenn es nur deshalb ist, weil sich kaum noch mehr Ideologie in so wenigen Straßennamen zusammenpressen lässt.

Eigentlich muss der ganze vorherige Satz in die Vergangenheit umgeschrieben werden. Denn der Platz und die Brücke tragen schon seit geraumer Zeit andere Namen. Die neuen Machthaber, die von den DDR-Bürgern jubelnd begrüßt wurden, haben geschworen, jede Spur des alten Regimes mit einer scharfen Beize zu entfernen. Der Palast der Republik war verhasst, weniger bei den Ost-, als bei den Westdeutschen.

Die DDR-Bürger mochten ihn nämlich sehr, ihren Nationalpalast.

Es gab für sie dort dreizehn Restaurants, die fünfzehnhundert Hungrigen Platz boten, es gab einen Jugendclub, es gab Kegelbahnen und allerlei Kaffeebars, Weinlokale und *Bierstuben*. Es gab ein kleines Theater mit zweihundertfünfzig Sitzen und einen großen Saal, in den fünftausend Menschen passten. Oh ja, bevor ich es vergesse, auch das Parlament hatte dort seinen Sitz, aber das ließ die DDR-Bürger völlig kalt. Unbekümmert gingen sie in ihrem Palast, ich sage deutlich in ihrem Palast, ein und aus. Ich habe sie dort kegeln sehen, Hochzeiten und Geburtstagsparties feiern, fröhlich, freundlich und natürlich beschwipst. Auf mich wirkte er eher wie ein Vergnügungspark als ein Parlament.

Nun, in das eigentliche Parlament, die Volkskammer, konnte man als Normalbürger nicht einfach hineinlaufen. Man brauchte eine Einladung. Ich bin mir nicht sicher, ob die DDR-Bürger das wirklich bedauerten. Sie wussten, dass in ihrem Parlament ohnehin nichts entschieden wurde. Überdies ist der Besuch der Parlamente in westlichen Demokratien auch kein Zuckerschlecken.

Will man heute in den Bundestag, dann muss man eine Stunde lang Schlange stehen, und uniformierte Polizisten zwingen einen, durch einen Metalldetektor zu gehen. Es erscheint wie die verkehrte Welt. Können wir, freie Westler, uns frei bewegen? Ja, aber die Orte, wo über uns entschieden wird, sind von undurchdringlichen Mauern umgeben. Konnten die armen, unterdrückten Ostdeutschen nicht hinaus, ich meine, in den Westen? Dann ergriffen sie eben von einem Teil ihres Nepp-Parlaments Besitz und machten einen echten, piekfeinen Lampenladen daraus. Das deutsche Parlament, das niederländische, das belgische, das europäische, eines wie das andere sind es hermetische Burgen, bewacht von bis an die Zähne bewaffneten Milizen, all unsere Parlamente sind ungastliche Orte, verseucht von Mißtrauen und Angst. Die DDR-Bürger sahen ihren Palast der Republik als einen Ort von Gesang, Spiel, Alkohol und Tanz.

Von all dem wussten die Westdeutschen, die heilige Eide geschworen hatten, dass der Palast zerstört werden müsse, natürlich nichts. Und wenn sie es wussten, wollten sie es nicht wissen. Jahrelang waren Pläne im Umlauf, eine originalgetreue Kopie des alten preußischen Stadtschlosses, das einst an dieser Stelle stand, wiederaufzubauen. Völlig verachtenswert kann man diesen Gedanken nicht nennen. Das Schloß war ein wunderbares Gebäude. Und als Walter Ulbricht in Ostberlin das Sagen hatte, hat er die kläglichen Überreste, die nach den schweren Bombenangriffen der Alliierten übriggeblieben waren, in die Luft jagen lassen. Ulbricht war nicht nur strohdumm, er handelte auch sehr gegen den Willen seiner sowjetischen Genossen, die meinten, dass man so mit seiner Vergangenheit nicht umgeht. Hätte es an den Russen gelegen, dann wäre das Preußenschloß in seiner ganzen Glorie wiederauferstanden, mit einem roten Stern auf der Kuppel, als Symbol der befreienden Arbeitermacht. Ulbricht war jedoch nicht nur dumpf, als Kommunist war er ein Erzfeind des preußischen Junkertums, und er kam aus Sachsen, das heißt, er verabscheute von Geburt an alles, was auch nur nach dem verschwundenen Preußen roch. Merkwürdigerweise stand er in dieser einen Frage Adenauer sehr nahe, aber der saß zu weit im Westen, in Bonn, einen Bogenschuss von seinem Rosengarten entfernt, am Ufer seines geliebten Rheins und er hat, was seine schmalen Lippen auch bekannten, jeden Versuch der Wiedervereinigung immer im Keim erstickt. Er wollte kein Krümelchen altes Preußen an seinem rheinländischen Leib. Nun ist Bonn nach Berlin verlegt, und dort liest man schon seit geraumer Zeit auf den Straßenschildern »Schloßbrücke« und »Schloßplatz«.

Vor allem das Herz des roten Staats musste ausgerissen werden. Im Palast der Republik saß die Volkskammer, das Parlament der DDR. Im Westen nahmen die bitteren Rufe kein Ende. Parlament!? Na, und!? Ja, ein Wahlautomat! Da saßen doch nur Kommunisten! Letzteres ist nicht wahr. Im ostdeutschen Parlament saßen eine Menge andere Parteien, zum Beispiel die Liberaldemokraten und auch die CDU. Und vergessen Sie nicht, im freien Westdeutschland war die KPD verboten. Im ostdeutschen Parlament hatte die SED, eine Verschmelzung von Kommunisten und Sozialdemokraten, nicht einmal die Mehrheit. Die bekam sie trotzdem immer, durch die Stimmen der Gewerkschaft, der Jugendbewegung, des Kulturbunds und noch von ein paar kleineren Gruppierungen, die auch ein paar Stimmen hatten. Daneben wurden zwei Tricks angewandt. Alle Parteien und Gruppierungen bekamen jedesmal garantiert dieselbe Anzahl Sitze – die SED zum Beispiel 25 Prozent, die CDU 15 Prozent –, und zusätzlich war jede einzelne Partei dann noch einmal in die Nationale Front integriert, für die 99 Prozent der Wähler stimmten, in schlechten Jahren 98 Prozent. Wir haben freie Wahlen, und die Verhältnisse zwischen den Parteien können sich stark verschieben, oft zum Graus und Unglauben der Regierenden und politischen Journalisten. Die Schimpfkanonaden gegen die Partei, die der Spielverderber ist, hören sich nicht schön an. Jan Marijnissen kann da ein Wörtchen mitreden. Jahrelang habe ich die Sitzungen des belgischen Parlaments auf der Pressetribüne verfolgt. Ein einziges Mal habe ich eine Regierung durch das Parlament stürzen sehen, inzwischen schon vor mehr als einem Vierteljahrhundert. Ich finde das belgische (und das niederländische und das westdeutsche und so weiter) System tausendmal dem ehemaligen ostdeutschen überlegen, aber meine Illusionen in Bezug auf die Macht der Volksvertreter habe ich verloren.

Das Palastskelett wird stehenbleiben. Auf großen Leinwänden, die über der Einzäunung der Abriss-Baustelle hängen, wird dem Vorübergehenden klargemacht, dass hier nichts, aber auch gar nichts abgerissen wird. Es wird lediglich die äußere Hülle demontiert. Ein neues Mäntelchen soll den harten Schultern aus kommunistischem Beton übergehängt werden. Das ist alles Augenwischerei. Der Palast der Republik wird mausetot sein.

Nun finde ich nicht, dass das Ding stehen bleiben sollte, weil es sich um eine seltene Perle der Architektur handelt. Unsinn.

Seine Feinde nennen es ein typisches Beispiel des diktatorischen Baustils. Genauso großer Unsinn und darüber hinaus noch ein Vertrauensbruch. Wenn man den Palast der Republik demontieren will, weil er so abscheulich ist, dann muss man das halbe Berlin demontieren. Die westliche Hälfte, wohlgemerkt.

Also nein, der Palast der Republik war nicht schöner und nicht hässlicher als fast alles, was seit 1945 Westeuropa im Allgemeinen und West-Berlin im Besonderen verschandelt. Er wurde 1976 eröffnet. Das lässt schon nichts Gutes erwarten. Völlig berechtigt werden die siebziger Jahre des vergangenen Jahrhunderts als absoluter Tiefpunkt der Architekturgeschichte von den alten Ägyptern bis heute gesehen. Die Vorderfront und die Seitenfronten bestanden ja wirklich, aus braun getöntem Spiegelglas, das nach den unergründlichen architektonischen Ukassen dieses unheilvollen Dezenniums weltweit für Bürogebäude streng verbindlich war, gehen Sie nur einmal nach Los Angeles oder London, nach Frankfurt oder Singapur und sehen Sie sich dort um.

Allerdings, auf der anderen Straßenseite der Karl-Liebknecht-Straße, genau gegenüber dem Palast, steht die evangelische Kirche, der Berliner Dom. Er ist ein Koloß mit einer riesigen, grünen Kupferkuppel, die Art von Kolossen, die auf dem Höhepunkt der wilhelminischen Ära in dem sehr ausgedehnten deutschen Kaiserreich wohl häufiger hingestellt wurden, vom Metzer Bahnhof bis zum Tilsiter Stadttheater. Dieser Kirchenbau wurde zwischen 1894 und 1905 errichtet. Man kann ihn, oder genauer, man konnte ihn in dem braunen Glas des Palastes sehen, aber immer merkwürdig verzerrt, ausgebeint, zerhackt, bizarr verzeichnet, vervielfacht, wie in den Zerrspiegeln auf dem Jahrmarkt. Das Heiligtum der roten Diktatur dekonstruierte das fette Monstrum aus der Kaiserzeit. Die große deutsche Tradition – und wenn in Deutschland eine Tradition groß ist, dann bestimmt die protestantische – wurde so fröhlich ins Jenseits befördert. Nirgendwo sonst habe ich je beobachtet, wie sich zwei todernste Systeme gegenseitig auslachten, machtlos wiehernd vor Lachen, Grimassen schneidend, sich in alle möglichen Haltungen verrenkend. Schon allein deshalb sollte der Palast der Republik stehenbleiben. Denn wenn sich die neue Fassade wie ein sich kräuselnder Teich widerspiegelt, selbst dann wird es nicht mehr dasselbe sein. Oh, das gemeinsame, lautlose Gelächter von Gottes Reformator und dem Gottlosen.

Siehe auch: DDR, Demokratie, Denkmäler, Nationalhymne, Ossiladen

Quedlinburg

Warum, bester Autor, erzähle mir, warum gehst du um Himmelswillen nach Quedlinburg, außer, weil du so unbedingt den Buchstaben Q in deinem gottverdammten Alphabet haben musst.

Einspruch, Hohes Gericht.

Zugegeben, ich wollte unbedingt den Buchstaben Q in diesem Buch haben, aber dann hätte ich die Wahl gehabt zwischen – kurz mal tief Luft holen – Quaal, Quadenschönfeld, Quadrath-Ichendorf, Quakenbrück, Qualburg, Qualitz, Qualzow, Quappendorf, Quarnbeck, Quarnebeck, Quarnstedt, Quarrendorf, Quaschwitz, Quassel, Quast (zwei Mal), Quatitz, Queck, Queckborn, Queckenberg, Queckhain, Queichhambach, Queichheim, Queidersbach, Queienfeld, Queis, Queisau, Quelkhorn, Quelle, Quellendorf, Quellenreuth, Quendorf, Quenstedt, Quentel, Querenbach, Querenburg, Querenhorst, Querfurt, Quern, Quernheim, Quersa, Querstedt, Querum, Questenberg, Quettingen, Quetzölsdorf, Quetzen, Quetzin, Quickborn (vier Mal!), Quierschied, Quirla, Quirnbach, Quitzöbel, Quitzow, Quohren, Quolsdorf, Quoos. Und natürlich Quedlinburg.

Sicher ein Dutzend dieser Orte liegt viel näher an meinem Wohnort als die ausgewählte Stadt. Warum bin ich zum Beispiel nicht nach Quakenbrück gereist, in dieses Juwel des Nordens, um dort die Häuser zu bewundern, die die *Ackerbürger*, die steinreichen, von der Landwirtschaft lebenden Bürger, erbauen ließen, um mich mit der dortigen Spezialität *Punkebrot und Stopsel* voll zu stopfen? Oder nach Quierschied im Saarland, um dort die riesigen, aber leider geschlossenen Steinkohlebergwerke, die dazugehörenden Arbeiterviertel und eines der größten Solarzentren der Welt zu besichtigen?

Es musste und sollte Quedlinburg werden.

Quedlinburg ist die Pfefferkuchenhäuserstadt des Pfefferku-chenhäuserlands schlechthin. Sogar ihr Name ist aus Pfeffer-kuchen. Ich wollte mich selbst auf die Probe stellen. Würde ich länger als eine Viertelstunde durch die Straßen laufen können, ohne meine Zähne in die erstbeste Hauswand zu schlagen? Würde ich ein feines Stimmchen hören, das fragte: Knusper, knusper, Knäuschen, wer knuspert an meinem Häuschen?

Nein. Jetzt ist es Zeit für den Ernst. Für Fakten.

Ich streife durch Quedlinburg.

Das ganze Zentrum gehört zum Weltkulturerbe der Unesco. Hier stehen zwölfhundert Fachwerkhäuser, sechs Jahrhundert dicht gedrängter Baukunst und Zimmermannstechnik. Man zieht ein Holzskelett hoch, eine Tragekonstruktion aus Stän-dern und Streben. Man füllt die vertikalen, leeren Quadrate, Rechtecke und Dreiecke zwischen den Balken mit Lehm oder Backstein aus, und da steht das Fachwerkhaus. Man darf es aber nicht verputzen, das Holz muss sichtbar bleiben. Diese Methode ist in England, in Frankreich, dort vor allem in der Normandie, und sogar bis in die Schweiz beliebt. Zu Unrecht lebt der Gedanke, dass Fachwerkhäuser nur noch für Folklo-risten und Rentner mit einem krankhaften Hang nach Male-rischem gut wären. Fachwerk ist antik und gleichzeitig sehr modern. Ökologisch angehauchte Architekten entwerfen heut-zutage energiesparende Fachwerkhäuser. Lehm isoliert fabel-haft. Holz ebenfalls.

Ich streife durch Quedlinburg.

Die Fassaden sind nicht in weiße Gefache aufgeteilt, abge-grenzt mit schwarzen Linien, wie ich es erwartet hatte, die Felder sind edel grau, blassrot, gelb, ocker und mattgrün. Mo-dische Farben, auch im Fachwerk. Fenster und Gesimse hän-gen krumm und schief. Es kann nicht anders sein, als dass der Gemeinderat eine städtebauliche Vorschrift erlassen hat, in der festgeschrieben wird, dass die Fenster schief hängen müssen. Die Touristen wollen nun einmal keine neunzigradwinkligen Ecken sehen. Touristen wollen sorgfältig in Stand gehaltenen, sauber überstrichenen Verfall.

Die Geschäfte verkaufen Kunsthandwerk, Wollgewänder, massenhaft Kerzen, Tee aus allerlei Unkräutern, makrobiotische Keramik, Krempel, den man Antiquitäten nennt, und – kein Scherz – bayerische Trachten. Quedlinburg liegt in Sachsen-Anhalt, deshalb. Das örtliche Fremdenverkehrsamt hat ein neues Produkt im Angebot, wie Manager das nennen: *Urlaub im Denkmal.* Wer nicht in einem Denkmal schlafen möchte, wird die Nacht notgedrungen auf der Straße verbringen müssen. Eine andere Wahl hat er nicht.

In Deutschland ist mehr als eine Stadt für ihre Fachwerkhäuser berühmt, Celle, Hildesheim, Melsungen, Miltenberg, Stade, Schiltach, und viele andere mehr. Die *Fachwerkstraße* beginnt im Norden an der Elbe, endet im Süden am Bodensee, und führt durch mehr als hundert Städte.

Quedlinburg ist nicht dabei, obwohl hier dreimal so viele Fachwerkhäuser stehen wie in Celle, und die Stadt ist nicht einmal halb so groß. Das benachbarte Wernigerode liegt wohl an der Straße. Beide Städtchen haben eine beeindruckende Burg oben auf einem Berg, beide genügen also den strengsten Kriterien deutscher Ansichtskartenromantik. Wernigerode hat auch noch eine Brauerei, aber Quedlinburg hat einen Dichter. Das Bier aus Wernigerode, das *Hasseröder Pils*, mundet ganz besonders köstlich. Der Dichter, der in Quedlinburg das Licht der Welt erblickte, Friedrich Gottlieb Klopstock, gilt allgemein als Begründer der großen klassischen Tradition der deutschen Literatur, aber die Lektüre der Höhepunkte seines Werkes kann zum Tod führen, ausgelöst durch grenzenlose Langeweile. Bereits 1753 schrieb Lessing:

Wer wird nicht einen Klopstock loben?
Doch wird ihn jeder lesen? – Nein.

Klopstocks Gedichte sind tiefsinnig. Klopstocks Gedichte sind ernst. Klopstocks Gedichte sind erhaben. Kurzum, er hat alles, was ein deutsches Herz und ein deutscher Geist nur begehren können. Herz und Geist, davor muss man sich in Deutschland immer in Acht nehmen.

Klopstock hat ein Heldengedicht über den Messias geschrieben, in zwanzig Gesängen. Der Gekreuzigte als Held, so hatte ich die Leidensgeschichte noch nie gesehen. Ich habe dreißig Mal versucht, den *Messias* zu lesen, an jedem Teil habe ich es versucht, ich habe mich wirklich bemüht, aber ehrlich, man kommt einfach nicht durch. Die Hexameter kommen mühsamer in Gang als die Autoschlangen im morgendlichen Berufsverkehr.

Mich wundert es nicht, dass Klopstock in seinen dichtungstheoretischen Schriften so stark den Nachdruck auf erhabene Worte legt (in *Von der Sprache der Poesie*) und auf den unüberbrückbaren Unterschied zwischen hoher und niederer Dichtkunst (in *Gedanken über die Natur der Poesie*). Und von der höheren Poesie, er spricht über *die Schönheiten der höhern Poesie*, von dieser hohen Poesie ist also das Heldengedicht dann noch einmal das allerhöchste. Das Wesen der Poesie, schreibt Klopstock, bestehe darin, dass sie die edelsten Kräfte unserer Seele mobilisiert, um die ganze Seele zu bewegen. Das kann nicht gut enden. Sein umjubeltes Meisterwerk *Der Messias* bewegt gar nichts.

Schiller spricht über Klopstocks Herrschaft, die er für gefährlich hält. Er ist der Abgott der Jugend, und, findet Schiller, *bei weitem nicht ihre glücklichste Wahl*. Sollte sich die deutsche Jugend im achtzehnten Jahrhundert etwa von so etwas Schwerfälligem und Leblosem wie *Der Messias* haben mitreißen lassen? Von dieser Dichtung für Geistliche mit Prostataproblemen? Das kann ich mir kaum vorstellen. Der junge Hölderlin sieht sich in einem seiner schwächeren Gedichte schon inmitten glänzender Seraphim zusammen mit dem Sänger Klopstock gen Himmel schweben. Derart aufgebauschte Begeisterung bleibt unbegreiflich, bis man Klopstocks kleinere Arbeiten liest, also die geringere Dichtung, die Oden. Darin geht es um seine Freunde und Freundinnen, mit denen er am Zürichsee wandert und singt, um Schlittschuh laufen auf dem Eis, um Rheinwein, um ein Mädchen oder, selbstverständlich, um den Mond. Auf einmal atmen die reimlosen Verse, sie hecheln, sie hüpfen, sie lachen, sie rennen, sie funkeln.

Des Maies Erwachen ist nur
Schöner noch wie die Sommernacht,
Wenn ihm Tau, hell wie Licht, aus der Locke träuft
Und zu dem Hügel herauf rötlich er kommt.

Klopstock kündigt die großen hymnischen Gedichte Hölderlins an, ohne je auch nur in die Nähe von Hölderlins umfassender Gebärde zu kommen, in die Nähe von Hölderlins Mystik und Exaltation. Klopstock war ein kreuzbraver, pflichtgetreuer, hart arbeitender Mann. Klopstock war zu normal. Klopstock hatte nicht genug Wahnsinn in seinen Knochen.

Ich besteige den Burgberg. Die Dächer von Quedlinburg sind wunderbar steil. Noch über ihnen erheben sich, vor der bläulichen Wolke des Harzgebirges, scharf umrissen die Silhouetten der Turmspitzen. Kirchtürme haben sie hier genug, auf einen Blick zähle ich acht Stück. Hinter mir liegen Heinrich I., der erste deutsche König, und seine Gemahlin Mathilde begraben. Quedlinburgs Blütezeit war vor tausend Jahren, ein fürstlicher Brennpunkt der Kultur. Heute ist es eine *Schrumpfstadt*, eine schrumpfende Stadt, die seit dem Mauerfall ein Viertel ihrer

Einwohner verloren hat und tatenlos zusehen musste, wie die riesengroßen volkseigenen Betriebe einer nach dem anderen geschlossen wurden.

Abends gehe ich zum Chorgesang in die Nikolauskirche. Als ich heraustrete, ist es stockdunkel. Um die Kirche herum Gras, Kopfsteinpflaster, ein Geviert morscher Häuser, bejahrte Bäume, alles schlecht beleuchtet, die Laternenmasten sind noch sozialistisch. Etwas Schöneres gibt es nicht. Am nächsten Tag wandere ich in einem sehr westdeutschen Städtchen um eine Kirche herum, Asphalt und Beton, Parkplätze, eine Schnellstraße. Etwas Hässlicheres gibt es nicht.

Die Erhaltung einer alten Stadt ist wie die Erhaltung der alten Rechtschreibung. Sehr praktisch ist es nicht, aber schleift man die Steine, schleift man die Buchstaben, dann schleift man die alten Geschichten gleich mit. Gestalten von einst verschwinden, Werke von einst, Musik von einst. Die Erinnerung verirrt sich zwischen neuen Mauern, die sie abstoßen, die neue Orthographie, das neue, das richtige Schreiben. Erinnerung ist der Kern der Kultur. Erinnerung wacht über die Menschlichkeit.

Siehe auch: Aachen, Bertolt Brecht, Friedrich Hölderlin, Emine Sevgi Özdamar, Landolf Scherzer, Kurt Tucholsky, Xanten

Raser

Es sind 2000 Euro und mehr, die chinesische Männer für einen Urlaub ausgeben, der in ihrem Land als Traumreise gilt: Autobahnfahren in Germany. Möglichst im dunklen Mercedes oder Porsche, und möglichst schnell, versteht sich. In dem 30 Seiten starken Werbeheft finden sich 70 Bilder, auf denen nicht das Brandenburger Tor abgebildet ist, auch nicht der Kölner Dom. Zu sehen sind Autobahnkreuze, Leitplanken und Straßenschilder – auch das mit den vier regionalen Streifen: Freie Fahrt für freie Bürger. »In Autoland Autofahren, ohne Limit« wirbt der Titel des Prospektes.

Sächsische Zeitung, 13. November 2006.

Ich bin gerade von einer Woche Reisen durch Deutschland zurück. Im Auto. Platzregen, Nieselregen, Schnee, Frost, Nebel, alles habe ich überstanden, was der Dezember in diesem Teil Europas, West bis Mittel, herunterschütten will. Mehr als fünfzehnhundert Kilometer hat mein tapferer kleiner Opel zurückgelegt, ohne Murren. Bergpässe, Haarnadelkurven, Dorfstraßen, regionale Hauptverbindungen und natürlich Autobahnen in allerlei Formen, drei Fahrbahnen, zwei Fahrbahnen, Ringe rund um Städte gelegt, flach, steil, einsam, belebt. Merkwürdigerweise kein Moment *Stau*, unnachahmlich ist dieses Wort doch, soviel bockiger, halsstarriger, ausbremsender als unser schwungloses *File*.

Drei Tage bin ich quer durch Deutschland gefahren. Fünf deutsche Länder, alte und neue, habe ich durchquert. Und noch immer zittern mir die Knie. Reise ich etwa nicht gern? Im Gegenteil. Habe ich zu eifrig Aufzeichnungen gemacht? Nichts ist mir lieber. Habe ich mich vielleicht beim dunklen Bier und glasklaren Korn übernommen? Ich habe auf Mäßigung geachtet, ich musste fahren. Bei den Schweinelendchen? Selbst das edelste aller Tiere, das Schwein, habe ich in so kleinen Mengen zu mir genommen, dass ein wahrer Deutscher sie keines Blickes, nicht einmal eines gering schätzenden Blickes, gewürdigt hätte.

Das alles war es nicht.

Es sind die Raser.

Man versucht, sagen wir mal, zwischen Köln und Siegen, einen Lastwagen zu überholen. Im Rückspiegel taucht bei klarem Himmel ein Projektil auf. Wo es herkommt, mag der Gott des Donners und des Blitzes wissen, es ist offensichtlich eben erst gelandet und bremst seine Überschallgeschwindigkeit nicht ab. Es hat eindeutig die Absicht, dich in den Straßengraben zu schleudern. Es geschieht nicht. Das unidentifizierte Objekt fährt weiter schnappend in deinem Kielwasser. Du bist noch nicht gelähmt vor Angst, so dass es dir gerade noch gelingt, das Steuer nach rechts zu reißen. Die ballistische Maschine schießt haarscharf an mir vorbei und ist verschwunden, noch bevor man auch nur einmal schlucken kann, oft in rasendem Tempo von zwei, drei anderen kugelförmigen Produkten der Stahlindustrie gefolgt. Mit der Regelmäßigkeit eines Uhrwerks kehren sie zurück, die Angreifer. Eilends die Autobahn verlassen, hilft nicht. Auch wer nichts ahnend durch die anmutigen Gefilde tuckert, die in weichen Schwüngen die tiefen Wälder Thüringens schmücken, oder an den sanften Hängen der Fluren von Kurhessen, wird angesprungen.

Deutschland kennt den Begriff Geschwindigkeitsbeschränkung nicht? Dass ich nicht lache. Deutschland ist eine einzige riesengroße Massenkarambolage von Geschwindigkeitsbeschränkungen. Dreißig Stundenkilometer, sobald innerhalb von ein paar Stunden Fußweg ein lebendes Kind zu vermuten ist, fünfzig in geschlossenen Ortschaften, achtzig bei Nässe, hundertzwanzig auf schwierigen Autobahnabschnitten, zwischendurch noch sechzig und siebzig und hundert, je nachdem mit welchem Bein der Bürgermeister oder der Polizeipräsident aufgestanden war, der die Schilder hat aufstellen lassen. Tiefer gelegte Autos, die gerade noch an meinem vorbeizischten, hole ich vor dem nächsten Kirchturm wieder ein, mühelos, sie fahren kaum schneller als ein Fahrrad. Der Bolide, vor dem man sich vor einer Minute unwillkürlich verneigt hat, scheint bei der nächsten Kurve an eine unsichtbare Mauer zu stoßen. Die Mauer ist auf eine runde, rot umrandete Scheibe mit der Aufschrift »100 km« zusammengeschnurrt. Der Pilot der perfekten deutschen Maschine wird es sich nicht einfallen lassen, einen Kilometer, was sage ich, einen Zentimeter pro Stunde schneller zu fahren. Gut, ich sah während meines gefahrvollen, dreitägigen Streifzugs Wagen, die jede Geschwindigkeitsbeschränkung ignorierten. Fast hätte ich geschrieben: in den Wind schlugen, aber deutsche Autos werden nun mal nicht von Segeln, sondern von Rädern angetrieben. Zahlreich waren die Verkehrssünder nicht. Weniger zahlreich als bei uns, schätze ich. Aber viel unverschämter und viel, viel schneller.

In den Nächten in kleinen, freundlichen Gasthöfen warf ich mich unter meinem Federbett immer wieder von rechts nach links. Wie war dieses rätselhafte Verhalten zu erklären? Die vorbildliche Disziplin, sobald ein Schild dastand? Und dann, die besessene, die alles versengende Raserei, sobald kein Schild da war? Sobald die Geschwindigkeit unbeschränkt ihre Feste des Treibstoffs und Qualms feiern durfte? Frankreich hat eine Höchstgeschwindigkeit von hundertdreißig Stundenkilometern. In den Benelux-Ländern sind es hundertzwanzig. In Norwegen sogar neunzig. Deutschland hat nichts, sobald kein Schild da steht.

Nach drei durchwachten Nächten und drei Frühstückseiern stand meine Schlussfolgerung unumstößlich fest. Das Geheimnis steckte, wie so oft in Deutschland, im Befehl. Der Staat befiehlt achtzig? Früher hätten die Hacken geknallt, heute tritt der Fuß aufs Bremspedal. Die Regierung befiehlt nichts? Der Deutsche darf alles. Das deutsche Fahrverhalten ist ein zeitgenössischer Überrest der Feigheit, die Heinrich Mann so meisterhaft in seinem Roman *Der Untertan* beschrieben hat. Dieses Buch wird allgemein als die Bibel der Kaiserzeit betrachtet. Es erschien im Jahre 1918, dem Jahr, in dem das Kaiserreich in Scherben fiel und die Weimarer Republik begann. Kurt Tucholsky nannte das Buch das Herbarium des deutschen Mannes. In seiner Besprechung verwendete Tucholsky auch das Wort *Rohheit*, das bedeutet grobes Handeln, Grausamkeit. Diese rohen Manieren kann man bis heute alltäglich dutzendfach beobachten. Die Methode ist simpel. Man nehme ein Auto und begebe sich auf deutsche Straßen.

Es gibt einen Unterschied zu früher. Die Losung *Befehl ist Befehl* erlangte internationale Berühmtheit. Befiehlt der Vorgesetzte etwas Ungeheuerliches, dann führt der Untergebene dieses Ungeheuerliche minutiös aus, und leidet hinterher nicht einmal an Gewissensbissen. Wieso Gewissensbisse? Der Vorgesetzte wird doch wissen, was sein muss, oder etwa nicht? Wer bin ich, dass ich dagegen aufmucke? Dann gibt es gar kein Halten mehr. Verstehen Sie mich nicht falsch. Mit fünfzig Stundenkilometern in einer geschlossenen Ortschaft zu fahren, ist absolut nicht ungeheuerlich. Bis auf weiteres dürfen wir so etwas zivilisiertes Fahrverhalten nennen.

Was aber, wenn es keinen Befehl gibt? Kein Befehl, das ist ein Zustand, den sich ein Deutscher eigentlich nicht recht vorstellen kann. Unstrukturiertes macht ihn panisch. Das rasende Fahrverhalten des Deutschen ist die Flucht nach vorn in Ermangelung eines Befehls. Buchstäblich die Flucht nach vorn, je schneller, je lieber. Darin sind sie, was wir Belgier so schön *völlig hemmungslos* nennen, jede denkbare Hemmung fällt.

Nun erhebt sich natürlich die Frage: Wie kommt es, dass sich Deutschland als einziges Land in Europa (und man kann die Vereinigten Staaten, das Vaterland der Freiheit, und Kanada ruhig mit dazunehmen) hartnäckig weigert, eine Geschwindigkeitsbegrenzung einzuführen? Sollten die Deutschen womöglich ein tiefes Bedürfnis nach Chaos in sich tragen? Wer wie ein Kadaver alle Befehle und Anordnungen befolgt, nährt in sich ein mächtiges Verlangen nach dem Raum ohne Gesetz oder Gebot, nach dem Regellosen, nach dem Grenzenlosen, dem ..., ja, dem Faustischen. Zweimal hat eiserne Disziplin im zwanzigsten Jahrhundert Deutschland ins totale Chaos gestürzt. Die Zeit der großspurigen Kaiser und die Zeit der großkotzigen böhmischen Obergefreiten sind vorbei, endgültig vorbei. Kein denkender Mensch glaubt, dass sie noch einmal wiederkommen.

Wer beherrscht seit Jahren Herz und Verstand? König Auto. Nicht nur in Deutschland, überall auf der Welt fordert König Auto von seinen Dienern grenzen- und bremsenloses Tempo, man nehme nur die erstbeste Fernseh- oder Zeitungswerbung. Doch König Auto ist kein absoluter Herrscher. In nahezu allen Ländern wird er gezwungen, sein Haupt vor Geschwindigkeitsbeschränkungen zu beugen. Seine niedersten Instinkte werden domestiziert. Nur für das deutsche Volk durfte er den Befehl aufheben, ausgerechnet für das Volk, das nach Befehlen lechzt. Die Formel ist magisch. Der Jubel ist maßlos. Denn in seiner unendlichen Weisheit weiß der Fürst des Explosionsmotors, dass der Deutsche eigentlich nicht nach dem Befehl lechzt, sondern nach dem dunklen, bodenlosen Abgrund unmittelbar dahinter, hinter dem beängstigenden Abgrund, der vom Befehl verdeckt wird.

Siehe auch: Demokratie, Schnaps

Landolf Scherzer

Wahrscheinlich hätte ich mir noch zwanzig Jahre als Erster Parteisekretär in Salzungen den Hintern aufreißen, den Mund fusslig reden und die Nächte durcharbeiten können, und trotzdem nicht einmal die Hälfte der Telefonanschlüsse, Bürgersteige, Gaststätten, Hotels, Umweltmaßnahmen, renovierten Häuser und der überfüllten Kaufhausregale zuwege gebracht. Diese Infrastruktur hätten wir nicht erreicht.

So spricht der frühere Erste Parteisekretär der SED in der kleinen Thüringer Provinzstadt Salzungen. Ich lese seine Worte in der Chronik, die Landolf Scherzer unmittelbar nach der Wende über seine Region geschrieben hat.

Ich hatte schon früher etwas von Scherzer gelesen. 1988, damals noch in der DDR, publizierte er einen Band mit Dokumenten über den ersten SED-Parteisekretär. Scherzer beschrieb die tägliche Sisyphusarbeit eines leitenden kommunistischen Idealisten bis ins Detail. Der Mann rackerte sich zu Tode. Die Ergebnisse waren nicht entsprechend. Scherzers kritisches Buch erschien in einem höchst offiziellen Verlag. Schon sehr rasch stellte sich heraus, wie kritisch der Inhalt war und wie aufsehenerregend. Wütende Reaktionen waren zu hören, nicht von Seiten des Parteisekretärs, sondern von höheren SED-Instanzen. Man versuchte, große Teile der Auflage im Voraus aufzukaufen, damit die Öffentlichkeit das Buch nicht zur Kenntnis nehmen konnte. Die DDR-Öffentlichkeit nahm es wohl zur Kenntnis, und das Buch (mit dem wenig überraschenden Titel *Der Erste*) erlebte Auflage für Auflage.

Nach der Wende beschreibt Landolf Scherzer den Nachfolger des DDR-Kommunisten, einen strammen westdeutschen Christdemokraten, ehrlich bis auf die Knochen. Das Buch hieß wenig überraschend *Der Zweite*. Die neue Führungskraft, also der Zweite, verliert nach wenigen Jahren jede Illusion über die Segnungen der freien Marktwirtschaft. Es ist eine Geschichte von ekelerregender Geldgier, Betrug, verübt von großen Unternehmen, und von neuer Hoffnungslosigkeit in der Bevölkerung.

Ein idyllisches kleines Haus, ein idyllischer Blumengarten, ein idyllisches Tal in Thüringen. Dort habe ich Landolf Scherzer aufgesucht. Zu DDR-Zeiten war er Parteimitglied. Seine Illusionen über den real existierenden Sozialismus hat er verloren, aber er macht sich auch keinerlei Illusionen über den real existierenden Kapitalismus.

Scherzer: »Der Sozialismus funktioniert ökonomisch nicht. Außerdem funktioniert er auch im Kampf mit diesem starken kapitalistischen System nicht. Ich sage nicht: moralisch stark, wohl effizient. Wenn Sozialismus, dann funktioniert er wohl in der ganzen Welt, aber nicht im Wettstreit mit dem kapitalistischen Wirtschaftssystem.«

Nicht, dass die DDR arm gewesen wäre, ganz im Gegenteil. Er zeigt auf den Kaffee, den Wein, den üppigen Blumengarten.

Scherzer: »Wenn Sie mich in den achtziger Jahren besucht hätten, hätte ich Ihnen genau dasselbe zu essen und zu trinken vorgesetzt wie heute, abgesehen von ein paar Extras.«

In dem Augenblick klingelt sein Handy, aber na gut, das hatten wir damals in Westeuropa auch nicht.

Scherzer: »Wäre nicht Westdeutschland unser Nachbar gewesen, sondern beispielsweise Mozambique, dann hätte es hier keine Wende gegeben. Mit Afrika als Grenze hätte die DDR es noch sehr, sehr lange aushalten können. Sogar mit Süditalien als nächstem Nachbarn. Es ging viel mehr um Konsum, als um wesentliche Dinge wie Pressefreiheit oder Reisefreiheit. Im Herbst 1989 habe ich gesehen, wie manche Leute ihren halbtoten Großvater mit in den Zug packten, ihn notfalls aufs Dach legten wie 1945, als die Züge auch überfüllt waren, und dazu noch ihren zwei Monate alten Säugling mitnahmen. Fünf Stunden lang standen sie Bauch an Bauch im Zug, von Halle (Ost) bis Kassel (West), und wenn dann Großvater und Säugling mit ein bisschen Glück lebend ankamen, konnten sie für die beiden zweihundert D-Mark Begrüßungsgeld extra bekommen. Und sie kamen aus einem Land, der DDR, wo jeder genug zu essen und zu trinken hatte. Stellen Sie sich vor: dieser Garten, unter diesem Baum. Hier hätte eine Flasche Rotwein gestanden, nicht der französische hier, aber vielleicht ein bulgarischer. Na und? Man hatte sein Fleisch und seinen Käse. Okay, keine dreißig Sorten Käse wie heute, aber fünf Sorten waren es schon. Für solche Extras, und vor allem für diese hundert D-Mark, riskierten sie das Leben des Großvaters und des Säuglings! Das habe ich miterlebt, und deshalb glaube ich, dass der Konsum für das, was wir hier miterlebt haben, von ausschlaggebender Bedeutung gewesen sein muss.«

Der Westen konnte also den real existierenden Sozialismus erledigen, weil die westlichen Schaufenster besser gefüllt waren. Doch bemerkenswert, dass ausgerechnet ein Schriftsteller das sagt.

Scherzer: »Es wird soviel von der Diktatur geredet. Aber nehmen Sie einmal das Dorf, in dem ich hier wohne, hier, in Thüringen. Es hat achthundert Einwohner. Unter ihnen ist kein einziger, der in den vierzig DDR-Jahren ins Gefängnis gesteckt wurde. Und ich mache hier keine Propaganda, gehen Sie ins Dorf, fragen Sie die Bürgermeisterin oder jemand anders, es gibt einfach keinen. Und anderswo war es nicht anders. Es waren nur sehr wenige, die aus politischen Gründen ins Gefängnis gesteckt wurden. Natürlich, wer zum Beispiel gestohlen hatte, der musste ins Kittchen. Aber von einer Diktatur zu reden wegen der paar Leute, die aus politischen Gründen gesessen haben, ich denke, dass das wirklich sehr schwer zu rechtfertigen ist. Diktatur gab es, aber am meisten in den Parteistrukturen. Die Partei bestimmte, welche Bluejeans die Jugendlichen bei uns tragen durften oder welche Mode; die Partei bestimmte, was produziert wurde und was nicht, die Partei bestimmte, welcher Lehrstoff in der Schule unterrichtet werden musste. Das war die eigentliche Diktatur, die Parteistruktur, die für jeden Bereich vorschrieb, was dort zu geschehen hatte.«

Nach der Wende, nach dem Fall der Mauer und allem, was das mit sich brachte, reist Landolf Scherzer nach Italien. Die verfallenen Häuser und Fabriken dort gefallen ihm gut. Er liebt Verfall, der gehört nun mal zum Leben. Und plötzlich schießt es ihm durch den Kopf: »Ach, Herrgott, was wäre passiert, wenn die Bundesrepublik nicht die DDR, sondern Italien übernommen hätte? Kein Mensch hätte über verfallene Fabriken gesprochen. Wer spricht in der alten Bundesrepublik über verfallene Fabriken? In jedem Land gibt es neue Betriebe mit wunderbarer Technologie und alte, die weit hinterher hinken. Bei uns war es eine politische Ausflucht. Jede Menge Betriebe hier wurden für den symbolischen Preis von einer D-Mark verkauft. Kein Mensch hatte Interesse daran, sie wieder flott zu bekommen, denn die Produktionskapazität der alten Bundesrepublik (ich meine die Kapazität für Konsumgüter), war 1989, von den Badezimmerfliesen bis zum Joghurtbecher, nur zu 80 Prozent ausgelastet. Die Produktion konnte also auf der Stelle erweitert werden, sobald sich ein neuer Markt öffnete. Und dieser neue Markt war da, mit siebzehn Millionen potentieller Konsumenten, in der ehemaligen DDR. Also einer, der im Westen eine Fliesenfabrik hatte, die er jetzt endlich auf vollen Touren laufen lassen konnte, hatte doch keinerlei Interesse, die Fliesenfabrik, die er hier spottbillig aufkaufen konnte, auch noch gegen seine erste Fabrik konkurrieren zu lassen. Warum sollte er auch? Sie haben die Konkurrenz einfach ausgeschaltet. Mit Markt oder damit, wer am besten oder billigsten produzierte, hatte das absolut nichts zu tun. Nein, sie haben den Betrieb hier aufgekauft, ihn dichtgemacht, und damit war das Problem der Konkurrenz hier gelöst. Eigentlich verstößt das gegen die freie Marktwirtschaft.«

Man nehme nur das traurige Los der Kali- und Salzminen in der benachbarten Industriegemeinde Merkers.

Bis 1990 war es den Westdeutschen nicht gelungen, die DDR von Platz drei der Kali- und Salzweltproduktion zu verdrängen. Kein Wunder, die Salzschichten in Merkers sind viel reicher als die im westdeutschen Hessen, und die Ostdeutschen verwendeten ultramoderne Technologien. Und trotzdem wurde die Mine im Osten dicht gemacht. Es gibt sie heute nur noch als *Erlebnisbergwerk* für Touristen.

Scherzer schreibt über Menschen in Brauereien, Getreidemühlen, Schulen, Rathäusern etc., die *schlecht über die Wende gekommen sind,* wie man so sagt. Zum Beispiel die Frau, die eine Buchhandlung übernimmt, in der sie seit dreißig Jahren arbeitet.

Plötzlich war ich die Chefin der fünf Kolleginnen geworden, mit denen ich jahrelang zusammen gearbeitet hatte, während der Arbeitszeit einkaufen gegangen war, zum Arzt, Kaffee gekocht ... Doch nun kostete es plötzlich mein Geld, wenn eine von ihnen wie früher während der Arbeitszeit Kaffee kochte oder zu lange Pause machte. Vor einigen Wochen musste ich das einer Kollegin sehr deutlich sagen. Ich saß mit ihr hinten im Büro, schimpfte, bis sie plötzlich heulte. Sie heulte so gotts-erbärmlich, dass ich blöde Gans plötzlich mitheulen musste. Ich, die Unternehmerin!

Wessis, die Ossis übers Ohr hauen, Ossis, die sich keinen Rat mit unserem mörderischen Kapitalismus wissen? Selbst das ist für Scherzer überholt.

Scherzer: »Ich will mich nicht auf diesen Konflikt festlegen, hier der Ossi, dort der Wessi. Weil ich glaube, dass der Ostwestkonflikt, über den ständig geredet wird, vor allem in den Medien, die Aufmerksamkeit von den großen sozialen Problemen ablenkt. Und die sind inzwischen in ganz Deutschland dieselben, nur mit unterschiedlicher Intensität. Aber dieser Konkurrenzkampf zwischen Ossis und Wessis ist immer ein gutes Ablenkungsmanöver, mit dem man die wahren Probleme Deutschlands, strukturelle, ökologische oder auch die Arbeitslosigkeit, bagatellisieren kann, indem man sagt: Aber wir haben dieses riesengroße Ostwestproblem. Deshalb glaube ich, dass die Probleme heute vergleichbar sind. Man kann sie nicht mehr getrennt voneinander betrachten.«

Er weigert sich zu klagen, er weigert sich, zu jubeln. Er erkennt die Schlagkraft und die Vorteile des Kapitalismus an.

Scherzer: »Dass die Marktwirtschaft viel effizienter ist, darüber brauchen wir nicht zu diskutieren. Aber wenn ich sage, dass die Marktwirtschaft dem Sozialismus moralisch nicht überlegen ist, dann meine ich damit nicht die DDR, wie sie real existiert hat, sondern die Idee vom Sozialismus als einer Utopie. Die Moral hat sich heute auf keinen Fall verbessert. Es gibt sehr viel Heuchelei, viele Menschen sind unzuverlässig oder haben kein Mitleid mit ihren Mitmenschen, und in dieser Hinsicht sehe ich keine bessere Moral entstehen. Wenn ich es natürlich mit der damaligen DDR-Realität vergleiche, mit dem Kriechertum der DDR, dann wage ich heute keinen Vergleich zu ziehen. Aber das möchte ich doch noch loswerden: Der Kapitalismus hat nicht den qualitativen moralischen Fortschritt gebracht, den viele erwartet haben. Und für mich besäße eine sozialistische Utopie, vorausgesetzt, sie würde funktionieren, noch immer die größere moralische Glaubwürdigkeit.«

Siehe auch: DDR, Görlitz, Mauer, Quedlinburg

Schnaps

Dienst ist Dienst und Schnaps ist Schnaps, das schreibt Kurt Tucholsky über einen Text, der von Paris handelt. Der Satz soll von deutschen Soldaten im Ersten Weltkrieg stammen, Tucholsky notiert ihn 1924, aber heute wird er noch immer verwendet. Man muss das Berufsleben vom Privatleben trennen, aber das klingt nicht gut, es klingt hoffnungslos feierlich. Weg ist die schneidende Präzision, die das Deutsche so sehr auszeichnet, weg der Knall des gutgezielten Schusses. Da steckt viel mehr drin, es bedeutet viel mehr. Man sagt nie *Arbeit ist Arbeit,* man sagt *Dienst,* und das ist etwas ganz anderes als eine normale Arbeit, nicht die des Bäckers, Arztes oder Maurers.

Wir sind doch gewöhnt, dass ein Gasbeamter ein Gasbeamter ist und weiter nichts – dass ein Gerichtsdiener Gerichtsdiener, ein Schaffner Schaffner und ein Billetverkäufer Billetverkäufer ist. Wenn sie wirklich die starre Maske des »Dienstes« ein wenig lüften, so geschieht das meistens, um Unhöflichkeiten zu sagen. Herr Triebecke hat sich eine bunte Mütze aufgesetzt, und Herr Triebecke ist völlig verschwunden ...

Das schreibt Tucho in *Das menschliche Paris.* Unter der Dienstmütze verschwindet jede Spur von Mensch, der gerade eben noch barhäuptig vor uns stand. Er ist kein Mensch mehr, nur noch eine Maske. Die lutherische Lehre von den zwei Schwertern ist bis in die finstersten Winkel des deutschen kollektiven Bewusstseins vorgedrungen. In der Theologie Luthers werden kirchliche und weltliche Autorität völlig getrennt , so lautet zumindest die Doktrin. Doch wenige Jahrhunderte später hatte der Dienst allmählich auch das Alltagsleben erobert, in der Schule, in der Familie, sogar am Stammtisch.

Diese Mentalität, in Deutschland muss man eigentlich sagen, diese Geisteshaltung, diese explosive Mischung von feigem Untertanengeist und überheblichem Herrenmenschentum, wurde von der westdeutschen Demokratie hinweggeschwemmt, aber eine Landschaft von Zeugenhügeln bleibt doch sichtbar. Ich bin ihnen noch begegnet, vor nicht einmal so langer Zeit, den nicht einmal so alten Herren, die sich beim Grüßen tief verbeugten. Vor meinen Augen sah ich eine Demonstration des bei uns überaus geläufigen Ausdrucks »sich *wie ein Klappmesser* verbeugen«, ich habe ihre Hacken knallen hören, ich habe mich vor den servilen *Schmeicheleien* geekelt, die sie auftischten, gefördert weit unter dem Niveau der gewöhnlichen, alltäglichen Höflichkeit, dort, wo das Erz der Arschkriecherei zu finden ist.

Aber ich wollte eigentlich über Schnaps reden.

Der Schnaps teilt Deutschland in zwei Hälften. Der Norden ist die Schnapsregion, der Süden, das sind Weinberge oder Biergärten. Mitten durch Deutschland verläuft, von Ost nach West, die *Schnapsgrenze*. Die Schnapsgrenze bohrte sich mitten durch den Eisernen Vorhang. In der DDR wurde in den nördlichen Bezirken Rostock, Schwerin und Neubrandenburg vierzig Prozent mehr Schnaps getrunken als in den südlichen Regionen um Dresden, Karl-Marx-Stadt (heute wieder Chemnitz), Gera und Erfurt. Dort lag der Konsum ein Viertel unter dem nationalen ostdeutschen Durchschnitt. Im Westen war das nicht anders. Korn (32% Alkohol) und Doppelkorn (38%) am Wattenmeer, an Ostsee und Elbe, Wein und Bier, wo man Deutsch mit einem rollenden R spricht. Man denke nur an die bekanntesten westdeutschen Schnäpse, man findet sie in jeder Gaststube auf der Karte. Doornkaat wird im Norden gebrannt, in Ostfriesland, in der Nähe der Watteninseln, Fürst Bismarck in Reinbek bei Hamburg.

In jeder Gaststube?

Versuchen Sie es einmal in einer kleineren Dorfgaststätte in Baden-Württemberg und vor allem in Bayern. Dort können Sie alles verkosten, was man aus Obst brennen kann, Apfel und Kirsche, Birne, Pflaume, Aprikose. Hier ist ein anderes Land, hier ist ein anderes Reich, ein gewaltiges Reich, das sich bis zur Puszta-Ebene erstreckt und bis zum Balkan, bis zum Feuerwasser von *Slibowitz* und *Barack*. Aber auch nach Süden und Westen hin dehnt es sich aus, nicht nur bis zum Elsass, über die Vogesen hinweg, zur Normandie – *Calvados*! – und den Pyrenäen, quer durch die Schweiz, über die Alpengipfel, wo es im Piemont von *Kräuterbitter* und *Wermut* gestoppt wird. Mit Sprachen hat das nichts zu tun. Alemannen, Bajuwaren, Magyaren, Kroaten und Okzitanier pressen brüderlich den Geist aus den reifen Früchten, aber sie verstehen die Grammatik des anderen nicht, und noch viel weniger die jeweiligen Mundarten. Genauso wenig hat es etwas mit dem Katholizismus zu tun. Bei den Eidgenossen, im bayerischen Land der Franken und in Ungarn wohnen Millionen von Lutheranern, Calvinisten und Zwinglianern, während Südfrankreich hauptsächlich von Agnostikern und Antiklerikalen bevölkert wird. Außerdem, der Norden des einen ist der Süden des anderen. Wacholder wird gebrannt und getrunken von Wambrechies in Nordfrankreich, aber auf demselben Breitengrad liegen in Deutschland die Weindörfer des Ahrtals –, über den Balegemer *Filliers* aus Ostflandern und dem *Peket* der wallonischen Arbeiter bis zum kratzigen, schwedischen *Norrland* und dem karelischen *Lappeenranta*. In diesem riesigen Komplex ist Norddeutschland nur ein bescheidener Bestandteil. Früher war das deutsche Schnapsgebiet fast doppelt so groß, nicht Richtung Süden, sondern Richtung Osten, an die siebenhundert Kilometer. Es reichte bis weit hinter Bromberg (heute Bydgoszcz in Polen) und bis knapp hinter Gumbinnen (heute Gussew in Russland). Das ist vollendete Vergangenheit. Heute ist das Wodkaland.

Der niederländische *Kopstoot* (ein Bier und ein meist junger Genever) ist nichts anderes als die Kopie eines uralten, aber rasch in den Nebeln der Geschichte verschwindenden norddeutschen Brauchs. *Paar Bier, Paar Korn,* man sieht sie nicht mehr so oft, die robusten Männer, die an robusten Tischen vor einem robusten Glas hellem Bier sitzen, und neben ihren robusten Händen steht, unglaublich zerbrechlich, ein kleiner, durchsichtiger Kelch. Die Trinkgewohnheiten wandeln sich schnell und drastisch.

Am 18. März 2005 stieß das Hamburger Abendblatt einen Alarmruf aus. Im letzten Jahr gingen von der Marke Fürst Bismarck nur anderthalb Millionen Flaschen über den Ladentisch, schrieb die Zeitung. 2000 waren es noch vier Millionen, 1995 mehr als fünf Millionen. Ein Betrieb, der innerhalb von zehn Jahren seinen Umsatz um mehr als Zweidrittel sinken sieht, hat ein Problem. Alle Versuche, den Schnaps attraktiv und angesagt und modisch zu machen, den Jugendlichen neue Produkte wie *Korn-Cola* oder *Korn-Lemon* anzudrehen, haben nichts gebracht. Tja, was hatte man denn gedacht? Wie kann man nur so blöde sein? Da predigt man erst jahrelang mit geziemendem Stolz, dass der eigene Klare der edelste und reinste im ganzen Land sei, und dann wird dieser Göttertrank mal eben mit klebrigen Limonaden verschnitten. Wenn man sowieso schon zum Teufel geht, dann sollte man wenigstens mit Würde zur Hölle fahren.

Der beste Doppelkorn meines Lebens kommt aus Nordhausen im Harz. Nordhausen ist eine kleine deutsche Stadt, von denen zwölf auf ein Dutzend gehen, mit einer Vergangenheit aus schwedischen Plünderungen, Pest und Bombardierungen, mit einer Gegenwart aus Straßen wie aus dem Baukasten und breiten Alleen, die 1950 modern waren. Ein netter, freundlicher, adretter Ort, wer in die Gegend kommt, sollte ihn auf jeden Fall einmal besuchen.

Doch daneben besitzt Nordhausen etwas Einzigartiges. Schon seit fünfhundert Jahren wird dort nahezu ohne Unterbrechung Korn gebrannt, und schon seit fünfhundert Jahren wird dieser Korn hoch gelobt. Das vortreffliche Produkt war nur zweimal in seiner Geschichte wirklich bedroht, im neunzehnten Jahrhundert durch die Einführung des freien Marktes, als plötzlich allerlei abscheulicher Fusel unter dem Namen Nordhausen an den Mann gebracht wurde, und in der ersten Hälfte des zwanzigsten Jahrhunderts, als zuerst der Kaiser und danach Hitler verboten, aus Korn Alkohol zu brennen. Nach 1945 wurde Nordhausen der sowjetischen Zone zugeschlagen. Unter den Kommunisten wuchs sich die Brennerei zur weitaus größten des Landes aus, seit 1963 wurde der Doppelkorn sogar in die Bundesrepublik exportiert, mit Erfolg. Es gab nur ein klitzekleines Problem. Der sozialistischen Wirtschaft gelang es nicht, ordentliche Flaschenverschlüsse zu produzieren. Die mussten ihrerseits aus dem Westen importiert werden.

Im Osten war der Nordhäuser ein echtes Arbeitergetränk, das heißt, dass er einen hohen bis sehr hohen Status genoss. Der Arbeiter wurde in der DDR wirklich verehrt. Seine Maßstäbe und Wertvorstellungen, aber auch sein Geschmack und sein Stil waren tonangebend. Sie wurden als selbstverständlich akzeptiert, auch von Leuten mit einer höheren Schulbildung, und im täglichen Leben in Essen und Trinken, in der Kleidung, in den Umgangsformen nachgeahmt. So war es ziemlich unüblich, sogar Unbekannte mit *Sie* anzusprechen, sehr schnell ging man zum egalitären *Du* über. Das bedeutet nicht, dass man dort unverschämt oder aufdringlich gewesen wäre, ganz im Gegenteil.

Alle Versuche des Regimes, den Alkoholkonsum zu drosseln, sind gescheitert. Die DDR-Bürger tranken weiterhin beeindruckende Mengen Nordhäuser. Selbst eine 1971 eingeführte Preiserhöhung um einundzwanzig Prozent wirkte sich nicht nennenswert auf die Verkaufszahlen aus. Die Konsumenten ließen sich nichts anderes andrehen. Ernste Zweifel an ihrem geliebten Korn kamen erst auf, als der Flaschenvorrat in den Läden ausreichte. Das fanden sie verdächtig. Das Gute im Leben war nun einmal knapp, diese tiefverwurzelte Auffassung müssen wir als ein philosophisches Nebenprodukt der Planwirtschaft hinnehmen. Die Ostdeutschen waren der heiligen Überzeugung, dass die guten Produkte ihres Landes in erster Linie für den Export in den Westen bestimmt waren. Also kauften sie ihren Nordhäuser gelegentlich sogar mit Westgeld im Intershop. Aber sie täuschten sich. Die Qualität blieb fast bis zum Ende der DDR gleich, eigentlich bis einige Monate vor dem Fall der Berliner Mauer. Erst 1989 wurde der Korn für den inländischen Markt um ein Prozent niedriger gebrannt als für den Westen.

Insoweit Nordhausen eine Skyline hat, wird sie von der gigantischen Kunststoffflasche auf dem Dach der Nordbrand-Brennerei beherrscht. Mehr als hundertfünfzigtausend volkseigene Betriebe der früheren DDR mussten ihre Tore schließen. Nordbrand hat den Übergang zum Kapitalismus glanzvoll überstanden, trotz eines schrumpfenden Marktes. Brauchte das Unternehmen 1990 noch eine schnelle Nothilfe vom westdeutschen Getränkegiganten Eckes, um seinen freien Fall abzubremsen, gibt es inzwischen seit Jahren eine echte Zusammenarbeit, ich bin geneigt zu sagen, auf gleicher Augenhöhe. Seit 1993 ist Nordbrand der unangefochtene Marktführer im gesamten vereinten Deutschland. Die Nordhäuser haben einen höchst werbewirksamen Reklamespot über das Huhn Henriette drehen lassen, das viel lieber die Roggenkörner, aus denen der Schnaps gebrannt wird, aufpickt als andere, völlig uninteressante Getreidekörner. Die Werbung kennt inzwischen jeder Deutsche auswendig. Der kurze Fernsehfilm wurde von Cannes bis New York mit Preisen bedacht. Ich weiß wohl, dass man mit gewitzter Reklame Millionen Menschen betrügen kann, aber Dreck bleibt Dreck. Der *Nordhäuser Doppelkorn* jedoch ist großartig. Schon in der DDR war Nordbrand ein Spitzenunternehmen, es lieferte allerbeste Qualität, die Löhne konnten sich sehen lassen, die Arbeitsbedingungen waren human, und die Effizienz war sehr hoch. Und Eckes war in den schwierigen Übergangsjahren der Traumpartner auf dem noch unbekannten Gebiet des freien Marktes. »Wenn beide dasselbe Format haben«, sagt der Pressesprecher des Unternehmens lächelnd zu mir, »dann weiß man schnell, worüber man mit seinem Partner reden muss.«

Ironie? Sein ostdeutsches Lächeln war nicht mehr als ein Hauch.

Siehe auch: Mauer, Ossiladen, Kurt Tucholsky

Sorben

Wir ließen Ostberlin hinter uns. Der Kameramann saß am Steuer. Ich sagte, er solle auf Richtung Magdeburg achten, und schlief prompt ein. Ob der Tontechniker hinten meinem Beispiel folgte, weiß ich nicht, es hätte mich nicht gewundert. Zwei Wochen zuvor war die Mauer gefallen, zwei Wochen lang waren wir von Pontius zu Pilatus gerannt, hatten geschuftet und uns rund um die Uhr abgeplagt, wir waren völlig am Ende. Mein letzter Gedanke war: Wenn er bloß die Augen offen halten kann, hier neben mir. Danach seliges Vergessen.

Ich gähnte abgrundtief. Versuchte, mich zu orientieren. Das Erste, was ich entziffern konnte, war ein gelbes Verkehrsschild mit schwarzen Buchstaben: Lübbenau/Lubnjow.

»Halt«, rief ich, »wir fahren nach Osten!«

»Ich glaube nach Süden«, korrigierte mich der Kameramann, »ich habe mich schon die ganze Zeit gewundert, warum mir noch immer die Sonne in die Augen scheint. Es ist fast Mittag.«

»Ich kann mich irren, aber ich glaube, dass Brüssel irgendwo im Westen liegt«, machte sich der Tontechniker bissig von hinten bemerkbar.

»Hier ist es auch zweisprachig«, zeigte der Kameramann.

Er schaut den ganzen Tag in die Linse, er hat wirklich keine Tomaten auf den Augen.

»Ja, Sorbisch«, sagte ich.

Ich hatte Otfried Preußlers »Krabat« gelesen, über den tapferen sorbischen Zauberlehrling Krabat, dessen Zauberbann von einem singenden Mädchen gebrochen wird, deshalb stellte ich mir eher einen halbmythischen slawischen Volksstamm vor, tief im ostdeutschen Urwald verborgen. Doch dass es ihn auch in Wirklichkeit gab, dass man eine Spur davon auf etwas so Prosaischem wie einem Verkehrsschild sah, das konnte ich kaum glauben. Doch nicht im roten Preußen.

»Serbisch?« fragte der Kameramann, »das kann nicht sein, ich kenne mich in Erdkunde aus. Soweit sind wir nun auch wieder nicht vom Weg abgekommen.«

Er klang beleidigt.

»Nicht serbisch, sorbisch.«

»Nie gehört.«

»Du musst auf jeden Fall wenden. Ich komme bestimmt noch einmal zurück.«

Ich bin zurückgekommen. Mehr als einmal. Die liebliche Landschaft zog mich an, die Rehe, die man in der Morgendämmerung am Waldrand sah; die schwach erleuchteten Silhouetten der Kirchtürme und hohen Renaissancehäuser im nächtlichen Bautzen; die Reihen mehr oder weniger gleicher, weißer Kreuze auf dem Friedhof von Ralbicy; aber ebenso sehr die Dörfer verschlingenden Schlammwüsten des Braunkohleabbaus. Und natürlich die kleine slawische Sprache, dem Polnischen und Tschechischen nah verwandt, aber doch nicht dieselbe, die allerkleinste aller slawischen Sprachen, die in ihrer nackten Existenz bedrohte Sprache, die fünfzehnhundert Jahre lang hartnäckig überdauert hat, dort in den finstersten Winkeln von Brandenburg und Sachsen, und die vermutlich das einundzwanzigste Jahrhundert nicht überleben wird.

Die Sorben – oder muss ich sagen die Wenden? Unter diesem Namen waren sie Jahrhunderte lang bei ihren deutschen Nachbarn bekannt, und darunter verstand man nichts Schmeichelhaftes. Der Wortstamm Sorb (Serb, Sarb, Surb) ist Jahrhunderte alt. Im siebten Jahrhundert schreibt der fränkische Chronist Fredegar über die *gente Surborum*, zur Zeit Karls des Großen finden wir die Schreibung *Sorabi*. Der große Vorkämpfer der Sorben, Jan Smoler, nennt 1841 sein Volk »Serb«, und er ist nicht der Erste oder der Letzte, der dies tat. Zwischen 1897 und 1904 wird mit den Spargroschen der Sorben in Bautzen ein enormes *Serbski Dom* gebaut, das Sorbenhaus. »Serb« ist tatsächlich dasselbe Wort – nicht dasselbe Volk, man sage es weiter, nicht dasselbe Volk – wie das für Serben. Es bedeutet soviel wie »Einer von uns«. Heute verwendet die *Domowina*, das ist der wichtigste Dachverband für Vereine sorbischer Sprache und Kultur, beide Bezeichnungen.

Im sechsten Jahrhundert unserer Zeitrechnung war die Migration etwa zwanzig sorbischer Stämme aus dem Südosten abgeschlossen. Sie siedelten in einem mindestens vierzigtausend Quadratkilometer großen Gebiet, fast so groß wie die Niederlande, zwischen Saale, der Westseite des heutigen Polen, dem Erzgebirge und im Norden bis hinter Dessau und bis nach Köpenick, heute auf Berliner Gebiet. Südlich, östlich und nördlich lebten bis hin zur Ostsee verwandte slawische Völker. Wir müssen uns also nicht wundern, dass Städtenamen, die für unsere Ohren sehr deutsch klingen, eine unverkennbar slawische Etymologie haben. Leipzig kommt von *lipa* (Linde, in heidnischen Zeiten der heilige Baum der Sorben), Gera ist *gora* (Berg), Kamenz, Lessings Geburtsstadt, heißt im Sorbischen Kamjenc, und das kommt von *kamje´n*, Stein. Ein paar hundert Kilometer westlicher, in der Umgebung Lüneburgs, wurden noch im achtzehnten Jahrhundert slawische Wörter und Sätze aus dem Sprachschatz der einheimischen Bauern aufgezeichnet. Kein Geringerer als der große Philosoph Leibniz hat sich intensiv damit beschäftigt. Direkt bei Lüneburg liegen zwei Dörfer, deren Namen eindeutig anzeigen, dass dort einstmals Germanen und Slawen nebeneinander lebten: Deutsch Evern und Wendisch Evern.

Die aus den ältesten Zeiten überlieferten, höchst spärlichen Berichte erzählen von fruchtbaren Feldern, die von einem friedliebenden und bemerkenswert fleißigen Volk bestellt wurden. Anscheinend waren die Sorben tüchtige Imker, die Honig exportierten und außerdem Salz, Getreide und kostbare Felle bis nach Byzanz und in die arabische Welt verkauften. Weit weg im Westen wohnten Sachsen und Franken, mehr oder weniger unter der deutschen Krone vereint. Seit dem zehnten Jahrhundert dringt das Deutsche Reich nach Osten vor, und die Slawen westlich der Elbe werden allmählich unterworfen. Sie blieben sehr lange heidnisch. Erst im zwölften Jahrhundert wurden sie christianisiert. Im sechzehnten Jahrhundert gab es noch ein zusammenhängendes wendisch- beziehungsweise sorbischsprachiges Gebiet, das im Norden von Fürstenwalde bis Riesa an der Elbe reichte. Heute halten sich die Sorben nur noch in der Lausitz, grob gesagt, einerseits im Gebiet zwischen Spreewald und der Stadt Cottbus und andererseits in der Gegend um Bautzen herum, im Keil zwischen der heutigen tschechischen und polnischen Grenze.

Mehr als einmal habe ich in Geschichtsbüchern gelesen, dass die Unterdrückung von Sprachen und Kulturen ein Produkt des Nationalismus sei und dieser wiederum ein Nebenprodukt der Zentralisierung und Modernisierung des Nationalstaats. Vor dem neunzehnten Jahrhundert wurde man überwiegend wegen des Wortes Gottes verfolgt, nicht wegen seiner eigenen Worte. Wollte man auf dem Territorium des heutigen Belgien, eines Landes, das für viele Ausländer nahezu ein Synonym für Sprachenstreit ist, die Konflikte zwischen Französisch und Niederländisch zählen, die vom Mittelalter bis zur Französischen Revolution ausgebrochen sind, reichten schon die Finger einer Hand.

Mit dem Sorbischen verhielt es sich trotzdem anders. Gegen Ende des dreizehnten Jahrhunderts wurde in Städten wie Bernburg/Saale, Altenburg, Leipzig, Meißen und Zwickau immer öfter verboten, das Sorbische vor Gericht zu verwenden. Es war eine echte Zwangsmaßnahme, denn Sorbisch war damals wirklich noch die Verkehrssprache. In Leipzig beispielsweise starb das Sorbische erst später, im vierzehnten Jahrhundert, vollständig aus. Wenden war die Zunftzugehörigkeit verboten. Gelang es ihnen dennoch, einer Zunft beizutreten, dann galten sie automatisch als Deutsche. Ihre Sprache wurde im Lateinischen übrigens als *lingua vandalica* bezeichnet, als Vandalensprache, was nicht unbedingt auf eine hohe Wertschätzung hinweist. 1668 untersuchte das *Oberkonsistorium* in Lübben, einer Stadt in der nördlichen Lausitz, wie

... im hiesigen Markgrafentume die gäntzliche Abschaffung der Wendischen Sprache am ehesten befördert werden könne.

Ein Jahr davor hatte schon Friedrich Wilhelm I., der Kurfürst von Brandenburg, mehr noch, der Große Kurfürst von Brandenburg, den Befehl für die *gäntzliche Abschaffung derer Wendischen Prediger* erlassen; die Pfarrer durften nicht mehr auf Slawisch predigen. Er wollte auch, dass alle *Wendischen Bücher bey Kirchen vnd Schulen*, vernichtet würden. In seinem Hass gegen die Slawen ging er soweit, dass er auch die *Wendischen Manuscripta liquidiren* lassen wollte. Ist es nicht merkwürdig, dass derselbe Friedrich Wilhelm I. nach 1685, nachdem einer der beschränktesten Barbaren der Weltgeschichte, Ludwig XIV., das Edikt von Nantes abgeschafft hatte und französische Protestanten in aller Eile eine sichere Bleibe im Ausland suchten, dass dieser selbe Große Kurfürst die Hugenotten mit offenen Armen auf seinen Brandenburger Roggenfeldern empfing. Religiöse Toleranz, ja, Anerkennung einer anderen Sprache, nein. Hier geschah das Gegenteil dessen, was so viele Historiker behaupten. Sprachen wurden also auch schon unterdrückt, als das Wort Nationalismus noch nicht einmal erfunden war, geschweige denn, dass das Phänomen existierte oder die Ideologie bereits definiert worden war. *Entre langues, il y a toujours un rapport de forces*, wie der französischsprachige

312

Brüsseler Romancier Jean-Luc Outers einmal zu mir sagte, frei übersetzt: Zwischen Sprachen existiert immer ein Machtverhältnis. Im neunzehnten Jahrhundert folgten die zu erwartenden Zwangsmaßnahmen: Kein Sorbisch bei Behörden und möglichst wenig Sorbisch in Schulen und Kirchen. Die Politik strebte bewusst die Ausmerzung der sorbischen Sprache an:

Mag in den Spinnstuben und in den alten Liedern das Wendische fortleben; aus dem täglichen Verkehr und dem öffentlichen Leben in Kirche und Schule muss es verschwinden.
Das ist die nationale Pflicht der Behörden, die das Geschick des kleinen Stammes in den Händen haben.

Das schrieb ein gewisser Kurd von Strantz 1904, und er brachte damit eine milde Variante des offiziellen preußischen Standpunkts zum Ausdruck. Es ist alles so offensichtlich. Die Volkssprache eignet sich für Folklore. Bei ernsten Anlässen muss man diese Sprache ausschließen. Für Schule, Wissenschaft, Politik und für das große Geschäftsleben ist sie völlig ungeeignet. Modernisiert man ein Land, und das versuchten Frankreich, Belgien, Deutschland, Italien und die Donaumonarchie wie so viele andere europäische Länder, selbst bis zum zaristischen Rußland, ganz bestimmt in der zweiten Hälfte des neunzehnten Jahrhundert, dann hat man die Pflicht, die Volkssprache in den Schweinekoben zu jagen. Frankreich ist es gelungen, seine Regionalsprachen so gut wie auszurotten. In Belgien hat es nicht an Eifer gemangelt, doch in meinem Land war die offizielle Sprache zufällig in der Minderheit, das macht einen großen Unterschied, vor allem nachdem nach 1890 erste Ansätze eines allgemeinen Wahlrechts eingeführt wurden. Die Sorben hatten eine unvergleichlich viel schwächere Position als die Flamen oder etwa ihre tschechischen Nachbarn im österreichisch-ungarischen Kaiserreich. Sie sind eine winzig kleine Minderheit in dem gewaltig großen deutschen Sprachgebiet. Es darf als ein Gotteswunder gelten, dass heute überhaupt noch ein Mensch Sorbisch sprechen kann.

Nachdem 1815 Napoleon bei Waterloo endgültig geschlagen war, wurde das Gebiet der Sorben neu aufgeteilt: Der Norden fiel an das Königreich Preußen, der Süden an das Königreich Sachsen. Die Preußen versuchten, die slawischen Sprachen auf ihrem Territorium möglichst kurz zu halten. Sie behandelten die Sorben nicht anders als die Polen, die übrigens in den östlichen Gebieten viel zahlreicher waren. Wenn in den ersten Grundschuljahren Sorbisch überhaupt erlaubt war, hatte der Lehrer doch die Pflicht, das Deutsche möglichst umfassend und gründlich zu verbreiten. Sachsen war liberaler. Das Schulgesetz von 1835 bestimmte etwa, dass in sorbischen Gemeinden die Fächer Lesen und Religion in Sorbisch unterrichtet werden sollten.

Wenn man eine Sprache ausrotten möchte, sollte man den Menschen vor allem niemals verbieten, ihre Sprache zu sprechen; das macht sie nur halsstarrig. Man muss sie soweit bringen, dass sie ihre Sprache ganz von selbst anwidert. Das gelingt immer, zumindest, wenn man die richtigen Mittel nutzt: Schule, Rathaus, Militär, Kirche, und in neueren Zeiten Radio und Fernsehen. Je mehr Menschen in der Lausitz in deutschen Schulen lesen und schreiben lernten, desto mehr Menschen wurden zweisprachig. Bei extrem ungleicher Stärke zweier Sprachen hat Zweisprachigkeit immer zur Folge: Die schwächere geht zugrunde. Unwiderruflich. 1840 wurde die Zahl der Sorben noch auf mehr als hundertsechzigtausend geschätzt, heute auf sechzigtausend, vermutlich eine zu optimistische Schätzung. Sie sagt beispielsweise nicht aus, wie viele Greise und wie viele Jugendliche die Sprache beherrschen.

Der Schwerpunkt des Sorbischen hat sich in den letzten zwei Jahrhunderten Richtung Süden verschoben, von der Nieder-

314

lausitz in die Oberlausitz. Im sechzehnten Jahrhundert wurden 90 Prozent der Bevölkerung in die Reformation mitgezogen. Endlich konnte sich die sorbische Schriftsprache entfalten. Katechismus, Gesangbuch und Bibel mussten dringend übersetzt werden – aus dem Deutschen. Doch weil der Norden, vor allem in den letzten zwei Jahrhunderten, der gnadenlosen Eindeutschung durch die Preußen ausgeliefert war, verschwand das Sorbische aus Dörfern, in denen es Jahrhunderte lang als Umgangssprache gedient hatte.

Deshalb ist das heute bedeutendste sorbische Gebiet nicht mehr evangelisch, sondern katholisch. Es handelt sich um die Dörfer im Dreieck Bautzen, Kamenz und Hoyerswerda. Vor allem die Zisterzienser vom Kloster Marienstern haben in dieser kleinen Region jeden möglichen Versuch unternommen, die sorbische Kultur zu erhalten und zu fördern. Landschaft wie Häuser sind beinahe unglaubwürdig idyllisch. Mehr als einmal hat die DDR wie gezuckerter Essig gewirkt; es ist ein ausgezeichnetes Konservierungsmittel. Ich habe in der Wallfahrtskirche von Róant/Rosenthal den Vespern beigewohnt. Kirchenlatein ist mir vertraut, aber von den slawischen Gebeten und Gesängen verstand ich kein Wort. Nach der Messe sprangen Bauersfrauen in anmutigen Trachten aufs Fahrrad oder tuckerten in ihrem Trabant davon. Wer sagt da, der Sozialismus hätte alle grob über einen Kamm geschoren? Als die Berliner Mauer fiel, waren hier dreißigtausend Wallfahrer zusammengeströmt, um von der Jungfrau Maria eine friedliche Wende zu erflehen.

Selbst in ihrem Kerngebiet sind alle Sorben zweisprachig. Die sächsische Landesregierung – genauso knauserig wie alle Regierungen überall in Europa, sobald es ums Gemeinwohl geht – will die noch existierenden sorbischen Zwergmittelschulen wegsanieren. Sie sollen zweisprachig werden, merken Sie was? Es ist ein Trugschluß der übelsten Art, da von totaler

Unwissenheit in Verbindung mit Hochmut bestimmt. Alle sorbischen Kinder in allen sorbischen Schulen sind zweisprachig, Punkt. Oder mehrsprachig. Gehen Sie deswegen einmal zur sächsischen Landesregierung, fragen Sie jeden Minister einzeln. Die in Dresden sollten besser den Mund halten. Übrigens noch ein slawischer Name, Dresden; er bedeutet sumpfiger Wald. Tja. Als die Tschechoslowakei noch ein Staat war, und Polen gerade seine mühsamen Verhandlungen über seine EU-Mitgliedschaft begann, sagte mir ein Sorbe: »Wir, und nur wir, können die Gegensätze zwischen West- und Osteuropa überbrücken. Wir können alle Deutsch, und wir sprechen mühelos Polnisch, Tschechisch und sogar Russisch. Wir haben in Europa eine einzigartige Stellung. Die Zeit, in der viele Tschechen Deutsch sprachen, liegt schon mehr als ein halbes Jahrhundert hinter uns.« Plötzlich fiel mir ein, wie eifrig große deutsche Unternehmen wie BASF, Bayer oder Opel zu den deutschsprachigen Belgiern kommen, die für sie eine Brücke nach Frankreich und in die Niederlande schlagen sollen. In Eupen und Sankt Vith sind es auch sechzigtausend, genau wie die Sorben. Aber in Belgien hat die deutschsprachige Minderheit ein eigenes Parlament und eine eigene Regierung. Im Rundfunk, in den Behörden und den Schulen wird dort Deutsch gesprochen, doch wer zufällig französischsprachig ist, darf bei seiner eigenen Sprache bleiben. Es ist ein Schutzschild, von dem die Sorben nur träumen können. In solchen Dingen ist Belgien ein leuchtendes Beispiel der Zivilisation, der *praeceptor Europae*.

Zu DDR-Zeiten genoss die kleine sorbische Minderheit wirklich generösen Schutz, nicht ganz so gut wie in Belgien die ebenso kleine deutschsprachige Minderheit, aber auf jeden Fall besser als das Statut, das sie heute in der freien Bundesrepublik hat. Oh, ich weiß, die Genossen in Ostberlin wurden ein klitzekleines bisschen von den slawischen Brüdern aus der Sowjetunion erpresst. Im Namen der *Druschba*, der großen sozialistischen Völkerfreundschaft, wurden eine ganze Menge Ellbogen ausgerenkt. Die *Domowina*, die kulturelle Organisation der Sorben schlechthin, konnte nur arbeiten, wenn sie sich den Richtlinien der Einheitspartei unterwarf. Aber sie arbeitete, und sie arbeitete gut. Und ich weiß, die Braunkohleförderung hat so manches friedliche sorbische Dorf zum Opfer der Braunkohle werden lassen und Proteste gegen den Raubbau wurden massiv platt gemacht, Protest durfte es einfach nicht geben, wegen des Sozialismus, des Humanismus, der siegreichen Arbeiterklasse und wegen mehr solchen Unsinns.

Und trotzdem. Hätten die Sorben weiter westlich gelebt, in der früheren Bundesrepublik, ich hätte keinen Pfennig für die Überlebenschancen ihrer Sprache und Kultur nach 1948 gegeben. Die Bundesrepublik schluckte alles, solange es nur amerikanisch war. Die DDR konservierte in Spiritus. In Bezug auf die Sorben war das sozialistische Preußen eigentlich sehr sächsisch, großzügig denkend und freigebig. Die Subventionen flossen reichlich. Es gab nicht nur Grund- und weiterführende Schulen, es gab auch Theater, Interesse für Volkskunst und die eigene Musik, es gab einen sehr aktiven Verlag, ein Museum, eine sorbische Rundfunkredaktion und so weiter. Gewiss, die Literatur wurde zensiert, wie in jeder Diktatur. Aber genau wie an anderen Stellen der DDR war die Zensur löcherig. Manchmal litten die Zensoren an pestilenzialischem Verfolgungswahn, dann wieder waren sie zu träge, um auch nur einen Buchstaben zu lesen, und sie ließen einfach alles durchgehen. Die Gedichte von Kito Lorenc, wild und unergründlich wie die Wälder der Lausitzer Berge, die rätselhaften, metaphysischen Romane Jurij Brězans, ich habe sie alle in den höchst offiziellen DDR-Ausgaben von *Aufbau* und *Volk und Welt* gelesen.

Der Inhaber des gepflegten Gasthofs Meja in Radibor sagte mir, dass er früher, als er denselben Gasthof als sozialistischer Staatsbeamter bewirtschaftete, genauso sein Bestes gab wie heute auch. Er zeigte mir den Festsaal im ersten Stock. Noch im Volksauftrag erbaut, erzählte er mir voller Stolz. Hier übte der größte der unzähligen sorbischen Chöre, der denselben Namen wie sein Gasthof trug: Meja, Maimonat. Hier habe ich den heimischen Fanfarenzug zu Ehren eines hundertjährigen freiwilligen Feuerwehrmanns spielen und trinken sehen. Feuer ist Feuer und Wasser ist Wasser, einst wie heute. Und wie man sehen konnte, war auch Bier Bier geblieben.

Über Wenden, die sich ihrer Sprache schämen, existieren viele Berichte, genau wie über Bretonen, Okzitanier, Elsässer, Flamen in Nordfrankreich, Brüsseler Flamen, Friesen, Samen, Inuit, Litauer, Mayas und so viele andere, früher und heute. Die alte Sprache ist rückständig, schmuddelig, schwerfällig, primitiv. Als Beweis wird oft angeführt, dass die Mitglieder des Volksstammes sich noch nicht einmal gegenseitig verstünden, so zersplittert sei ihr Kauderwelsch. Im Sorbischen, wie wenig es auch gesprochen wird, gibt es tatsächlich zwei Varianten, die nördliche und die südliche. Im Jahr 1789 schreibt Karl Gottlob von Anton, Herr zweier Rittergüter und Wegbereiter der Slawistik in Deutschland – nach eigener Aussage beherrschte er Russisch, Polnisch und Wendisch – an den exzellenten tschechischen Sprachwissenschaftler Josef Dobrovský, dass innerhalb einer Pfarrgemeinde manchmal bis zu fünf verschiedene Dialekte gesprochen würden und sich die Bewohner zweier Dörfer bei Lübbenau (dem Ort, wo ich aus meinem Nickerchen aufgewacht war) gegenseitig nicht verstehen könnten, obwohl diese kleinen Orte nur eine Viertelstunde Fußweg voneinander entfernt liegen. Der gelehrte Gutsherr hatte noch sehr viel mehr Recht, als er hatte vermuten können. Die von ihm konstatierte sprachliche Zersplitterung gab es in ganz Deutschland, und in ganz Frankreich, und in den ganzen Niederlanden, und in ganz Spanien, und in ganz Italien, und in ganz England und, und, und … Die Sorben waren (und sind) nicht die Ausnahme, sondern die Regel. Das hat nichts mit etwas so Altbackenem wie Heimat zu tun. In der italienischen Literatur beispielsweise schreiben die größten Schriftsteller ohne jede falsche Scham Dialekt, wenn es ihnen gerade passt, und ich meine wirklich die allergrößten, Montale und Pasolini (dazu noch in der Lyrik), Pavese, Primo Levi, Gadda.

Völlig anders ist es hingegen, wenn eine Sprache wegen ihrer Dialekte verachtet wird. Das ist dann ein grobschlächtiges Mittel, um den eigenen Machtvorsprung zu wahren und zu festigen. Es käme keinem Menschen in den Kopf, Italienisch oder Deutsch minderwertig zu nennen, weil in diesen Sprachen so viele herrliche, kräftige Dialekte lebendig sind. Aber was nicht ist, kann noch werden. Uns alle überrollt die Dampfwalze des Englischen. Es gibt genügend Geschäftsführer, Hochschullehrer und Politiker, ja, sogar Schriftsteller, die heilig davon überzeugt sind, dass wir so schnell wie möglich an unseren Universitäten Englisch als Verkehrssprache einführen sollten. Sollten wir es versäumen, dann blieben wir hoffnungslos zurück, prophezeien sie drohend. Wenn wir, was Gott verhüten möge, so dumm wären, ihnen zu folgen, prophezeie ich, dass man das Niederländische in kürzester Zeit nur noch mit Volkstanz und pittoresken Trachten in Verbindung bringen wird. Und morgen ist das Französische dran. Und übermorgen das Deutsche. Wir sind alle potentielle Sorben.

Während ich dies schreibe, höre ich, dass der steinalte Geschichtenspinner von Horni Hajnk, mit seinem pergamentenem Schädel, der schwarzen Zigarre und dem schönen, ein wenig trägen Deutsch, dass Jurij Brězan gestorben ist. Er war neunundachtzig, er schrieb bis zum letzten Tag. Er hatte gerade ein sorbisches Märchenbuch abgeschlossen, und aus seiner Feder waren nicht weniger als drei Werke geflossen, die Krabat zum Thema hatten, den bettelarmen Jungen, der ein ebenso mächtiger wie guter Zauberer wird, zwei philosophische Romane und eine Kindergeschichte: *Krabat oder Die Verwandlung der Welt*, *Krabat oder die Bewahrung der Welt* und *Die schwarze Mühle*, jeweils in Sorbisch und in Deutsch. Wer glaubt, dass sich Brězan hauptsächlich mit der aussterbenden Folklore einer Handvoll zu Holzschuhtanz und Nationaltracht verdammter Dörfler beschäftigt hätte, täuscht sich gewaltig. Zwanzig Jahre war er Vizepräsident des Schriftstellerverbandes der DDR, und in seinen Krabat-Romanen geht es um Kapitalismus, Ökologie und Genmanipulation. Er schrieb über seine Zeit, über unsere Zeit und über unsere Zukunft. Er schrieb nicht nur seine Bücher in zwei Sprachen, das muss man erst einmal versuchen nachzumachen, sie wurden überdies auch in fünfundzwanzig andere Sprachen übersetzt. Ich zitiere aus seinem Meisterwerk, über die Verwandlung der Welt:

> *Genau im Mittelpunkt unseres Kontinents – wie viele hierzulande irrtümlich glauben, also auch der Welt – entspringt die Satkula, ein Bach, der sieben Dörfer durchfließt und dann auf den Fluß trifft, der ihn schluckt. Wie die Atlanten, so kennt auch das Meer den Bach nicht, aber es wäre ein anders Meer, nähme es nicht auch das Wasser der Satkula auf.*

Siehe auch: Bertolt Brecht, Demokratie, DDR, Mauer, Friedrich Hölderlin, Emine Sevgi Özdamar, Kurt Tucholsky

Tau

Ein Hotel am Rhein. Draußen Schleppkähne, von Containern tief ins Wasser gedrückt, bewaldete Ufer, weiße Villen, ein *Weinhaus*. Drinnen gestärkter Damast, pensionierte Stimmen, der Duft frisch aufgebrühten Kaffees. Auf meinem Tisch eine weiße, schlanke Vase. In der Vase eine gelbe Rose, ein Prachtexemplar, stolz aufgerichtet. Auf den Kronblättern Tautropfen. Mein Zeigefinger möchte einen berühren. Der Tropfen ist hart. So etwas gibt es nur in Deutschland. Tau, ganz naturgetreu. Aber aus Plastik.

Kurt Tucholsky

Das Schiff stößt drei heisere Pfiffe aus. Sein Schornsteinrauch
verschleiert die Ufer von Stockholm. Unser Fahrzeug ist Bau-
jahr 1903. Einst war es Teil einer stolzen Flotte von fünfzig
Schiffen, die Bauern, Gärtner, Obst, Gemüse und Touristen
von und zu den Dörfern an den Ufern des Mälarsees transpor-
tierte. Heute sind es nur noch Touristen. Überraschend schnell
gleiten wir an dem backsteinernen Rathaus vorüber, an gelben
Wohnblocks und weißen Booten, unter einer hohen Brücke
durch. Sechzig Kilometer haben wir vor uns, etwas mehr als
die halbe Seelänge. Der Mälarsee ist zweimal so groß wie der
Genfer See, aber fünfmal kleiner als der größte See dieses Königreichs, die weiten Wasser von Vänern. Schweden ist riesig.

Etwa hundert Passagiere haben sich dem uralten Dampf-
schiff anvertraut. Fast alle sprechen Schwedisch. Wer sagte da
sprechen? Bedachtsam psalmodierend weisen sie sich gegenseitig auf Kirchtürme und beflaggte Landhäuser hin; selbst
wenn sie über die alltäglichsten Dinge sprechen – soll ich dir
ein Bier holen, ich zieh den Pullover über, wo ist bloß meine
Sonnenbrille geblieben – bringen Schweden einen süßen Gesang hervor. Ein paar Mädchen kramen in ihren Rucksäcken
und unterhalten sich auf Deutsch. Täusche ich mich oder sehe ich zwischen Unterwäsche und einer Mineralwasserflasche
ein Taschenbuch stecken, mit dem Namen Tucholsky darauf?
Sollten sie und ich an diesen arkadischen Ufern Erinnerungen
an denselben Berliner suchen, an den Dichter frecher Kabarettlieder, den unerbittlichen Journalisten und begnadeten
Stilisten, den kompromißlosen Nazigegner? Ich wage nicht zu
fragen, ich bin nicht mehr in dem Alter, in dem ich es mir erlauben konnte, ungestraft mit wildfremden jungen Mädchen
anzubandeln.

322

Wir sind auf dem Weg nach Mariefred, und nein, das bedeutet nicht Marie frißt, sondern der Friede Mariens, *Pax Mariae*, der Name eines Karthäuserklosters aus dem fünfzehnten Jahrhundert. Lange durften die Mönche dort nicht meditieren. Bereits 1526 entschied König Gustav Wasa, sein Land müsse protestantisch werden. Er beschlagnahmte das Kloster, und etwa zehn Jahre darauf ließ er es abreißen. Die Backsteine wurden zum Bau von Schloß Gripsholm verwendet. Der Glaube im Dienste der grenzenlosen Habgier des Königs. Nach Gripsholm fahren meine Mitreisenden, genau wie Kurt Tucholsky 1929 nach Gripsholm fuhr.

Mariefred ist eine klitzekleine Stadt am Mälarsee. Es war eine stille und friedliche Natur, Baum und Wiese, Feld und Wald – niemand hätte von diesem Ort Notiz genommen, wenn hier nicht eines der ältesten Schlösser Schwedens wäre … Es war ein strahlend heller Tag. Das Schloß, aus roten Ziegeln erbaut, stand leuchtend da, seine runden Kuppeln knallten in den blauen Himmel – dieses Bauwerk war dick, seigneural, eine bedächtige Festung.

Das kommt nicht aus einer von Tucholskys brillanten Reportagen – ich kenne nur wenige, die wie er in wenigen Sätzen eine Landschaft, deutsch, französisch oder schwedisch, heraufbeschwören können. Es steht in seinem letzten Roman, *Schloß Gripsholm*. Kurt Tucholsky, der Mann der zeitlebens auf den blanken Nerven des gesamten konservativen Deutschlands herumtrampelte, dort, wo es am meisten weh tat, Kurt Tucholsky, der für die Massenblätter des genialen kommunistischen Managers Willi Münzenberg arbeitete, Kurt Tucholsky, der zusammen mit marxistischen Kampfgenossen wie Johannes R. Becher, Bertolt Brecht und Egon Erwin Kisch zur *Gruppe 25* gehörte. Tucholsky der Republikaner kam schon jung durch ein königliches Schloß zu literarischem Ruhm, und sein belletristisches Testament trug den Namen eines nicht weniger königlichen Schlosses. 1912 erschien *Rheinsberg – ein Bilderbuch für Verliebte*. Rheinsberg wäre ein gottverlassenes Nest im brandenburgischen Sand, wenn nicht Friedrich der Große dort seine Jugendjahre verbracht hätte. Und wenn Tucholsky darüber nicht einen federleichten Miniaturroman geschrieben hätte. Er war knapp zweiundzwanzig und Jurastudent. 1931 erschien *Schloß Gripsholm*. Es ist kein Buch für junge Leute. Die Verheißungen gehören der Vergangenheit an. Der Autor ist müde und welterfahren, die Prinzessin, die ihn auf seiner Reise begleitet, für die Dauer der Ferien von Adel. Im Übrigen spricht sie eine Mischung aus Hochdeutsch und norddeutschem Platt, einem Dialekt, auf den Tucholsky ganz versessen war. Und sie ist hinreißend realistisch.

Das kleine Schiff tuckert auf Gripsholm zu. Warum zieht sich das vielversprechende Ufer doch nicht ewig vor uns zurück? Niedrige, bewaldete Hügel, überwucherte Findlinge. Links liegt ein cremefarben verputztes Landhaus im klassischen Stil, in dem auch bei uns bis vor etwa hundert Jahren mit großer Begeisterung gebaut wurde. Rechts steht ein kalkweißer Kirchturm. Seinen Fuß umklammern hellgelbe und ochsenblutrote Häuser, allesamt aus Holz, alle Fenster und Türen mit weißen Rahmen abgesetzt. Buschige Laubbäume neben und über den Dächern, Birken, gelegentlich Eichen. Zwischen Landhaus und Dorf Schloß Gripsholm, feuerrot, tatsächlich, rundlich, dick, sehr mit sich zufrieden. Überirdisch schön ist es, ach was, nein, es ist überaus irdisch schön. Und ich habe noch nicht einmal das diffuse, milchige Licht erwähnt, mit dem Voranschreiten des Sommers wird es immer reiner und sinnlicher. Das ist der Frieden von Schweden. Seit 1814 war dieses Land nicht mehr im Krieg.

Schweden ist Deutschlands Antipode.

Diesen Frieden hat Tucholsky hier gesucht. Schweden hat ihn vor Deutschland geschützt. Vor der Verzweiflung hat es ihn nicht schützen können. Am 19., 20. oder 21. Dezember 1935, die biografischen Werke sind darüber uneins, nimmt er eine Überdosis Schlafmittel, aller Wahrscheinlichkeit nach das Barbiturat Veronal.

Er ging leise aus dem Leben fort, wie einer, der eine langweilige Filmvorführung verläßt, vorsichtig, um den anderen nicht zu stören.

Das hatte Tucholsky einst in sein *Sudelbuch*, sein Konzeptheft, geschrieben. Es war sein ausdrücklicher Wunsch, auf dem Friedhof von Mariefred begraben zu werden, obwohl er dort nie gewohnt hat. Und so geschah es.

Tucholsky sieht das deutsche Unwetter schon sehr früh heraufziehen. Im Februar 1930 nimmt er kurz vor der kleinen Stadt Hindås Einzug in die Villa Nedsjölund, vierhundert Kilometer westlich von Mariefred. Alte Fotos zeigen eine luxuriöse Wohnung. Das Haus hat einen großen Balkon, ich zähle vierzehn Fenster an zwei Fronten. Eine Biographie erwähnt einen ausgewachsenen Kiefernwald neben der Hintertür, und aus seinem Arbeitszimmer blickt der Mieter auf einen See, aber das alles ist nichts Besonderes in Schweden.

1930 ist Tucholsky als Schriftsteller ebenso beliebt wie verhasst, er wird zunehmend kränker und hat zwei gescheiterte Ehen hinter sich. Von seiner zweiten Frau wird er sich erst drei Jahre später scheiden lassen, getrennt haben sie sich 1928. Mary Gerold oder Malzen, Malzlein, Matz, Mala, wie er sie in seinen zahllosen Briefen nennt, eine Baltendeutsche aus Riga, war achtzehn Jahre alt, als er sie kennenlernte. Obwohl er erst noch eine andere heiratet, obwohl er es nicht lassen kann, sich eine gewisse Etappe von vielen schönen, sehr klugen, hervorragend ausgebildeten und für die damals gängigen Vorstellungen schwindelerregend selbständigen Frauen begleiten zu lassen, Tucholsky war ein echter *homme à femmes*, bleibt Mary die große Liebe seines Lebens. Nicht lange vor seinem Tod – wahrscheinlich selbstgewählt, aber wirklich sicher ist es nicht – schreibt er ihr einen Abschiedsbrief.

Selten habe ich bedrückendere Prosa gelesen. Tucholsky hatte in seinen Briefen seit Jahren die Gewohnheit, Mary in der dritten Person, männlich, Singular, anzusprechen, auch wenn in seinem korpulenten Körper keine Spur von Homophilie zu entdecken war. Anfangs vermeidet er das Wort »ich«, auch über sich schreibt er in der dritten Person. Seine Reue hat die Temperatur von Packeis.

> *Liebe Mala,*
> *will Ihm zum Abschied die Hand geben und Ihn um*
> *Verzeihung bitten für das, was Ihm einmal angetan hat.*
> *Hat einen Goldklumpen in der Hand gehabt und sich nach*
> *Rechenpfennigen gebückt; hat nicht verstanden und hat*
> *Dummheiten gemacht, hat zwar nicht verraten, aber*
> *betrogen, und hat nicht verstanden.*

Nach einigen Zeilen läßt er dreimal ein »ich« zu, aber dieses Wort kommt *de profundis*, aus Tiefen von Elend und Einsamkeit:

> *Die letzten Nächte habe ich im Bett die Hand nach rechts*
> *ausgestreckt, da war keiner. Es ist dasselbe Bett, in dem zum*
> *letzten Mal mit Ihm in der Nacht vom 2. zum 3. Dezember*
> *1926 geschlafen hat, wo er gekommen ist, wie ein Tier, das*
> *etwas wittert – und hat, wie immer, richtig gewittert. Und*
> *jetzt sind es beinah auf den Tag sieben Jahre, daß weggegan-*
> *gen ist, nein, daß hat weggehn lassen – und nun stürzen die*

326

Erinnerungen nur so herunter, alle zusammen. Ich weiß was
ich Ihm und an Ihm beklage: unser ungelebtes Leben.

Am Ende rät er Mary noch, den Abschiedsbrief zu lesen, den
Heinrich von Kleist 1811 seiner Schwester schrieb.

Kleist ist einer der berühmtesten Selbstmörder der deutschen Literatur. Seine Einstellung zum Leben war so fröhlich
wie Stahlbeton.

Verzweiflung und Selbstmord also, in allen Tonarten. Hinzu kamen noch seine ständig wiederkehrenden Klagen über
chronische Entzündungen. Der Nasen- und Stirnhöhle. Er litt
oft unter schrecklichen Kopfschmerzen und verlor manchmal
jegliches Geschmacks- und Geruchsempfinden. Vergebens
suchte er Linderung am Mittelmeer, in Cap Ferrat, oder auf
der schwedischen Insel Gotland, und er kurte schon seit den
zwanziger Jahren in allen möglichen Luftkurorten, Bad Weis-
ser Hirsch bei Dresden, Hietzing bei Wien, Challes-les-Eaux
im französischen Savoyen. In Schweden unterzog er sich fünf
Operationen. Die Nachbehandlung war schmerzhaft, aber eine
Besserung trat ein. Über seine Leiden und deren Behandlung
schreibt er ausführliche Episteln an seine gute Schweizer Freun-
din Hedwig, sie ist Ärztin und wohnt in Zürich, Tucholsky hält
sich regelmäßig in ihrer Wohnung auf und nennt sie in seinen
Briefen Nuuna. Zum Beispiel, über die dritte Operation:

Stäbchen in die Nase, nun, dachte ich, kommen die großen
Spritzen. Die kamen aber nicht; er fing an. O weh – dachte
ich in meiner stillen Art – was kann man schon großes ope-
rieren, wenn man nicht spritzt. Er wird wieder nichts Rechtes
machen. Und er legte los, es knackte, und plötzlich geschah
etwas ganz Merkwürdiges. Das Leben hatte plötzlich einen
Sinn. Dies klingt nun wie aus dem Elaborat eines Verrück-
ten; ich schreibe es aber doch. Es kam auf einmal Luft nach

oben, wo nie Luft gewesen war, ich sah in eine Ecke, und alles
war anders – aber gut anders. (…) Und während er mir nun
richtig weh tat, denn in der Tiefe kann man ja doch nicht
betäuben, hätte ich heulen mögen – aber vor Glück.

Das Glück bleibt ihm wieder einmal keine vierundzwanzig
Stunden hold. Die Höhlen schließen sich wieder.

Sein Leben lang litt Tucholsky unter schwermütigen Anfäl-
len und Depressionen. 1923 zum Beispiel stand er kurz vor dem
Selbstmord. Tucholsky hatte wie Millionen seiner Landsleute
durch die astronomische Inflation sein ganzes Geld verloren,
bis auf den letzten Pfennig. Er hatte gerade seine Scheidung
hinter sich, zögerte jedoch, seiner geliebten Mary einen Platz
in seinem Leben zu geben. Am 19. August 1923 schreibt er ihr,
nachts:

Ich habe keinen Herbst, keine Wagenfahrt, keine Boote, kein
Wasser, kein Meer, keinen Himmel und keinen Schnee. Wo-
von sollte ich froh aussehen? Und das Herz voller Angst: ja,
darfst du denn überhaupt einen andern Menschen an deinen
Jammer ketten, an dieses unerfüllte, halb gescheiterte, kaputt
gemachte und deutsche Leben niederster Observanz?

Doch er erholt sich. Und wie.

Er schreibt die besten Lieder für das beste Kabarett aller
Zeiten, das Berliner Kabarett der zwanziger Jahre des vergangenen Jahrhunderts. In kultivierter Gesellschaft, in Salons,
nie auf der Bühne, ist er bisweilen durchaus bereit, sie selbst
vorzutragen, er spielt gar nicht so übel Klavier. Die Melodien
wurden von den Meistern geschrieben, denen damals die
Gunst der leichten Muse gewogen war, von Werner Richard
Heymann, Rudolf Nelson, Friedrich Hollaender – Hollaender
schrieb die Melodie für »Ich bin von Kopf bis Fuß auf Liebe

eingestellt«, gesungen von Marlene Dietrich – und ab und zu komponierte Tucholsky auch selbst. Oft genug habe ich das ausnehmende Vergnügen genossen, in einer Brüsseler Kneipe seinen »Stoßseufzer einer Dame, in bewegter Nacht« aus einem altersschwachen Klavier zu hämmern; ich habe zu Tucholskys Noten einen einfachen Text in meinem geliebten Brüsseler Platt geschrieben, über eine Frau um die fünfzig, die sich total in einen jungen, schönen Kongolesen verknallt. Ich bin mir völlig sicher, dass sich Tucholsky hinter meinem Rücken vor Lachen ausgeschüttet hat, er hatte einen sechsten Sinn für den Duft und Geschmack von Dialekten. Und auch heute noch, in einer anderen Zeit, in einer anderen Stadt, gesungen in einer anderen Sprache, schlägt die Melodie sofort ein, bei einem Publikum, das den Namen Tucholsky noch nie gehört hat.

Tucholsky schreibt, als hänge sein Leben davon ab, gegen den Militarismus, gegen die versteinerte Rechte, die der labilen, unbeholfenen Weimarer Republik den Untergang geschworen hatte. Mit John Heartfield, dem Genie der Fotomontage, trotz seines Pseudonyms ein Deutscher, stellte er das provozierende Buch *Deutschland, Deutschland über alles* zusammen. Die Not des Proletariers wird hier ungeniert neben der stiernackigen Überheblichkeit der deutschen Generäle gezeigt, die ihr Land in das Fiasko des Ersten Weltkriegs gestürzt haben, und neben dem Materialismus des deutschen Bürgers.

Tucholsky war nicht ganz zufrieden. Er befand seine Begleittexte zu den Fotos als plump und schlaff und viel zu milde. So sah es das rechte, militaristische Deutschland absolut nicht. Ihm drohten nicht nur Prozesse. Auf der Fahrt zu einer Lesung in Wiesbaden wurde sein Auto mit Steinen beworfen. Er sagt zwar, es würde ihn amüsieren, aber er wusste, was es bedeutete. Todesdrohungen wurden von nun an kaum verschleiert. So schrieb die Zeitung *Freiheitskampf* aus Dresden:

Es hat sich bis auf heute niemand gefunden, der dem
Burschen den Davidsstern mit der Reitpeitsche ins Gesicht
gezeichnet hätte.

Für das kleine, radikale Wochenblatt *Die Weltbühne* hatte Tucholsky Dutzende von Artikeln verfaßt. 1932 machte man ihm und seinem Chefredakteur Carl von Ossietzky, einem außerordentlich mutigen, integren Mann und überzeugten Pazifisten, den Prozeß, weil Tucholsky geschrieben hatte: *Soldaten sind Mörder.* Sie wurden freigesprochen.

Sechzig Jahre später klebt ein deutscher Mann einen Sticker mit diesen drei Worten auf sein Auto. Die Regierung (damals eine Koalition aus Christdemokraten und Liberalen unter der Führung von Helmut Kohl) fand das gar nicht lustig und machte ihm prompt den Prozeß. Die Regierung verlor. Giftig machte der Verteidigungsminister seiner Wut über das Urteil Luft.

Tucholsky war damals nicht zum Prozeß erschienen. Er blieb, wo er war, im Ausland, in Sicherheit. Die Gewissensbisse haben ihn bis zu seinen letzten Tagen verfolgt.

… ich habe damals versagt, es war ein Gemisch aus Faulheit, Feigheit, Ekel, Verachtung – und ich hätte doch kommen sollen. Daß es gar nichts geholfen hätte, daß wir beide sicherlich verurteilt worden wären, daß ich vielleicht diesen Tieren in die Klauen gefallen wäre, das weiß ich alles – aber es bleibt eine Spur Schuldbewußtsein.

1933 ergreift Hitler die Macht. Die Nazis arbeiten schnell. Am 10. Mai werden Tucholskys Bücher auf dem Opernplatz in Berlin verbrannt. Am 25. August erscheint im *Deutschen Reichsanzeiger* und im *Preußischen Anzeiger* der Bericht, dass ihm die deutsche Staatsbürgerschaft entzogen werde. Es ist die allererste Liste, sie enthält zweiunddreißig Namen, unter anderem Schriftsteller wie Lion Feuchtwanger und Heinrich Mann. Bertolt Brecht, doch auch nicht gerade ein Freund der Nazis, wurde diese Ehre erst 1935 zuteil, zusammen mit Erika Mann, der Tochter Thomas Manns.

1933 wird Tucholsky also staatenlos. Er feiert diese denkwürdige Tatsache mit Freunden und sehr viel Wein, in der Schweiz, bei seiner treuen Nuuna. Danach wird er immer wieder versuchen, die schwedische Bürokratie umzustimmen. Vergeblich. Obwohl er seit Jahren im Land lebt, obwohl er eifrig die Sprache lernt, wird er sich nie stolzer Besitzer des sicheren, neutralen, schwedischen Passes nennen dürfen.

Seine Bücher sind in Deutschland natürlich streng verboten. Seine Einkünfte versiegen. Seine Spargroschen verflüchtigen sich, Tucholsky hatte teure Gewohnheiten, seine Vorliebe für elegante Maßanzüge war legendär. Mit deutschen Emigranten wollte er nichts zu tun haben. Sie machten sich Illusionen, fand er, die deutsche Linke hätte bewiesen, dass sie den Nazis nicht gewachsen war, und jetzt sei Widerstand gegen das, was die große Mehrheit eines Volkes möchte, sinnlos. Hitler ist identisch mit Deutschland, und Hitler wird nicht schnell verschwinden.

Ich glaube übrigens an die Stabilität des deutschen Regimes – es wird von der ganzen Welt unterstützt, denn es geht gegen die Arbeiter.

Eine Heirat mit Nuuna könnte vielleicht einen Ausweg bieten. Aber Tucholsky hat zuviel Angst. Wenn er die Schweizer Ärztin heiratet, muss er in Zürich wohnen, und er ist felsenfest davon überzeugt, dass Deutschland früher oder später die schweizerische Neutralität verletzen wird. Nuuna hat versucht, ihn zu überreden. Sie schreibt ihm, dass es keine Garantie für die Zukunft gebe und dass man eigentlich schon alles verloren habe, wenn man aus Angst vor einer unangenehmen Entwicklung in der Zukunft etwas lässt, an dem man Freude haben könnte.

Tucholsky ist nicht nur ein mittelloser, tief enttäuschter, kranker Verbannter, er fühlt sich nicht mehr in der Lage, etwas von Wert zu schreiben. Er verschickt noch zahllose Briefe, und an Nuuna wendet er sich in seinen *Q-Tagebüchern*, (Q von quatschen), aber will unter keinen Umständen, dass sie je veröffentlicht werden. Und trotzdem. Kurz vor seinem Tod scheint er aufzuleben.

Er führte eine – schriftliche – Kampagne, um seinen alten Freund Carl von Ossietzky, der in einem Konzentrationslager gefangen ist, freizubekommen und um ihm den Friedensnobelpreis zusprechen zu lassen.

Und Tucholsky ist wütend, weil eines seiner Idole, der norwegische Autor Knut Hamsun, sich zum Nationalsozialismus bekennt und in Zeitungsartikeln perfide Angriffe gegen den alten Freund Ossietzky richtet, der sich zu diesem Zeitpunkt nicht verteidigen kann. Tucholsky möchte zuschlagen, dass die Fetzen fliegen. Er wendet sich an eine schweizerische und eine norwegische Zeitung und, als das erfolglos bleibt, schreibt er, wenige Stunden, bevor er die verhängnisvollen Schlaftabletten schluckt, an den Norwegischen Studentenbund. Nichts in diesem Brief gibt einen Hinweis auf seine Verzweiflung, ganz im Gegenteil.

Vor dem kleinen Rathaus von Mariefred steht ein Pfahl mit touristischen Wegweisern, einer davon zu Tucholskys Grab. Eine Straße weiter wird man seinem Schicksal überlassen, aber kein Problem, dieses Dorf hier ist wie in einem Märchen, wir finden bestimmt eine Spur aus Steinchen, die uns zum richtigen Ort führt. Ganze Familien streichen unter fröhlichem Gelächter die Bretterwände ihrer Holzhäuser. Bei einer breiten Allee sieht die Welt allmählich ein bisschen realistischer aus. Weg sind die Bilderbuchhäuser, die Rosenstöcke, die angenehm windschief hängenden Holzzäune, die absichtlich verwilderten Gärten. Hier hässliche kleine Landhäuser mit kurzgeschorenem Rasen, fast wie in Deutschland.

Der Friedhof liegt gleich hinter dem alten Dorfkern. Er besitzt diese intime Schönheit, die man ausschließlich auf protestantischen Friedhöfen findet. Keine aufwendigen Grabmäler. Dunkle Steine, Gras, Eichen. In der Ferne sieht man den Mälarsee. Tucholsky wollte am Fuß einer Eiche begraben werden. Er hat seinen Willen bekommen. Ein rechteckiger Stein, darauf: KURT TUCHOLSKY, unter seinem Vornamen 1890, unter seinem Nachnamen 1935, und, tiefer, die Worte: ALLES VERGÄNGLICHE IST NUR EIN GLEICHNIS. Sie sind weltberühmt, diese Worte. Es ist ein Distichon aus dem »Chorus Mysticus«, der Goethes Faust II abschließt. Links und rechts sehe ich Familiengräber, von einem gewissen Birger Törnblom und das des Dorfschmieds J. Christian Ringdahl, der neben seiner *hustru* ruht, was für ein prächtiges Wort für Ehefrau. Sie sind alle im Herrn entschlafen, in gesegnetem Alter, der Tage müde. Nicht wie Tucholsky.

Aber ringsherum blühen die Schlüsselblumen, zu Hunderten. Eine verschwundene Hand hat eine auf dem Grabstein zurückgelassen. Die Blüten sind schon verwelkt. Ich lege eine Pusteblume daneben. Ich bilde mir ein, dass er diese Geste geschätzt hätte. Von allen Pflanzen hat die Pusteblume doch den schönsten Dialekt.

Siehe auch: Bertolt Brecht, Friedrich Hölderlin, Emine Sevgi Özdamar, Quedlinburg, Schnaps

Es ist hundertdreiundzwanzig Meter lang und vierzehn Meter hoch. Auf mehr als siebzehnhundert Quadratmetern Gemälde sind dreitausend Figuren abgebildet. Die allererste Entwurfszeichnung stammt vom Sommer.

1976, am 16. August 1983 setzte der Künstler den ersten Pinselstrich auf die Leinwand, und am 16. Oktober 1987 schrieb er auf das vollendete Gemälde: Werner Tübke. *C'est kolossal*, sagen die Franzosen oft, wenn sie über Deutschland sprechen. Kolossal ist es, unverkennbar. Deutsch ist es, überwältigend deutsch, fast unerträglich deutsch. Ostdeutsch. Aber es ist viel mehr, es ist unendlich viel mehr. Es ist ungreifbar. Es ist unzulässig. Es ist unmöglich. Und trotzdem kann jeder einfach hingehen und es sich ansehen.

Es hängt in einem zylinderförmigen Gebäude auf dem Berg, der die kleine Stadt Bad Frankenhausen in Thüringen beherrscht. Die Außenmauer ist blind, die Innenwand wird völlig von der gigantischen Leinwand in Beschlag genommen. Das Gebäude, ebenfalls in Form eines Zylinders, wurde eigens für das Gemälde entworfen.

Es ist ein echtes Panorama, ein Gemälde ohne Anfang und Ende, 360° im Kreis herum. Das Genre war vor allem im neunzehnten Jahrhundert sehr beliebt, aber dieses Bild wurde im ausgehenden zwanzigsten Jahrhundert gemalt.

Themen der Panoramen sind meist Stadtansichten oder berühmte Schlachten. Unser eigenes Waterloo besitzt eines. Bei Den Haag gibt es Hendrik Willem Mesdags berühmtes Panorama von Scheveningen. Das Panorama in Bad Frankenhausen ist garantiert das jüngste von allen. Dass es auch das weltweit größte sein soll, wird angezweifelt. Vielleicht ist das Jerusalem-Panorama im kanadischen Wallfahrtsort Saint-Anne de

Beaupré noch größer. Oder womöglich die russischen Panoramen mit der Schlacht von Borodino oder der von Stalingrad.

Das Bad Frankenhausener Panorama entstand im Auftrag des Politbüros des Zentralkomitees der SED, der ostdeutschen Sozialistischen Einheitspartei. Der VEB Wohnungsbaukombinat Halle war für den Rohbau des Gebäudes zuständig. Der Maler wurde von Professoren der Karl-Marx-Universität Leipzig unterstützt. Der Elfte Parteitag der SED nahm die Fertigstellung von Gebäude und Gemälde in den Fünfjahresplan auf. Das heißt: Sozialistischer Realismus, da führt kein Weg vorbei. Keine Farbe, sondern Beton. Keine menschlichen Figuren, sondern die Vorhut des Proletariats. Keine Kunst, sondern roter Kitsch. Und dann noch deutsch. Gepanzert. Bleischwer.

Diese Schlussfolgerung ist falsch. Grundfalsch.

Wer malt schon im Rahmen eines Fünfjahresplans? Das kann doch nur ein arschkriecherischer Farbkleckser bar jeglichen Talents sein.

Wieder falsch. Grundfalsch.

Das Kulturministerium der DDR war befugt, den Auftrag für das Panorama in Bad Frankenhausen zu erteilen. Es sollte ein monumentales Werk werden, das Leben und Wirken des revolutionären Ketzers und Volkspredigers Thomas Müntzer aus dem sechzehnten Jahrhundert thematisierte, des Mannes, der eine Gesellschaft gleichberechtigter Kinder des Herrn wollte, das Gottesreich auf Erden. Das Kulturministerium nahm Kontakt mit Werner Tübke auf.

Sicher war Tübke ein bekannter Künstler, im eigenen Land und auch in Italien, wo sein Werk durch das Bemühen des Kunsthändlers Emilio Bertonati in einigen bemerkenswerten Ausstellungen präsentiert wurde, unter anderem in Mailand, Rom und Florenz. Doch unter den Malern der DDR stand Tübke allein. Nicht, dass seine Kunstbrüder allesamt servile Porträtisten vierschrötiger Arbeiter gewesen wären, im Gegenteil, die Vielfalt von Schulen, Strömungen, Stilen, Techniken und Motiven war sicherlich so groß wie im Westen, wenn nicht größer. Tübke gehörte auch hier nicht dazu. Er durfte öffentlich sagen, dass ihn die Malerei seiner Zeitgenossen, die Malerei seit 1945, nicht die Bohne interessiere, er suche seine Lehrmeister bei den italienischen Manieristen des sechzehnten Jahrhunderts und in der deutschen Tradition, vor allem bei Cranach und Dürer. Er sagte über sich und über seine Kunst: »... ich habe kein Zeitgefühl: Wenn ich Bilder von Delacroix sehe, dann werde ich so nervös, als wären sie heute entstanden. Mir fehlt der Sinn für historische Distanz. Auch deshalb sind historische Stoffe nicht historisch für mich, und ich kann selbige wie ganz aktuelle, sehr persönliche Erlebnisse von heute betrachten.« Und auch: »Daß es überhaupt Abstand gibt, also der Zeitfaktor, das verstehe ich alles nicht.« Tübke liebte Eleganz, bis hin zum Dekadenten. Vielleicht könnte man ihn noch am besten beim Magischen Realismus ansiedeln, und das ist doch etwas ganz anderes als der Sozialistische Realismus.

In den siebziger Jahren, nach dem Amtsantritt Erich Honeckers, wollte die junge (nun ja, junge) Generation roter Bonzen den sozialistischen Staat mit großen Gestalten aus der deutschen Geschichte schmücken. Das Lutherjahr wurde mit großem Gepränge gefeiert, Friedrich der Große durfte Unter den Linden wieder auf seinem Bronzepferd reiten, in den Museumsvitrinen sah man alle naselang drei magische Wörter: *das fortschrittliche Erbe*. Die Thomas Müntzer-Gedenkfeier passte nahtlos in diese Kulturpolitik.

Im Monat Mai des Jahres 1525 versammelten sich einige tausend Bauern auf einem Berg bei Frankenhausen. In ganz Süddeutschland hatten sie sich, der Not und Ausbeutung überdrüssig, gegen ihre Feudalherren erhoben. Thomas Müntzer, der utopische Ketzer, der rebellische Prediger, war schließlich der Hoffnungsträger der Bauern. Er kam nach Frankenhausen, zu den Ärmsten der Armen. Dort wollten sie gegen die Adeligen kämpfen, die sie unterdrückten. Doch die Soldaten in Diensten des Adels haben das Lumpengesindel erbarmungslos in die Pfanne gehauen und geschlagen. In weniger als einer Viertelstunde. Sechstausend Bauern fanden den Tod. Thomas Müntzer wurde gefangengenommen, gefoltert und am 27. Mai 1525 enthauptet. Vor den Toren der nahegelegenen Stadt Mühlhausen steckten seine Mörder seinen Kopf auf eine Stange. In Deutschland sollte der Adel wieder für sehr lange Zeit übermächtig herrschen.

Vierhundertfünfzig Jahre später war Thomas Müntzers Kopf auf den popeligen DDR-Fünf-Mark-Scheinen zu sehen, und Mühlhausen hieß von da an Thomas-Müntzer-Stadt. Martin Luther hatte sich während des Bauernkriegs auf die Seite des Adels gestellt. Wie ein Wahnsinniger wütete er gegen die von ihm so bezeichneten »mörderischen Rotten der Bauern«. Es ist eine alles andere als schöne Seite in der Geschichte der Reformation. Aus irgendeinem unerforschlichen Grund war das den Machthabern in der DDR völlig einerlei. Sie gedachten seelenruhig Martin Luthers und Thomas Müntzers. Na ja, auch der real existierende Sozialismus war gespickt mit dialektischen Widersprüchen.

An der Stelle, wo die Bauern, die Ketzer und die revolutionären Kräfte Deutschlands im Jahrhundert der Reformation und der Renaissance eine schmähliche Niederlage erlitten hatten, musste sich vierhundertfünfzig Jahre später, im Jahr 1975, das Gebäude erheben, in dem ein klassenbewusstes Kunstwerk der hoffnungsvollen, jedoch im Keim erstickten Bewegung in großem Stil gedenken sollte. Leider hatten die Kader der Einheitspartei diesen Einfall ein klein wenig zu spät, erst 1973, und deshalb war das Gebäude, trotz der überlegenen sozialistischen Produktionsverhältnisse, nicht rechtzeitig fertig. Aber keine Not, Thomas Müntzer war so freundlich gewesen,

1489 geboren zu sein. Also sollten die Scharen derer, die nach einem besseren Leben dürsteten, aus West und Süd und Nord 1989 nach Bad Frankenhausen strömen, um des fünfhundertsten Geburtstages des großen deutschen Revolutionärs würdig zu gedenken. Gerade rechtzeitig, ein Jahr später, war der reale Sozialismus hinweggefegt, aber das konnte 1973 keiner ahnen, keiner im Osten und keiner im Westen.

Es war klar, was den gestählten Kadern vorschwebte. Hatten die Kameraden aus der Sowjetunion nicht das Panorama von Wolgograd, ehemals Stalingrad, vorgeführt, wo der erste triumphale Sieg über den deutschen Faschismus auf mehr als hundert Metern dargestellt wurde? Nicht umsonst lautete ihre Lieblingslosung *Von der Sowjetunion lernen, heißt siegen lernen.* Sie wollten megalomanische Heldenverehrung, auch wenn die Bauern, diese armen Schlucker, vom adeligen Heer aufgerieben worden waren, auch wenn der bewunderungswürdige Revolutionär Thomas Müntzer dabei seines Kopfes verlustig ging.

Die Vorgehensweise war des wissenschaftlichen Sozialismus würdig. Der Rat von Historikern und Kunsthistorikern wurde eingeholt. Sie verwarfen die Idee eines panoramischen Gemäldes. Doch da hatten sie die Rechnung ohne den Kulturminister Hans-Joachim Hoffmann gemacht. Hoffmann gehörte zum liberalen Flügel der Einheitspartei – was bedeutete liberal in der DDR? Er konnte nicht verhindern, dass Wolf Biermann aus dem Land geworfen wurde – und er wollte, dass Tübke das Bild malen sollte. Hoffmann reiste höchstpersönlich in die Sowjetunion, um die Leinwand zu bestellen, die an einem Stück, also nahtlos, im Textilkombinat von Sursk gewebt werden musste. Das Produktionskombinat für Künstlerbedarf in Podolsk sollte Pinsel und auch zwei Tonnen Ölfarbe liefern. Später wird eine Spezialistenbrigade aus Podolsk die Leinwand in der Technik grundieren, wie sie seit Jahrhunderten für den Untergrund von Ikonen üblich ist. Sie trugen zwei dicke und drei dünnere Leimschichten auf; sie schmirgelten jedes Mal zuerst die Zinkweißemulsion mit Bimsstein glatt. Anscheinend hält der Grund dann Jahrhunderte lang.

Tübke forderte und bekam etwas, was in der DDR kaum möglich war: vollkommene künstlerische Freiheit. Zwar hatte er das Panorama von Borodino studiert, aber sein Besuch der großen sozialistischen Nation konnte ihn nicht von seinen eigenen Vorstellungen abbringen. Er wollte nicht einfach eine Feldschlacht wiedergeben, nicht einfach einen Volkskrieg, sondern ein Zeitbild, ein *theatrum mundi*, ein Schauspiel der Welt, wie sie sich gerade im sechzehnten Jahrhundert auf jedem Gebiet veränderte, umwälzend veränderte, auf dem Gebiet der Religion und der Wissenschaft, der Politik und der Kunst. Er reiste übrigens auch nach Rom, um dort, mit Genehmigung des Vatikans, die Decke der Sixtinischen Kapelle aus nächster Nähe zu studieren.

Tübke bereitete sich extrem gründlich vor. Es gibt keinen Holzschnitt und keine Zeichnung aus dieser Zeit, die er nicht studiert, keinen Gesang und keine Geschichte, die er nicht gelesen hätte. Experten zählen auf dem vollendeten Panorama mehr als hundertsechzig Bildzitate, aber sie vergessen nie hinzuzufügen, dass es höchstwahrscheinlich viele mehr seien. Tübke hat also das Äquivalent zu dem geliefert, was in der Literatur Intertextualität heißt. Ich, der die alten Meister nur oberflächlich kennt, finde mühelos die nächstliegenden: Breughels Turm von Babel, die Ungeheuer von Hieronymus Bosch, das berühmte Bildnis des Erasmus im Profil, Soldaten mit drohend aufgerichteten Speeren aus italienischen Gemälden und den Typ von Hebekränen aus Holz, die man oft bei der Altflämischen Schule entdeckt, wenn man die minutiös gemalten Stadtansichten im Hintergrund genau betrachtet. Aber ich glaube auch die ungestümen, fast abstrakten Nebelschleier von Max Ernst zu entdecken. Ich sehe einen Mann mit Zylinder, eindeutig eine Gestalt des neunzehnten Jahrhunderts, der sich ins sechzehnte Jahrhundert verirrt hat. Der Führer weist mich auf Cranach, auf Dürer hin, hier ist Tizian, dort ist El Greco. Gibt es vielleicht auch Goya? Auf jeden Fall ist Tübke während der Arbeiten nach Spanien gereist. Es würde die Mühe lohnen, einmal einen Studenten der Kunstgeschichte systematisch nach Elementen aus der deutschen Romantik suchen zu lassen, zum Beispiel nach Böcklin oder Caspar David Friedrich, oder gar nach dem gebürtigen Schweizer Johann Heinrich Füssli, in England dann als Henry Fuseli bekannt. Noch viel aufschlussreicher wäre vielleicht, eine dekonstruktivistische Analyse der Tausenden von wechselseitigen Verweisungen zu machen, von denen dieses Kunstwerk nur so wimmelt.

Tübke verwendet alle Elemente, die er aus den tiefen Schatzkammern seiner immensen Bildung für sein Kunstwerk schöpfen kann, für das sich langsam entfaltende Panorama des frühen sechzehnten Jahrhunderts, das zugleich auch ein Panorama des späten zwanzigsten Jahrhunderts ist. Das könnte man vielleicht vergessen, inmitten von Hunderten von Kitteln, Kutten, Wämsern und Harnischen, aber das zwanzigste Jahrhundert ist überdeutlich präsent. Die Verteilung von Dutzenden Gruppen von Menschen und Tieren über die gesamte Fläche verweist zum Beispiel gleich auf die gewaltigen, altmodischen Filmplakate, auf denen man mit einem Blick drei, vier oder sogar mehr Szenen einfangen kann, die im Film natürlich nacheinander zu sehen sind.

Als zwanzigstes Jahrhundert könnte man auch das bezeichnen, was nun einmal einem Panorama eigentümlich ist: eine Komposition ohne Zentrum. Es gibt vier Zentren, könnte man sagen: Winter, Frühling, Sommer, Herbst, ein jedes mit überdeutlichen Merkmalen wie Schnee, blauem Himmel, grünen Baumkronen und so weiter. Aber Tübke wollte einen Fokus, eine Achse, vom oberen bis zum unteren Rand, der sofort alle

Blicke auf sich lenkte. Ganz unten auf dieser Achse ist seine Signatur, oben steht ein Regenbogen. Unter dem Regenbogen schwebt eine verschleierte Sonne. Vor dieser Sonne erblickt man einen stürzenden Ikarus. Unter Ikarus wütet die Schlacht, nicht nur von Adeligen gegen die Bauern, es ist zugleich die Urschlacht, das immer wiederkehrende Gefecht von oben gegen unten, von arm gegen reich. In diesem Punkt konnte das Zentralkomitee zufrieden sein. Dies war eine Metapher für den Klassenkampf. Das Zentrum der Schlacht ist eine leere Wiese. Vor diesem grünen Hintergrund steht Thomas Müntzer. Er ist etwa vier Meter hoch dargestellt, doppelt so groß wie die meisten anderen menschlichen Figuren um ihn herum. Es ist ein uraltes Verfahren, viel älter als aus dem sechzehnten Jahrhundert. Wer mächtig ist, bedeutend oder einfach reich, wird größer gemalt als die Menschen in seiner Umgebung. Tübke scheut also nicht den Anachronismus. Aber jetzt müssen die Mitglieder des Zentralkomitees doch die Stirn runzeln. Dieser Thomas Müntzer ist gar nicht der strahlende Held, der die sozialistische Zukunft ankündigt, lange bevor Karl Marx geboren wurde, im Gegenteil. Er hat den Blick gesenkt, in sich gekehrt, leidvoll, alles andere als kampfdurstig, ohne einen Funken Hoffnung. Er steht dort in der schmerzlich klaren Erkenntnis, dass der Kampf verloren ist, und dass die Rache endlos sein wird. Er hat die Fahne der Bauern sinken lassen. Neben ihm spielt ein Gerippe auf einem Dudelsack. Von Thomas Müntzer ist uns nicht ein einziges zuverlässiges Porträt überliefert. Der Müntzer hier hat die Gesichtszüge des Malers bekommen.

Unter seinen Füßen hat Tübke die Genies seiner Zeit wiedergegeben, geschart um einen Springbrunnen. Wir sehen Martin Luther, Albrecht Dürer, Lucas Cranach, den Meistersänger Hans Sachs, Erasmus, Kopernikus, Kolumbus, Paracelsus, Gutenberg und viele andere. Auch Sebastian Brant aus Straßburg, den Verfasser des berühmten *Narrenschiffs,* und den Augsburger Bankier Jakob Fugger zählt Tübke zu den großen Reformern, obwohl sie katholisch waren. Die ganze Gruppe ist ein Symbol der gesellschaftlichen Umwälzung, die sich irgendwie auf allen Gebieten durchsetzen wird. Und abermals ist hier das Filmplakat. Auch dort sieht man oft Figuren Schulter an Schulter, die sich in Wirklichkeit nie begegnet sind.

Die Mitglieder des Zentralkomitees werden sich zweifellos mit Wohlgefallen auf Dutzende von Details aufmerksam gemacht haben, die in ihren sozialistischen Kram passten: eine Bäuerin, der ein Kreuz wie ein Dolch im Rücken steckt, eine Frau, die einen Rosenkranz auskotzt, einen Mönch am Galgen, die Großen der Erde, die sich gegenseitig beim Kartenspiel betrügen, eine Justitia ohne Augenbinde und mit Geld auf ihrer Waage.

Eine aufmerksame Betrachtung zeigt einem freilich genauso zahlreiche vernichtende Details für die Brotherren des Malers. Wer sie nicht sieht, ist blind. Aber macht Macht nicht blind?

Da ist der Papst, der in einem Kreis von Ungeheuern durch die Lüfte schwebt. Ein Zitat von Cranach, sagt der Kunsthistoriker. Doch dieser Mann, der über der Erde schwebt, der nichts von der irdischen Realität weiß, der Eselsohren hat, der in einer Kette von Ungeheuern gefangen ist, dieser Mann trägt eine rote *cappa magna*. Die Mächtigen der Erde, die sich beim Kartenspiel betrügen, Karl V., der französische König Franz I., tragen rote Barette und rote Mäntel. Schriftsteller und Maler verwenden öfter historische Figuren, wenn sie die Machthaber ihrer eigenen Zeit anprangern wollen. Sicher, es gibt noch andere, völlig unschuldige Figuren in roter Kleidung, man darf es den Leuten mit der Macht Einem zu schaden, nun auch nicht allzu leicht machen. Noch etwas. Die Eitelkeit ist in ihr Spiegelbild versunken. Sie trägt ein rotes Lendentuch.

Auf der mächtigen Leinwand stehen nur wenige Worte. Eines davon, auf der Fahne der aufständischen Bauern, lautet: FREI-

HEIT. Ein anderes: BABEL. Eine jeden Wert zu einem Nichts entwertende Analyse dieser postmodernen Zeitenwende? Nein, denn es gibt noch ein Wort, das lateinische Wort für Wut: *ira*. Und dann hat man diese mysteriöse, und abermals, rote Fahne, auf der zu lesen steht: GEN NARRAGONIEN. Es ist ein Zitat aus Sebastian Brants *Narrenschiff*. Es bedeutet soviel wie: Auf ins Land der Narren. Oder auch: Auf ins Schlaraffenland. Oder auch: Auf ins Tollhaus. Aber es ist soviel mehr als ein historisches Zitat. Die schmale, spitze Flagge lehrt uns, dass das rote Paradies eine Farce ist oder eine Fabel oder ein Irrenhaus.

Ich würde natürlich gewaltig übertreiben, wenn ich hier behaupten wollte, dass Tübke mit seinem Lebenswerk nur Regimekritik hätte liefern wollen. Wohl hat er sich geweigert, den triumphierenden Sozialismus zu malen, einfach, weil keine Rede von Triumph sein konnte. Das Panorama wurde am 14. September 1989 feierlich enthüllt. Kaum zwei Monate später brach die DDR zusammen. Tübke erkannte glasklar, welchen Platz die Gesellschaft dem Künstler zuweist, einerlei, ob sie nun sozialistisch oder kapitalistisch ist, sein Platz bleibt sich gleich: am Rand. Die große Leinwand wimmelt von Narren und Harlekinen. Die einzige Figur im ganzen Bild, die blutet, ist ein Narr, ein Narr im roten Anzug. Er liegt auf der Erde, und er trägt eine Maske.

Aber Tübke erkannte auch, welche titanischen Geldsummen sein Land für dieses Gemälde zur Verfügung stellte. Er wollte nach Frankreich, in die Schweiz, nach Italien oder Griechenland reisen? Es war möglich. Er verlangte Mitarbeiter? Er bekam sie, fünfzehn Stück, wenn es sein musste. Er wollte ein neues, großes Atelier in seiner Heimatstadt Leipzig? Da stand es schon. Auch noch eines in Bad Frankenhausen? Nur zu. Er bekam alles, was er verlangte.

Sehr gewissenhaft hat er also Ware für sein Geld geliefert, viel mehr Ware, als verlangt worden war. Er, der manieristische, dekadente Maler, hat bewiesen, wozu der Sozialismus fähig ist, wenn seine Diener nur ein Mal vernünftig handeln. Das konnte er, weil er tat, was absolut nicht sein durfte. Er führte den ursprünglichen Auftrag nicht aus. Er verherrlichte keinen einzigen Helden. Er kritisierte die Machthaber, während sie ihm auf seine malenden Finger sahen.

Aber er tat nicht nur, was er im Osten nicht durfte, er tat außerdem auch etwas, was im freien Westen absolut verboten ist. Tübke hat sich um die ganze Malerei des zwanzigsten Jahrhunderts einen Dreck geschert. Picasso? Fehlanzeige. Abstrakte? Fehlanzeige. Beuys? Fehlanzeige. Verglichen mit seinem extrem verkürzt gemalten, rückwärts stürzenden Christus am Kreuz ist Dalis berühmter Gekreuzigter ein süßliches Bildchen von Saint-Sulpice.

Die Ironie der Geschichte hat es gewollt, dass Tübke zum Hofmaler einer Regierung wurde, die Kaiser, Könige und Päpste hasste. Ein Hofmaler, das war im Westen undenkbar. Aber ich bin ebenso sehr davon überzeugt, dass Tübke dieses Werk im Westen nie hätte malen dürfen. Hohn wäre ihm zuteil geworden oder Hass oder, noch schlimmer, Gleichgültigkeit. Dort ist er heute völlig unbekannt. Ein Niemand. Was nicht zu den heiligen Zirkeln westlicher Künstler durchdringt, hat nun mal keine Daseinsberechtigung, so simpel ist das. Was der Bauer nicht kennt, das frisst er nicht. Nichts lähmt die Kunst mehr als die borniert, kleinbürgerliche Selbstzufriedenheit, die sich listig als revolutionäre Avantgarde tarnt. Tübke tarnte seine total radikale Erneuerung listig als Kopie alter Meister.

Geht und seht, geht hin und seht es an. Ihr werdet zerschmettert zurückkommen. Nur keine Bange, ihr werdet euch dort nicht einsam fühlen. Das Panorama von Bad Frankenhausen hat jedes Jahr mehr als hunderttausend Besucher.

Siehe auch: Demokratie, Denkmäler, Mauer

Uhren

In Italy for thirty years under the Borgias they had warfare, terror, murder, bloodshed – but they produced Michelangelo, Leonardo da Vinci, and the Renaissance. In Switzerland they had brotherly love, 500 years of democracy and peace, and what did that produce? The cuckoo clock.

(In Italien gab es unter den Borgias dreißig Jahre lang Krieg, Terror, Mord und Todschlag – aber sie brachten Michelangelo hervor, Leonardo da Vinci und die Renaissance. In der Schweiz herrschte brüderliche Liebe, fünfhundert Jahre lang Demokratie und Frieden, und was kam dabei heraus? Die Kuckucksuhr.)

Die oben zitierte Äußerung ist in dem Film *The Third Man (Der dritte Mann)* zu hören, in dem Carol Reed nach einem Drehbuch von Graham Greene Regie führte. Der Film stammt von 1949 und gilt allgemein als eines der Meisterwerke der Filmgeschichte. Der Schurke und zugleich Held der Geschichte, Harry Lime, sagt es zu einem Freund, der ihn im ausgebombten Nachkriegs-Wien besucht. Anscheinend standen die beiden Sätze nicht im ursprünglichen Drehbuch. Der Darsteller des Harry Lime war kein geringerer als Orson Welles, und er soll sie, die ebenso berühmt geworden sind wie der ganze Film, improvisiert haben. Die Macht der Kunst ist unwiderstehlich. Seitdem glaubt die halbe Welt, die Kuckucksuhren kämen aus der Schweiz. Stimmt aber nicht.

Die Kuckucksuhr kommt aus einem Land, das noch viel schlimmer als Italien von Krieg, Terror, Mord und Blutvergießen zerstört wurde. Die Kuckucksuhr wurde in dem Land erfunden, das nach Jahren mühsamen Wiederaufbaus versuchte, die Erinnerung an einen Krieg hinter sich zu lassen, an einen Krieg, in dem es ein Drittel seiner Bevölkerung verloren hatte, einem Krieg, der tatsächlich dreißig Jahre lang das Land heimgesucht hatte – aber damit hört jeder Vergleich mit Orson Welles Worten auch auf.

Die Kuckucksuhr kommt aus Deutschland, aus dem Schwarzwald. Die Bauern, die, wie man dort sagt, *auf* dem Schwarzwald leben, erforschten wie wenige andere die Geheimnisse von Spänen, Splittern und Astknorren. Sie verbrachten ihr Leben inmitten von Baumstämmen und nichts als Baumstämmen. 1762 bereist ein italienischer Prälat, Giuseppe Garampi, Präfekt des Vatikanischen Archivs, diese Region und in seiner Reisebeschreibung lesen wir, dass dort Unmengen von Uhren aus Holz hergestellt würden, und man begonnen habe, *a farli col suono del cuccù,* sie mit dem Ruf des Kuckucks zu bauen. In Reisetagebüchern vom Ende des achtzehnten Jahrhunderts finden wir schon weitaus mehr Hinweise auf diese Kuckucksuhr. Doch über den wahren Ursprung tasten wir im Dunkeln. Brachten vielleicht reisende Glasbläser eine Uhr aus Böhmen mit, die einen Ton ausstieß, der, auf Deutsch gespielt, wie *guggug* klang? Hat um 1730 ein gewisser Franz Ketterer, Häusler und Holzdreher, wohnhaft in Schönwald, die erste Holzuhr mit einem Vogel ausgetüftelt? Oder war Michael Dilger, mit dem Beinamen Gosenmichele, aus Neukirch der Erste? Oder womöglich Matthäus Hummel aus Glashütte, Sie wissen schon, der Kerl vom Gehöft Jägerstieg? In Neukirch und anderen Dörfern auf dem Schwarzwald wurden bereits seit geraumer Zeit Uhren der verschiedensten Formate und Typen hergestellt. Gearbeitet wurde daheim, gewissermaßen am Küchentisch, immer an einem großen Fenster, und oft arbeitete die ganze Familie mit. Schon damals bestand der Produktionsprozess zum Teil aus der Montage von Zubehörteilen, die anderswo dann fertiggestellt wurden. Die Uhrmacherei bot die einzige

Möglichkeit, den mageren Ertrag aus Wäldern und Feldern ein wenig fetter zu machen. In dieser Gegend war es auch, dass Bauern zum ersten Mal etwas anderes verrichteten als ihre eigentliche Arbeit, und so ein winzigkleines bisschen mehr Wohlstand erwerben konnten. Vor allem Knechte bekamen fürs Uhrenbauen einen besseren Lohn als fürs Stallausmisten. Und die Vögel, der Kuckuck oder andere Exemplare? Die waren nichts wirklich Neues. Schon im Mittelalter wurden Uhren mit krähenden Hähnen dekoriert.

Im Warteraum der Uhrmacherei Hönes in Titisee-Neustadt zähle ich mehr als hundertfünfzig große und etwa hundert kleine Kuckucksuhren. Es ist eine Orgie der Schnitzarbeit. Es gibt Schwarzwaldhöfe, Chalets, röhrende Hirsche, Hirschschädel, Raubvögel, Rehe, Hunde, Hühner, Schweine, Kühe, Männer, Frauen, Weinblätter, Wasserräder, Tische, Stühle, Bierhumpen, Bundsägen und natürlich auch Kuckucke. Um zwölf Uhr nickt der Kuckuck, werden die Bierkrüge gehoben und auf den Tisch gestellt, die Bundsäge geht hin und her, eine ungemeine Bewegungswut ergreift Figuren und Gegenstände. Bei Hönes werden die Uhren nur montiert. Das Räderwerk kommt aus größeren Fabriken, aber die Holzschnitzer arbeiten meist zu Hause, manchmal, wie seit alters her, im Wohnzimmer. Oft ist es ein Nebenverdienst für Hausfrauen. Das Äußere der schönsten Exemplare, oder sagen wir mal, der teuersten, ist vollständig aus Holz, bis aufs Zifferblatt. Meist ist es Linde, manchmal Birke, Pappel oder sogar Tanne. Nicht die Gewichte, Holz ist dafür zu leicht, die Gewichte sind Tannenzapfen aus Eisen.

Nun wird für mich auch das Geheimnis des Kuckucksrufs gelüftet. Im Inneren einer normalen Uhr befinden sich zwei kleine Blasebälge, der eine für den hohen Ton, der andere für den tiefen. Aber es sind auch komplizierte Kombinationen denkbar und machbar, insgesamt gibt es fünfhundert verschiedene Möglichkeiten. Zu Beginn wurde der Ton von Glasglöckchen erzeugt, die allerdings dafür nicht gut geeignet waren. Sie zerbrachen zu leicht. Doch die Bauern beugten sich in ihren Holzhäusern nicht immer nur über Zahnräder und Federn, sie gingen auch allwöchentlich zur Kirche. Dort sahen sie, wie die Orgelblasebälge von ein paar kräftigen Knaben getreten wurden. In einen Uhrkasten kann man aber keine Jungen stecken, deshalb erfanden sie ein System aus kleinen Bügeln und Stangen, das den Blasebalg mit dem Mechanismus des eigentlichen Uhrwerks verbindet. Der Kuckuck wird hinausgeschoben, sperrt den Schnabel auf und stößt zu jeder Stunde des Tages die richtige Anzahl Kuckuckrufe aus. Das haben sich die Bauern dort oben auf dem Wald ausgedacht und es auch gebaut. Ihre Vorstellungskraft war praktisch, mechanisch, präzise.

Ihnen haben wir es auch zu verdanken, dass, zunächst in ganz Europa und später in der ganzen Welt, die Kuckucksuhr verbreitet wurde. In der ersten Hälfte des neunzehnten Jahrhunderts stieg die Produktion schnell. Um 1810 hatte der Schwarzwald etwa zweihunderttausend Uhren aller Sorten produziert, um 1840 waren es bereits sechshunderttausend. Zu der Zeit arbeiteten fünftausend Menschen in der Uhrenherstellung, und tausend Händler reisten durchs Land. Anfangs verkauften die Uhrmacher noch selbst ihre Ware. Man kennt die Geschichte von zwei Brüdern, die mit vierundzwanzig Uhren auf dem Rücken zu Fuß nach England wanderten, wobei mehr als zwölfstündige Tagesmärsche die Regel waren. Doch schon im achtzehnten Jahrhundert gingen die allermeisten Uhrmacher nicht mehr selbst auf Tour. Man erzählt von Stapelplätzen im Ausland, wo ein Händler größere Mengen Uhren einlagern konnte, um nicht jedes Mal wieder den ganzen Weg zurücklegen zu müssen, sobald sein Vorrat aufgebraucht war. Polen, England, Ungarn, das nah gelegene Frankreich, Russland und Spanien sowie die Niederlande und das Gebiet des heutigen Belgien, bzw. der Norddeutsche Tiefebene, werden bereist.

348

Schon wieder um 1840 finden wir in dreiundzwanzig europäischen Ländern, aber auch in anderen Weltteilen, vor allem in Amerika Uhrenverkäufer aus dem Schwarzwald. Die Globalisierung ist uralt, das lehrt uns der Schwarzwald. Wer behauptet, die Globalisierung sei ein neues Phänomen, ist dumm oder er hat Böses im Sinn. Großhändler kaufen bei verschiedenen Uhrmachern verschiedene Modelle. Sie werden *Packer* genannt, weil sie die Uhren in große Kisten verpacken. Ein Packer aus Schönenbach zum Beispiel verschickte zwischen 1821 und 1846 einundzwanzigtausend Uhren nach London und Hamburg. In Hamburg wurden die Kisten dann auf Schiffe zu fernen Zielen verladen. Es gab auch Händler, die in London eine Niederlassung gründeten. Man nannte sie *Schwarzwald-Engländer.* Sie passten sich schnell an. Ein gewisser Herr Pfrengle, dem gleich aufgefallen war, dass britische Münder zu ungelenk waren, um seinen alemannischen Namen ordentlich auszusprechen, ließ sich dann eben mit Frengley ansprechen. Natürlich siedelten sich die meisten dort an, wo schon immer die armen Schlucker und die Landstreicher strandeten und noch heute stranden, in Whitechapel. Dort teilten sie sich, unweit vom Hafen, die Bruchbuden mit den osteuropäischen Juden. Heute würden sie sich wohl mit Nigerianern und Pakistani zusammenraufen müssen. Die Völker kommen und gehen, die Globalisierung bleibt.

»Siebzig Prozent unserer Uhren werden exportiert«, sagt der Chef der Hönes-Fabrik. »Unser größter Abnehmer bleiben die Vereinigten Staaten, obwohl der Verkauf an die Amerikaner nach dem 11. September 2001 schwere Rückschläge einstecken musste. Früher reisten sie nach Europa, und ein fester Teil ihrer Reise war der Schwarzwald. Ein klassischer Halt. Dann nahm jeder eine Kuckucksuhr mit über den Ozean. Nach dem 11. September wagen sie sich kaum mehr aus ihrem Land. Allmählich verbessert sich die Lage, aber dieser durchgedrehte Fanatiker, dieser Bush, mit seinem Krieg, der Mann ist einfach eine Katastrophe für den Handel! Nicht nur hier, wirklich, überall auf der Welt.«

Zu uns spricht kein knallharter, linker, teutonischer Miesepeter, sondern ein hundsgewöhnlicher, durchschnittlicher, emsiger Gewerbetreibender. Je mehr das Gespräch voranschreitet, um so weniger gelingt es ihm, seinen Widerwillen gegen George Bush im Zaum zu halten. Am Ende unseres Gesprächs hat sich der amerikanische Präsident als ein dämonischer Riesenkuckuck entpuppt, der mit seinen weiten Flügeln eine Spur der Verwüstung schlägt, mitten durch die zivilisierte Welt.

Aber ich bin hier, um Fakten aufzuzeichnen.

»Gibt es keine Imitate?«

»Aber selbstverständlich.«

»Aus Asien?«

»Ja, aber wir exportieren trotzdem auch nach Asien, früher meistens nach Japan, heute immer häufiger nach Indien und China. In Taiwan wird viel Ramsch hergestellt, Plastikuhren und solches Zeug. Die Uhrwerke zum Beispiel. Das Uhrwerk kommt dann aus Korea. Das hat leider Gottes nichts mehr mit Tradition und Handwerk zu tun.«

Er zeigt mir eine kleine Uhr.

»Sehen Sie dieses Tierchen?«

In seiner Frage klingt eine tiefe Verachtung durch.

»Ein Kuckuck aus Plastik! Ja, so schlimm ist es!«

»Aber können Sie dagegen konkurrieren?«

»Hier in der Gegend gibt es noch vier Betriebe. Wir produzieren jährlich etwa fünfzigtausend Uhren, mit an die sechzig Leuten, zwanzig hier im Betrieb und, sagen wir mal, vierzig Heimarbeitern. Ach ja, es geht schon irgendwie, obwohl es mit dem Geschäft seit ungefähr fünf Jahren ziemlich bergab gegangen ist. Inzwischen steigt die Nachfrage wieder ein bisschen an, und es ist ein Gesetz in Vorbereitung, das die Schwarzwälder

Kuckucksuhren vor Fälschungen und Nachahmungen schützen soll.«

»Wie französischen Wein?«

»Oder wie unser geräucherter Schinken, ja, der hat schon einen vergleichbaren Status. Wir sind sehr froh darüber, es wird uns eine große Hilfe sein. Andererseits, tja, wir leben jetzt auch schon von Quarzkuckucksuhren. Das eigentliche Uhrwerk wird in Asien produziert. Dann muss man natürlich nie mehr die Gewichte aufziehen, aber wenn Sie mich fragen, das ist doch nicht das Wahre. Technisch sind sie schon in Ordnung, zugegeben, und außerdem, was soll man dagegen machen, der Markt verlangt es. Übrigens besuchen uns hier immer mehr Besucher aus Asien, und das sind längst nicht mehr nur Japaner. Man hat dort allmählich auch immer mehr Geld, und das spüren wir sehr stark im Handel.«

Die Kuckucksuhr hat nicht zu allen Zeiten wie die Modelle ausgesehen, die heute jeder kennt. Erstens, der Kuckuck, weshalb ausgerechnet dieser Vogel? Wir haben vorhin schon die Hähne erwähnt, und lange waren auch Wachteluhren sehr beliebt. Und Uhren mit patrouillierenden Soldaten. Und mit einem Mönch, der jede Stunde auf eine Glocke schlug. Und mit einem Herold, der auf einer Trompete blies. Ist das alles nahe liegend? Am allerschönsten finde ich die Uhr mit dem Metzger, der jede Stunde ein Kalb totschlägt.

Die ersten Modelle hatten eine flache, lackierte Vorderseite, zuerst eine Leinenbespannung, später dann Blech. Es ist ein Geviert mit einem Halbkreis darüber, in dem dann in der Regel das Türchen angebracht ist. Das Bemalen der Vorderfront war ein Fach für sich. Manche sind wirklich überaus kunstvoll, mit Früchten, Blumen, Berglandschaften, aber auch Schlösser, römische Ruinen, Landleute und Jäger sind beliebte Motive. Am rührendsten finde ich die Uhren, die ausschließlich aus einem Messinguhrwerk bestehen, Messingzahnräder ohne eine Hülle, über denen dann ein paar magere Holzvögel auf einem Stück Eisendraht sitzen. Panamarenko hat nichts erfunden. Die *arte povera* existierte schon anderthalb Jahrhunderte vor Gilberto Zorio und Giovanni Anselmo.

Aber es gibt auch reich bemalte Uhren, Uhren, die fast wie ein Gemälde aussehen mit einem aufgeklebten, runden Zifferblatt. Oft hängt das Zifferblatt vor einem Baum, der die zentrale, vertikale Achse des Bildes darstellt, und in diesem Baumstamm, manchmal auch in der Krone, ist dann das Türchen für den Kuckuck ausgespart. Daneben sollte man auf die *Augenwender* achten. Die sind so pfiffig gebaut, dass eine oder mehrere Figuren neben dem Zifferblatt, ein Mann, ein Mädchen, ein Löwe, ein Hund, die Augen bewegen, sobald der Kuckuck ruft. Es gibt schier unendliche Möglichkeiten, Kuckucksuhren zu gestalten: manche sind rund, manche tragen Säulen und Türmchen, es gibt welche in Form von Burgen und Kirchen oder im Jugendstil. Und trotzdem findet man heute, trotz aller wild wirbelnden Ornamentik, nur noch einen Typus: das Holzhaus mit Satteldach. Und schuld sind die Staatseisenbahnen des Großherzogtums Baden. Friedrich Eisenlohr, Professor an der Polytechnischen Hochschule der Badener Hauptstadt Karlsruhe, bekam von seiner Regierung den Auftrag zum Entwurf der Bahnwärterhäuschen, die neben jedem bewachten Übergang gebaut werden sollten. Er zeichnete die Häuser in einem Stil, der sich an der regionalen Architektur Badens und des nahe gelegenen Elsasses orientierte.

Als 1850 der Direktor der Großherzoglichen Badener Uhrmacherschule die Künstler seines kleinen Vaterlands aufrief, sich neue Formen für das Uhrgehäuse aus dem Schwarzwald auszudenken, nahm Professor Eisenlohr, der weiter nichts mit Kunst zu tun hatte, die Idee auf, die Gestaltung der Eisenbahnerhäuschen auf das Gehäuse von Kuckucksuhren zu übertragen. Ein revolutionärer Gedanke. Zwar sollte es noch bis zum

Ende des neunzehnten Jahrhunderts dauern, bevor die anderen Modelle aus den Katalogen der Uhrenfabriken verschwanden, aber seither sind sie auch endgültig weg. Bis auf den heutigen Tag ist die Kuckucksuhr geblieben, wie Eisenlohr sie sah: Ein *Bahnhäusle* im Miniaturformat. Anfangs blieb die Vorderseite noch bemalt, meist mit idyllischen oder erbaulichen Szenen, aber allmählich wurde das Schnitzwerk wichtiger und komplizierter. Man könnte sagen, die Phantasie der Holzschnitzer kam erst richtig auf Touren, nachdem die Konstruktion auf ein einziges Modell reduziert war. Das Chalet und den Bauernhof kann man kaum als Varianten bezeichnen. Alle Versuche, den Konsumenten zum Kauf anderer, moderner gestalteter Uhren zu bewegen, hatten wenig Erfolg. Die Dekorationen der neumodischen Uhren beziehen ihre Motive übrigens, genau wie die der traditionellen Exemplare, aus dem Wald: Auerhähne, Eulen, tote Hasen, Weidtaschen und das unvermeidliche Hirschgeweih. Hier gilt die eiserne Regel: Das Original besiegt immer die halbherzige Nachahmung.

Seit zweihundert Jahren sind Kuckucksuhren unverwüstlich beliebt. Es gibt sie in allen Größen und Gewichten. Die kleinsten sind etwa fünfzehn Zentimeter hoch, die größten anderthalb Meter. In Schonach steht sogar ein ganzes Haus, das zugleich eine Kuckucksuhr ist.

Kuckucksuhren werden heute auch im benachbarten Bayern und in der Schweiz produziert. Die Schweizer haben eine verständliche Vorliebe für die Chaletform. Dennoch werden sie nie das Wort von Orson Welles wahr machen können. Hätten die Bauern auf dem Schwarzwald nicht solche geschickten Finger besessen, nicht einen so scharfen Verstand, dann wäre in der Stille von Hunderttausenden von Wohnzimmern nie der Ruf des hölzernen Kuckucks vernommen worden.

Siehe auch: Genie, Juden, Yperit

Vorurteil

1999 fuhr ich nach Weimar, um eine große Übersichtsausstellung von Bildern aus der DDR zu sehen.

Eigentlich konnte ich zwischen drei Ausstellungen wählen. Erstens, *Aufstieg und Fall der Moderne*, über die Kunst vom, Pi mal Daumen, Impressionismus bis zum Bauhaus, über diesen fast unglaublichen Ausbruch kreativer Ausgelassenheit, der in ganz Europa die Akademien sprengte.

Zweitens, Malerei aus der Nazizeit, die in einer riesigen Halle untergebracht war, in der ehemaligen nationalsozialistischen *Halle der Volksgemeinschaft*. Aber ich wollte die dritte Ausstellung sehen, ich wollte zu den so sehr geschmähten Werken von DDR-Künstlern, offiziellen und weniger offiziellen. Eigentlich fungierte die dritte Ausstellung als eine Art Abfalleimer. Oder, wenn ich mich höflicher ausdrücken darf, als ein Lagerhaus, voll gestopft mit wertlosem Plunder.

Die DDR-Gemälde waren wie Kraut und Rüben, alles durcheinander, in einer gigantischen, kreisförmigen, baufälligen Lagerhalle an die Wand gehängt, vor eine Art Vorhang, ohne System und ohne Erklärung. Doch, ja, es gab ein System. Die Bilder hingen in der Reihenfolge, wie sie ausgeliehen waren, also alle vom Kunstfonds Dresden nebeneinander, alle aus dem Dokumentationszentrum für DDR-Kunst auf Burg Beeskow beisammen, und so weiter, Genres, Formate, ästhetische Perioden und Stile querbeet.

Die ostdeutschen Künstler waren maßlos wütend auf den Kurator. Auf ihrer Wange glühte die soundsovielte Ohrfeige der kolonialistischen Wessis. Und der verwunderte, belustigte Ton, in dem der Kurator dann noch ihre Einsprüche abwimmelte, brachte ihr Blut zum Kochen. Der Protest wuchs zum Orkan. Die Ausstellung musste vorzeitig geschlossen werden.

Ich dagegen bin begeistert von einem Bild zum anderen gelaufen. Gerannt. Gehüpft. Ich war hingerissen. Ich hasse Ausstellungen, in denen Einem irgend so ein modischer Teutone mit gegeltem Haar in schwarzem Anzug sein Konzept aufdrängen möchte. Ich will keine Konzepte, ich will Bilder sehen. In großen Kunststädten eile ich immer ohne jeden Umweg zu schlecht beleuchteten Schlössern und in schummerige Kirchen. Ein Caravaggio, der neben fünf Epigonen hängt, wird allein schon dadurch fünfmal schöner.

Und Gemälde bekam ich zu sehen. Einen Hexensabbat der Malerei, einen Kindertraum der Malerei, einen Potlatch der Malerei. Nichts hatten sie sich aus den Dogmen der westlichen Kunstpäpste gemacht, keiner Schule hatten sie sich unterworfen. In ihrer kargen Republik hatten sie, unter dem missmutigen Blick ihrer borniertern Diktatoren, ein Fest gefeiert, aber ein wahres Fest. Abstraktion, Ironie, Realismus, sozialistisch oder nicht, Surrealismus, Karikatur, Romantik, Manierismus, Expressionismus, Renaissance, Art pompier, Popart, Impressionismus, alles, aber wirklich auch alles hatten sie betastet, beschnuppert, beleckt, gekostet, angezogen, ausgezogen, als wären Stile und Richtungen Kostüme für einen gigantischen Maskenball. Dort in dieser Weimarer Abstellkammer sah ich eine Malerei, die sich über unseren westlichen archaischen Akademismus lustig machte, der sich selbst als Avantgarde zu bezeichnen wagt. Ich sah Malerei befreit vom Totalitarismus des Marktes, ich sah ein ernstes und zugleich fröhliches Fest der Malerei, ein besonnenes und zugleich ausgelassenes Fest, ein verrücktes Fest, aber ebenso sehr ein Fest des gekonnten Handwerks, ein Fest der Schläue, ein Fest der geistigen Klarheit.

Heutzutage wird in allen, in wirklich allen Ausstellungsbesprechungen, in allen Rezensionen, in allen Berichten über Konzerte das Wort *eigensinnig* missbraucht. Nun ja, die DDR-

Maler dort in Weimar, die konnte man wirklich zu Recht eigensinnig nennen.

Ich versuchte meinen Enthusiasmus einer jungen, ostdeutschen Künstlerin zu vermitteln. Sie warf mir einen Blick zu, triefend vor kaltem Krieg. Jedes Argument, das ich anführte, schoss sie mit der Präzision eines Scharfschützen ab. Ich sagte: Das hier ist eine Orgie der schönsten Malerei ganz Europas. Sie belferte: Sie haben uns in die Gosse gestoßen. Zum x-ten Mal. Sie, das waren die Wessis, und ich, der nicht einmal Deutscher ist, ich war der Oberwessi. Vielleicht hatte sie Recht. Es stimmt, ich wohne noch weiter westlich als alle Wessis. Für mich sind die Deutschen zwangsläufig, ausnahmslos, von Aachen bis Frankfurt an der Oder, Ossis. Meine Begeisterung konnte, durfte und sollte nur ein Ausweis meiner westlichen Geringschätzung ihrer östlichen Herabsetzung sein. Der Stahlbeton ihres Vorurteils war stärker als der Stahlbeton der Berliner Mauer. Denn die gibt es nicht mehr.

Widerstand im Dritten Reich

Die ersten Opfer der Nazidiktatur waren Deutsche. Wenige Wochen nachdem Hitler an die Macht kam, hatte die Polizei zum Beispiel den international bekannten Pazifisten Carl von Ossietzky festgenommen. Kaum einen Monat später saß er im Konzentrationslager von Sonnenburg (heute Polen). Dachau war das erste Konzentrationslager, doch in 1933 gab es bereits andere Lager, in denen große Gruppen deutscher Oppositioneller zusammengetrieben wurden, Oranienburg, Osthofen, Wittmoor und Leschnitz, und im Lauf dieses Jahres sollten noch mehr dazukommen.

Die ersten Gefangenen waren Kommunisten, doch es dauerte nicht lange, bis die Reihen mit Sozialdemokraten aufgefüllt wurden, und danach waren die Mitglieder der katholischen Zentrumspartei dran. Im August 1933 wurde beispielsweise der Sozialdemokrat Friedrich Ebert, der Sohn des ersten Präsidenten der Weimarer Republik, nach Oranienburg gebracht.

Die Mordmaschinerie lief an. Der anarchistische Dichter Erich Mühsam wurde 1934 totgeprügelt. Im selben Jahr erschossen Mitglieder der Gestapo die Anführer der illegalen kommunistischen Partei, John Schehr, Eugen Schönhaar, Rudolf Schwarz und Erich Steinfurth, auf einer Straßenböschung, bei einem so genannten Fluchtversuch. Am 21. Oktober 1935 wird die zweiundzwanzigjährige Grete Walter, eine Führerin der kommunistischen Jugendbewegung, in der berüchtigten Gestapozentrale an der Berliner Prinz-Albrecht-Straße verhört. Sie springt aus dem Fenster des dritten Stocks. 1933 und 1934 war sie schon einmal festgenommen und schwer misshandelt worden. Sie hatte gesagt, sie würde sich umbringen, wenn sie noch ein Mal gefoltert würde.

In *Die erste Reihe* erhält Stephan Hermlin, der Aristokrat unter den kommunistischen Autoren, beeindruckend die Erinnerung an den jungen deutschen Widerstand am Leben. Willi Gall, Wilhelm Thews, Lilo Herrmann, Rudi Arndt, Heinz Kapelle, Olga Benario, die Herbert-Baum-Gruppe, Ernst Knaack, wer würde heute noch ihre Namen kennen, wenn nicht diese klaren, beängstigenden Erzählungen geschrieben worden wären? Käthe Niederkirchner findet sich in diesem Buch, eine Straße im östlichen Berlin ist nach ihr benannt, Werner Seelenbinder wird aufgeführt, er war Deutscher Meister im Ringen. Aber der Rest? Außer natürlich die brillanten, blutjungen, heldenhaften, katholischen Blutzeugen, die Geschwister Scholl. Auch sie nimmt der Kommunist Hermlin in *Die erste Reihe* auf.

Was ein Autor wie Goldhagen auch immer behaupten mag, die Zahl der Widerstandskämpfer in Deutschland war in Anbetracht der teuflischen Grausamkeit der Folterknechte sehr hoch. Protestanten, Katholiken, Proletarier und gewiss auch Aristokraten sind bis zum Äußersten gegangen. Nicht wenige Adelige, ich denke an Helmuth James von Moltke oder Friedrich Adam von Trott zu Solz oder Peter Yorck von Wartenburg oder an den bekanntesten, Claus Schenk von Stauffenberg, und viele andere haben ihren Widerstand mit dem Leben bezahlt. Den höchsten Blutzoll haben ohne jeden Zweifel die Kommunisten gezahlt. Bis 1933 war die Partei eine Massenbewegung. Andere Bevölkerungsgruppen jubelten den neuen Machthabern zu oder waren halbtot geschlagen oder reagierten gespalten.

Als Hitler Reichskanzler wurde, hallten in den meisten protestantischen Kirchen feierliche Dankgebete wider, weil nun die neue Zeit anbreche, die Gott dem durch Versailles gedemütigten Deutschland geschenkt habe. Das Wort *Schicksalsjahr* fiel.

Bereits 1917, zur Vierhundertjahrfeier der Reformation Luthers, waren in der evangelischen Kirche befremdliche Töne zu vernehmen. Es gab Theologen, die das Neue Testament von jüdischer Befleckung reinigen wollten. Wie sie das angehen wollten, ohne die heiligen Bücher von Matthäus bis zur Offenbarung in den Rhein zu schmeißen, bleibt rätselhaft. Das Alte Testament mit seiner typisch jüdischen materialistischen Lohnmoral, wie man das damals nannte, fanden sie insgesamt sehr verwerflich. Ich fürchte, dass es ihnen gar nicht auffiel, aber sie beschrieben die Juden als typische Deutsche, nämlich als Menschen in panischer Furcht vor Autoritäten, mit einer Gottheit wie Jahwe, die *menschenmordend* und *völkerausrottend* genannt wurde. Das Christentum müsse sich von seiner widernatürlichen Verbindung mit dem Judentum lösen und so seinen ursprünglichen Charakter einer völkischen Kampfreligion zurückgewinnen, meinten die Lutheraner bereits im Ersten Weltkrieg. Eine Religion der Schrift, der Bücher, die ihren ursprünglichen Charakter zurückgewinnen will, indem sie Bücher vernichtet, auf denen sie seit vierhundert Jahren gründet – manchmal frage ich mich wirklich, woher diese von Gottgelehrtheit getränkten Herren den Irrsinn nahmen.

Irrsinn, ja, deutscher Irrsinn und deshalb tödlicher Ernst. Die Gruppe, die sich *Deutsche Christen* nannte und glaubte, dass Rasse, Volkstum und Nation gottgegebene Lebensordnungen seien, die der Meinung war, dass die Bekehrung von Juden zum Christentum das Einfallstor für fremdes Blut in den Volkskörper sei und daher unzulässig, gewann immer größeren Einfluss. Bei den Kirchenwahlen von 1932 waren sie noch stark in der Minderheit, doch 1933 erhielten sie Zweidrittel der Stimmen in den Kirchenräten. In einer Stadt wie Köln kamen sie sogar auf 90 Prozent. Als kurz darauf der Arierparagraph zur Anwendung kam und alle Geistlichen und Kirchenführer, die irgendeinen jüdischen Ahnen hatten, ihres Amtes enthoben wurden, schlug die Stimmung um. Hitler war die Autonomie der einzelnen Landeskirchen, mit jeweils einem eigenen Glaubenbekenntnis, ein Gräuel. Ihm schwebte eine einzige Reichskirche vor, eine *völkische Nationalkirche*, von ihm kontrolliert. Wenn Deutschland versucht, seine Zersplitterung zu kitten, ist Vorsicht geboten, immer. Die Losungen der Nazis klangen zu schrill, zu gierig, zu schamlos heidnisch. Und schon 1934 war die große antidemokratische, antikommunistische, antijüdische Bewegung der deutschen Protestanten in mehr als dreißig verfeindete Splittergruppen zerfallen.

Das ist der eine Teil der evangelischen Geschichte, der Teil mit dem Etikett Verschleierung und Unterwerfung. Die Bekennende Kirche ist der andere, die Geschichte des Widerstands und des Leidens. Die Namen Martin Niemöller und Dietrich Bonhoeffer sind in der ganzen Welt bekannt.

Im Ausland viel weniger bekannt als Bonhoeffer oder Niemöller ist der Mann, der von vielen deutschen Protestanten und Katholiken als erster Glaubensmärtyrer der Nazizeit betrachtet wurde.

Er war ein Dorfpfarrer in den Bergen seiner Heimatregion, im Hunsrück. Sein Name war Paul Schneider und auch sein Vater war bereits Geistlicher gewesen. Die Familie war calvinistisch, was in Deutschland eher ungewöhnlich ist, aber gerade in dieser Region findet man zahlreiche Jünger Calvins. Paul Schneider schloss seine Gemeinde sofort der Bekennenden Kirche an und sehr rasch kam es zu einem Frontalzusammenmenstoss mit den Nazis, schon 1934. Nicht, dass er antideutsch gewesen wäre, im Gegenteil. Im Ersten Weltkrieg war er als Kriegsfreiwilliger im kaiserlichen Heer. Er war verwundet und ausgezeichnet worden. Er hatte das Massenschlachten von Verdun überlebt. Aber noch mehr als ein Deutscher war er ein tiefgläubiger Christ.

Beim Begräbnis eines Jungen, eines Mitglieds der Hitlerjugend, sagte ein prominenter Nazi auf dem Friedhof, dass der Verstorbene nunmehr in den himmlischen Sturm Horst Wes-

sel eingegangen sei. Paul Schneider protestierte. Dies sei, sagte
er, ein christliches Begräbnis und er sei als protestantischer
Pfarrer dafür verantwortlich, dass Gottes Wort unverfälscht
verkündet werde. Am nächsten Tag wurde er verhaftet. Zwar
ließ man ihn wieder frei, doch weitere Verhaftungen folgten.
1937 wurde er ins Konzentrationslager Buchenwald gebracht.
Am 20. April 1938, Hitlers Geburtstag, weigerte er sich, die
Hakenkreuzfahne mit gestrecktem Arm zu grüßen und seine
Mütze abzunehmen. Dieses verbrecherische Symbol grüße ich
nicht, sagte er. Vor aller Augen wurde er heftig mit dem Stock
verprügelt und kam danach in Einzelhaft. Obwohl er schwer
misshandelt worden war, verkündete er weiterhin das Evan-
gelium. Seine Mithäftlinge nannten ihn den Prediger von Buchenwald. An Ostern zog er seinen grün und blau geschlagenen
Körper an den Gitterstäben seiner Zelle hoch und rief den Tausenden von Gefangen, die zum Appell versammelt waren, zu:
»Kameraden, hört mich. Hier spricht Pfarrer Paul Schneider.
Hier wird gefoltert und gemordet. So spricht der Herr: Ich bin
die Auferstehung und das Leben!« Er brach unter einem Regen
von Prügelschlägen zusammen. Kurz darauf starb er im Lager,
Augenzeugen zufolge ein jämmerliches Häufchen Haut, Knochen und Verletzungen.

Die sterblichen Überreste Paul Schneiders wurden nach
Dickenschied im Hunsrück gebracht, einer der beiden Gemeinden, für die er zuständig war. Die Gestapo konnte nicht
verhindern, dass Menschenmassen zum Begräbnis strömten,
nicht nur aus der unmittelbaren Umgebung, sondern sogar aus
dem Ausland. Mindestens zweihundert Geistliche waren ange-
reist. Ein Gestapomann soll gesagt haben: »So werden Könige
begraben.«

Siehe auch: Demokratie, Denkmäler, Widerstand in Friedenszeiten

Widerstand in Friedenszeiten

Ich gehe durch eine Straße hinter dem Bahnhof von Neubrandenburg, Mecklenburg-Vorpommern, dem äußersten Nordosten des Landes. Kahle, nasse Bäume, nasses Kopfsteinpflaster (von Dickköpfen), Brachland zwischen mir und der Bahnlinie Berlin-Stralsund, vage, windschiefe Bauten, eingeworfene Fensterscheiben. Zwischen einer Firma für Zentralheizungen und einem Verkäufer von Gebrauchtwagen finde ich die gesuchte Adresse. Ich stehe vor der Schmalseite einer niedrigen, morschen Halle. Allerlei Kleinbetriebe haben dort ihre Büros. Ich gehe durch einen langen Gang, suche von Tür zu Tür.

Dieser ganz bestimmte Geruch fährt mir in die Nase, ein alter Geruch, ein penetranter Geruch, DDR, sagt dieser Duft, alle offiziellen ostdeutschen Gebäude haben so und nicht anders gerochen. Bohnerwachs war es nicht, das riecht angenehm, fleißig, ordentlich, Karbol ebenso wenig, das war England in einer längst vergangenen Zeit, als ich zum ersten Mal in Dover meinen Fuß auf die Insel setzte. Ein deutlicher Geruch mit einem kräftigen Bouquet von Bodenreiniger, aber dann ohne erfrischenden Zitronenzusatz, die Aromen entwickeln sich unkompliziert und sauber, ich erkenne ohne jeden Zweifel einen Hauch gekochten Kohls (Gemüse) und natürlich einen Hauch Braunkohle (Heizmaterial), im Abgang erinnert das eher an ein altes Schullabor. Alle Ferienlager hatten diesen Geruch, sagt die junge, schlanke Frau, die gerade die richtige Tür öffnet.Hinter dieser Tür arbeiten tagein, tagaus, und wenn es sein muss auch nachts, die Schlanke und zwei junge Männer, ebenso schlank wie sie, auch ein bisschen schüchtern wie sie, glühende Kämpfer wie sie gegen alles, was sich Neonazi schimpft, und in dieser Gegend ist das viel. Sie sehen ein bisschen erschöpft aus, alle drei, ein bisschen müde. Der Kaffee, den sie servieren, ist sehr heiß und sehr stark. Ich bin zu Gast bei Lobbi e.V. Lobbi unterstützt systematisch Opfer rechtsextremer Gewalt. Ich habe einmal in der Zeitung gelesen, dass deutsche Skinheads auch schon mal einen Äthiopier oder anderen Ausländer krankenhausreif prügeln. Aber passiert das denn so oft, dass man damit drei Leute in Vollzeit beschäftigen kann?

»Sechs Leute«, korrigieren sie. »Wir drei hier, und noch zwei in Rostock und einer in Schwerin.«

»Und nimmt die Gewalt zu?«

»In diesem Jahr ist eine deutliche Zunahme zu bemerken, d. h. im Jahr 2006. Früher hatten wir jährlich zwischen sechzig und siebzig Fälle zu bearbeiten, da gab es wenig Veränderung, doch jetzt waren wir schon im September bei siebenundachtzig. Es kann natürlich sein, dass mehr Opfer den Weg zu Lobbi finden oder dass die Presse inzwischen wacher ist, wir haben gerade Wahlen hinter uns. Sie wissen doch, dass die NPD seit kurzem im Landesparlament sitzt. Fakt bleibt, dass die Steigerung ausgesprochen abrupt ist. Die radikale Rechte tritt seit geraumer Zeit viel selbstbewusster auf. Früher war eine Stimme für die NPD eher ein Wählerprotest. Heute ist das Tabu gegenüber der extremen Rechten verschwunden. Man steht offen dazu.«

»Wie gehen die Gewalttäter vor? Sehen Sie, ich zum Beispiel bin auch Ausländer. Gestern Abend bin ich durch die Stadt gebummelt, und alles machte einen außerordentlich friedlichen Eindruck.«

»Nun ja, Sie sehen nicht gerade wie ein Ausländer aus. Und noch viel weniger wie ein junger Alternativer, denn das sind die beiden großen Gruppen, denen sie auf den Leib rücken, schwarz oder asiatisch und außerdem Punks, Hip-Hoppern und solchen Leuten.«

»Ja, die letztgenannten, mit denen habe ich sehr wenig am Hut. Aber gut, sie könnten mich an meinem Akzent erkennen.«

»Stimmt. Sie sprechen oft Leute an.«

»Meist im Dunkeln?«

»Nicht unbedingt. Vielleicht wenn sie sich wirklich prügeln wollen. Aber es gibt genug Beschimpfungen am helllichtem Tag. Oder sie werfen Steine auf einen Döner-Laden.«

»Steine?«

»Ja, sie schlagen mit allem Möglichen zu. Mit der bloßen Faust, aber auch mit Baseballschlägern. Und so weiter.«

»Wurden Sie schon einmal persönlich bedroht?«

»Bedroht, aber sicher. Man hat auch mit dem Finger auf mich gezeigt. Wenn wir zum Beispiel zu einer Demo gehen, um zu registrieren, wer teilnimmt und was die Parolen sind. Aber richtig angegriffen, ja, das ist schon mal vorgekommen, aber noch nicht oft.«

»Gibt es jüdische Opfer?«

»In diesem Punkt verhalten sich die Rechtsradikalen noch ziemlich zurückhaltend. Meistens jedenfalls. Allerdings haben sie in einem Ort, ein paar Dörfer von hier entfernt, doch ein Denkmal zur Erinnerung an die jüdischen Einwohner, die auf Transport gingen, mit Spitzhacken bearbeitet.«

»So etwas kommt unvermeidlich in die Schlagzeilen, aber ich nehme an, dass viele Fälle nicht in der Zeitung auftauchen. Wie finden Sie denn heraus, wann und wo Gewalttaten verübt wurden?«

»Opfer kommen zu uns. Aber das ist es nicht allein. Wir sehen täglich alle regionalen Zeitungen daraufhin durch. Wir lesen auch regelmäßig die überregionalen Blätter. Wir haben Kontakt zur Polizei und zu Leuten, die wir durch die Arbeit kennen lernen, zum Beispiel zu Rechtsanwälten.«

»Legt Ihnen die Polizei denn keine Steine in den Weg?«

»Das kann man so nicht sagen. Es gibt Kommissare, die es deutlich darauf anlegen, alle Fälle in dem Aktenordner für einfache Schlägereien abzulegen. Für sie ist jeder Fall ein Bagatelldelikt. Aber es gibt viele andere, die sich mit spezifisch rechtsradikalen Gewalttaten befassen. Dasselbe gilt übrigens für Journalisten.«

»Und was tun Sie für die Opfer?«

»Das hängt in erster Linie davon ab, was das Opfer selbst möchte, zum Beispiel, die Tat bei der Polizei anzeigen oder einen Prozess anzustrengen. Viele von ihnen sind Asylbewerber, und die haben oft Angst.«

»Was Sie tun, ist sehr schön und zweifellos ist es auch nützlich, aber es bleibt doch ein bisschen beim Wundenlecken. Damit wird die Gewalt nicht ausgeräumt.«

»Opferhilfe ist nur eine unserer Aufgaben. Eine andere besteht darin, Gewalttaten zu archivieren. Wir suchen daraufhin systematisch Zeitungen und auch alle rechtsradikalen Websites durch. Wir versuchen bei allen öffentlichen Veranstaltungen der Neonazis vor Ort zu sein. Wir kennen alle Mitglieder der hiesigen NPD. Wir registrieren regelmäßig neue Gesichter und neue Namen und machen diese Informationen im Internet öffentlich. Jeder kann alles nachlesen. Dann noch, Aufklärung. Wir halten Vorträge vor Parteien oder Jugendgruppen, wir stellen auch unsere Einschätzungen zur Verfügung. Das heißt also, wir werden nicht erst dann aktiv, wenn das Kind schon im Brunnen liegt, sondern leisten präventive Arbeit. Wir bekämpfen die Mentalität der Fremdenfeindlichkeit.«

»Und wer bezahlt das alles?«

»Bund und Land. Also die Bundesregierung und Mecklenburg-Vorpommern. In Deutschland gibt es Programme, die ausschließlich organisiert und finanziert werden, um Vorurteile gegen Ausländer zu bekämpfen.«

»Und in der Zwischenzeit wächst die extreme Rechte in aller Ruhe weiter.«

»Der Zuwachs geht mit grundlegenden Veränderungen einher. Die Rechtsextremen haben einen eigenen Wirtschaftskreislauf, zum Beispiel Geschäfte, die außer den üblichen, bekannten Marken auch T-Shirts mit deren Parolen verkaufen. Es gibt Installateure oder Elektriker, die sehr bewusst rechtsradikale Arbeiter einstellen. Sicherlich ist Ihnen das klassische Bild bekannt: Glatze, Tarnjacke, Springerstiefel, jung und arbeitslos. Häufig Kleinkriminelle. Aber die Männer, die heute rechtsextreme Gruppen führen, haben kein Vorstrafenregister. Sie tragen ganz normale, ordentliche Freizeitkleidung oder Anzüge, ein paar sogar Krawatten. Meist stammen sie aus der Umgebung. Es sind längst nicht mehr nur Westdeutsche, die hier in den neunziger Jahren für einen lächerlichen Betrag ein Haus gekauft haben. Sie gehen arbeiten. In der Regel sind sie zwischen dreißig und vierzig Jahre alt. Also weder besonders jung, noch besonders alt. Bis zum letzten Jahr gab es Jugendliche eigentlich nur in den Kameradschaften. Das sind sehr lockere Gruppierungen, die spontan zusammenfinden, sich auch sehr schnell wieder auflösen können. Informell. Zwar mit einer Führung, es gibt immer ein paar starke Männer, aber ansonsten mit wenig Struktur. Sie ziehen zusammen los, auf Feste und zu Konzerten. Solchen Jugendlichen war die NPD viel zu brav. Zu angepasst. Aber als die NPD bei den Kommunalwahlen spektakuläre Zuwächse hatte, sind sie massenhaft eingetreten. Sie stimmen auf den Parteikongressen mit, sie stehen auf den Wählerlisten, und sie werden auch gewählt.«

»Sie wollen mir doch nicht erzählen, dass sie von einem Tag auf den anderen brav geworden wären.«

»Nein. Die extreme Rechte hat heute zwei Gesichter. Ein anständiges und ein böses. Bei Demonstrationen sieht man sehr schnell das ganze Spektrum. Die ordentlichen, freundlichen Jungs und die rabiaten Glatzen.«

»Wie kommt es, dass die NPD bei den Wahlen gewinnt? Wie viele Ausländer leben eigentlich in Mecklenburg-Vorpommern?«

»Knapp ein Prozent. Oder noch weniger. Das ist nicht die Ursache. Rechtsradikale Militante wohnen dort, wo es den Leuten schlecht geht. In den ausblutenden Dörfern. In den trostlosen Plattenbausiedlungen. Und sie bleiben dort. Sie ziehen eben nicht ins schöne Stadtzentrum. Sie hören aufmerksam zu, was ihre Nachbarn zu sagen haben. Sie haben eine Art sechsten Sinn dafür herauszufinden, worüber sich die Leute ärgern. Diesen Ärger nehmen sie auf. Mit diesem Ärger arbeiten sie. Zum Beispiel hier bei uns, nicht weit entfernt, in Ueckermünde, soll eine Auffangstelle für Asylbewerber hinkommen.«

»Das mögen die Anwohner nicht.«

»Ueckermünde hat elftausend Einwohner. Es wurden zweitausend Unterschriften gegen das Zentrum gesammelt.«

»Das ist viel. Sogar sehr viel.«

»Die sind nicht von allein zusammengekommen. Die extreme Rechte hat diese Unterschriftenkampagne sehr effizient organisiert. Die NPD hat genügend Leute, die etwas für sie tun wollen. Die Mitgliederzahlen der alten Volksparteien, der CDU und der SPD, bröckeln zusehends. Vor allem junge Leute zeigen kein Interesse mehr. Aber die NPD, die macht sich sehr gut bei der Jugend und auch in Gegenden, in denen sich weder Sozialdemokraten, Christdemokraten, die Grünen oder die Liberalen mehr blicken lassen.«

»Haben die Kirchen denn dort keinen Einfluss mehr?«

»In der DDR sind die Kirchen doch sehr in den Hintergrund geraten. Wir arbeiten mit den Kirchen zusammen, aber nicht sehr häufig. Die Rechtsextremen dagegen sind jedoch ausgesprochen antiklerikal. Es wurden schon Kirchenfenster eingeworfen. Dahinter steckt noch viel mehr, und auch das ist ein Teil des grundlegenden Wandels, der sich heute in der extremen Rechten vollzieht. Die extreme Rechte will die deutsche kulturelle Tradition neu interpretieren und dann diese Interpretation propagieren. Ein Teil dieser Tradition ist angeblich irgendeine Form von uraltem, germanischem Heidentum. Sie feiern beispielsweise Sonnwendfeste. In den neunziger Jahren gingen sie nur zum Rechtsrock und solchen Veranstaltungen. Diese ideologische Bewegung ist jetzt seit ungefähr drei Jahren aktiv. Sie veranstalten Sommerzeltlager ...«

»Das machen die Pfadfinder auch.«

»Ja, aber deren Zelte heißen nie *Führerbunker*. Sie organisieren Volkstanzveranstaltungen, komplett mit Trachten und Zöpfen für die Mädchen und Bauernkitteln für die Jungen. Nun flaut es allmählich etwas ab, aber vor nicht allzu langer Zeit traten solche Gruppen gern bei Dorffesten auf. Man konnte zum Beispiel eine Volkstanzgruppe für eine Goldene Hochzeit engagieren. Womöglich noch mit Blasmusik, denn auch die Volksmusik wollen sie wiederbeleben. Und das gelingt auch.«

»Das ist doch etwas ganz anderes als Maßkrugstemmen und bei Nacht und Nebel dem erstbesten schwarzen Mitmenschen, den man zufällig trifft, die Fresse zu polieren.«

»Nein, nein. Die extreme Rechte bemüht sich gerade darum, angenommen zu werden, um über Politik und Kultur ihren Einfluss auf die deutsche Gesellschaft zu vergrößern, vor allem auf die Jugend. Deshalb beschränken wir uns nicht allein auf Opferhilfe, wie wichtig sie auch sein mag. Aufklärung, Information, mit Sachverstand und eindeutig Stellung gegen die Neonazis beziehen, das ist garantiert genauso wichtig.«

Siehe auch: Bavaristik, Demokratie, Denkmäler, Widerstand im Dritten Reich

Wunsch

Haben Sie noch einen Wunsch?, fragt die Bedienung, sobald sie aus dem Augenwinkel sieht, dass ein Teller leer ist. Fragen alle Bedienungen in allen Gasthäusern überall in Deutschland. Ich schaue immer auf die Lippen, immer sind sie leicht gespitzt, immer ein wenig anders gespitzt. Wunschsch. Es wäre ein grober Irrtum anzunehmen, dass diese Lippen fragen, ob der Gast noch etwas haben möchte. Die deutsche Bedienung nimmt ihre Zuflucht zu einer jahrhundertealten List, womöglich gar der ältesten List im Spiel zwischen Frau und Mann. Sie tut, als verlange sie selbst nichts, oder sie sei, wie es im Deutschen so schön heißt, *völlig wunschlos*, und fragt den zufälligen Kunden: Aber Sie, haben Sie keinen Wunsch mehr? Sie schiebt mir ihr großes Begehren zu und weckt dadurch mein Begehren. Es ist, als wolle sie mich verlegen oder mit abgewandten Augen fragen: Wollen Sie mich bitte auf diese gespitzten Lippen küssen? Aber sie fragt es eben nicht. Man achte auf das distanzierte *Sie*. Damit folgt sie gänzlich der eleganten Tradition der großen französischen erotischen Romane des achtzehnten Jahrhunderts. In diesen Geschichten sprachen sich die Geliebten ebenfalls mit *vous* an. Natürlich sind wir keine Geliebten, die Chance, dass wir uns je erkennen werden, ist vernachlässigbar gering und das wissen wir beide, doch jedes Mal wieder musste ich ein sich aufbäumendes Verlangen unterdrücken, die Bedienung um die Taille zu fassen und ihr ihren flammenden, aber kaum geflüsterten Wunsch zu erfüllen. Kusschsch. Ihr Alter ist völlig unwichtig, ich möchte sogar sagen, im Gegenteil. Sechzigjährige Lippen werden durch dieses eine Wort voll und verlockend. Wunschsch. Sag mir in Sprachen, die ich nicht beherrsche: Gibt es ein Wort, das sinnlicher wäre als das einsilbige *Wunsch*?

Wurstparadies

Es könnte ein anderer Name für Deutschland sein, Wurstparadies. Feinde werden dann von der Wursthölle sprechen, aber Feinde sind in der Regel nicht gerecht. Ich kenne einen Laden mit diesem Namen, das *Wurstparadies Dilchert*, es liegt am Westenhellweg in Dortmund, in einer Fußgängerzone, so hässlich wie, ich möchte mal sagen, die Amsterdamer Kalverstraat oder die Brüsseler Nieuwstraat, vielleicht sogar noch hässlicher, auch wenn das kaum vorstellbar scheint. Aber Dilchert ist ein schönes Geschäft, ein angenehmes Geschäft, die Bedienungen sind freundlich, und es gibt eine mehr als ordentliche Auswahl, aus der näheren Umgebung, aus Westfalen und Nord-Hessen, ganz wie es sich gehört. Sein Reklamespruch heißt: *Man weiß, was man kauft.* In Sachen Wurst ist das eine gewagte Behauptung. Ich würde vielmehr sagen, man weiß nicht, was man kostet, aber bei genauerer Betrachtung wäre auch das nicht gerade ein sehr passender Satz, um damit den Umsatz zu steigern.

Dilchert verkauft eine ganze Batterie italienischer Saucen. Ich weiß, dass Italien eine Menge herrlicher Würste zu bieten hat, fette und magere, dünne und dicke, vom Peitschenstiel bis riesengroß und auf der Zunge zerschmelzend, alle Rotnuancen bis ins Schwarze hinein. Ein ungehöriges Wort über die italienische Salamizubereitung wird mir nicht so rasch über die Lippen kommen. Ich gebe zu, dass die Deutschen in Sachen Gastronomie im Allgemeinen die Tugend der Demut beherzigen sollten, und zugleich auch, dass Demut nicht ihre stärkste Seite ist. In Bezug auf Würste allerdings brauchen sie von niemandem eine Lektion. Dieses ganze Buch wurde in der Absicht geschrieben, Leser mit Deutschland bekanntzumachen, und, angesichts der ersten Zeile, kann dieses Kapitel als ein Miniaturmodell für das größere Buch stehen.

Mich plagt das quälende Bewusstsein, dass Vollständigkeit in Sachen Wurst ein erstrebenswertes, jedoch ewig unerreichbares Ziel sein muss. Hinter jeder Ecke, um die ich in Deutschland biege, finde ich eine neue Wurst. Man betrachte also die folgende Liste als eine kurz gefasste Einführung, oder vielleicht noch besser als eine Ansammlung windschiefer Wegweiser, verloren in den weiten Landschaften, in denen die deutsche Wurst noch in natürlichem Zustand vorkommt. Machen Sie sich selbst auf die Suche, liebe Leser, wagen Sie etwas, und Sie werden mit Entdeckungen belohnt.

Bockwurst

Eine klassische Wurst. Muss im Stehen verzehrt werden. Im Kölner Hauptbahnhof gibt es neben neumodischen Coffeebars wie Segafredo und Anbietern vegetarischer Ballaststoffe oder asiatischen Zeugs auch Theken, an denen überwiegend ein bisschen dickere Männer kurz nach ihren besten Jahren lehnen. Dort kann ich, ohne weiter aufzufallen, meine Feldforschungen verrichten. Ich trage dieselben Schutzfarben wie die übrigen Kunden, dunkelgrau, und mein Bauchumfang, nun ja … Immer wird ein sehr helles Kölsch in kleinen 0,2-l-Gläsern ausgeschenkt. Oft steht neben dem Kölsch ein noch viel kleineres Glas mit einer klaren Flüssigkeit. Diese Kombination ist charakteristisch für diese Generation von Konsumenten. Hier kann man zu jeder Stunde des Tages heiße Bockwurst mit Senf und Brot essen. Zu jeder Stunde ist vielleicht doch etwas übertrieben. Einmal hat mir eine Bedienung das allerletzte Exemplar aus ihrem Vorrat gegönnt. Es war erst Vorabend, kurz vor sieben, und da standen noch jede Menge Kunden, die nicht den Eindruck erweckten, gleich zu ihrer ehelich Angetrauten an den heimischen Herd aufbrechen zu wollen.

Bockwurst enthält sehr fein gemahlenes Hackfleisch, das von folgenden Tieren stammen kann: vom Schwein (selbstverständlich), aber auch vom Pferd, Schaf und sogar von Geflügel wie Puter. Dazu wird Salz, Paprika und weißer Pfeffer gekippt. Diese Wurstsorte ist etwas älter als hundert Jahre, also sehr altväterlich ist das Rezept nicht. Bemerkenswerterweise gilt für Bockwurst, wie für echtes deutsches Bier, ein *Reinheitsgebot*. Solange sich Reinheit auf die Gesetze beschränkt, die über die Zusammensetzung von Wurst und Bier wachen, kann ich damit leben.

Bockwurst isst man also heiß. Ein paar Minuten in Wasser erhitzen, es darf nicht kochen, das genügt. Aber was isst man dazu? Senf und ein Brötchen, das ist ja schön und gut, aber es ist doch sehr frugal. Eigentlich möchte ich Kartoffelsalat. Ein vermessener Wunsch! Und dann wird er einem wieder direkt aus dem Plastikbehälter auf den Teller geklatscht, eiskalt, denn er kommt aus dem Kühlschrank. Nun gilt es, sein Leben zu retten. Man könnte vielleicht irgendwo unter den Haufen widerlicher, bleicher Weichtiersubstanz, die als Mayonnaise durchgehen soll, ein paar Kartoffelreste entdecken. Besser ist es, der Realität nicht ins Auge zu sehen und eilig den Imbiss zu verlassen.

Wie macht man Kartoffelsalat? Man nehme eine fest kochende Sorte, koche sie in der Schale gut gar, aber nicht so sehr, dass sie zerfallen. Es müssen sich noch schöne Scheiben schneiden lassen. Dabei ist es nützlich, sie einen halben Tag oder eine Nacht lang stehen zu lassen. Dann Zwiebeln hacken, mit etwas Wasser oder Bouillon, Pfeffer und Salz aufkochen, rühren, ein Schuss Essig dazu, alles über die Kartoffelscheiben gießen, behutsam, aber gründlich durchrühren und auf Zimmertemperatur abkühlen lassen. Man kann saure Gurkenscheiben darunter mischen und knusprig ausgebratene Speckwürfel. Man darf Zwiebelstückchen in Fett glasig andünsten, bevor man sie in die Bouillon gibt. Aber Speck und Wurst, das ist doppelt gemoppelt. Eine andere Variante ist mit Mayonnaise. Auch hier sind Gurkenrädchen willkommen. Hartgekochtes Ei geht auch, aber am besten nur das Eiweiß. In der entsprechenden Jahreszeit harte, saure Apfelwürfelchen. Mischen. Ja, klar doch, Schnittlauch und Petersilie drüberstreuen. Und heiße Bockwurst. Und kaltes Bier. Stopp.

Dauerwurst

Auf dem Markt in Wuppertal kaufe ich Rindswurst, die offenbar sehr lange haltbar ist. *Rindsdauerwurst* lautet die vollständige Bezeichnung. Sie ist luftgetrocknet, versichert mir der Markthändler. Eine uralte Methode, bekannt aus den Alpen (vom sündhaft teuren Bündnerfleisch aus Graubünden, ebenfalls vom Rind) und aus Italien. Dort trocknen sie sogar Eselsfleisch zu *bresaola*. Die Farbe dieser beiden Köstlichkeiten ist tiefrot, bis ins Schwarze gehend. Die Wurst hier ist eher scharlachrot. Aus eigener Schlachtung, sagt der Verkäufer, vom Huckelriederfeldhof zwischen Münster und Osnabrück. Die Tiere bekommen gesundes Futter, sie dürfen auf der Weide grasen, und das schmeckt man. Die Haltbarkeit dieser Salami scheint mir allerdings mehr dem Salz, Natriumnitrit, Kaliumjodat, E535, E536, E300 und E301 zu verdanken zu sein. Das steht alles ist ordentlich auf der Verpackung, das wohl.

Frankfurter

Es gibt wenig aus der deutschen Küche, das Weltruhm genießt. Die einzige Ausnahme ist der Hamburger. Er wird täglich millionenfach in aller Herren Länder verkauft, noch mehr als neapolitanische Pizzen. Aber ich weiß nicht, ob die Deutschen darauf so stolz sein sollten. Es ist nicht einmal sicher, ob dieses traurige Stück Fleisch zwischen zwei Brotscheiben tatsächlich aus der Stadt Hamburg stammt. Oder überhaupt aus Deutschland. Und was sonst? Vielleicht Laugenbrezeln oder Sauerkraut. Sauerkraut. In den großen Kriegen des zwanzigsten Jahrhunderts wurden die Deutschen von den Engländern *the Krauts* genannt, und das war noch die freundlichste Bezeichnung. Allem Anschein nach ist Sauerkraut eine Erfindung holländischer Seeleute, die sie vor Durchfall schützte. Die Elsässer fordern das Sauerkraut als Erfindung für sich, *la choucroute.* Man sollte ihnen vor allem nicht sagen, dass sie Deutsche sind, sonst muss man um sein Leben rennen.

Aber Köstlichkeiten wie *Renken*, die geräucherten Forellen aus Boden- und Chiemsee sind, obwohl sogar Cowboys das Wort mühelos aussprechen können, niemals über die Landesgrenzen hinausgekommen. *Zwetschgendatschi*, was hinter der Grenze dagegen kein Mensch aussprechen kann, wie himmlisch dieser Kuchen aus Zwetschgen, Sandkuchenteig, Mandeln, Zucker und Zimt auch ist, nein, Zwetschgendatschi, hat nicht die geringste Chance. In unserer globalisierten Welt müssen die Namen reibungslos über die Lippen gehen, außer, dieser Kuchen würde als exakte Imitation aus Japan eingeführt, man denke nur, auf einem völlig anderen Gebiet, an den Erfolg von Mitsubishi. Außerdem, Zwetschgendatschi darf nur innerhalb der Augsburger Stadtmauern verzehrt werden. Der einzig wahre Name der Stadt lautet übrigens Datschiburg.

Ach, ich bin leichtsinnig. Wie könnte ich die Frankfurter vergessen. Die ist auch um die Welt gegangen. Frankfurter enthalten ausschließlich Schweinefleisch, in Schafsdarm gepresst und über glühenden Buchenspänen geräuchert. Nie und nimmer dürfen sie kochen. Man lässt sie etwa fünf, sechs Minuten in Wasser, das kurz aufgekocht hat, ziehen, und dann auf den

374

Teller damit. Frankfurter isst man, wie jede anständige Wurst, mit Brot und Senf – oder Meerrettich. Oder natürlich mit Sauerkraut. Besuchen Sie doch einmal in Frankfurt am Main die großen Apfelweinwirtschaften in Sachsenhausen. Gehen Sie in die Klappergasse und zum Neuen Wall, zum Dauth Schneider, oder nehmen Sie die U-Bahn bis zum Schweizerplatz und treten dann ins Gemalte Haus oder bei Adolf Wagner ein, wie Unheil verkündend der Name auch klingen mag. Setzen Sie sich auf eine Bank an einem rohen Holztisch. Bestellen Sie einen *Bembel Ebbelwei* oder für den, der aus einer anderen Gegend kommt *Ebbelwoi*, Apfelwein ist es, leicht trübe und säuerlich. Er wird in ein *Geripptes* eingeschenkt, ein Glas wie ein gekappter Kegel, oben breit, unten schmal, mit rautenförmigen Riffeln. Fettige Finger werden daran nicht abrutschen. Bier gibt es hier nicht. Messer und Gabel – Gott sei Dank rasiermesserscharf – holt man aus einem anderen Steinkrug, ein Stückchen entfernt auf dem Tisch. Die meisten Tische sind von Einheimischen belegt. Leider wird der Anteil Japaner und Amerikaner jedes Jahr größer. Gott sei Dank keine Musik. Breite Kellner in weißen Jacken bewegen sich geschmeidig von Gast zu Gast. Sie sind schnell und herzlich – höchst ungewohnt in Deutschland. Hier ist der Ort, um den Frankfurtern die Ehre zu erweisen, die sie verdienen. Ich kann die Grüne Soße sehr empfehlen, eine Vinaigrette, der fein gehackte Petersilie, Kerbel, grüner Lauch, Sauerampfer, Borretsch, Zitronenmelisse, Pimpernelle hinzugefügt wird, und nach Belieben noch Estragon, Gartenkresse und Liebstöckel, aber mit dem letzten Gewürz sollte man sparsam sein, es schmeckt durchdringend nach Maggi. Dazu Sauerrahm, Buttermilch oder Joghurt, das Ganze etwa eine Stunde ziehen lassen und dann, das ist wichtig, hart gekochtes, zerdrücktes Ei darunter mischen. Wer Probleme mit seinem Cholesterin hat, muss auf die Frankfurter verzichten, aber das kann mit *Handkäs mit Musik* mehr als kompensiert werden, einer uralten Käsesorte, die nicht durch Labferment aus dem Labmagen, sondern durch Sauermilch klumpig geworden ist. In diesen von Cholesterin verhexten Zeiten hat der Handkäse einen unschätzbaren Vorteil: Er enthält nie mehr als ein Prozent Fett. Wo Apfelwein ausgeschenkt wird, gibt es immer auch Handkäs mit Musik. Die Musik wird von drei Instrumenten gespielt, von Öl, Essig und gehackten Schalotten. Es ist sehr zu empfehlen, Kümmel dazu zu geben. Und grobes Brot.

Grützwurst oder Blutwurst

Darunter müssen wir uns vor allem keine Wurst vorstellen. Wohl Fleisch. Oder besser, geronnenes Blut. Auf dem Teller liegt ein Haufen, ein Berg, ein Klumpen – nein, das Wort gibt eine falsche Vorstellung von der Struktur. Sie ist locker, der Brei besteht aus feuchten, aber trotzdem ziemlich klebrigen Körnern, aus Gemahlenem, dem Inneren des Brüsseler *bloompansj* entsprechend, dem man die Haut aufgeschnitten und den Inhalt herausgestülpt hat. Das Deutsche bezeichnet diese Wurst nicht ganz zu Unrecht als *Verkehrsunfall*. Im Amsterdamer Bargoens, der Gaunersprache, würde man sagen *geramde rat*. In der Substanz sind nur Zwiebelstücke zu erkennen. Anscheinend sind auch Graupen, die Grütze, enthalten, aus Getreide, manchmal aus Buchweizen. Die Gewürze sind mir nicht einmal nach dem letzten Bissen klar. Muskatblüte? Das sage ich nur, weil ich weiß, dass in der Brabanter Blutwurst oft Muskatblüte verarbeitet wird. Ich höre, dass auch Majoran enthalten sein soll und gemahlene Nelken. Letzteres klingt glaubwürdig. Ganze Kastanien könnten eventuell mit diesem Brei eine volle und doch nicht allzu schwere Harmonie entfalten.

Siehe auch: Bavaristik, Schnaps

376

Schon ein halbes Jahrhundert sehne ich mich nach Xanten.
Jetzt bin ich da. Mich trieb nicht das etwas kindische Verlan-
gen, die einzige deutsche Stadt mit dem Anfangsbuchstaben
X zu besuchen; nicht die überwältigend schöne Natur vor den
Wallanlagen der Stadt, denn die gibt es nicht; nicht einmal
der beeindruckende St. Viktor Dom, die größte deutsche Kir-
che zwischen dem Kölner Dom und dem Nordseestrand. Der
Wunsch ist so albern, dass ich zögere, ihn hier zu verraten. An-
gefangen hat es mit einem Suske und Wiske-Comicheft von
Willy Vandersteen, einem der frühesten, *De Ringelingschat*.
Also doch kindisch.

Suske, Wiske, Sidonia und Lambik reisen nach Xanten am
Rhein, um dort das Geheimnis eines sprechenden Trinkhorns
zu lüften. Durch Zauberei landen sie in einem unbestimmbaren
Mittelalter, in der Nähe von Xanten. Studieren Sie nun einmal
auf S. 18 die Lage der Stadt. Ein hoher Gipfel ragt zwischen
niedrigeren Bergen auf. Auf diesem Gipfel steht eine Burg. Es ist
eine deutsche Landschaft wie aus dem Tourismusprospekt, eine deutsche Landschaft, die schlicht allen Klischees entspricht.
Man denkt augenblicklich: *Romantische Straße* und *Warum ist
es am Rhein so schön*. Und ja, wirklich, auf der nächsten Seite sieht man den Rhein, genau wie ein Rhein zu sein hat, mit
hohen, steilen, felsigen Ufern. Auch weiter im Album werden
einem Klüfte, Berge, Grotten und senkrecht aufsteigende Klip-
pen vorgesetzt. Es war Willy Vandersteens gutes Recht, alles so
darzustellen. Hätte er die flache Landschaft des Niederrheins
realistisch gezeichnet, dann hätte seine Geschichte jegliches
romantische Flimmern verloren, wäre sogar unglaubwürdig
geworden. Und seine Geschichte ist romantisch, genauer gesagt, es ist die romantische Geschichte schlechthin, und noch

genauer gesagt, es ist die wildeste Geschichte aus der schwersten Romantik des schwerstromantischsten aller romantischen Länder, der von Deutschland.

In *De Ringelingschat* paraphrasiert Willy Vandersteen nichts weniger als das berühmte, oder muss ich sagen, das berüchtigte *Nibelungenlied*. Auch dieser Wahl kann man nur zustimmen. Er konnte doch nicht auf die Märchen der Gebrüder Grimm zurückgreifen, die kannten seine Leser ja in- und auswendig, sie würden nie erlauben, dass er sich damit einen Scherz erlaubte. Märchen sind gut für kleine Kinder, die können noch nicht lesen, sie sind also keine Kundschaft. Das *Nibelungenlied*, das ist todernst. Blutiger, gründlicher, deutscher, wagnerianischer Ernst. Es bildet den idealen Kontrast zu Vandersteens bekannten Antwerpener Scherzen und Späßen. Je mehr er damit jongliert, desto lauter muss man lachen. Deshalb bekommt man keinen mit germanischen Locken geschmückten Helden Siegfried, sondern den runden Kahlkopf Lambiks vorgesetzt, aus diesem Anlass in Bikfried umgetauft. Also wird Hagen, im echten Lied der schlaue, zynische Diener des Königs, von Vandersteen zum König Hagen Kart-Offel befördert. Deshalb macht der Comiczeichner aus der schönen Kriemhilde Sidonia, Pardon, Sidonhilde. Deshalb haben eine Menge Vasallen und Soldaten die Physiognomie belgischer Kneipiers, wenn nicht von deren Stammgästen. Deshalb heißt der abscheuliche, plumpe Drache, der den Nibelungenschatz auffrisst, nicht Fafnir, sondern To-Tal-Krieg. Das Heft erschien 1951. Der 18. Februar 1943, der Tag, an dem Goebbels seine berüchtigte rhetorische Frage – *Wollt ihr den totalen Krieg?* – in den bis auf den letzten Platz gefüllten Berliner Sportpalast schleuderte, war allen noch frisch im Gedächtnis.

Im Lauf des zwanzigsten Jahrhunderts hat die Nibelungen-Geschichte ein böses, man kann schon sagen, unheilverkündendes Renommee bekommen. Sie ist möglicherweise noch wüster und grausamer als die *Ilias*, aber daran kann es nicht gelegen haben. Men denke an das unbekümmerte Morden in der *Ilias*, man denke an die Leichen im *Hamlet*, man denke an die fürchterlichen Folterungen in der *Divina Commedia*, allesamt zweifelsfrei literarische Meisterwerke. Eine Lesart der *Nibelungen*, mit dem ganzen blutrünstigen Drumherum, hat es zu Weltruhm gebracht. Wagners vier Opern, die den *Ring des Nibelungen* bilden, werden seit 1869 in allen großen Opernhäusern stürmisch, man kann schon sagen, verzückt bejubelt.

Lesart ist das richtige Wort. Wagners Interpretation ist nur eine aus einer ganzen Serie, schon Jahrhunderte vor ihm waren zahllose Fassungen im Umlauf. Einmal ist Siegfried ein Königssohn aus Xanten, dann wieder ist er ein Waisenkind, das im dunklen Wald von einem treulosen Zwerg großgezogen wird. Manchmal heißt seine Frau nicht Kriemhilde, sonder Gutrune. Manchmal ist Hagen der Bruder des burgundischen Königs Gunther, dann wieder ist er einer von Gunthers gefürchteten Kriegern.

Das eigentliche *Nibelungenlied* wurde um 1200 herum verfasst. Der Dichter war höchstwahrscheinlich ein Österreicher, ein Mann von hohem Ansehen, bekannt in Wiener Hofkreisen, auch ein Zeitgenosse von großen Minnesängern und Dichtern wie Hartmann von Aue, Gottfried von Straßburg, Wolfram von Eschenbach und Walther von der Vogelweide. Aber die historischen Ereignisse, die er verarbeitete, sind um viele hundert Jahre älter. Es geht um den Ostgotenkönig Theoderich den Großen und den Hunnenkönig Attila, und damit sind wir im fünften und sechsten Jahrhundert. Das *Nibelungenlied* ist ganz bestimmt kein Geschichtsbuch. So begegnen sich zum Beispiel Attila (Etzel) und Theoderich (Dietrich). Aber, der echte Theoderich wurde erst nach Attilas Tod geboren. Die Sagen, die dem Lied zugrunde liegen, führen uns in die chaotische Zeit der germanischen Völkerwanderungen zurück. Im fünften

Jahrhundert vernichtete ein römischer Feldherr mit Hilfe der Hunnen das Königreich der Burgunder (eines germanischen Volkes!) bei ihrer Hauptstadt Worms. Dieses Gemetzel mit viel spritzendem Blut und herumrollenden Köpfen wird in der zweiunddreißigsten bis zur neununddreißigsten, der letzten, *âventiure* des Liedes beschrieben, doch nicht am Rhein und nicht einmal in Worms, sondern in der Burg des Hunnen Attila. Für Siegfried und Brunhilde gibt es keinerlei historisches Vorbild. Sie gehören mit Haut und Haar ins Reich der Sagen. Der österreichische Dichter hat versucht, die Sagen, die bereits zu seinen Lebzeiten Hunderte von Jahren alt waren, mit höfischen und christlichen Elementen auszuschmücken.

Erst im neunzehnten Jahrhundert wurde das *Nibelungenlied* im deutschen Sprachgebiet, dank der Übersetzung des jungen Germanisten Karl Simrock, der es 1827 in ein modernes Deutsch übertrug, einem breiteren Publikum bekannt. Ein Bildungsbürger, der auf sich hielt, hatte es zu kennen, aber es hat sich eigenartigerweise nie zu einem deutschen Nationalepos ausgewachsen.

Philologen sind sich längst darüber einig, dass das mittelalterliche Lied den uralten germanischen Heldenliedern verpflichtet ist, die im zweiten Teil der alten *Edda* gesammelt sind (es gibt zwei Edda-Bücher, eines in Reimen und eines in Prosa, aber das tut hier nichts weiter zur Sache). Der Rohstoff ist also eindeutig skandinavischen Ursprungs, norwegischen, isländischen, sogar grönländischen. In dem Lied marschieren also die ganze Zeit rauhe, tapfere Krieger herum, die auf Mord und Rache sinnen. Kurzum, es war maßgeschneidert für spätere Naziverwendung. Ein einziges Mal mussten die braunen Machthaber nicht ihre Zuflucht bei durchsichtigen Fälschungen wie dem friesischen *Oera-Linda-Bok* suchen. Für Zweifel war kein Platz. Die alte *Edda* wurde vor dreihundert Jahren in einer Handschrift gefunden, dem *Codex Regius*, der von 1271 stammte und Dichtungen enthielt, die vermutlich zwischen dem neunten und dem zwölften, dreizehnten Jahrhundert entstanden sind. Es ist sicherlich kein durchgängiges, kohärentes Epos. Die Lieder ergänzen oder widersprechen sich, je nach dem. Ein kleiner Nachteil für die Nazis bestand darin, dass sich beim Ab- und Umschreiben christliche Einflüsse eingeschlichen hatten, wie sie auch deutlich im *Nibelungenlied* nachweisbar sind.

Richard Wagner hat sorgfältig jedes christliche Element aus den Libretti des *Rings* ferngehalten. Er führt ein dichtbevölkertes Walhall vor, viele Götter singen durcheinander: Wotan, der unangreifbare Obergott, Fricka, seine Gemahlin, Freya, die anmutige Göttin der Jugend, der schlaue Feuergott Loge, Donner, der mit seinem Hammer die Wolken zersprengt, Froh, der den Regenbogen in den Himmel baut und natürlich Erda, die Urmutter. Bei Wagner ist keine Rede mehr von Xanten im Tiefland. Er entscheidet sich resolut für die Fassung, in der Siegfried als behaartes Waldwesen aufwächst. Der Held ist auch nicht ungeheuer schlau, und es ist sehr zweifelhaft, ob er auch lesen und schreiben kann. Nun, er braucht andere Fähigkeiten, wie da sind Ambosse mit einem Schwert entzweischlagen und Löcher in ungeschützte, weiche Drachenbäuche bohren. Wagners Regieanweisungen sind daher auch nicht von Pappe. *Das Rheingold* beginnt mit der Rheintochter Woglinde, die auf dem Grund des Stroms zwischen steilen Felsenklippen ein bisschen vor sich hin lallt: *Weia, Waga, Wagalaweia* und ähnliches Gestammel. Etwas später stehen wir oben auf einem Berg und steigen in unterirdische Klüfte hinab. Auch *Die Walküre* spielt zum großen Teil in einem rauhen Felsgebirge und der Zuschauer, der bis dahin den Wald vermisst hat, kommt in *Siegfried* reichlich zu seinem Recht: *eine Felsenhöhle im Wald* und *tiefen Wald* will der Schöpfer des allesumfassenden Gesamtkunstwerks auf den Brettern sehen. Für den dritten Aufzug der *Götterdämmerung* begeben wir uns zu einer *waldigen* Umgebung am Rhein. Eine hauchzarte orchestrale Passage (ja, ja! bei Wagner!) im *Ring* ist übrigens das *Waldweben* im zweiten Aufzug des *Siegfried*. Wagner greift also für seinen *Ring* nicht nur ausgiebig auf die deutschen Sagen zurück, er stellt sie ausdrücklich in die Landschaft, die seit der Romantik untrennbar mit Deutschland assoziiert wird. Es ist die Landschaft, die wir in der Dichtung von Goethe, der *Harzreise im Winter* und natürlich dem allseits bekannten *Ein Gleiches (Über allen Gipfeln ist Ruh'...*), oder Mörikes *Wald-Idylle* und auf den Bildern von Caspar David Friedrich finden: der Wald, der Bergbach, die Schlucht, der Nebel, kurzum, das Mittelgebirge. Eigentlich gehört noch eine Burgruine dazu, am besten so malerisch wir möglich restauriert: Wie man sich eben im neunzehnten Jahrhundert das Mittelalter so vorstellte.

Zweifellos ist Wagner eines der größten musikalischen Genies aller Zeiten. Nach ihm sollte die Oper, die Melodie, die Harmonie nie mehr die selbe sein. Bruckner und Mahler sind ohne Wagner undenkbar. Der junge Schönberg von *Verklärte Nacht* ist ohne Wagner unmöglich. Auch Wagners Eingriffe in den Erzählstoff der Nibelungen kann man nicht anders als genial bezeichnen. Schon in der allererersten Szene des *Ring des Nibelungen* geht es um einen Goldschatz, der bewacht werden muss und der demjenigen grenzenlose Macht verleiht, der sich daraus einen Ring schmiedet. Und bevor sich der Vorhang über der vierten und letzten Szene senkt, ist der Ring bereits verflucht. *... nun zeug' sein Zauber Tod dem, der ihn trägt!* Ein kleiner Gegenstand, der Ehrgeiz mit Unheil und Tod verbindet, beherrscht die drei Opern, die nun folgen. Auf diese Weise zwingt Wagner die ganze verworrene Welt aus Göttern, Zwergen, Helden und Drachen, die er heraufbeschwört, zu einer strengen Einheit. Wagner wurde und wird ebenso sehr vergöttert wie verabscheut. Eitler Fant ist das geringste Schimpfwort,

Betrüger, krankhafter Egoist, Antisemit. Es wurden ganze Bücher über Wagner vollgezetert. Dass er sich unschön über die Juden äußerte, war in seiner Zeit leider nichts Außergewöhnliches, weder in Deutschland, noch in anderen Ländern; es hielt Wagner übrigens nicht davon ab, jüdische Freunde zu haben. Dass Wagner von so vielen linken Intellektuellen gehasst wird, ist eigentlich unverständlich. In Paris hatte er mit Heinrich Heine Umgang, er wurde ein Freund des Erzanarchisten Michail Bakunin und war sogar ein Busenfreund des ausgesprochen linken, man kann sagen revolutionären Dichters Georg Herwegh, des Mannes, der den berühmten Satz erdacht hat *Alle Räder stehen still, wenn dein starker Arm es will.* Dass die Nazis lange nach seinem Tod seine Musik in ihren Konzentrationslagern erschallen ließen, und dass seine englische Schwiegertochter fanatisch für Hitler schwärmte, kann schwerlich ihm angekreidet werden. Dass Hitler vor Text und Musik auf die Knie sank, liegt nicht an den Buchstaben und den Noten. Alle Geschichten über die *Nibelungen*, aus allen Jahrhunderten, ob sie sich nun widersprechen oder nicht, sie alle fließen über vor Neid, Habsucht, Verrat, brutaler Kraft, Mord und Todschlag. Darin unterscheiden sie sich nicht wesentlich vom heutigen durchschnittlichen amerikanischen Film, um nur ein Beispiel zu nennen. Sollte die *Götterdämmerung*, die den *Ring* abschließt, und wo im letzten Aufzug Walhall eine Beute der Flammen wird, sollte dies den Untergang des Dritten Reichs darstellen? Hirngespinste der Nachgeborenen. Bevor Hitler das Licht der Welt erblickte, war Wagner bereits sechs Jahre tot. Will man etwas lesen, das wirklich als prophetisch gelten kann, dann muss man weiter in die Zeit zurück, zum ursprünglichen *Nibelungenlied*, von dem Wagners Libretti stark abweichen. Das mittelalterliche Lied endet mit der vollständigen Ausrottung eines ganzen Kriegervolkes und zugleich mit dem Tod Kriemhildes, die diese Ausrottung zu verantworten hatte. Es ist eine Parallele zur deutschen Geschichte, die selbst dem nüchternsten Leser Schauder über den Rücken jagt.

Sowohl bei Wagner wie in dem viel älteren Gedicht ist Brunhilde die Gestalt, die am grausamsten betrogen wird. Sie tut mir leid, vor allem, weil diese herrliche, starke Frau zweimal von ihrem angebeteten Siegfried betrogen wird.

Wir wollen dem mittelalterlichen Dichter folgen.

Zuerst streift Siegfried Brunhilde einen Ring über den Finger, so dass sie glaubt, er werde in absehbarer Zeit der Ihre sein.

Ein wenig später verkuppelt Siegfried Brunhilde mit dem ziemlich langweiligen Gunther, einem Bürschchen, den sie für einen völligen Schwächling hält, auch wenn er der König der Burgunder ist. Die Sage erzählt, dass Siegfried eine List angewandt habe, ohne die ihm die Verkuppelung nie gelungen wäre. Brunhilde, die feurige, furchterregende Walküre, schlägt Gunther ein Kräftemessen vor. Sie ist sich sicher, dass er für sie kein Gegner ist. Doch um Gunther zu helfen, setzt Siegfried eine Mütze auf, die ihn unsichtbar macht, die berühmte *Tarnkappe*, so dass er ungesehen Gunthers Hand führen und ihm beim Speerwurf und dem Werfen schwerer Steine helfen kann. Siegfried sieht ja überhaupt nichts mehr in dieser Brunhilde, er hat sich ja schon eine ganze Weile Kriemhilde in den Kopf gesetzt, die attraktivere Schwester Gunthers, *ein scoene wip*, sagt der Dichter des *Nibelungenlieds,* und im Tausch für Gunthers Einverständnis will er ihm schon ein bisschen unter die Arme greifen. Weil Gunther ein so jämmerlicher Schlappschwanz ist, dass er nicht einmal im Bett Herr über die sich wehrende Brunhilde werden kann, springt ihm Siegfried auch hier mit seiner unsichtbar machenden Kappe bei. Im heißesten Ringkampf luchst er Brunhilde auch noch den Ring ab, den er ihr einstmals geschenkt hatte. Der Tarnkappentrick verdient den Namen List nicht. Ich würde es vielmehr einen fiesen Dummejungenstreich nennen, und außerdem ist es Falschspielerei.

Der blonde, strahlende, germanische Held Siegfried ist natürlich vorteilhaft muskulös und olympischer Meister in den ein bisschen gröberen Sportdisziplinen, aber er ist vor allem ein Erzbetrüger und ein unverbesserlicher Schwätzer. Seiner Frau Kriemhilde redet er ein Loch in den Bauch darüber, wie er Brunhilde zum Narren gehalten hat, und Kriemhilde verplappert sich in Brunhildes Anwesenheit. Brunhilde zittert vor machtloser Wut. Und ihr Leid ist noch nicht zu Ende. Einer von Gunthers Untergebenen, der ebenso finstere wie schlaue Hagen, schmiedet ein Komplott, um Siegfried aus dem Weg zu räumen. Auf einer Jagdpartie stößt er ihm einen Speer in den Rücken. Der große germanische Held ist tot. Brunhilde hat Gunther am Hals, den sie maßlos verachtet und der außerdem tatenlos zugesehen hat, wie Hagen den Meuchelmord an Siegfried verübte. Dein Held mit einer anderen verheiratet, und anschließend feige getötet, dein eigener Mann mitschuldig an diesem Tod, es gibt Leute, die wegen weniger einen Therapeuten aufgesucht haben.

Und jetzt bin ich also in Xanten, Siegfrieds Königsstadt. Ich weiß nicht, ob es an Suske und Wiske liegt oder an Wagner, aber ich kann mir den tragischen Helden der Nibelungensage nur vor einem Hintergrund verlassener Berge, beängstigender Schluchten, finsterer Wälder, plätschernder Bäche und gewaltiger Findlinge vorstellen. *Schlucht, Fels und Wald.* Der mittelalterliche Dichter schreibt freilich, dass Siegfried *wuohs in Niderlanden*, in den Niederlanden aufwuchs, *nidene bî dem Rîne*, irgendwo am Unterlauf des Rheins, in der berühmten Festung namens *Sántén*. Der Name Xanten ist etwas sehr Frommes, eine Verballhornung des lateinischen *ad Sanctos*, zu den Heiligen – einer Legende zufolge wurden in der Nähe der Stadt ein paar römische Christen von ihren heidnischen Landsleuten um einen Kopf kürzer gemacht. Die Landschaft vor den Stadtmauern verbindet die holländischen Polder mit den Hügeln des

alten biblischen Themenparks Heilig-Landstichting bei Nijme-
gen. Wenige Kilometer weiter steht zwar ein Schild mit SONS-
BECKER SCHWEIZ, aber solche Schweizerländchen findet
man in allen flachen Gegenden, wo Bürgermeister und lokale
Heimatforscher verzweifelt versuchten, Tagestouristen anzu-
locken, indem sie das Loblieb einer kaum wahrnehmbaren
Geländefalte singen. Der höchste Gipfel neben Xanten schafft
nicht einmal hundert Meter über dem Meeresspiegel. Nun ja,
Gipfelchen, Buckelchen. Östlich von Berlin hat man auch so
eine *Märkische Schweiz* (130 m), und ein wenig nördlicher gibt
es noch eine *Mecklenburgische Schweiz* (121 m), aber dort liegen
wenigstens noch ein paar Seen. Es ist alles sehr lieblich und
sanft, wirklich, aber Bergspitzen, Schluchten, Basalt oder Gra-
nit, die haben sie wirklich nicht in diesen Gegenden.

Die Stadt Xanten selbst macht Werbung mit ihrem römischen Ursprung, mit ihrem wunderbaren Dom und mit
Siegfried. Sie sollten die Werbung, finde ich, um ihren bewe-
gend schönen jüdischen Friedhof ergänzen. Derzeit kann man
ihn nur nach einer hartnäckig durchgehaltenen Suche durch
die Außenbezirke finden. Man darf vor allem nicht unter der
niederschmetternden Banalität der Häuser mit Vorgärtchen
zusammenbrechen. Dahinter, und danach noch einmal hinter
einer Weide, und weiter, weiter, hinter einem Sandweg, findet
man unter hohen Bäumen den Kreis mit den Grabsteinen, und
auf den Grabsteinen die Kieselsteine, die man aus Pietät dorthin legen soll. Der letzte Grabstein wurde 1929 errichtet, die
Juden sind gerade noch rechtzeitig aus diesem Rheinstädtchen
weggegangen. Dennoch wurde ihre Synagoge in der »Reichskristallnacht« von 1938 noch einmal extra kurz und klein geschlagen. An einer langweiligen Nachkriegsfassade hängt eine
Gedenktafel von der Größe meiner Hand.

Und was den Urgermanen, den Edelgermanen, den blondgelockten, blauäugigen, Drachen tötenden Helden Siegfried

betrifft, er hat einer Windmühle seinen Namen gegeben. Eine andere Windmühle wurde nach seiner ebenso edlen, germanischen, blondgelockten, blauäugigen Frau Kriemhilde, seiner Witwe, benannt. Nach dem Meuchelmord an ihrem Gatten sann sie auf Rache, und Rache hat sie genommen. Das Blut stand zimmerbreit kniehoch. Sie hat dem Mörder ihres Mannes persönlich den Kopf abgeschlagen, jedoch nicht, bevor alle Krieger, die ihn begleitet hatten, abgeschlachtet waren. Heute kann man in der Mühle ungespritzte Äpfel kaufen, Roggenmehl (vor Ort gemahlen) und grobe Kekse, deren Krümel sich hartnäckig zwischen den Zähnen festsetzen. Kriemhilde ist ein vegetarisches, alternatives Mädchen. Oh ja, in der Mühle kann man auch Strickmützen kaufen.

Siegfried hat noch einen weiteren Platz in Xanten bekommen. Man muss ihn im *Konditoreimuseum* suchen, der Eintritt ist kostenlos. Dort kann man für Kind und Kegel Schokoladenhasen, – esel, -pinguine oder –fische erwerben, kurz und gut, den ganzen Zoo. Als eine gute Geschenkidee erscheinen mir auch Schokoladenhandys in zwei Geschmacksrichtungen, Milch und Zartbitter.

Aber das Allerschönste ist ein kleiner Brunnen, durch den immerzu, den ganzen Tag, Milchschokolade rinnt und tropft. Ein Mädchen taucht für den Besucher, der das möchte, eine dünne Waffel in die zähe Flüssigkeit, man bekommt ihr Lächeln und dazu noch einen warmen Schokoladenkeks zum Aufessen. Alles kostenlos. Die Schönheit wird allerdings schier unerträglich, wenn man hinter der ewig aufwallenden Süßigkeit das grellfarbige Mosaik sieht, das die Wand schmückt. Es zeigt den Helden Siegfried, gerade in dem Moment, als er den schrecklichen Drachen tötet. Das Drachenblut ist knallrot. Diese Ecke des Konditoreimuseums heißt *Siegfried-Schokoladenbrunnen*. Der Drache ist tot. Aus seinen Adern fließt laue Milchschokolade. Weiter so, Deutschland, denke ich, weiter so.

Nun noch ein Siegfriedschokopüppchen. Lustvoll würde ich dem Helden den Kopf abbeißen.

Siehe auch: Aachen, Görlitz, Demokratie, Juden, Denkmäler

Yperit

Bis(2-chlorethyl)sulfid. Das ist die wissenschaftliche Bezeichnung für Yperit. Es ist ein schreckliches Gift, bei dem die Teufel von Chlor und Schwefel freigesetzt werden. Opfer werden blind, die Lunge verbrennt, die Haut wird verätzt, selbst durch dicke Kleidung hindurch. Yperit verursacht fürchterlich schmerzende Blasen. Wegen seines schwachen Senfgeruchs wurde es schon bald Senfgas genannt. Der Name Yperit ist von der Stadt Ieper in West-Flandern abgeleitet. *Ypres* im Französischen und Englischen, *Ypern* im Deutschen. Ieper ist auch als das flämische Verdun bekannt. Jeden Abend um acht Uhr blasen Mitglieder der städtischen Feuerwehr unter dem Menenpoort den *Last Post,* den *Letzten Zapfenstreich*, um Tausender und Abertausender Gefallener des Ersten Weltkriegs zu gedenken. Noch immer. Und ich hoffe, noch einige weitere Jahrhunderte.

April 1915. Der Erste Weltkrieg dauert schon fast neun Monate. Die deutsche Offensive durch Belgien Richtung Nordfrankreich versandet in einem Grabenkrieg, Ieper ist die zentrale alliierte Bastion. Fritz Haber, ein genialer Chemiker, kein Militär, ist der Ansicht, dass es einen schnellen Durchbruch geben müsse, und er rät der deutschen Heeresführung, Chlorgas auf die Briten, Franzosen und Belgier loszulassen – noch kein Yperit, das wird erst 1917 eingesetzt werden. Warum bei Ieper? Weil der dortige Befehlshaber, Herzog Albrecht von Württemberg, als Einziger dem Einsatz der neuen Waffe zustimmt. Die anderen Befehlshaber sind der Meinung, dass Gas nicht in die ritterliche Tradition des tapferen kaiserlichen Heeres passe.

Haber und seine engsten Mitarbeiter waren künftige Nobelpreisträger (z. B. James Franck oder Gustav Ludwig Hertz). Die besten wissenschaftlichen Köpfe Deutschlands haben also den

Gaskrieg vorbereitet. *Im Frieden der Menschheit, im Kriege dem Vaterland*, lautete Habers Devise.

22. April 1915. Ein strahlender Frühlingstag. Blauer Himmel, das flämische Flachland liegt sorglos grün da. Dies ist der Ypernbogen, besser bekannt als *Ypres Salient*, ein Stück vorgeschobener Front, wohin bis zum heutigen Tag jedes Jahr Tausende Engländer, Belgier, Deutsche, Franzosen, vielleicht sogar Algerier, gegen das Vergessen reisen. 1915 lagen hier Tausende Soldaten in den Schützengräben. Gegen fünf Uhr zerreißt das deutsche Geschütz die Stille. Der Feind gegenüber, zufällig sind es die Franzosen – eigentlich überwiegend Algerier – soll bleiben, wo er sich gerade befindet, in den Schützengräben.

Die deutschen Soldaten hatten gewartet, bis der Wind in die richtige Richtung wehte, weg von ihren eigenen Linien. Zwischen Steenstrate und dem Yzerkanal, über Langemarck und Poelkapelle, ließen sie aus 5.730 Zylindern Chlorgas entweichen. Träge kroch es auf die feindlichen Schützengräben zu. Nach dem Donnern der Artillerie war Totenstille eingetreten. Chlorgas ist schwerer als Luft, der Wind trägt es mit sich, aber es sinkt zu Boden. Das Gas verbreitete sich in den Laufgräben und Schützenlöchern und färbte alles gelbgrün. Es brannte im Hals. Gesichter verfärbten sich blau. Röcheln, husten, Blut spucken. Die Ansammlung von Flüssigkeit in der Lunge führte zu einem qualvollen Erstickungstod. Einige tausend Soldaten starben. Der Rest suchte das Weite, wahnsinnig vor Angst vor dem Unbeschreiblichen. In die Verteidigungslinie war eine kilometerbreite Bresche geschlagen. Der Angriff war ein Erfolg. Doch zu Habers großer Enttäuschung konnte das deutsche Heer nicht bis zur Nordsee vordringen und so die Front aufbrechen. Es stand kein Nachschub an Soldaten bereit.

Die neue Waffe tötete nicht nur, sie verbreitete Panik. Wer das geheimnisvolle Gas heranschweben sah, konnte nur um sein Leben laufen. In den Schützengräben wusste niemand, was da geschah, wusste niemand, dass es sich um Gas handelte. Irgendein Schutz dagegen war zu diesem Zeitpunkt noch nicht in Sicht. Durch Zufall entkamen belgische Heereseinheiten am 22. April dem Gas. Der Angriff war natürlich auch gegen sie gerichtet. Sie lagen ein wenig weiter, westlich von Steenstrate. Doch der Wind wehte etwas südlicher als vorgesehen, wodurch das gesamte Gas im französischen Abschnitt landete.

Ein zweiter Gasangriff und die darauffolgende Schlacht kostete zweitausend kanadischen Soldaten nordöstlich von Ieper das Leben. Ein bewegendes Denkmal in dem Weiler Sint-Juli-aan, Gemeinde Langemarck-Poelkapelle, gedenkt der Männer, die den Ozean überqueren mussten, um in Europa ihre Lunge auszukotzen.

Die Gasangriffe brachten Deutschland und seinen Verbündeten absolut keine gute Presse, auch nicht in den neutralen Ländern wie (damals noch) den USA. Der feige Angriff auf das kleine, neutrale Belgien Anfang August 1914 und die Grausamkeiten hatten Deutschland den Ruf teutonischer Barbarei eingebracht. Der Einsatz von Giftgas war nur ein weiterer Beleg. Dennoch trug die Oberste Heeresleitung dem nicht Rechnung. Wenn etwas nützlich erscheint, wird selten gezögert, das Mittel im Kampf einzusetzen, egal wie schmutzig es auch sein mag und wie groß in diesem Fall der Abscheu war.

Daß die Haager Konvention von 1899 den Einsatz Tod bringender Gase verboten hatte, machte genauso wenig Eindruck. Schließlich waren chemische Waffen – denn dazu gehört Giftgas – nichts wirklich Neues. Mehr noch, im Ersten Weltkrieg waren die Deutschen nicht die Ersten, die es eingesetzt hatten. Schon ganz am Anfang hatten die Franzosen Tränengas auf sie abgefeuert, jedoch ohne großen Erfolg. Die Deutschen dagegen experimentierten mit Nies- und Tränengas gegen die Franzosen und Russen. Tränengas wirkte nicht schnell genug, es verflüchtigte sich. Chlorgas war effizienter – tödlicher.

Noch im selben Jahr bekamen die Deutschen britisches Chlorgas zu spüren. Aber sie schlugen zurück. Am Ende führten die Briten sogar viel mehr Gasangriffe durch als die Deutschen. Nach dem Chlorgas kam das schon kräftigere Phosgen, und 1917 war das furchtbare Senfgas einsatzbereit, das den Namen Yperit erhielt. Yperit wurde am 12. und 13. Juli 1917 zum ersten Mal abgefeuert.

Doch die neuen Waffen hatten ihren Überraschungseffekt verloren. Die Heere konnten sich immer besser davor schützen. Was nach dem Krieg davon noch blieb, waren die zerstörten Lungen von Tausenden Opfern, die in das Gas geraten waren. Das kollektive Gedächtnis bewahrte dafür eine stehende Redewendung, zunächst nur im Westflämischen, dem Dialekt des Frontgebiets: *van de hoaze hepakt*, vom Gas erwischt, später wurde der Begriff von ausgedienten Soldaten in alle anderen Dialekte mitgenommen. Auch in meinem südlichen Brabanter Dialekt sagt man *van de gaas gepakt*, vom Gas erwischt. Es bedeutet, dass man betroffen ist, bestürzt, fassungslos, tief getroffen. Ich möchte an dieser Stelle dafür plädieren, diese Redewendung ins Hochniederländische, das ABN (Algemeen Beschaafd Nederlands), aufzunehmen, mitsamt der merkwürdigen Präposition und des falschen Artikels. Als Ehrenbezeugung für die Opfer. Wir dürfen den Ersten Weltkrieg nicht vergessen. Wörterbuchmacher, tut eure Pflicht.

Kriegsgas war verboten und blieb verboten. Das Genfer Protokoll (1925) ließ daran keinen Zweifel. Doch das hat Deutschland nicht gehindert, auch nach dem Ersten Weltkrieg unter allerhöchster Geheimhaltung Giftgas zu produzieren, auf ausdrücklichen Wunsch Spaniens und der Sowjetunion. Die Spanier wollten es beispielsweise gegen marokkanische Rebellen einsetzen. Italien hat im Äthiopischen Krieg 1935-1936 Giftgas verwendet. Im Krieg zwischen Irak und Iran in den achtziger Jahren wurde Giftgas versprüht. Die Grundstoffe für seine

Produktion bezog der Irak vor allem aus Singapur, den Niederlanden, Ägypten, Indien und, ganz recht, aus der Bundesrepublik. In der kurdischen Stadt Halabdscha gab es im März 1988 Tausende von Toten. Dort wurden neben Yperit andere, modernere Giftgase eingesetzt. Während des ersten Golfkriegs feuerte der Irak Raketen auf Israel ab. Ein israelischer Autor, der sein Land mehrmals mit der Waffe verteidigt hatte, sagte mir, ihm sei eiskalt geworden bei dem Gedanken: Habe ich etwa dafür gekämpft? Ich bin eben doch nur ein alter Jude, der in einem Schutzkeller sitzt und auf deutsches Gas wartet.

Seit 1997 gibt es eine internationale Organisation, die unter anderem die weltweite Vernichtung aller chemischen Waffen anstrebt. Sie hat ihren Sitz in Den Haag. 2006 waren einhundertachtzig Länder Mitglied. In der Umgebung von Ieper beseitigt der Kampfmittelräum- bzw. Kampfmittelbeseitigungsdienst des Belgischen Heeres noch jedes Jahr zwanzigtausend Kilo Giftgasgranaten.

Siehe auch: Demokratie, Ems, Juden

Zwiebelmarkt

Wenn man in einem gepflegten deutschen Städtchen ankommt und sieht auf einer Tafel ZWIEBELMARKT stehen, in Großbuchstaben, dann sollte man vor allem nicht meinen, hier die Produkte der einheimischen Bauern erwerben zu können, rote Zwiebeln, weiße Zwiebeln, grüne Zwiebeln, gelbe Zwiebeln, schilfernde, glatte, dicke, kleine, längliche, runde, knubbelige. Man wird bei hunderten Ständen schnüffeln können, aber Zwiebeln? Mitnichten. Als Ausnahme mag Weimar gelten, das dank Goethe, Nietzsche, Schiller, Liszt, Wieland, Herder weltberühmt geworden ist, und dank seines Zwiebelmarkts, der nunmehr seit Hunderten von Jahren alljährlich aggehalten wird.

Ich habe persönlich den Zwiebelmarkt in Bad Breisig besucht und getestet. Berge weißer Unterhosen, bergeweise Socken, sehr viele Bürsten, Besen und Pinsel, Körbe, Henkelkörbe, Deckelkörbe und Weidenkörbe, Spankörbe, Drahtkörbe, Reisekörbe, Seife, Zuckerstangen, Fensterleder, zwei Buden, in denen ausschließlich Hornhautraspeln, Zahnsteinhaken, Epilierzangen, Stahlzahnstocher, Mitesserentferner, Briefmarkenpinzetten, Splitterpinzetten, Münzpinzetten, Nagelwinkelhaken, Hornhautschaber, Nagelhautmesser und noch viel, viel mehr vergleichbarer schmerzhaft exakter, furchterregend glänzender Miniaturfolterwerkzuge ausgebreitet liegen. Aber Zwiebeln? Pustekuchen. Wohl fand ich zwei Blumenzwiebelverkäufer, und ich gebe zu, auf Deutsch ist ein »bloembol« eine *Zwiebel*. Man konnte auch Zwiebelkuchen kaufen, für Leute, die gern fettige Lippen kriegen, ich habe sogar Knoblauchstränge gesehen, aber eine essbare Zwiebel, auch nur eine einzige, die habe ich nicht entdeckt. Nicht einmal eine Schalotte. Und dabei war es doch September, der Zwiebelmonat schlechthin. Ich habe CDs mit *Volkstümlicher* Musik gesehen, viele Stände mit Kastelruther Spatzen, Oswald Sattler und – Herr im Himmel, warum kasteist du mich – Frans Bauer, Hollands Schmonzettensänger mit dem höchsten Schmalzpegel, hier singt er »Ich hör' dein Herz ganz leise weinen«. Nirgendwo sonst habe ich so innig, mit Tränen in den Augen, nach einer rohen Zwiebel verlangt, nach gehobelten, mit Paprikapuder und Kümmel bestreuten Ringen und dazu grobem Schwarzbrot, oder, sollten diese einfachen Köstlichkeiten nicht vorrätig sein, knusprig gebackene Zwiebelscheiben zu einer herzhaften Kartoffel. Doch nirgends, nirgendwo auf der Welt wurde mein mächtiges Verlangen nach einer simplen Zwiebel so enttäuscht wie auf dem Zwiebelmarkt in Bad Breisig.

Nachbemerkung

Es wäre eine unausführbares Unterfangen, alle Bücher über Deutschland aufzuzählen, die ich im Lauf der Jahre gelesen habe und die in dieses Buch eingegangen sind. Neben den Autoren mit einem eigenen Aufsatz (Brecht, Hölderlin, Thomas Mann, Özdamar, Tucholsky) gibt es natürlich noch unzählige andere. Heinrich Heine bleibt zum Beispiel eine unerschöpfliche Quelle des Vergnügens, der Anekdoten und der Einsichten. Zahlreiche Sachinformationen zu politischen und wirtschaftlichen Fragen oder auch zur Geschichte habe ich Nachschlagewerken entnommen – ich habe sogar noch einmal zu meinem Tacitus gegriffen –, aber genauso viele Informationen zu Kuckucksuhren oder Wurstsorten. Ich habe eingehend deutsche Zeitungen und Wochenblätter zu Rate gezogen, in erster Linie und am häufigsten die Lokalpresse, daneben die *Frankfurter Allgemeine*, die *Süddeutsche*, das *Neue Deutschland*, *Die Zeit*, *Der Spiegel*, den in der europäischen Hauptstadt nicht erhältlichen *Freitag*, und viele andere mehr. Häufig habe ich das weltweite Web konsultiert. Einige der Texte wurden schon einmal in meiner Essaysammlung *Alle uitbarstingen*, bzw. in der Tageszeitung *De Morgen*, in dem Wochenblatt *Knack* und in der *Poëziekrant* veröffentlicht; für dieses Buch wurden sie mehr oder weniger gründlich überarbeitet.

Antoni Graf Sobanski
Nachrichten aus Berlin
1933–36

Aus dem Polnischen von
Barbara Kulinska-
Krautmann

Hardcover mit
Schutzumschlag,
12,5 x 20,5 cm
ISBN 978-3-86601-737-5
250 Seiten
€ 19,80

Der Inhalt dieses Buches – die Schauplätze, die historischen Ereignisse und ihre Hintergründe, die Personen und deren Handlungen – sind dem deutschen Leser bekannt: Die Verbreitung des Nationalsozialismus in der Gesellschaft nach der »Machtergreifung«. Dennoch bietet es dem deutschen Lesepublikum Spektakuläres: Ohne jegliches Vorurteil, mit großer Sympathie für die Menschen, scharfsinnig und sensibel, ironisch aber nie beleidigend beschreibt Sobanski die Deutschen unter Hitler anhand zahlreicher kleiner Alltagsbeobachtungen. Er war Augenzeuge der Bücherverbrennung am 10. Mai 1933, er besuchte eine Pressekonferenz mit dem Chefredakteur des »Stürmer«, und nahm als akkreditierter Journalist am Reichsparteitag in Nürnberg teil. Da er für ein polnisches Publikum schrieb, spiegelte er die Ereignisse in Deutschland auch in den polnischen Verhältnissen der Zeit. Das liest sich umso interessanter, da das Verhältnis von Deutschen und Polen bis heute tief von den Erfahrungen des Zweiten Weltkriegs geprägt ist.

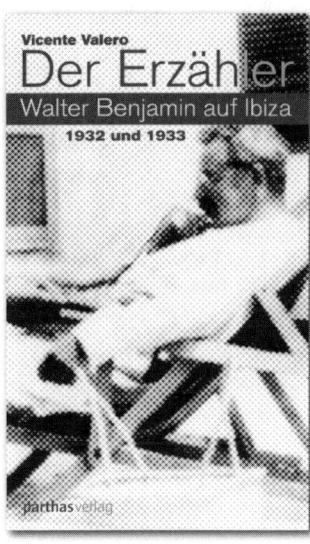

Vicente Valero
Der Erzähler
Walter Benjamin auf Ibiza
1932 und 1933

Aus dem Spanischen von
Lisa Ackermann
und Uwe Dehler

Hardcover mit
Schutzumschlag,
12,5 x 20,5 cm
ISBN 978-3-86601-063-5
224 Seiten
€ 22,00

In den Jahren 1932 und 1933 lebte Walter Benjamin längere Zeit auf der Insel Ibiza. Zu der Zeit steckte der Berliner Philosoph und Schriftsteller in einer tiefen Krise: die Machtübernahme durch die Nationalsozialisten verschärfte seine ohnehin schon prekäre ökonomische Situation, was ihn in tiefe Zweifel stürzte.

Umso erstaunlicher ist, dass während seiner spontan und ohne große Vorbereitungen angetretenen Reise auf die Baleareninsel einige seiner herausragendsten biografischen Schriften entstanden, darunter die »Berliner Kindheit um Neunzehnhundert«. Und Ibiza war nicht nur der erste Schritt auf dem Weg ins Exil, sondern auch Schauplatz der letzten großen Liebe des deutschen Philosophen.

Vicente Valero setzt sich mit den Beweggründen auseinander, die Walter Benjamin nach Ibiza führten, und beschreibt und rekonstruiert seine alten und neuen Freundschaften, sein Alltagsleben sowie seine Gedankenwelt in jenen Jahren.